Direito Processual Eleitoral

Francisco Dirceu Barros

Direito Processual Eleitoral

LIVRO ATUALIZADO COM:

A REFORMA ELEITORAL.

RESOLUÇÕES DO TSE PARA AS ELEIÇÕES DE 2010.

Fechamento desta edição: 24 de maio de 2010

ELSEVIER

CAMPUS JURÍDICO

Copidesque: Livia Maria Giorgio
Revisão Gráfica: Emídia Maria de Brito
Editoração Eletrônica: Tony Rodrigues

Elsevier Editora Ltda.
Conhecimento sem Fronteiras
Rua Sete de Setembro, 111 — 16º andar
20050-006 — Rio de Janeiro — RJ

Rua Quintana, 753 - 8º andar
04569-011 - Brooklin - São Paulo - SP

Serviço de Atendimento ao Cliente
0800 026 53 40
sac@elsevier.com.br

ISBN: 978-85-352-3924-9

Nota: Muito zelo e técnica foram empregados na edição desta obra. No entanto, podem ocorrer erros de digitação, impressão ou dúvida conceitual. Em qualquer das hipóteses, solicitamos a comunicação à nossa Central de Atendimento, para que possamos esclarecer ou encaminhar a questão.
Nem a editora nem o autor assumem qualquer responsabilidade por eventuais danos ou perdas a pessoas ou bens, originados do uso desta publicação.

Cip-Brasil. Catalogação-na-fonte
Sindicato Nacional dos Editores de Livros, RJ

B277

Barros, Francisco Dirceu
Direito processual eleitoral / Francisco Dirceu Barros. - Rio de Janeiro : Elsevier, 2010.

"Livro atualizado com: A reforma eleitoral. Resoluções do TSE para as eleições de 2010"

Inclui bibliografia
ISBN 978-85-352-3924-9

1. Direito eleitoral - Brasil. 2. Direito eleitoral - Brasil - Problemas, questões, exercícios. 3. Serviço público - Brasil - Concursos. I. Título.

10-1997. CDU: 342.8(81)

Dedicatória

Dedico este livro

a) A Deus, pois o Senhor é meu pastor e nada me faltará.

b) Aos defensores do regime democrático.

"Chamamo-nos uma democracia, porque a cidade é administrada, não por poucos, mas pela maioria. Mas, se de acordo com a lei, todos são iguais em suas relações privadas, contudo, o homem que, de algum modo se distingue, recebe a preferência na vida pública, não como um privilégio, mas por causa de seus méritos; e, se um homem pode servir ao seu país, a pobreza e a obscuridade não lhe valerão como obstáculos. A liberdade é o princípio de nossa vida pública, e na nossa vida quotidiana não vivemos mutuamente desconfiados, e não nos irritamos com nosso vizinho porque vive a seu modo, nem o olhamos com este ar de desaprovação que, por ser inofensivo, não deixa de ser incômodo. Enquanto não nos perturbamos uns aos outros, interferindo em assuntos privados, evitamos infringir as leis, pel*o respeito que lhes devotamos.*" (**Discurso de Péricles – Homenagem aos mortos na guerra do Peloponeso**)

O Autor

FRANCISCO DIRCEU BARROS

Promotor de Justiça Eleitoral, Promotor de Justiça Criminal, ex-professor universitário, professor de vários cursos de pós-graduação, Mestre em Direito, especialista em Direito Penal, com vasta experiência em cursos preparatórios aos concursos do Ministério Público e Magistratura, lecionando as disciplinas de Direito Penal, Processo Penal, Legislação Especial e Direito Constitucional. Colaborador da Rádio do STF e membro efetivo do GNPJ (*Grupo Nacional dos Promotores de Justiça*).

Escritor de mais de 40 (*quarenta*) livros lançados, entre quais:

1. Direito Penal - Parte Geral, 4ª edição, Série Provas e Concursos, Editora Campus/Elsevier, prefácio de Fernando da Costa Tourinho Filho, 2009.
2. Direito Penal - Parte Especial, 2ª edição, Vol. I, Série Provas e Concursos, Editora Campus/Elsevier, 2009.
3. Direito Penal - Parte Especial, 1ª edição, Vol. II, Série Provas e Concursos, Editora Campus/Elsevier, prefácio de José Henrique Pierangeli, 2009.
4. Direito Penal - Parte Especial, Vol. III, Série Provas e Concursos, Editora Campus/Elsevier, prefácio de Rogério Greco, 2009.
5. Direito Penal - Parte Especial, Vol. IV, Série Provas e Concursos, Editora Campus/Elsevier, 2010.
6. Direito Processual Penal, Vol. I, Série Provas e Concursos, Editora Campus/Elsevier, 2008 *(obra esgotada).*
7. Direito Processual Penal, Vol. II, Série Provas e Concursos, Editora Campus/Elsevier, 2008 *(obra esgotada).*
8. Direito Eleitoral, 8ª edição – 2ª tiragem, Série Provas e Concursos, Editora Campus/Elsevier, 2010.

9. Resumo de Direito Eleitoral, 4ª edição, Série Provas e Concursos, Editora Campus/Elsevier, 2010.
10. Resumo de Direito Eleitoral, Série Síntese Jurídica, Editora Impetus, 2007 (*obra esgotada*).
11. Coautor do livro: "Direito Penal para Concursos", Vol. I (prefaciado por Fernando da Costa Tourinho Filho e Júlio Fabbrini Mirabete, 2000, *obra esgotada e não mais publicada*).
12. Coautor do livro: "Direito Penal para Concursos", Vol. II (prefaciado por Fernando da Costa Tourinho Filho e Júlio Fabbrini Mirabete, 2000, *obra esgotada e não mais publicada*).
13. Coautor do livro: "Direito Penal para Concursos", Vol. III (prefaciado por Fernando da Costa Tourinho Filho e Júlio Fabbrini Mirabete, 2000, *obra esgotada e não mais publicada*).
14. Direito Penal, comentado e exemplificado com sua interpretação doutrinária e jurisprudencial, parte geral, Editora Impetus, 2006 (*obra esgotada*).
15. "Carta aos concursandos" em coautoria com William Douglas. Editora Campus/Elsevier, 2009.
16. "Os Segredos dos Concurseiros Vencedores", Editora Consulex, 2008.
17. Processo Penal para Concursos, Vol. I, Editora Campus/Elsevier, Edição 2009.
18. Processo Penal para Concursos, Vol. II, Editora Campus/Elsevier, Edição 2009.
19. Processo Penal para Concursos, Vol. III, Editora Campus/Elsevier, Edição 2009.
20. Processo Penal para Concursos, Vol. IV, Editora Campus/Elsevier, Edição 2009.
21. Processo Penal para Concursos, Vol. V, Editora Campus/Elsevier, Edição 2009.
22. Direito Eleitoral para Concursos. Edições Public, 1996 *(obra esgotada)*.
23. Código Eleitoral e Legislação Complementar, Edições Public, 1996 *(obra esgotada)*.
24. Concursos Públicos: teste seu conhecimento, Edições Public, 1996 *(obra esgotada)*.
25. Defensoria Pública: Legislação Institucional, Ed. Universitária, 1998 *(obra esgotada)*.
26. Ministério Público: Legislação Institucional, Ed. Universitária, 1998 *(obra esgotada)*.
27. Questões objetivas de direito previdenciário, Ed. Universitária, 1999 *(obra esgotada)*.
28. Registros Públicos: Anotações, Edições Public, 1997 *(obra esgotada)*.
29. Prática das Ações Eleitorais, Editora Campus/Elsevier, 1ª edição, 2008.
30. Teoria e Prática do Novo Júri, Editora Campus/Elsevier, 1ª edição, 2009.
31. Dos crimes contra a liberdade sexual - para concursos, Editora Campus/Elsevier, 1ª edição, 2009.
32. O vento e a tempestade, Coleção: *"Os segredos dos concurseiros vencedores"*, Vol. I, Editora Consulex. (*No prelo*).
33. O ponto de inércia, *"Os segredos dos concurseiros vencedores"*, Vol. II, Editora Consulex. (*No prelo*).
34. A força inerte, *"Os segredos dos concurseiros vencedores"*, Vol. III, Editora Consulex. (*No prelo*).

35. A pedra filosofal, *"Os segredos dos concurseiros vencedores"*, Vol. IV, Editora Consulex. (*No prelo*).
36. A estratégia da coroa de ouro, *"Os segredos dos concurseiros vencedores"*, Vol. V, Editora Consulex. (*No prelo*).
37. A máscara e a verdade, *"Os segredos dos concurseiros vencedores"*, Vol. VI, Editora Consulex. (*No prelo*).
38. O concurseiro hipocondríaco, *"Os segredos dos concurseiros vencedores"*, Vol. VII, Editora Consulex. (*No prelo*).
39. A pedra no caminho, *"Os segredos dos concurseiros vencedores"*, Vol. VIII, Editora Consulex. (*No prelo*).
40. Os sacrifícios e a vitória, *"Os segredos dos concurseiros vencedores"*, Vol. IX, Editora Consulex. (*No prelo*).
41. A condição *sine qua non* do realizar, *"Os segredos dos concurseiros vencedores"*, Vol. X, Editora Consulex. (*No prelo*).
42. Direito Processual Eleitoral, Editora Campus/Elsevier, 2010.

Nota do autor

Apesar do enorme avanço do Direito Eleitoral, ressente-se a literatura jurídica nacional de um livro que desenvolvesse a parte teórica do ***Direito Processual Eleitoral***.

Há mais de 10 (dez) anos desempenho a função de Promotor de Justiça Eleitoral. Nesse tempo presenciei verdadeiras *"tragédias"* processuais ocorridas simplesmente porque não temos no Brasil uma doutrina destinada a enfrentar os casos do cotidiano prático eleitoral forense.

Em tal período presenciei:

- ações serem julgadas sem julgamento do mérito, por ter sido constatada a ausência de pressupostos de constituição e de desenvolvimento válido e regular do processo, como *a inadequação processual da via eleita*;
- recursos sem provimento por terem sido interpostos de forma incorreta;
- crimes eleitorais sendo prescritos pela ineficiência de profissionais que não sabiam como apurá-los;
- absolvições de crimes e ilícitos cíveis eleitorais, motivados pelo despreparo dos que deviam ter como função o combate de tais delitos;
- enfim, presenciei políticos indecentes e inelegíveis se perpetuando no poder.

Não presenciei má-fé por parte dos profissionais do direito eleitoral, mas a ausência de uma ferramenta adequada para subsidiar os trabalhos desses profissionais:

- seja o Delegado, que deveria ter combatido o crime eleitoral;
- seja o advogado eleitoralista e o Promotor de Justiça Eleitoral, que deveriam interpor a ação eleitoral e o recurso eleitoral correto;
- seja o Juiz eleitoral, que deveria ter seguido o procedimento correto.

Todos estavam diante de uma lacuna.

Tal lacuna tem gerado impunidades e, pior, um imenso leque de políticos que há muito tempo já deveriam ter sido expurgados do cenário político nacional.

Baseado em tais fatos, fui incentivado por vários colegas Promotores Eleitorais, Juízes Eleitorais, Advogados eleitoralistas e delegados **a sistematizar o doutrinamento processual eleitoral**.

Tal atitude seria extremamente salutar para um eficaz aperfeiçoamento do regime democrático, porque:

1) o combate ao crime eleitoral é fundamental para que seja propiciada igualdade de condições na disputa do pleito eleitoral;
2) as ações eleitorais são importantes ferramentas jurídicas que têm como principal escopo garantir a normalidade e a legitimidade das eleições, destarte, reforçar o próprio regime democrático;
3) os recursos são meios processuais estabelecidos para permitir a impugnação de qualquer despacho ou sentença eleitoral, renovando-se o juízo na instância superior, a fim de permitir a melhor fiscalização das deliberações da instância *a quo*.

Primordiais para evolução e a própria eficácia do direito eleitoral, as ações e os recursos eleitorais precisam ser entendidos melhor; neste contexto, o presente livro tem como principal escopo contribuir com um estudo completo sobre toda a parte processual do direito eleitoral.

Neste sentido, sistematizamos e apresentamos de forma didática o estudo das fontes do direito eleitoral, da relação com outras disciplinas, os métodos de interpretação do direito eleitoral, persecução penal eleitoral extrajudicial, persecução penal eleitoral judicial, competência eleitoral, prisões processuais eleitorais, conflito de atribuições eleitorais, das ações eleitorais, da *mutatio libeli* e *emendatio libeli* eleitoral, dos recursos eleitorais, colacionando em um só local todas as posições doutrinárias e jurisprudenciais sobre os mais diversos temas enfocados.

Com o precípuo desejo de deixar as matérias expostas mais didáticas dividimos o estudo com as ações em:

1 – **Arpi** (*Ação de Reclamação por Propaganda Irregular*);
2 – **Arconve** (*Ação de Reclamação das Condutas Vedadas aos agentes públicos em campanha eleitoral*);
3 – **Aragi** (*Ação de Reclamação por Arrecadação e Gastos Ilícitos*);
4 – **Ardicofi** (*Ação de Reclamação as Doações Irregulares aos Comitês Financeiros*);
5 – **Arcisu** (*Ação de Reclamação por Captação Irregular de Sufrágio*);
6 – **Airc** (*Ação de Impugnação de Registro de Candidatura*);

7 – **Aije** (*Ação de Investigação Judicial Eleitoral*);
8 – **Aime** (*Ação de Impugnação de Mandato Eletivo*);
9 – **Aidi** (*Ação de Impugnação da Diplomação*).

Construímos uma teoria geral para os recursos eleitorais e apresentamos um estudo completo com acompanhamento das posições correlatas do **TSE** sobre os recursos:

a) apelação eleitoral;
b) recurso inominado eleitoral;
c) agravo de instrumento eleitoral;
d) embargos de declaração eleitoral;
e) embargos de nulidade e infringentes do julgado eleitoral;
f) recurso ordinário eleitoral;
g) recurso especial eleitoral;
h) recurso extraordinário eleitoral;
i) carta testemunhável eleitoral;
j) recurso em sentido estrito eleitoral;
k) recurso partidário interno;
l) correição parcial eleitoral.

O livro ainda se encontra rigorosamente atualizado com as últimas posições do **TSE** e **STF**.

Espero que você nos ajude a melhorar este trabalho, remetendo à editora sua opinião. Sua crítica será de grande valia para o melhoramento deste trabalho, pois sempre defendi que o recebimento com humildade da opinião do leitor é o melhor caminho para o aperfeiçoamento da obra.

Um grande e fraternal abraço, justo e perfeito do autor.

Francisco Dirceu Barros
(Promotor de Justiça Eleitoral)

Sumário

CAPÍTULO 5

Da Competência Criminal Eleitoral 117

CAPÍTULO 6

Prisões Processuais em Crimes Eleitorais 131

CAPÍTULO 7

Das Nulidades dos Votos 135

CAPÍTULO 8

Das Ações Eleitorais 141

CAPÍTULO 12
Ações Eleitorais Especiais 367

CAPÍTULO 1

Introdução ao Estudo do Direito Processual Eleitoral

1. AS FONTES DO DIREITO ELEITORAL

Há duas espécies de fontes do Direito Eleitoral:

A) Fonte material (*fonte de produção*)

Fonte material é aquela que propicia a criação do Direito Eleitoral, no caso, à União, e somente a ela, a Constituição Federal defere competência para legislar sobre matéria eleitoral.

A Constituição Federal é a fonte suprema de onde promana, em distribuição hierarquizada, a ordem jurídica estatal, estabelecendo os padrões de validade à criação e aplicação do Direito Eleitoral.

A legislação complementar figura como repositório de preceitos eleitorais, de acordo com as indicações expressamente feitas na Constituição da República. Disso resulta que toda norma eleitoral infraconstitucional deverá estar de acordo com a norma suprema, sob pena de ser formalmente ou materialmente inconstitucional e, destarte, ser retirada do ordenamento jurídico.

A norma eleitoral é criada pela União, mas há uma exceção: a Constituição Federal prevê a hipótese de uma lei complementar autorizar o Estado a criar uma lei eleitoral que verse sobre matéria específica com validade restrita a seu território.

Leia o art. 22, parágrafo único, da Constituição Federal, *in verbis*:

> *Compete privativamente à União legislar sobre:*
>
> *I – direito civil, comercial, penal, processual, "**eleitoral**", agrário, marítimo, aeronáutico, espacial e do trabalho;*
>
> *Parágrafo único. Lei Complementar poderá autorizar os Estados a legislar sobre questões específicas das matérias relacionadas neste artigo. (Destaque nosso)*

B) Fontes formais

As fontes formais são aquelas que permitem o conhecimento do direito, proporcionando a exteriorização das normas eleitorais.

As fontes formais eleitorais se dividem em:

a) Fontes formais imediatas

b) Fontes formais mediatas

1.1. Fontes formais imediatas

As fontes formais imediatas são as leis eleitorais.

1.1.1. Divisão das fontes formais imediatas no âmbito da legislação ordinária

No âmbito da legislação ordinária, podemos dividir as fontes formais imediatas em:

a) fontes formais imediatas próprias e;

b) fontes formais imediatas subsidiárias ou impróprias.

A) Fontes formais imediatas próprias

No que se refere às fontes formais imediatas próprias do direito eleitoral, podem ser apontados os seguintes diplomas:

a) **Código Eleitoral** (Lei nº 4.737, de 15/07/1965) e as leis esparsas introduzindo acréscimos e inovações.

O Código Eleitoral contém normas destinadas a assegurar a organização e o exercício de direitos políticos, precipuamente os de votar e ser votado. As normas do Código Eleitoral abrangem regras de direito substantivo e de direito adjetivo ou instrumental, conducentes à boa realização do Direito. O processo eleitoral, inclusive o processo eleitoral penal, se insere no Código Eleitoral.

O Código também regula a Justiça Eleitoral, o alistamento, as eleições, as garantias eleitorais, a propaganda partidária, os recursos e os crimes eleitorais, afora disposições sobre os partidos políticos e as inelegibilidades, que foram depois objeto de estatutos especiais. Evidentemente, as legislações infracitadas complementam o Código Eleitoral, e até revogam dispositivos quando regulam em sentido contrário. Exemplo: as inelegibilidades, hoje, são reguladas pela Lei Complementar nº 64/1990.

b) **Lei dos Partidos Políticos** (Lei nº 9.096, de 19/09/1995, com alterações produzidas pela Lei nº 9.259/1997).

c) **Lei das Eleições:** Lei nº 9.504/1997.

d) **Lei Complementar nº 64, de 18 de maio de 1990**, que estabelece, de acordo com o art. 14, § 9º, da Constituição Federal, casos de inelegibilidade, prazos de cessação e determina outras providências.

e) **Lei nº 10.408, de 10 de janeiro de 2002,** que altera a Lei nº 9.504, de 30 de setembro de 1997, que estabelece normas para as eleições, para ampliar a segurança e a fiscalização do voto eletrônico.
f) **Lei nº 9.996, de 14 de agosto de 2000,** que dispõe sobre anistia de multas aplicadas pela Justiça Eleitoral em 1996 e 1998.

B) Fontes formais imediatas subsidiárias ou impróprias.

Com relação às fontes legislativas imediatas subsidiárias, podem ser mencionados, entre outros, os seguintes diplomas:

a) Código Penal
b) Código de Processo Penal
c) Código Civil
d) Código de Processo Civil
e) Direito Financeiro
f) Direito Tributário.
g) Resoluções. As resoluções emitidas pelo Tribunal Superior Eleitoral figuram entre as fontes subsidiárias do Direito Eleitoral de maior importância. Nelas é encontrado útil manancial para dar atualizada ordenação ao processo eleitoral, dotando, assim, a Justiça Eleitoral do necessário equipamento normativo para corrigir as distorções e tornar exequível o livre pronunciamento popular.[1]

Decorre essa produção normativa de atribuição concedida pelo Código Eleitoral em seu art. 23, IX:

> *Art. 23. Compete, ainda, privativamente, ao Tribunal Superior: (...)*
> *IX – expedir as instruções que julgar convenientes à execução deste Código; (...)*

h) Os estatutos dos partidos políticos.

Entre as fontes do Direito Eleitoral devem ser incluídos os estatutos dos partidos políticos, oficializados com o registro emitido pela Justiça Eleitoral. Neles estão contidos os princípios básicos que devem nortear a vida da agremiação, a composição e competência dos seus órgãos deliberativos e princípios sobre as atividades disciplinares aplicáveis aos seus filiados. Essa matéria reveste-se de grande importância, denotando o esforço para fortalecimento e democratização interna das organizações partidárias, com a atividade fiscalizadora reservada à Justiça Eleitoral em diferentes momentos.[2]

1. No mesmo sentido: Fávila Ribeiro. *Direito Eleitoral*. 5. ed. Edição. Rio de Janeiro: Forense, 1998.
2. No mesmo sentido: Fávila Ribeiro. *Direito Eleitoral*. 3. ed. Rio de Janeiro: Forense, 1988.

1.2. Fontes formais mediatas

Fontes formais mediatas do direito eleitoral são: os costumes, os princípios gerais de direito, a analogia, a jurisprudência, a doutrina, os entendimentos sumulados do **TSE** e a súmula vinculante do **STF**.

A) **O costume** pode ser definido como a prática reiterada de uma conduta ou comportamento e aceita por unanimidade, da qual deriva uma norma.

Apresenta-se sob três formas:

a) ***secundum legem:*** é aquele previsto pela lei que reconhece sua eficácia;
b) ***praeter legem:*** é aquele revestido de caráter supletivo, que visa a suprir a omissão da lei;
c) ***contra legem:*** é o costume consistente na contrariedade da lei. No Direito eleitoral pátrio, não se admite o costume *contra legem*.

B) **Os princípios gerais do Direito**, segundo Caio Mário, "são então aquelas regras oriundas da abstração lógica daquilo que constitui o substrato das diversas normas positivadas".[3]

EXEMPLOS DIDÁTICOS

São princípios gerais de todos os direitos: da igualdade, "todos são iguais perante a lei", da dignidade da pessoa humana e do Estado democrático de Direito etc., os quais, ressalte-se, prescindiriam de textura constitucional para valerem em toda sua extensão.

C) **Analogia:** a primeira forma de integração é a analogia, consubstanciada na aplicação a um caso não previsto por uma norma jurídica específica de uma norma prevista para uma hipótese distinta, mas semelhante ao caso não previsto.

De forma mais didática, podemos dizer que analogia consiste em aplicar a uma hipótese não prevista em lei disposição relativa a caso semelhante. Através da analogia aplica-se à lei a hipótese por ela não prevista. A norma se estende a caso não previsto, mas semelhante, em relação ao qual existem as mesmas razões que fundamentam a disposição legal.

EXEMPLO DIDÁTICO

O art. 36, § 3º, do Código Eleitoral indica os que não podem ser nomeados membros das Juntas, escrutinadores ou auxiliares. O artigo em comento não estabelece impedimento para os "menores de dezoito anos", nem para "os débeis mentais".

3. Caio Mário da Silva Pereira. Volume I – Introdução ao Direito Civil, Teoria Geral de Direito Civil. Editora Forense, São Paulo, 1961, p. 55.

Mediante esta omissão, poderíamos concluir que um menor com 13 anos ou um débil mental pode ser membro de uma junta eleitoral?

Resposta: Não. Os impedimentos indicados no art. 36, § 3º, do Código Eleitoral visam a assegurar a segurança e a lisura das eleições. Portanto, se existe a mesma razão que fundamenta os impedimentos, deve ser usada a analogia para sanar a omissão da lei.

D) **A jurisprudência.** Entendida como o conjunto de decisões dos tribunais superiores sobre determinada categoria de casos concretos, exerce papel fundamental no que concerne à efetiva interpretação e aplicação do Direito Eleitoral.

A jurisprudência cumpre destacado papel na dinâmica jurídica, não podendo deixar de ser incluída, com a devida ponderação, entre as fontes do Direito, principalmente na esfera do Direito Eleitoral, onde vem contribuindo para o aperfeiçoamento das instituições representativas, mercê de fecundo labor, sintonizando com as renovadas exigências sociais.[4]

E) **Doutrina.** Pode-se dizer que a doutrina representa o Direito pensado pelos juristas. No Direito Romano, a doutrina (*communis opinio doctorum*) possuía força de lei, desde que houvesse entendimento majoritário dos jurisconsultos sobre determinada matéria. Hoje, como já relatei, a doutrina não pode dispor desta força como fonte do Direito.

F) **As súmulas.** Afirma Plácido E. Silva[5] que

> as súmulas, no âmbito da uniformização da jurisprudência, indicam a condensação de série de acórdãos, do mesmo tribunal, que adotem idêntica interpretação do preceito em tese, sem caráter obrigatório, mas persuasivo, e que, devidamente numerados, estampem-se em repertórios.

Atualização: com a Emenda Constitucional nº 45, a súmula vinculante tem caráter obrigatório (veja o art. 103-A da Constituição Federal:

> *O Supremo Tribunal Federal poderá, de ofício ou por provocação, mediante decisão de dois terços dos seus membros, após reiteradas decisões sobre matéria constitucional, aprovar súmula que, a partir de sua publicação na imprensa oficial, terá efeito vinculante em relação aos demais órgãos do Poder Judiciário e à administração pública direta e indireta, nas esferas federal, estadual e municipal, bem como proceder à sua revisão ou cancelamento, na forma estabelecida em lei).*

4. Nesse sentido: Fávila Ribeiro. *Direito Eleitoral.* 5. ed. Rio de Janeiro: Forense, 1998.
5. Plácido E. Silva. *Vocabulário Jurídico.* 27. ed. São Paulo: Forense, 2007.

2. A ANTINOMIA DA LEI ELEITORAL

Aprendemos na introdução ao estudo do Direito Civil que antinomia jurídica

> é a oposição que ocorre entre duas ou mais regras (total ou parcialmente contraditórias), emanadas de autoridades competentes num mesmo âmbito normativo, as quais colocam o destinatário numa posição insustentável devido à ausência ou inconsistência de critérios aptos a permitir-lhe uma saída nos quadros de um ordenamento dado.[6]

Na doutrina encontramos três critérios para a solução das antinomias eleitorais:

A) **Critério cronológico** (*lex posterior*): entre duas normas eleitorias incompatíveis, a norma posterior prevalece à anterior. É a regra geral do Direito de que em um mesmo nível normativo, a última vontade anula a precedente.

EXEMPLO DIDÁTICO

Havendo confronto entre um artigo do Código Eleitoral (norma geral), que estabelece regras partidárias, com a Lei dos Partidos Políticos prevalecerá esta que é a *norma especial.*

B) **Critério de especialidade** (*lex especialis*): havendo incompatibilidade entre uma norma geral eleitoral e uma especial, prevalece a última.

EXEMPLO DIDÁTICO

Havendo confronto entre a matéria partido político previsto no Código Eleitoral, que é norma geral, prevalecerá o que determina a Lei dos Partidos Políticos, que é especial.

C) **Critério hierárquico** (*lex superior*): entre duas normas incompatíveis entre si, prevalece a hierarquicamente superior, ou seja, a norma superior revoga ou derroga a inferior.

EXEMPLO DIDÁTICO

A Constituição Federal é a norma suprema, portanto, qualquer norma infraconstitucional que entrar em confronto com ela estará fora do ordenamento jurídico.

Entendo que no Direito Eleitoral o critério hierárquico é o mais importante, pois havendo conflito entre os critérios prevalecerá o hierárquico, portanto, o princípio da anualidade que vamos estudar posteriormente é de fundamental importância para o Direito Eleitoral por ser previsto na própria Constituição Federal.

6. Rubens Limongi França (Coord.). *Enciclopédia Saraiva do Direito.* São Paulo: Saraiva, 1977. v. 7, p. 14.

3. OS MÉTODOS DE INTERPRETAÇÃO DO DIREITO ELEITORAL

A) **Interpretação eleitoral gramatical**

A interpretação gramatical é também conhecida como filológica, textual, semântica, literal, verbal e tem como por escopo análise do significado literal dos vocábulos constantes das leis e resoluções eleitorais.

É o método repudiado pela moderna doutrina eleitoral e jurisprudência. Certa vez, o ex-Ministro Luís Galotti do **STF**, em um julgamento ridicularizou, de forma cômica, este método de interpretação, afirmando:

> De todas, a interpretação literal é a pior. Foi por ela que Clélia, na *Chartreuse de Parme*, de Stendhal, havendo feito um voto a Nossa Senhora de que não mais veria seu amante Fabrício, passou a recebê-lo na mais absoluta escuridão, supondo que assim estaria cumprindo o compromisso.

B) **Interpretação eleitoral histórica**

A interpretação eleitoral histórica traça toda a história da proposição legislativa, isto é, para esclarecer a lei o interprete levará em consideração: os precedentes legislativos, o projeto de lei original, as discussões que originaram o projeto, a exposição de motivos e as obras científicas do autor do projeto.

Enfim, procura-se, através da interpretação histórica, "saber, as pessoas que realmente participaram na elaboração da lei, trazendo à luz os intervenientes fatores políticos, econômicos e sociais, configurativos, da occasio legis".[7]

C) **Interpretação eleitoral sistemática**

A interpretação eleitoral sistemática tem como principal finalidade manter a unidade das normas eleitorais, as quais devem ser, conjuntamente, relacionadas, comparadas e analisadas pelo intérprete, o que proporcionará o real sentido da norma eleitoral.

Na interpretação sistemática, o intérprete deve colocar a norma eleitoral isolada em confronto com o conjunto de todas as normas eleitorais vigentes, por isso, Carlos Maximiliano[8] dizia que na interpretação sistemática:

> Confronta-se a prescrição positiva com outra de que proveio, ou que da mesma dimanaram, verifica-se o nexo entre a regra e a exceção, entre o geral e o particular, e deste modo se obtêm esclarecimentos preciosos. O preceito, assim submetido a exame, longe de perder a própria individualidade, adquire realce maior, talvez inesperado. Com esse trabalho de síntese é melhor compreendido.

7. Paulo Bonavides. *Curso de Direito Constitucional*. 6. ed. São Paulo: Malheiros, 1996, p. 406.
8. Carlos Maximiliano. *Hermenêutica e aplicação do Direito*, 9. ed. Rio de Janeiro: Forense, 1979.

D) Interpretação eleitoral lógica ou teleológica

Segundo Carlos Maximiliano[9] o processo lógico

> consiste em procurar descobrir o sentido e o alcance de expressões do Direito sem o auxílio de nenhum elemento exterior, com aplicar ao dispositivo em apreço um conjunto de regras tradicionais e precisas, tomadas de empréstimo à Lógica legal. Pretende do simples estudo das normas em si, ou em conjunto, por meio do raciocínio dedutivo, obter a interpretação correta.

Em síntese didática podemos dizer que chama-se interpretação lógica ou teleológica o método interpretativo que procura revelar a genuína finalidade da norma eleitoral, a vontade nela manifestada, enfim, a que tenciona servir ou tutelar determinada norma eleitoral.

Foi a interpretação lógica que originou o brocardo latino: *ubi lex non distinguit nec nos distinguere debemus* (onde a lei não distingue, não cabe ao intérprete distinguir).

3.1. Tipos de interpretação quanto ao resultado da norma eleitoral

Quanto a seus efeitos a interpretação eleitoral pode ser:

A) Extensiva

Na interpretação extensiva o intérprete conclui que o alcance da norma eleitoral é mais amplo do que indica a terminologia expressa na lei.

B) Restritiva

Na interpretação restritiva o intérprete restringe o sentido da norma ou limita a incidência da norma eleitoral.

A interpretação das normas penais eleitorais e das que implicam suspensão e perda de direitos políticos, devem ser sempre restritivas.

C) Interpretação progressiva, adaptativa ou evolutiva

O intérprete da lei eleitoral não pode ficar alheio às transformações sociais, pois a lei se desenvolve em ambiente político que muda e evolui constantemente, portanto, interpretação progressiva, adaptativa ou evolutiva, tem como finalidade adaptar a norma eleitoral às necessidades e concepções surgidas com a conjuntura político-social.

4. DOS PRINCÍPIOS ELEITORAIS

O Direito Processual Eleitoral é regido por vários princípios, uns infraconstitucionais, outros que têm por base a própria Constituição Federal.

9. Carlos Maximiliano. *Hermenêutica e aplicação do Direito*, 9. ed. Rio de Janeiro: Forense, 1979.

Entendo como impreterivelmente salutar fazermos, *ab initio*, a análise dos principais princípios do Direito Processual Eleitoral, pois, por meio do estudo acurado da base, do alicerce da disciplina, obteremos as ferramentas necessárias para a compreensão e melhor assimilação de todas as matérias que serão desenvolvidas nos capítulos seguintes.

4.1. Conceito de princípio

Consoante lição de **José Afonso da Silva**, princípio, etimologicamente, significa causa primária, momento em que algo tem origem, elemento predominante na constituição de um corpo orgânico, preceito, regra, fonte de uma ação. Em Direito, princípio jurídico quer dizer uma ordenação que se irradia e imantam os sistemas de normas,[10] servindo de base para a interpretação, integração, conhecimento e aplicação do Direito Positivo.

4.2. A moderna divisão dos princípios processuais eleitorais

Modernamente, os princípios processuais eleitorais são divididos em:

A) Princípios eleitorais constitucionais

São os que emanam da Constituição Federal de forma explícita ou implícita.

B) Princípios eleitorais tipicamente eleitorais

São os indicados na legislação eleitoral.

4.3. Estudo doutrinário e jurisprudencial dos princípios eleitorais

4.3.1. Princípio da aplicação subsidiária

Conforme o Código Eleitoral, no processo e julgamento dos crimes eleitorais e dos comuns que lhes forem conexos, assim como nos recursos e na execução, que lhes digam respeito, aplicar-se-á, como lei subsidiária ou supletiva, o Código de Processo Penal. Prevê também o art. 287 do Código Eleitoral que "aplicam-se aos fatos incriminados nesta Lei as regras gerais do Código Penal". Portanto, aplica-se ao Direito Processual Eleitoral todos os princípios do Direito Processual Penal e do Direito Processual Civil.

No mesmo sentido é o entendimento doutrinário dominante:

> "O Código Penal é fornecedor dos princípios e normas gerais aplicáveis aos crimes eleitorais, quanto ao concurso de delitos; coautoria; delimitação da impossibilidade; causas excriminantes e justificativas; fixação de penas; circunstâncias agravantes e atenuantes; e causas extintivas de punibilidade. É o Código Penal uma das fontes do Direito Eleitoral, como o são outros ramos do Direito. Daí o art. 287, do Código Eleitoral, socorrer-se, expressamente, das regras gerais do Código Penal." (TRESP, RC 111.786, Rel. Des. Alberto Mariz)

10. José Afonso da Silva. *Curso de Direito Constitucional positivo*, Editora Malheiros, Rio de Janeiro, 2007.

4.3.2. Os princípios básicos referentes à inelegibilidade

O grande jurista **Fávila Ribeiro**[11] afirma que, na atual ordem jurídica brasileira, merecem ser destacados os princípios basilares no disciplinamento das inelegibilidades.

A) **Princípio da elegibilidade privativa a brasileiros, natos ou naturalizados**, em conformidade com o art. 14, § 3º, I, da Constituição Federal, e em caso de perda da nacionalidade brasileira, por opção tácita ou expressa, com ela desaparecendo também a elegibilidade.

> *§ 3º São condições de elegibilidade, na forma da lei:*
>
> *I – a nacionalidade brasileira;*
>
> *(...)*

B) **Princípio da dependência da elegibilidade à condição de eleitor**, a significar que, sem a dimensão ativa da cidadania, comprovada pelo alistamento eleitoral, não pode haver pretensão à elegibilidade, nem mesmo sendo suficiente satisfazer às condições de alistabilidade, tendo de ser realmente integrante do corpo eleitoral e dele não se desvincular por desídia ou outra causa, pois, se assim ocorrer, desaparecerá também o atributo da elegibilidade (art. 14, § 3º, III, da Constituição Federal).

> *§ 3º São condições de elegibilidade, na forma da lei:*
>
> *(...)*
>
> *III – o alistamento eleitoral;*
>
> *(...)*

C) **Princípio da observância do limite etário**, de dezoito anos para ingresso no patamar inicial da elegibilidade (art. 14, § 3º, VI, *d*, da Constituição Federal);

> *§ 3º São condições de elegibilidade, na forma da lei:*
>
> *(...)*
>
> *VI – a idade mínima de:*
>
> *(...)*
>
> *e) dezoito anos para Vereador.*

Observe que cada cargo exige uma idade mínima como condição de elegibilidade. Veja em síntese didática o quadro infracitado.

11. No mesmo sentido: Fávila Ribeiro. *Direito Eleitoral*. 3. ed. Rio de Janeiro: Forense, 1988.

CARGOS	IDADE
Presidente e Vice-Presidente	35
Senador	35
Deputado Federal	21
Governador e Vice-Governador	30
Deputado Estadual	21
Prefeito e Vice-Prefeito	21
Vereador	18

Aspecto prático importante I: *"Uma pessoa pode assumir o cargo de prefeito aos 18 anos de idade?"*

Resposta: fácil? Mas, se você respondeu "não", a resposta está errada.

Como, professor Dirceu? Acabamos de aprender que a idade para concorrer ao cargo de prefeito é 21 anos.

Resposta: correto; ***"para concorrer"*** ao cargo de prefeito a pessoa tem de ter 21 anos, mas pode ***"assumir o cargo"*** possuindo idade menor.

EXEMPLO DIDÁTICO

Tício, com 18 anos de idade, elegeu-se vereador. No mesmo ano, também foi eleito presidente da Câmara, e, em virtude da renúncia do prefeito e da morte do vice, assumiu o cargo de prefeito.

Aspecto prático importante II: *As idades mínimas elencadas como condição de elegibilidade, devem ser observadas na data do registro, da diplomação ou da posse?*

Resposta: Segundo o art. 11, § 2º, da Lei nº 9.504/1997: *"A idade mínima constitucionalmente estabelecida como condição de elegibilidade é verificada tendo por referência* ***a data da posse****"*.

CURIOSIDADE INTERESSANTE

Joel José Cândido[12] leciona que

> a idade mínima para todos os cargos eletivos, de vereador a Presidente da República, já ficou expressa na Constituição Federal de 1988. As três Constituições imediatamente anteriores a esta só se preocuparam em fixar a idade mínima para presidente, vice-presidente, senador e deputado federal. Esta foi mais longe, pela primeira vez em nossa história constitucional. Alterou, também, a idade mínima para alguém poder se eleger deputado federal, de dezoito para vinte e um anos; permitiu, outrossim, que uma pessoa relativamente incapaz seja vereador. Assim, em caso de impedimento ou vacância do cargo de Presidente da República, pode ocorrer que ele seja ocupado, eventualmente, por um deputado com apenas vinte e um anos, se, nessa condição,

12. *Direito Eleitoral brasileiro.* 10. ed. São Paulo: Edipro, 2003.

estiver na presidência da Câmara (CF, art. 80), o que, de resto, é muito pouco tranquilizador. Pode ocorrer, também, nas mesmas condições, que um vereador, com dezoito anos, ocupe a chefia do Executivo Municipal, na condição de presidente da Câmara Municipal, segundo substituto do prefeito. Com essa idade, não pode ele, sozinho, nem ser civilmente acionado para ressarcir eventual prejuízo causado ao erário de sua cidade, na condição de seu administrador. Não há, a nosso ver, nenhuma razão para o Texto Maior ter deixado a possibilidade de essas duas hipóteses ocorrerem.

Observação didática. Pelo novo Código Civil, Lei nº 10.406, de 10/01/2002 (em vigor a partir de 11/01/2003), art. 52, *caput*, a maioridade civil é aos dezoito anos, o que põe fim à preocupação acima mencionada.

D) **Princípio da vedação à elegibilidade**, enquanto não for superada a condição de analfabeto averbada na inscrição eleitoral (art. 14, § 4º, da Constituição Federal); "*§ 4º São inelegíveis os inalistáveis e os analfabetos*".

Sobre a inelegibilidade do analfabeto, **Djalma Pinto** apresenta uma preciosa lição:

> Há uma curiosidade, a propósito deste tema, que chega a intrigar largo segmento da sociedade. Para exercer a função de gari, responsável pela coleta de lixo, exige a Administração que o cidadão se submeta a exame para aferição de sua escolaridade. Ninguém, em princípio, pode ser servidor público sem prévia habilitação em concurso (art. 37, II, da CF). Tal exigência, porém, não atinge os agentes políticos. Para postular qualquer cargo eletivo é irrelevante o grau de escolaridade do candidato. A única restrição imposta pela Constituição dirige-se aos analfabetos. Essa exegese, seguramente, é incompatível com a vedação de elegibilidade aos analfabetos, sobretudo porque, segundo Aurélio Buarque de Holanda, analfabeto significa: "que não saber ler e escrever" (*Novo Dicionário Aurélio*). Sem saber ler, o candidato é inelegível. Alguns juízes, devotados à causa pública, mesmo diante da ausência de norma específica, têm aferido a condição de escolaridade dos candidatos através de prova elementar para constatação de que sabem efetivamente ler.[13]

A matéria, aliás, já foi submetida ao Tribunal Superior Eleitoral que, através de Acórdão nº 12.510, do Ministro Sepúlveda Pertence, decidiu:

> "Inelegibilidade do analfabeto: submissão à prova elementar de alfabetização, perante o juiz, de candidato que não apresentou documento de escolaridade mínima; acórdão recorrido que, com base na reprovação, confirmou o indeferimento do registro, recurso especial sem condições de admissibilidade; inexistência, ademais, no Parecer da Procuradoria Geral, favorável ao candidato, de evidência de contrariedade à Constituição ou à Lei".

13. Neste sentido: Djalma Pinto. *Direito Eleitoral – anotações e temas polêmicos*. 3. ed. Rio de Janeiro: Forense, 2000.

E) **Princípio da obrigatoriedade de prévia filiação a partido político,** para que possa ser preenchido o primeiro estágio da elegibilidade com a consagração oficial por sua agremiação da candidatura e consequente registro perante a Justiça Eleitoral (art. 14, § 3º, V, da Constituição).

> *§ 3º São condições de elegibilidade, na forma da lei:*
>
> *(...)*
>
> *V – a filiação partidária;*

Posicionamento majoritário do TSE I: inexigência de prévia filiação partidária do militar da ativa, bastando o pedido de registro de candidatura após escolha em convenção partidária. (TSE – AC nº 11.314/1990 e TSE – RES nº 21.787/2004).

Posicionamento majoritário do TSE II: militar da reserva deve se filiar em quarenta e oito horas, ao passar para a inatividade, quando esta ocorrer após o prazo limite de filiação partidária, mas antes da escolha em convenção. (TSE – RES nºs 20.615/2000 e 20.614/2000).

Posicionamento majoritário do TSE III: filiação partidária proibida ao servidor da Justiça Eleitoral (TSE – REsp nº 21.570/2003).

Posicionamento majoritário do TSE IV: servidor da Justiça Eleitoral deve se exonerar para cumprir o prazo legal de filiação partidária, ainda que afastado do órgão de origem e pretenda concorrer em estado diverso de seu domicílio profissional. (17 TSE – RES nº 22.088/2005).

F) **Princípio da obrigatória identidade do domicílio eleitoral à circunscrição a que se vincula o mandato representativo postulado**, sendo evidente que essa exigência não oferece óbice às elegibilidades do presidente e do vice-presidente da República, por se projetarem ambas em dimensão nacional, em sua compreensão una e indivisível (art. 14, § 3º, IV, da Constituição Federal).

> *§ 3º São condições de elegibilidade, na forma da lei:*
>
> *(...)*
>
> *IV – o domicílio eleitoral na circunscrição;*

G) **Princípio da extensão das restrições da elegibilidade aos parentes dos titulares de mandatos**, nas hipóteses infracitadas, até o segundo grau. **Fávila Ribeiro** afirma que "pode-se dizer que este postulado é um consectário da vedação à reelegibilidade, pois ele apareceria com mais veemência na mobilização dos instrumentos de influenciação oficial para colocar em cena um preposto doméstico, ou seja, engaste nepotista".

Observação 1: entendo que a reeleição já não é vedada de forma absoluta no nosso Direito.

Art. 14, § 7º, da Constituição Federal, *in verbis*:

> *São inelegíveis, no território de jurisdição do titular, o cônjuge e os parentes consanguíneos ou afins, até o segundo grau ou por adoção, do presidente da República, de governador de Estado ou Território, do Distrito Federal, de prefeito ou de quem os haja substituído dentro dos seis meses anteriores ao pleito, salvo se já titular de mandato eletivo e candidato à reeleição.*

Portanto, são inelegíveis, no território de jurisdição do titular, o cônjuge e os parentes consanguíneos ou afins, até o segundo grau ou por adoção, do Presidente da República, de governador de Estado ou Território, do Distrito Federal, de prefeito ou de quem os haja substituído dentro dos seis meses anteriores ao pleito, salvo se já titular de mandato eletivo e candidato à reeleição. Mesmo tendo sido aprovada a reeleição para os candidatos à chapa majoritária, e até por isso mesmo, permanece, ao nosso juízo, a condição de inelegibilidade para o cônjuge e para os parentes consanguíneos ou afins. Do mesmo modo, o(a) concubino(a), eis que equiparado(a) ao cônjuge – art. 226, § 3º, da CF, regulamentado pela Lei nº 9.278/1996, que reconhece a união estável entre homem e mulher como entidade familiar.[14]

Posicionamento majoritário do TSE: "Os sujeitos de uma relação estável homossexual, à semelhança do que ocorre com os de relação estável, de concubinato e de casamento, submetem-se à regra de inelegibilidade prevista no art. 14, § 7º, da Constituição Federal." (TSE – AC nº 24.564/2004).

H) Princípio da desincompatibilização e desobstrução da inelegibilidade dos titulares de cargos executivos, desde que renunciem seis meses antes do pleito, para que concorram a outros cargos. Diz **Fávila Ribeiro** que "De sorte que o único óbice inabalável era a disputa para o próprio cargo executivo exercido no período findante, o que não mais subsiste com o advento da Emenda nº 16, de 14/06/1997, extirpando a vedação à reeletividade no provimento dos cargos executivos em geral".

> *Segundo o art. 14, § 6º da Constituição Federal: "Para concorrerem a outros cargos, o Presidente da República, os Governadores de Estado e do Distrito Federal e os Prefeitos devem renunciar aos respectivos mandatos até seis meses antes do pleito".*

14. Neste sentido: Paulo Mascarenhas. *Lei Eleitoral comentada, anotações à Lei nº 9.504*, de 20/09/1997. 5. ed. São Paulo: Editora de Direito, 2002, p. 26.

I) Princípio da desincompatibilização propriamente dita

O princípio exige o afastamento dos dententores de determinados cargos para pleitearem funções no Poder Executivo ou Legislativo.

4.3.3. Princípio da legalidade da propaganda

Consiste na afirmação de que a lei federal regula a propaganda, estando o ordenamento composto por regras cogentes, de ordem pública, indisponíveis e de incidência e acatamento *erga omnes*. Este princípio regula os demais.

4.3.4. Princípio da liberdade da propaganda

O art. 248 do Código Eleitoral consubstancia proteção à liberdade de propaganda, afirmando que *"ninguém poderá impedir a propaganda eleitoral, nem inutilizar, alterar ou perturbar os meios lícitos nela empregados"*.

Não se limitou o legislador a proclamar a liberdade de propaganda; garantiu a sua eficácia através da consagração das duas figuras delitivas, para punir os que atentarem contra a propaganda lícita, assim descrita:

> *Art. 331. Inutilizar, alterar ou perturbar meio de propaganda devidamente empregado:*
>
> *Pena – Detenção até seis meses ou pagamento de noventa a cento e vinte dias-multa.*
>
> *Art. 332. Impedir o exercício de propaganda:*
>
> *Pena – Detenção até seis meses e pagamento de trinta a sessenta dias-multa.*

É o livre direito à propaganda lícita, na forma do que dispuser a lei.

Existem algumas restrições ao direito de propaganda, que são destacadas a seguir por Pinto Ferreira:[15]

> Assim sendo, a propaganda política não pode ser feita em língua estrangeira. O legislador referiu-se à língua nacional, e nem mesmo à língua portuguesa, como porventura desejariam os saudosistas do lusitanismo. Como adverte **F. A. Gomes Neto**, em seu livro Teoria e prática do Código Eleitoral vigente (p. 278), não havendo sido determinada a propaganda na língua nacional, mas em língua nacional, isto é, "não tendo sido esta determinada por um artigo a, mas apenas precedida pela preposição em, pode-se entender, se for necessário, que não estão proibidas na propaganda eleitoral as línguas indígenas, da mesma forma como não o está a portuguesa". A proibição se estende, porém, a línguas estrangeiras (inglês, russo, alemão etc.), que poderiam servir de veículo da influência de países alheios à nossa vida política.
>
> A propaganda não deverá utilizar meios publicitários destinados a criar artificialmente estados mentais, emocionais ou passionais, na opinião pública.

15. Neste sentido: Pinto Ferreira. *Código Eleitoral comentado*. 2. ed. São Paulo: Saraiva, 1990.

É função, aliás, da Justiça Eleitoral adotar medidas para impedir ou cessar imediatamente a propaganda realizada em língua estrangeira ou provocando os aludidos estados de tensão na opinião pública, sem prejuízo do processo e das penas estatuídas em lei.

4.3.5. O princípio da responsabilidade da propaganda

Toda propaganda é de responsabilidade dos partidos políticos e coligações, solidários com os candidatos e adeptos pelos abusos e excessos que cometerem.

4.3.6. O princípio igualitário da propaganda

Todos, com igualdade de oportunidades, têm direito à propaganda, paga ou gratuita.

4.3.7. O princípio da disponibilidade da propaganda lícita

Decorrente do princípio da liberdade da propaganda, significa que os partidos políticos, coligações, candidatos e adeptos podem dispor da propaganda lícita, garantida e estimulada pelo Estado, já que a lei pune com sanções penais a propaganda criminosa e pune a propaganda irregular com sanções administrativas eleitorais, precipuamente.[16]

É um preceito inerente aos Estados democráticos de direito e que foi uma grandiosa conquista estabelecida na Declaração dos Direitos do Homem e do Cidadão, de 26 de agosto de 1789, a saber:

> *Ninguém pode ser inquietado pelas suas opiniões, incluindo opiniões religiosas, contanto que a manifestação delas não perturbe a ordem pública estabelecida pela lei"* (art. 10º); *"A livre comunicação dos pensamentos e das opiniões é um dos mais preciosos direitos do homem; todo o cidadão pode, portanto, falar, escrever, imprimir livremente, respondendo, todavia, pelos abusos desta liberdade nos termos previstos em lei* (art. 11º).

4.3.8. O princípio do controle judicial da propaganda

Consiste na máxima segundo a qual à Justiça Eleitoral, exclusivamente, incumbe a aplicação das regras jurídicas sobre a propaganda e, inclusive, o exercício de seu poder de polícia.

4.3.9. Princípio da periodicidade dos mandatos

Princípio que impulsiona a democracia representativa na medida em que exige o prazo determinado dos mandatos.

16. No mesmo sentido: Joel José Cândido. Op. cit.

4.3.10. Princípio da potencialidade lesiva

Veremos no capítulo das ações eleitorais, que em algumas ações eleitorais será necessário apurar se a conduta irregular foi suficiente para desequilibrar a igualdade de condições dos candidatos à disputa do pleito, ou seja, se a mesma foi decisiva para influenciar o resultado geral da eleição.

Portanto, em algumas hipóteses, para que seja julgada procedente a ação eleitoral não é suficiente a prova da ocorrência do alegado, será imperiosamente salutar provar a potencialidade lesiva, é dizer, provar se a conduta ilícita teve potencialidade de influenciar na lisura e resultado do pleito.

Émerson Garcia[17] leciona que:

> Para que seja identificada a potencialidade do ato, é despicienda a apresentação de cálculos aritméticos que venham a refletir uma diferença quantitativa de votos em favor de quem o praticou ou mesmo a demonstração de relação de causa e efeito entre o ato e o resultado do pleito. Pelo contrário, bastará que o ato, analisado em si e sob a ótica da conjuntura em que foi praticado, denote ser potencialmente daninho à legitimidade do pleito, sendo apto a comprometer a igualdade entre os candidatos e influir sobre a vontade popular. O nexo de causalidade, consubstanciado na provável influência do ilícito no resultado eleitoral, é tão somente indiciário, não conclusivo, prova, aliás, cuja produção é de todo inviável.

4.3.11. Princípio do poder soberano

Previsto no art. 2º do Código Eleitoral, o princípio preconiza que todo poder emana do povo e será exercido, em seu nome, por mandatários escolhidos, direta e secretamente, dentre candidatos indicados por partidos políticos nacionais, ressalvada a eleição indireta nos casos previstos na Constituição e leis específicas.

4.3.12. Princípio da livre investidura em cargo eletivo

Previsto no art. 3º do Código Eleitoral, o princípio preconiza que qualquer cidadão pode pretender investidura em cargo eletivo, respeitadas as *condições constitucionais e legais de elegibilidade* e incompatibilidade.

4.3.13. Princípio da igualdade do voto

A igualdade do voto é plena, o mais rico cidadão brasileiro e o mais pobre têm no Direito Eleitoral algo em comum: o voto é igual. A regra equivale ao brocardo americano *one men, one vote* (um homem, um voto).

4.3.14. Princípio da livre manifestação do voto

Uma das maiores demonstrações da democracia é a livre manifestação de

17. Emerson Garcia. *Abuso de poder nas eleições*: meios de coibição. 3. ed. Rio de Janeiro: Lumen Juris, 2006.

pensamento e de vontade na expressão do voto. Esta manifestação é tão ampla que o eleitor pode anular o seu voto ou *"votar em branco"*.

4.3.15. Princípio do sigilo do voto

Para garantir a livre manifestação do voto, este deve ser sigiloso, e para garantia de sigilo o Código Eleitoral, em seu art. 104, enumera várias providências, inclusive o isolamento do eleitor em cabine indevassável.

4.3.16. Princípio da lisura das eleições

É um princípio essencial para garantir a credibilidade da Justiça Eleitoral. Toda a atuação da Justiça Eleitoral, do Ministério Público, dos partidos políticos e candidatos, inclusive do eleitor, deve pautar-se na preservação da lisura das eleições. A preservação da intangibilidade dos votos e da igualdade de todos os candidatos perante a lei eleitoral e na propaganda política eleitoral ensejam a observância ética e jurídica deste princípio básico do Direito Eleitoral.[18]

4.3.17. Princípio da celeridade

É este princípio que torna a Justiça Eleitoral a mais célere do Brasil. O princípio veda a procrastinação dos feitos e faz com que as decisões eleitorais sejam tomadas de forma rápida, evitando-se delongas para fases posteriores à data da diplomação.

Hoje, a lei eleitoral estabelece vários prazos para as autoridades judiciárias com o precípuo escopo de dar maior celeridade aos feitos eleitorais. A Resolução nº 23.193/2010 em seu art. 18 dispõe que:

> *A inobservância dos prazos previstos para as decisões sujeitará a autoridade judiciária às penas previstas no art. 345 do Código Eleitoral (Lei nº 9.504/1997, art. 58, § 7º).*

4.3.18. Princípio da irrecorribilidade das decisões do Tribunal Superior Eleitoral

São irrecorríveis as decisões do Tribunal Superior Eleitoral, salvo as exceções:

1ª) as decisões que contrariarem a Constituição Federal;

2ª) as decisões denegatórias de *habeas corpus* ou mandado de segurança.

4.3.19. Princípio do pluripartidarismo

O pluripartidarismo consiste na liberdade assegurada aos cidadãos para a formação de partidos, pois o partido único é incompatível com a soberania popular e com o próprio regime democrático.

---

18. No mesmo sentido: Marcos Ramayana. *Direito Eleitoral*. 4. ed. Rio de Janeiro: Impetus, 2005, p. 31.

4.3.20. Princípio da legalidade administrativa

O princípio defende a impossibilidade de o administrador público praticar qualquer ação quando não previamente autorizado pela Lei. Conforme ensina Djalma Pinto, o princípio da legalidade administrativa é consequência da soberania popular. Sendo o povo o titular do poder, os agentes públicos não poderiam investir-se totalmente em sua soberania para agir, arbitrariamente, no exercício das respectivas funções. São, assim, condicionados para atuar exclusivamente dentro da esfera de limitação traçada pelos cidadãos, através das normas votadas por seus representantes no Parlamento.[19]

4.3.21. Princípio da autonomia partidária

São assegurados aos partidos políticos autonomia para definir sua estrutura interna, organização e funcionamento, devendo seus estatutos estabelecer normas de fidelidade e disciplina partidárias.

O **STF** entende que:

> "A Constituição Federal, ao proclamar os postulados básicos que informam o regime democrático, consagrou, em seu texto, o estatuto jurídico dos partidos políticos. O princípio constitucional da autonomia partidária – além de repelir qualquer possibilidade de controle ideológico do Estado sobre os partidos políticos – cria, em favor desses corpos intermediários, sempre que se tratar da definição de sua estrutura, de sua organização ou de seu interno funcionamento, uma área de reserva estatutária absolutamente indevassável pela ação normativa do Poder Público, vedando, nesse domínio jurídico, qualquer ensaio de ingerência legislativa do aparelho estatal. Ofende o princípio consagrado pelo art. 17, § 1º, da Constituição a regra legal que, interferindo na esfera de autonomia partidária, estabelece, mediante específica designação, o órgão do partido político competente para recusar as candidaturas parlamentares natas" (Neste sentido: STF – ADIMCQ nº 1.063 – TP – p. 00057).

4.3.22. Princípio da anualidade

A Constituição Federal, em seu art. 16, preconiza:

> *A lei que alterar o processo eleitoral só entrará em* ***vigor na data de sua publicação****, não se aplicando à eleição* ***que ocorra até um ano da data de sua vigência****.*

Podemos dizer, de forma mais didática, que toda lei que alterar o processo eleitoral tem "vigência imediata" à data de sua publicação, mas só terá eficácia – leia-se efeito prático – para as eleições que serão realizadas *"um ano e um dia da data de sua vigência"*.

19. No mesmo sentido: Djalma Pinto. *Direito Eleitoral*. 2. ed. São Paulo: Atlas, 2005.

EXEMPLOS DIDÁTICOS

a) No dia 1 de outubro de 2009, foi publicada uma lei eleitoral que terá **vigência imediata** e também **eficácia**, porque poderá ser "usada" nas eleições que vão ser realizadas no 3 de outubro de 2010 (**mais de um ano após a vigência**).

b) No dia 25 de outubro de 2009, foi publicada uma lei eleitoral que terá **vigência imediata**, mas não terá **eficácia**, porque não poderá ser "usada" nas eleições que vão ser realizadas no dia 3 de outubro de 2010 (**menos de um ano após a vigência**).

Nesse caso, as eleições do ano de 2010, apesar de haver uma lei eleitoral nova que entrou imediatamente em vigor, serão regidas pelas regras da lei antiga.

c) No dia 3 de outubro de 2009, foi publicada uma lei eleitoral que terá **vigência imediata**, mas não terá **eficácia**, porque não poderá ser "usada" nas eleições que vão ser realizadas no dia 3 de outubro de 2010 (temos 1 (um) ano de vigência e a Constituição Federal diz "*...não se aplicando à eleição **que ocorra até um ano da data de sua vigência***).

4.3.22.1. O princípio da anualidade e a ultra-atividade da lei eleitoral

Ultra-atividade é o fenômeno pelo qual uma lei eleitoral, embora tendo sido revogada, continua sendo aplicada.

EXEMPLO DIDÁTICO

Imagine que o TSE decidiu que determinada alteração é processo eleitoral.

Portanto, deve ser submetida ao princípio da anualidade e, não sendo possível aplicar às eleições de 2010, deve ser observada a regra imposta no artigo revogado.

Indagação: *Quer dizer que é possível uma lei eleitoral ser revogada e ainda perdurar seus efeitos?*

Exatamente. É o que se convencionou chamar de ultra-atividade da lei eleitoral.

4.3.22.2. A ultra-atividade da lei eleitoral e o princípio da irretroatividade da lei penal eleitoral

A lei eleitoral que define crimes (lei eleitoral criminal) só pode retroagir para beneficiar o réu. O art. 5º, XL, da Constituição Federal é bem claro: *"a lei penal não retroagirá, salvo para beneficiar o réu"*.

EXEMPLO DIDÁTICO

"A" está sendo processado por um crime eleitoral que tem a pena de 1 (um) a 2 (dois) anos de detenção. Posteriormente, é sancionada uma lei eleitoral, afirmando que o mesmo crime cometido por "A" tem a pena de 4 (quatro) a 7 (sete) anos. Você já aprendeu: a lei nova maléfica não pode retroagir. Então "A" será penalizado por uma lei revogada?

Resposta: correto, esse é o fenômeno da ultra-atividade, através do qual é possível a aplicação de uma lei, não obstante cessada a sua vigência.

RESUMO DIDÁTICO

A lei eleitoral criminal posterior mais severa é irretroativa.
A lei eleitoral criminal posterior mais benéfica é retroativa.

4.3.23. O que o princípio da anualidade proíbe ser modificado no ano da eleição

O tema é pouco explorado na doutrina, e a matéria é de vital importância porque o art. 16 diz que "A lei que alterar o *processo eleitoral* (...)"; portanto, a grande perplexidade doutrinária e jurisprudencial é responder o que é definir o que seja "*processo eleitoral*".

Definindo o que seja "*processo eleitoral*" nós saberemos o que não pode ser mudado um ano antes de cada eleição.

Joel José Cândido[20] leciona:

> Deve-se entender como insuscetíveis de alteração, porém, só as regras pertinentes ao processo eleitoral *stricto*. Vale dizer, em outras palavras, que são imutáveis, pelo princípio da anualidade da lei eleitoral, só as normas que estabelecem os parâmetros igualitários entre os partidos, no pleito, e não aquelas que apenas instrumentalizam o processo, incapazes, por isso, de gerar surpresas ou desequilíbrios na eleição e no seu resultado.

Exemplifica o renomado autor:

> Geralmente, as normas imutáveis da lei eleitoral, à luz do art. 16 da Constituição Federal, situam-se na fase preparatória do microprocesso eleitoral e são de natureza material. As relativas às convenções, a inelegibilidades e incompatibilidades, às coligações, ao número de candidatos, a alguns prazos; ao registro e à impugnação aos recursos financeiros das campanhas, à propaganda, entre outras, são alguns exemplos dessa espécie. Das que não se incluem na proibição da Lei Maior, e que normalmente são adjetivas e pertinentes às outras fases do microprocesso eleitoral, temos as normas pertinentes às medidas preliminares à votação e apuração; à contabilidade e escrituração de votos; as relativas à fiscalização da votação e do escrutínio pelas partes do processo eleitoral; à proclamação dos resultados e diplomação do pleito; aos crimes e aos processos, penal e civil eleitoral etc.

20. *Inelegibilidades no Direito brasileiro*. 2. ed. Bauru: Edipro, 2008, p. 23.

Thales Tácito, em entrevista concedida à revista *Consulex*, nº 221, afirma que, pesquisando a ADIn nº 354/1990, chega-se à seguinte conclusão: (*Apresentarei apenas uma síntese didática da entrevista comparando com a posição de* ***Joel Cândido*** *e colocando a minha posição*).

4.3.23.1. Mudanças que não se sujeitam ao princípio da anualidade:

A) Não se sujeitam ao princípio da anualidade as modificações na Lei de Inelegibilidades:

POSIÇÃO DIVERGENTE

Minha posição: o TSE entendeu ser possível modificações na Lei de Inelegibilidades porque o art. 14, § 9º, da CF/1988 (*Consulta nº 11.173/1990*), seria uma exceção ao art. 16 da Constituição Federal. *Data venia*, entendo que a Constituição Federal autorizou a lei complementar a criar outros casos de inelegibilidade e os prazos de sua cessação já foram sancionados. Desse modo, qualquer alteração na LC nº 64/1990 deverá obedecer ao art. 16. Uma mudança em uma das condições de elegibilidade, por exemplo, quatro, três, dois meses antes da eleição, alteraria drasticamente as regras do jogo e poderia até decidir uma eleição.

Obs.: Para **Joel Cândido**, as inelegibilidades são insuscetíveis de alteração no período vedado pelo princípio da anualidade.

B) Não se sujeitam ao princípio da anualidade a emancipação de Municípios ou alterações do número de cadeiras das câmaras municipais (TSE, AREspe 19830/SP).

POSIÇÃO DIVERGENTE

Minha posição: embora o entendimento jurisprudencial dominante seja no sentido de que as *"Alterações relativas à fixação de número de vereadores, por não se refletirem no processo eleitoral, não estão sujeitas à exigência da anualidade disposta no art. 16 da Constituição Federal. Supremacia das diretrizes fornecidas pelo STF e TSE sobre normas municipais em matéria eleitoral"* (TRERS – Proc. 932005), entendo que a alteração no número de vereadores, para mais ou para menos, dois meses antes do pleito, por exemplo, é mero casuísmo e viola as *regras do jogo*, desequilibra o processo eleitoral e, portanto, viola o princípio da anualidade.

C) Não se sujeitam ao princípio da anualidade os crimes eleitorais.

Obs.: hipótese unânime na doutrina e jurisprudência.

D) Não se sujeitam ao princípio da anualidade o processo penal eleitoral que receba subsídios da Constituição Federal.

Comentário Didático: se a alteração é processual e recebe subsídio do Código de Processo Penal, não precisará atender ao princípio da anualidade por intervenção do princípio *tempus regit actum*, ou seja, a lei processual penal aplicar-se-á desde logo, sem prejuízo da validade dos atos realizados sob a vigência da lei anterior. Ao contrário, se a mudança é processual e não se utiliza da aplicação subsidiária do Código de Processo Penal e sim de subsídios da Constituição Federal, deverá observar o princípio da anualidade.

E) Não se sujeitam ao princípio da anualidade a prestação de contas eleitorais.

Obs.: é também a minha posição; anoto apenas a posição contrária de **Joel Cândido**[21], que defende que: "(...) impugnação aos recursos financeiros das campanhas, são insuscetíveis de alteração no período vedado pelo princípio da anualidade".

F) Não se sujeitam ao princípio da anualidade as resoluções do TSE que funcionem como ato normativo secundário.

Hipótese unânime da doutrina, pois o ato puramente interpretativo não cria nenhuma norma.

4.3.23.2. Mudanças que se sujeitam ao princípio da anualidade:

a) **Mudança na lei partidária** *(filiação, convenção, coligações, número de candidatos, alguns prazos, registro de candidatos etc.).*

Obs.: hipótese unânime na doutrina e jurisprudência.

b) **Mudança na lei eleitoral.**

Obs.: hipótese em que não há unanimidade na doutrina e jurisprudência.

c) **Mudança no processo eleitoral autônomo.**

Obs.: veja o comentário do item "d" anterior.

d) **Resoluções do TSE que funcionem como ato normativo primário.**

Obs.: veja o comentário do item "f" anterior.

4.3.24. O princípio da anterioridade das resoluções

Antes da reforma eleitoral convivíamos com uma séria anomalia jurídica, era a possibilidade de o TSE editar resoluções a qualquer tempo. Tal fato gerava grande insegurança jurídica, pois em diversas oportunidades fomos surpreendidos por publicações de resoluções na véspera das eleições.

- **Destaque da reforma eleitoral:**

A reforma eleitoral alterou o art. 105, *caput*, da Lei nº 9.504/1997 e criou, em seu § 3º, o princípio da anterioridade das resoluções, *in verbis*:

---

21. Joel José Cândido. *Direito eleitoral brasileiro*. 10. ed. São Paulo: Edipro, 2003.

Art. 105. Até o dia 5 de março do ano da eleição, o Tribunal Superior Eleitoral, atendendo ao caráter regulamentar e sem restringir direitos ou estabelecer sanções distintas das previstas nesta Lei, poderá expedir todas as instruções necessárias para sua fiel execução, ouvidos, previamente, em audiência pública, os delegados ou representantes dos partidos políticos.

(...)

§ 3º Serão aplicáveis ao pleito eleitoral imediatamente seguinte apenas as resoluções publicadas até a data referida no caput.

Portanto, por princípio da anterioridade das resoluções devemos entender que somente serão aplicáveis ao pleito eleitoral imediatamente seguinte as resoluções publicadas até o dia 5 de março do ano da eleição.

4.3.25. Princípio do Juiz Eleitoral natural

Entende-se por juiz eleitoral natural ou constitucional o órgão do Estado que, por previsão constitucional, esteja investido de jurisdição e que exerça este poder de julgar dentro das atribuições fixadas por lei, segundo as prescrições constitucionais. Portanto, para que um órgão se eleve à categoria de juiz natural, podendo assim exercer validamente a função jurisdicional, necessário se torna que esse poder de julgar esteja previsto na Magna Carta.

O juiz natural eleitoral é somente aquele integrado no Poder Judiciário, com todas as garantias institucionais e pessoais previstas na Constituição Federal. Assim, afirma **Celso de Mello** que somente os juízes, tribunais e órgãos juridicionais previstos na Constituição se identificam ao juiz eleitoral natural, princípio que se estende ao poder de julgar também previsto em outros órgãos, como o Senado, nos casos de impedimento de agentes do Poder Executivo.[22]

Segundo esse princípio, o autor do ilícito só pode ser processado e julgado perante o órgão a que a Constituição Federal, implícita ou explicitamente, atribui a competência para o julgamento.

De acordo com a nova Constituição Federal: *Ninguém será processado nem sentenciado senão pela autoridade competente"* (art. 5º, LIII) e *"não haverá juízo ou tribunal de exceção* (art. 5º, XXXVII).

O referido princípio deve ser interpretado em sua plenitude, de forma a não só se proibir a criação de tribunais ou juízos de exceção, mas também de se exigir respeito absoluto às regras objetivas de determinação de competência, para que não seja afetada a independência e imparcialidade do órgão julgador.[23]

22. José Celso Mello Filho. *A tutela Judicial da Liberdade.* RT nº 526/291.
23. No mesmo sentido: Alexandre de Moraes. *Direito Constitucional.* 7. ed. São Paulo: Atlas, p. 102.

Seu contraponto é a vedação ao juízo ou tribunal de exceção (art. 5º, XXXVII, da CF), ou seja, a nomeação de um juiz ou a constituição de um tribunal, após a prática do delito, especialmente para julgar o seu autor. Logicamente, havendo um juízo de exceção, não se pode considerá-lo **natural**, vale dizer, previamente constituído e previsto em lei para julgar toda e qualquer infração, seja quem for o seu autor. Esse juízo de exceção tem enorme possibilidade de não ser imparcial justamente porque foi criado para analisar um caso concreto já ocorrido. Assim, pelas regras constitucionais, todos têm direito a um julgador desapaixonado e justo, previamente existente. Isso não significa que eventuais alterações de competência, válidas para todas as pessoas, não possam ser imediatamente incorporadas e aplicadas.[24]

4.3.26. Princípio do Promotor Eleitoral natural

Veremos o princípio do Promotor Eleitoral natural no capítulo da persecução penal judicial.

4.3.27. O princípio acusatório eleitoral

No processo eleitoral criminal, em atendimento ao princípio acusatório, as funções de acusar, defender e julgar devem ser exercidas por pessoas distintas.

RESUMO DIDÁTICO

a) Ao juiz eleitoral caberá: julgar, dirimir conflitos e preservar os direitos fundamentais.
b) As partes farão a gestão da prova, com duas distinções:
   1) o Ministério Público Eleitoral na ação pública incondicionada e o querelante na ação privada subsidiária da pública incondicionada, **acusam**;
   2) a defesa apresenta todas as teses possíveis para preservação do direito do acusado.

O amigo **Tourinho Filho**[25] elenca as principais características do sistema acusatório:

a) o contraditório como garantia político-jurídica do cidadão;
b) as partes acusador e acusado, em decorrência do contraditório, encontrando-se em situação de igualdade;
c) o processo é público, fiscalizável pelo olho do povo (excepcionalmente se permite uma publicidade restrita ou especial);
d) as funções de acusar, defender e julgar são atribuídas a pessoas distintas e, logicamente, não é dado ao juiz iniciar o processo (*ne procedat judex ex officio*);
e) o processo pode ser oral ou escrito;

24. Guilherme de Souza Nucci. *Código de Processo Penal comentado.*
25. Fernando da Costa Tourinho Filho. *Processo Penal.* São Paulo: Saraiva, 1990, p. 81.

f) existe, em decorrência do contraditório, igualdade de direitos e obrigações, pois *non debet licere actori, quod reo non permittitur*;
g) a iniciativa do processo cabe à parte acusadora, que poderá ser o ofendido ou seu representante legal, qualquer cidadão do povo ou órgão do Estado, função que hoje, em geral, cabe ao Ministério Público.

Acrescento à lição do renomado amigo as características infracitadas:

h) a gestão da prova, ou seja, a produção de provas cabe exclusivamente às partes;
i) manutenção da imparcialidade real e plena por parte do magistrado;
j) ausência de provas tarifadas e adoção do princípio do livre convencimento motivado;
k) a tutela jurisdicional (CF, art. 5º, XXXV);
l) possibilidade de coisa julgada;
m) a garantia do juiz eleitoral natural (CF, art. 5º, XXXVII e LIII);
n) a garantia do promotor eleitoral natural
o) a motivação dos atos decisórios (CF, art. 93, IX)
p) garantia do duplo grau de jurisdição;
q) repúdio às provas ilícitas;
r) adoção do princípio da não culpabilidade antecipada (CF, art. 5º, LVII);
s) o sistema é típico de Estados democráticos.

A Constituição Federal adotou o princípio acusatório ao atribuir ao Ministério Público a missão de alegar e provar os fatos criminais, portanto, adotou de forma expressa (129, inciso I) o princípio acusatório.

O sistema acusatório é um imperativo do moderno processo penal, frente à atual estrutura social e política do Estado. Assegura a imparcialidade e a tranquilidade psicológica do juiz que irá sentenciar, garantindo o trato digno e respeitoso com o acusado, que deixa de ser mero objeto para assumir sua posição de autêntica parte passiva do processo penal.[26]

Para o presidente da comissão que estrutura o novo Código de Processo Penal, Hamilton Carvalhido (Ministro do STJ): "O juiz tem que julgar e deve se manter como tal. A acusação incumbe ao Ministério Público; a investigação, à polícia e o julgamento, ao juiz, que não tem de produzir prova de ofício".[27]

4.3.28. Princípio da igualdade das partes

No Processo Eleitoral, seja cível ou criminal, as partes, embora figurem em polos opostos, situam-se processualmente no mesmo plano de igualdade, o que significa que direitos, deveres e obrigações são iguais.

---

26. No mesmo sentido: Aury Lopes Jr. *Direito Processual Penal e sua conformidade constitucional*, vol. I, 3. ed. Rio de Janeiro: Lumen Juris, 2008.
27. Nota retirada da exposição de motivos do futuro Código de Processo Penal.

No Processo Eleitoral, a igualdade é tão plena que podemos sintetizar o princípio com uma salutar frase de **Carneiro Leão**:[28] "em juízo não pode o acusador sufocar o direito e as garantias do acusado, nem este pode burlar a ação da Justiça e os direitos do acusador".

O acusado não pode se defender sozinho, salvo se tiver habilitação técnica. Evita-se atentar contra o princípio da igualdade eleitoral, porque um órgão qualificado e técnico, como os representantes do Ministério Público Eleitoral, faria um duelo com o réu, em desigualdade de condições.

4.3.28.1. O princípio da igualdade eleitoral e o Pacto de São José da Costa Rica

O princípio da **igualdade** é previsto na primeira parte do art. 1º do Pacto de São José da Costa Rica (Decreto nº 678/1992), *in verbis:*

> *Os Estados-Partes nesta Convenção comprometem-se a respeitar os direitos e liberdades nela reconhecidos e a garantir seu livre e pleno exercício a toda pessoa que esteja sujeita à sua jurisdição, sem discriminação alguma por motivo de raça, cor, sexo, idioma, religião, opiniões políticas ou de qualquer outra natureza, origem nacional ou social, posição econômica, nascimento ou qualquer outra condição social.*

E o art. 24: "*Todas as pessoas são iguais perante a lei. Por conseguinte, têm direito, sem discriminação, a igual proteção da lei*".

4.3.29. Princípio do segredo da Justiça

É o oposto ao princípio da publicidade. Neste, não só os atos processuais se desenvolvem sem conhecimento público como, principalmente, de um dos sujeitos processuais (quase sempre o acusado).

A regra é o princípio da publicidade. Portanto, por ser excepcional, mostraremos que são poucas as hipóteses no processo eleitoral inspiradas no princípio do segredo, como exemplo, podemos antecipadamente citar que o trâmite da ação de impugnação de mandato eletivo deve ser realizado em segredo de justiça, mas o seu julgamento deve ser público.

4.3.30. Princípio do contraditório

O conceito lógico de contraditório pressupõe duas figuras dialéticas, a do dizer e a do contradizer.

O princípio do contraditório está umbilicalmente ligado ao da ampla defesa.

28. Op. cit.

Defesa e contraditório estão indissoluvelmente ligados, porquanto é do contraditório (visto em seu primeiro momento, da informação) que brota o exercício da defesa, mas é esta – como poder correlato ao de ação – que garante o contraditório, mas também por este se manifesta e é garantida. Eis a íntima relação e interação da defesa e do contraditório.[29]

4.3.30.1. O princípio do contraditório eleitoral e o Pacto de São José da Costa Rica

O princípio do contraditório é previsto na primeira parte do art. 8º, l, do Pacto de São José da Costa Rica (Decreto nº 678/1992), *in verbis:*

"Toda pessoa tem direito a ser ouvida, com as devidas garantias(...)".

4.3.31. Princípio do devido processo legal

O chamado *due process of law* foi erigido à categoria de dogma constitucional. Veja o art. 5º, LIV, *in verbis*: Ninguém será privado da liberdade ou de seus bens sem o devido processo legal.

O *due process of law* consiste no direito de a pessoa não ser privada da liberdade e de seus bens, sem a garantia que supõe a tramitação de um processo desenvolvido na forma que estabelece a lei.[30]

4.3.32. Princípio da inadmissibilidade das provas obtidas por meios ilícitos

No **princípio da inadmissibilidade das provas obtidas por meios ilícitos,** veda-se no processo eleitoral cível ou criminal toda e qualquer prova obtida por meios ilícitos. Não será a mesma, em regra, admitida no juízo eleitoral.

Preconiza o inciso LVI do art. 5º da Constituição de outubro de 1988, *in verbis:* "São inadmissíveis, no processo, as provas obtidas por meios ilícitos".

4.3.33. Princípio da vedação da prova ilícita por derivação

A inadmissibilidade a que vimos de nos referir não se restringe apenas às provas obtidas ilicitamente, mas, inclusive, às ilícitas por derivação. Diz-se a prova eleitoral ilícita por derivação quando, embora recolhida legalmente, a autoridade, para descobri-la, fez emprego de meios ilícitos.

4.3.34. Princípio da não culpabilidade antecipada

De acordo com o art. 9º da Declaração dos Direitos do Homem e do Cidadão, de 1789, toda pessoa se presume inocente até que tenha sido declarada culpada, preceito

---

29. Ada Pellegrini Grinover; Antonio Scarance Fernandes; Antonio Magalhães Gomes Filho. *As nulidades no Processo Penal.* 8. ed. São Paulo: RT, 2004, p. 104.
30. Eduardo J. Couture. *Fundamentos del Derecho Procesal Civil.* Buenos Aires: De Palma, 1951, p. 45.

reiterado no art. 26 da Declaração Americana de Direitos e Deveres, de 02/05/1948, e no art. 11 da Declaração Universal dos Direitos Humanos, da ONU.

Hoje, o princípio do estado de inocência é previsto no art. 5º, inciso LVII, da Constituição Federal, *in verbis:* "ninguém será considerado culpado até o trânsito em julgado de sentença penal condenatória".

O princípio trata de uma presunção relativa (*juris tantum*), podendo ser destruída pelas provas colhidas durante a instrução do Processo Eleitoral, seja cível ou criminal.

4.3.34.1. O princípio da não culpabilidade antecipada e o Pacto de São José da Costa Rica

O princípio da não culpabilidade antecipada é previsto na primeira parte do art. 8º, 2, do Pacto de São José da Costa Rica (Decreto nº 678/1992), *in verbis:*

> Toda pessoa acusada de delito tem direito a que se presuma sua inocência enquanto não se comprove legalmente sua culpa.

4.3.35. Princípio *in dubio pro reo*

O *in dubio pro reo* é também um princípio do Direito Processual Eleitoral, pois existem normas instrumentais no direito eleitoral de efeito penal, que, assim como todas as normas de Direito Penal, estão sob a égide do *in dubio pro reo,* em matéria de exegese.

Posição dominante do STF:

> "A culpabilidade não se presume. Deve ser provada. O princípio, hoje consagrado em documentos internacionais e em Constituições, inclusive a brasileira, art. 5º, LVII, inspira o Processo Penal – o contraditório, a plenitude da defesa, o *in dubio pro reo* e o ônus da prova a quem acusa. A presunção de inculpabilidade, pelo qual só é culpado o condenado por decisão transita em julgado, não exclui medidas cautelares, como a prisão processual, prevista na Constituição, art. 5º, LXI, ou em lei. Jurisprudência do STF".[31]

4.3.36. Princípio in dubio pro societate

O princípio em estudo é a contraposição do *in dubio pro reo.* Agora, na dúvida, não prevalece o interesse do réu, e sim o da sociedade.

EXEMPLOS DIDÁTICOS

1) Havendo indícios de que o réu cometeu o crime eleitoral, o juiz eleitoral deve receber a denúncia, pois nesta fase processual prevalece o interesse da sociedade, e não o do réu.

31. STF – RE nº 133.489/ DF, 2ª Turma, Rel. Min. Paulo Brossard, DJU 08/06/2001, p. 20.

2) Na decretação da prisão preventiva eleitoral, também prevalece o princípio *in dubio pro societate.*

4.3.37. Princípio *tempus regit actum* ou princípio do efeito imediato

Ressalvado o preconizado no art. 16 da Constituição Federal,[32] a Lei Processual Eleitoral aplicar-se-á desde logo, sem prejuízo da validade dos atos realizados sob a vigência da lei anterior.

4.3.37.1. As consequências diretas oriundas do princípio *tempus regit actum*

Do princípio *tempus regit actum* derivam duas importantes consequências:

a) os atos processuais realizados sob a égide da lei anterior se consideram válidos;

b) as normas processuais têm aplicação imediata, regulando o desenrolar restante do processo.[33]

O fundamento lógico desse princípio é o de que a lei nova presumidamente é mais ágil, mais adequada aos fins do processo, mais técnica, mais receptiva das novas e avançadas correntes do pensamento jurídico.[34]

4.3.38. Princípio da ampla defesa

Por imposição constitucional, deve ser concedida ao acusado a mais ampla possibilidade de defesa.

Veja os incisos infracitados:

> *(...)*
> *LV – aos litigantes, em processo judicial ou administrativo, e aos acusados em geral são assegurados o contraditório e ampla defesa, com os meios e recursos a ela inerentes;*
> *(...)*
> *XXXVIII – é reconhecida a instituição do júri, com a organização que lhe der a lei, assegurados: a) a plenitude de defesa; (...)*

4.3.38.1. Consequências diretas do princípio da ampla defesa

a) ter conhecimento claro da imputação;

b) poder acompanhar a prova produzida e fazer contraprova;

c) ter defesa técnica por advogado, cuja função, aliás, agora, é essencial à Administração da Justiça (art. 133 da CF);

d) poder recorrer da decisão desfavorável;

e) poder ser julgado por um juiz eleitoral imparcial.

---

32. *(A lei que alterar o processo eleitoral entrará em vigor na data de sua publicação, não se aplicando à eleição que ocorra até 1 (um) ano da data de sua vigência.)*
33. No mesmo sentido: Rogério Lauria Tucci. *Persecução penal, prisão e liberdade*. São Paulo: Saraiva, 1980, p. 9. Nesse sentido: STF: RTJ nº 93/94; *RT* nº 548/411.
34. No mesmo sentido: Hermando Londoño Jiménez. *Derecho Procesal Penal*. Bogotá: Têmis, 1982, p. 11.

4.3.39. Princípio *nemo inauditus damnari potest*

O princípio preconiza que *"ninguém pode ser condenado sem ser ouvido"*.

Vale dizer, impede-se a tutela jurisdicional eleitoral sem que tenham sido obedecidos os princípios da ampla defesa e do contraditório, assegurando-se o regular e devido processo legal. Portanto, ninguém, em regra, pode ser condenado sem que seja ouvido, possibilitando-lhe a defesa de seus interesses.

Aliás, a audiência do réu não é algo que se lhe tenha deferido por generosidade ou liberalidade. Ela se inclui como exigência do interesse público da efetiva aplicação do direito legislado, consequentemente, a audiência do réu é interesse do próprio Estado legislador, como do Estado-juiz, na sua tarefa de tornar efetivo o direito legislado, quando desatendido ou violado pelo destinatário da norma.[35]

O princípio consagra o direito da livre informação vedando o inquisitivo, os procedimentos secretos. Foi o princípio *nemo inauditus damnari potest* que estabeleceu a nova redação ao art. 366 do Código de Processo Penal. Hoje, se o acusado no processo criminal eleitoral, citado por edital, não comparecer, nem constituir advogado, ficarão suspensos o processo e o curso do prazo prescricional, podendo o juiz eleitoral determinar a produção antecipada das provas consideradas urgentes e, se for o caso, decretar prisão preventiva.

4.3.40. Princípio do *ne bis in idem*

Ninguém pode ser punido duas vezes pelo mesmo fato. O princípio possui duplo significado:

1º) penal eleitoral material: ninguém pode sofrer duas penas em face do mesmo crime eleitoral;

2º) processual eleitoral: ninguém pode ser processado e julgado duas vezes pelo mesmo fato. Entendemos, também, que ninguém pode ser indiciado mais de uma vez pela mesma infração eleitoral.

Posição dominante do STF e STJ:

"É firme o entendimento do STF e STJ no sentido da defesa do princípio *ne bis in idem*. Precedentes". STJ – REsp 200600708898 – 839691/SP; 6ª Turma e STF – Extrad. 871-2003 e RTJ 189/448).

4.3.40.1. O princípio do *ne bis in idem* e o Pacto de São José da Costa Rica

O princípio do *ne bis in idem* é previsto na primeira parte do art. 8º, 4, do Pacto de São José da Costa Rica (Decreto nº 678/1992), *in verbis*: *"O acusado absolvido por sentença passada em julgado não poderá ser submetido a novo processo pelos mesmos fatos"*.

35. José Joaquim Calmon de Passos. *Enciclopédia Saraiva do Direito*. Verbete "Direito de Defesa". São Paulo: Saraiva, 1977, v. 26, p. 138.

4.3.41. O princípio da confissão pura

No direito eleitoral a confissão do réu, para fazer prova do delito, deve ser feita no juízo eleitoral competente, ser livre de vícios, coincidir com as circunstâncias do fato e ser corroborada com outras provas constantes nos autos.

4.3.41.1. O princípio da confissão pura e o Pacto de São José da Costa Rica

O princípio da **confissão pura** é previsto na primeira parte do art. 8º, 3, do Pacto de São José da Costa Rica (Decreto nº 678/1992), *in verbis*: *"A confissão do acusado só é válida se feita sem coação de nenhuma natureza."*

4.3.42. Princípio da motivação das decisões (livre convencimento motivado)

O juiz eleitoral tem inteira liberdade de julgar, valorando as provas como bem quiser, sem, contudo, arredar-se dos autos. O juiz eleitoral forma o seu convencimento de maneira livre, embora deva apresentá-lo de modo fundamentado ao tomar decisões no processo.

4.3.43. Princípio da imparcialidade do juiz eleitoral

Algo é totalmente inadmissível no Direito Processual Eleitoral: a **parcialidade do juiz eleitoral**. Se o Estado chamou para si a tarefa de dar a cada um o que é seu, essa missão não seria cumprida se, no processo, não houvesse imparcialidade do juiz eleitoral.

A imparcialidade não pode ser afetada, o que ocasionará a interposição da exceção de impedimento, incompatibilidade ou suspeição, nos termos dos arts. 252, 254 e 112, todos do Código de Processo Penal, se ele próprio não se antecipou, abstendo-se de atuar no feito.

4.3.44. O princípio da correlação entre a acusação e a sentença eleitoral

Estudaremos o princípio da correlação entre a acusação e a sentença eleitoral no capítulo da "*mutatio* e a *emendatio libelli* eleitoral".

4.3.45. Princípios informativos e princípios fundamentais

O mestre **Pinto Ferreira**[36] em elucidativa lição, esclarece que os princípios informativos são regras universais, regras de ordem técnica, verdadeiros axiomas, que são os seguintes: a) lógico; b) jurídico; c) político; d) econômico.

36. Pinto Ferreira. Op. cit.

A) **O princípio lógico**

O processo eleitoral deve ter uma estrutura lógica, todos os seus atos devem ser presididos por essa finalidade, pois o processo eleitoral tende a culminar com a sentença revestida da autoridade de coisa julgada.

B) **O princípio jurídico**

O processo eleitoral é dominado por um princípio jurídico, pois submete a um ordenamento preexistente, que deve ser respeitado, previsto em uma codificação única ou em diversos diplomas legislativos.

C) **O princípio político**

O processo eleitoral é presidido ainda por um princípio político, visto que se prende a determinadas premissas das tipologias dos regimes políticos.

D) **O princípio econômico**

Afinal, o processo eleitoral é dominado por um princípio econômico, dado que o legislador, através dele, busca o máximo de resultados para alcançar a verdade das eleições e a segurança do voto, mas com o mínimo de esforço.

5. RELAÇÕES DO DIREITO ELEITORAL COM AS OUTRAS DISCIPLINAS JURÍDICAS[37]

A) **relação com o Direito Constitucional:** o Direito Eleitoral é ramo do Direito Público interno, derivado do Direito Constitucional, no qual era absorvido até recentemente. As dimensões que foi adquirindo acarretaram a sua emancipação, passando a dispor, como exigência funcional, do seu próprio campo de investigação, no âmbito da Ciência do Direito;

B) **relação com o Direito Penal:** no Direito Penal são encontrados os princípios essenciais que devem ser observados pelo Estado no desempenho da atividade punitiva nas ações ou omissões capituladas como crimes eleitorais. Pertence, com efeito, à legislação penal comum fornecer as normas gerais que também devem ser aplicadas nos crimes eleitorais, tais como os elementos conceituais do concurso de delitos e do concurso de delinquentes; sobre a delimitação da imputabilidade penal, de par com as causas descriminantes e as causas justificativas; os critérios para a fixação das penas, compreendendo as circunstâncias agravantes e atenuantes; como também as causas extintivas da punibilidade;

37. Fonte da pesquisa: Fávila Ribeiro. Op. cit.

C) **relação com o Direito Processual Penal:** o Processo Penal fornece as precisas coordenadas que devem ser adotadas na ação penal eleitoral, da investigação ao oferecimento e recebimento da denúncia; da instrução ao julgamento; dos recursos à execução; tudo de acordo com o disposto no art. 364 do Código Eleitoral, *in verbis: "No processo e julgamento dos crimes eleitorais e dos comuns que lhes forem conexos, assim como nos recursos e na execução, que lhes digam respeito, aplicar-se-á, como lei subsidiária ou supletiva, o Código de Processo Penal";*

D) **relação com o Direito Civil:** o Direito Civil indica as causas determinantes da incapacidade civil, com exclusão do requisito da idade mínima, que é regulado pelo próprio Código Eleitoral, e ao oferecer os subsídios definidores de cônjuge, parentes consanguíneos, afins e adotivos com as graduações correspondentes;

E) **relação com o Direito Processual Civil:** "o processo civil oferece o suprimento normativo que dele se projeta, dando as linhas estruturais que devem regular o comportamento dos participantes da relação processual, com a distribuição sequenciada das etapas que devem ser cumpridas para seguro e imparcial desempenho da atividade jurisdicional, desde os pressupostos exigidos à instauração da instância, desenvolvendo-se em regular estilo contraditório, passando nos procedimentos recursórios até execução final do julgado, sendo aplicável a disposição do art. 23 da Lei Orgânica dos Partidos Políticos, na apuração de responsabilidade por violação dos deveres partidários nos moldes estabelecidos no estatuto de cada partido";

F) **relação com o Direito Financeiro e Tributário:** com estas matérias, o Direito Eleitoral estabelece importante intercâmbio, principalmente com a aplicação das normas de controle sobre as finanças e contabilidades dos partidos políticos.

6. RELAÇÃO PROCESSUAL ELEITORAL

A relação processual eleitoral é sempre de Direito Público. Nela se encontra a presença dos seguintes sujeitos da dita relação processual eleitoral:

a) o cidadão brasileiro, sujeito de direitos políticos;
b) o partido político;
c) o pré-candidato;
d) o candidato a eleição;
e) o candidato eleito;
f) o juiz eleitoral ou tribunal (**TRE** ou **TSE**);
g) o Ministério Público Eleitoral.

O **cidadão brasileiro** pode ser sujeito ativo quando, por exemplo, requer a sua qualificação e inscrição eleitoral, a segunda via do seu título eleitoral, a transferência do domicílio eleitoral; quando ainda requer que se processem o cancelamento e a exclusão de outrem; pode também o cidadão brasileiro ser sujeito passivo quando se processam, por exemplo, o cancelamento e a exclusão de eleitores, pelos motivos determinados em lei (por exemplo: pluralidade de inscrição, suspensão ou perda de direitos políticos, analfabetismo, impossibilidade de exprimir-se na língua nacional, infração penal-eleitoral).

O **partido político** também pode ser sujeito ativo e passivo. O partido político é um sujeito ativo quando requer o registro de candidatos, recorre do juiz eleitoral, interpõe recursos em geral, requer cancelamento de inscrição etc. O partido político é sujeito passivo quando defende as impugnações ao registro dos seus candidatos, nos processos em que é acusado de fraude eleitoral etc.

6.1. A relação processual eleitoral gera direitos e obrigações

Os direitos processuais eleitorais são os seguintes:

a) direito de ação, exercido pelo sujeito ativo;
b) direito de defesa, exercido pelo sujeito passivo.

7. AS INSTÂNCIAS ELEITORAIS

Considerando que os procedimentos eleitorais ocorrem na primeira instância, na segunda instância e na instância superior, poder-se-ia estabelecer a seguinte tipologia ou classificação.

Na instância inferior (*perante os juízes*), **ocorrem:** inscrição de eleitor; segunda via de título eleitoral; transferência de eleitor; exclusão de eleitor; registro de membros das convenções municipais e procedimento da sua realização; registro de candidatos eletivos municipais e respectivas impugnações de eleições; *habeas corpus;* mandado de segurança; exceção de suspeição; representação; reclamação; infrações penais; impugnações; recursos.

Na segunda instância (*isto é, perante os TREs*), **temos:** registro dos diretórios regionais e municipais dos partidos, com as respectivas comissões executivas; registro de candidatos a cargos eletivos estaduais e federais; apuração de eleições; *habeas corpus;* mandado de segurança; exceção de suspeição; consulta; representação; reclamação; conflito de jurisdição; crimes eleitorais dos juízes eleitorais; recursos eleitorais, apuração de eleições municipais e também os julgamentos de crimes eleitorais dos acusados que não têm foro privilegiado.

No **STF** e **TSE**, teremos: registro de partidos políticos; cancelamento de registro de partido político; registro de diretórios nacionais dos partidos e respectivas comissões executivas nacionais; declaração de inconstitucionalidade de lei ou ato; *habeas corpus;* mandado de segurança; conflito de jurisdição; crimes de sua competência originária; consultas; representações; instruções; exceção de suspeição; recursos eleitorais.

CAPÍTULO 2

Persecução Penal Eleitoral Judicial

1. DA AÇÃO PENAL ELEITORAL

1.1. Conceito

Ação penal é o direito de, configurada a infração penal eleitoral na análise do caso concreto, requerer ao Poder Judiciário a aplicação da sanção penal com escopo de concretizar o poder punitivo do Estado.

1.2. Noções didáticas

A ação penal em matéria eleitoral é, em regra, pública incondicionada. Significa isso que somente pode promovê-la a instituição que dela é titular – o Ministério Público Eleitoral.

Afastada está, como regra geral, a possibilidade de ação penal em matéria eleitoral por iniciativa privada.

A doutrina amplamente dominante afirma que ação penal eleitoral é sempre pública incondicionada; em realidade, há um erro histórico nesta construção doutrinária, pois é plenamente possível a **ação privada subsidiária**, se o Ministério Público não intenta ação penal em tempo hábil, nos termos do art. 5º, LIX, da Constituição Federal, *in verbis: "Será admitida ação privada nos crimes de ação pública, se esta não for intentada no prazo legal;".*

2. O *DOMINUS LITIS* DA PERSECUÇÃO CRIMINAL ELEITORAL

Para iniciar a ação penal, age o Ministério Público Eleitoral espontaneamente, independentemente de comunicação particular e, mesmo, de inquérito policial. Afinal, é ele o *dominus litis* da persecução criminal eleitoral.

Por outro lado, desde que considere necessário aprofundar a investigação para determinação de responsabilidade penal eleitoral, poderá pôr em aplicação a competência que lhe advém do Código de Processo Penal, em seu art. 5º, II, e requisitar à autoridade policial a abertura de inquérito, que deverá ser prontamente atendida.

3. DIVISÃO DA AÇÃO PENAL ELEITORAL

A ação penal eleitoral divide-se em:

A) Ação penal eleitoral pública incondicionada. O titular da ação penal pública é o Estado, pertencendo a este o *jus puniendi*.

Diferentemente do direito penal, não há, no direito eleitoral, a ação penal pública condicionada a representação.

O Código Eleitoral é bem claro: *"Art. 355. As infrações penais definidas neste Código são de ação pública"*.

B) **Ação penal eleitoral privada subsidiária da pública incondicionada.** A titularidade da ação penal pertence à vítima ou a seu representante legal e só será possível a sua interposição se o Ministério Público Eleitoral ficar inerte e não intentar ação penal eleitoral no tempo determinado em lei.

No mesmo sentido o entendimento dominante do **TSE**:

> "Cabimento de ação penal privada subsidiária no âmbito da Justiça Eleitoral, por tratar-se de garantia constitucional, prevista na CF/88, art. 5º, LIX. Inadmissibilidade da ação penal pública condicionada a representação do ofendido, em virtude do interesse público que envolve a matéria eleitoral." (Ac-TSE nº 21.295/2003).

C) Ação penal eleitoral pública subsidiária da pública incondicionada

Entende-se como ação penal eleitoral pública subsidiária da pública incondicionada a possibilidade de o eleitor fazer uma representação contra o órgão do Ministério Público Eleitoral que não ofereceu a denúncia no prazo legal, para que outro membro do Ministério Público Eleitoral possa ofertá-la.

Veremos maiores detalhes no item *"Estudo específico da ação penal eleitoral pública subsidiária da pública incondicionada"*.

4. CONDIÇÕES DA AÇÃO PENAL ELEITORAL

4.1. Condições genéricas da ação penal eleitoral

São condições genéricas da ação penal eleitoral:

A) Possibilidade jurídica do pedido. O Estado somente pode pretender a punição de uma pessoa se esta, efetivamente, praticar uma conduta prevista na lei como infração eleitoral.

B) Legitimidade para agir. Somente o titular, cuja proteção é pretendida, tem legitimidade para agir. É a chamada legitimidade para causa (*ad causam*), que é conferida ao Ministério Público Eleitoral na ação penal pública eleitoral e ao ofendido ou ao seu representante legal na ação privada subsidiária da pública.

C) Interesse de agir. Interesse significa adequação e utilidade do provimento jurisdicional pleiteado.

Em cada caso concreto cabe ao juiz examinar, portanto, os aspectos pertinentes à adequação do provimento solicitado e sua utilidade (para dirimir o conflito).[1]

4.2. Condições específicas da ação penal eleitoral

As condições de procedibilidade são as que condicionam o exercício da ação penal eleitoral.

A denúncia eleitoral exige algumas das condições de procedibilidade em consonância com a posição do sujeito passivo

São condições de procedibilidade de ação penal eleitoral:

a) **a autorização da Assembleia Legislativa, pelo voto de 2/3 dos seus membros, para ser instaurado processo contra Governador de Estado que comete crime eleitoral.**

Com base na jurisprudência do **STF** e **STJ** podemos afirmar que a denegação de autorização prévia traduz simples obstáculo temporário ao curso da ação penal eleitoral,[2] portanto, concluído o mandato e havendo crime eleitoral para apurar, instaura-se a ação penal sem necessidade da autorização.

b) **a autorização da Câmara dos Deputados para poder ser instaurado processo, por crime eleitoral praticado pelo Presidente, Vice-Presidente da República e Ministros de Estado** (CF, art. 51, I).

Na vigência do mandato, o Presidente da República não pode ser responsabilizado por atos estranhos ao exercício das suas funções (art. 86, § 4º, da CF/1988).

Não é imunidade penal, diz o **STF**, mas imunidade temporária à persecução penal.[3]

Quanto aos Ministros de Estado, a autorização da Câmara dos Deputados só é necessária nos crimes comuns e de responsabilidade, conexos com os da mesma natureza, imputados ao Presidente da República.[4]

---

1. Luiz Flávio Gomes; Antonio García-Pablos de Molina. *Direito Penal – parte geral*. V. 2. São Paulo: Revista dos Tribunais 2008, p. 906.
2. No mesmo sentido: STF, RT nº 715/563; STJ, CEsp, Inq. nº 123, p. 2.993.
3. No mesmo sentido: STF, Pleno, Inq. nº 672-6.
4. No mesmo sentido: STF, Pleno, mv, *RTJ* nº 148/26.

Insta acentuar que já não existe, em nosso ordenamento jurídico, **a autorização da Câmara dos Deputados e do Senado para a instauração de processo penal em relação a Deputados Federais e Senadores, respectivamente, e que se aplicava, por força do art. 27, § 1º, da CF, aos Deputados Estaduais**, pois a Emenda Constitucional nº 35, de 20/12/2001, dando nova redação ao art. 53 da CF, aboliu aquela **licença prévia** do órgão legislativo.

O que pode haver é, após o recebimento da denúncia, a ação eleitoral ser sustada; no mesmo sentido *vide* §§ 3º, 4º e 5º do art. 53 da Constituição Federal, *in verbis:*

> *Art. 53*
> *(...)*
> *§ 3º Recebida a denúncia contra o Senador ou Deputado, por crime ocorrido após a diplomação, o Supremo Tribunal Federal dará ciência à Casa respectiva, que, por iniciativa de partido político nela representado e pelo voto da maioria de seus membros, poderá, até a decisão final, sustar o andamento da ação.*
> *§ 4º O pedido de sustação será apreciado pela Casa respectiva no prazo improrrogável de quarenta e cinco dias do seu recebimento pela Mesa Diretora.*
> *§ 5º A sustação do processo suspende a prescrição, enquanto durar o mandato.*

Em todas essas hipóteses, o exercício da ação penal eleitoral fica subordinado a determinada condição específica. Sem ela, a ação não pode ser promovida.

c) **Prefeito Municipal**

Não é necessária licença prévia da Câmara Municipal.[5]

5. ESTUDO ESPECÍFICO DA AÇÃO PENAL PÚBLICA INCONDICIONADA ELEITORAL

A titularidade da ação penal pública incondicionada pertence ao Estado, não necessitando, assim, da manifestação de vontade externa para ser iniciada.

O órgão do Estado-Administração é representado pelo Ministério Público Eleitoral, que promove a ação penal pública eleitoral desde a peça inicial (denúncia) até os termos finais. No entanto, por tratar-se de um órgão uno e indivisível, seus membros podem ser substituídos no processo, sem que haja solução de continuidade.

5.1. Princípios da ação penal pública incondicionada

A) Princípio da oficialidade

Verificada a ocorrência de uma infração penal eleitoral, é incumbência do Estado agir, por meio do órgão do Ministério Público Eleitoral.

5. (No mesmo sentido: STJ, HC nº 1.655, p. 16590).

Cabe ao Ministério Público Eleitoral promover privativamente a ação penal pública (art. 129, I, da CF; art. 100, § 1º, do CP; e art. 24 do CPP).

Cuidado 1: veremos, posteriormente, que só há uma exceção ao princípio da oficialidade, é a ação penal eleitoral subsidiária da pública, em que o próprio ofendido ou seu representante legal, por meio de um advogado, propõe uma queixa-crime, mesmo que a ação seja pública.

Cuidado 2: este princípio não tem vigência para a ação penal eleitoral privada subsidiária da pública.

B) Princípio da indisponibilidade

Instaurada a ação penal eleitoral, proíbe-se que o Ministério Público eleitoral desista desta (art. 42 do CPP) ou do recurso interposto (art. 576 do CPP).

O Ministério Público Eleitoral pode renunciar à interposição do recurso, mas não pode desistir, pois renúncia ocorre antes da interposição do recurso, o que não se confunde com desistência, que ocorre depois da sua propositura.

Cuidado 1: há exceções ao princípio da indisponibilidade, quais sejam:

Com o advento da Lei nº 9.099/1995, é evidente que também restou mitigado este princípio, quando, em seu art. 89, instituiu entre nós a suspensão condicional do processo para as infrações eleitorais de pequeno e médio potencial ofensivo, posto que o Ministério Público Eleitoral passou a dispor da ação penal eleitoral, obedecidos determinados requisitos e pressupostos.

C) Princípio da obrigatoriedade ou legalidade ou necessidade

O Ministério Público Eleitoral é obrigado a promover a ação penal pública incondicionada, logo que tenha em mãos a notícia do crime e os elementos mínimos que possibilitem o oferecimento da denúncia (art. 24 do CPP). Portanto, a propositura da ação penal eleitoral pública incondicionada é dever do Ministério Público Eleitoral, uma vez verificadas as condições da ação e os pressupostos processuais que legitimem sua atuação.

Observa-se que, mesmo com o advento da Lei nº 9.099/1995, continua a viger, em nossa sistemática processual penal eleitoral, o princípio da obrigatoriedade, impedindo, *v.g.*, o arquivamento do Termo Circunstanciado Eleitoral (*TCE*), quando há elementos formais e materiais para uma futura denúncia.

D) Princípio da indivisibilidade relativa

Na ação penal eleitoral pública prevalece o princípio da invisibilidade relativa, porque, diante do caso concreto, podem ocorrer várias hipóteses em que haverá divisão da ação penal pública:

1ª hipótese: "X" mandou Mévio comprar o voto de Tício. Mévio, ao comprar o voto, foi preso em flagrante. O delegado concluiu o inquérito, mas não conseguiu identificar "X". Pergunta-se: "Estando Mévio preso, o que você faria como Promotor de Justiça Eleitoral?"

Resposta: Se o Promotor de Justiça Eleitoral requerer novas diligências para identificar o mandante, perderá o prazo para o oferecimento da denúncia, e Mévio será solto. Portanto, o Promotor de Justiça Eleitoral deve denunciar Mévio e requerer a extração de traslado do inquérito policial eleitoral com fito de identificar "X". Futuramente, poderá haver um aditamento da denúncia para incluir o mandante.

Em outras hipóteses, diante da fragilidade das provas para determinado indiciado, o Promotor de Justiça Eleitoral poderá oferecer a denúncia somente contra um dos indiciados, se considerar, quanto aos outros, o fato de ainda não existirem elementos suficientes para ofertar a *delatio criminis*. Futuramente, o Promotor de Justiça poderá aditar a denúncia para incluir novos partícipes ou coautores.

Posição do **STF:**

> "O princípio da indivisibilidade não se aplica à ação penal pública. O princípio da indivisibilidade – peculiar à ação penal de iniciativa privada – não se aplica às hipóteses de perseguibilidade mediante ação penal pública. Precedentes." (STF – HC 74.661/RS – RTJ 170/188).

2ª hipótese: Tício e Mévio cometeram um crime eleitoral. Considerando que Mévio tem 17 anos e Tício 21 anos. Pergunta-se: Em atendimento ao princípio da indivisibilidade, o Ministério Público Eleitoral deverá denunciar os dois?

Resposta: Não. Prevalece o princípio da indivisibilidade relativa, quando um delito eleitoral é cometido por um imputável e um inimputável menor de 18 anos. Nesse caso, haverá dois procedimentos, um para o imputável (*denúncia eleitoral*) e outro para o inimputável (*ação penal socioeducativa*).

3ª hipótese: Tício e Mévio cometeram um delito eleitoral de menor potencial ofensivo em coautoria. Apresente a solução jurídica, considerando que:

a) Tício tinha ótimos antecedentes criminais;

b) Mévio já tinha sido condenado, pela prática de crime, à pena privativa de liberdade, por sentença definitiva.

Pergunta-se: Em atendimento ao princípio da indivisibilidade relativa, o Ministério Público Eleitoral deverá denunciar os dois?

Resposta: Não. O Promotor de Justiça deverá ofertar a transação penal para

Tício (art. 76 da Lei nº 9.099/1995) e denunciar Mévio, pois, em conformidade com o art. 76, § 2º, da Lei nº 9.099/1995: *"Não se admitirá a proposta se ficar comprovado: I – ter sido o autor da infração condenado, pela prática de crime, à pena privativa de liberdade, por sentença definitiva"*.

6. ESTUDO ESPECÍFICO DA AÇÃO PENAL ELEITORAL PRIVADA SUBSIDIÁRIA DA PÚBLICA INCONDICIONADA

Como já relatamos a ação penal eleitoral privada subsidiária da pública será cabível em caso de desídia do Ministério Público Eleitoral e é promovida pelo ofendido ou por seu representante legal.

Queixa é a peça inicial da ação penal eleitoral privada subsidiária da pública. É o ato processual pelo qual o ofendido ou seu representante legal dá impulso inicial ao procedimento criminal eleitoral.

Tal ação só será possível se o Ministério Público Eleitoral for omisso, ou seja, ficar inerte e não der início ao processo, no prazo estabelecido pela lei. Vencido o prazo para oferecimento da denúncia (*prazo de 10 dias*), a lei permite que o particular exerça a função que competia ao representante do Ministério Público Eleitoral, dando início à ação penal eleitoral por meio de queixa.

7. PRINCÍPIOS QUE REGEM A AÇÃO PENAL ELEITORAL PRIVADA SUBSIDIÁRIA DA PÚBLICA INCONDICIONADA

a) **Oportunidade ou da conveniência**. A lei reserva ao ofendido ou ao seu representante legal o poder de promover a ação penal eleitoral privada subsidiária da pública incondicionada, segundo suas próprias conveniências.
b) **Indivisibilidade**. Como o crime pode ser praticado por várias pessoas em concurso, a ação penal eleitoral privada subsidiária da pública incondicionada deverá ser promovida contra todos os agentes ativos. Não pode o particular escolher quem vai processar.
c) **Disponibilidade.** Permite que o ofendido, ainda que tenha iniciado a ação penal eleitoral privada subsidiária da pública incondicionada, deixe de prosseguir com a persecução. Poderá abandonar a causa, mas neste caso não haverá extinção da punibilidade, pois o Ministério Público Eleitoral poderá retomar a titularidade da ação penal eleitoral.

Há uma exceção ao princípio da indivisibilidade da ação penal eleitoral privada subsidiária da pública, nos crimes de competência do juizado especial criminal, havendo pluralidade de querelados (*autores do delito*), poderá haver uma exceção à regra da indivisibilidade, pois o procedimento só terá continuidade (*com o oferecimento da queixa*) em relação ao que não aceitar compor-se civilmente. Ou seja, existirá ação penal de iniciativa privada em relação a apenas um ou alguns querelados, mesmo tendo havido um terceiro ofensor (que se compôs civilmente).

7.1. A decadência da ação penal eleitoral privada subsidiária da pública incondicionada

A decadência, no Processo Penal Eleitoral, consiste na perda do direito da ação penal eleitoral privada subsidiária da pública em decorrência de não ter sido exercido no prazo previsto em lei.

Há algo peculiar no direito processual eleitoral: diferentemente do direito penal, a decadência não é causa extintiva da punibilidade, pois como a ação penal eleitoral é de índole pública, o Ministério Público Eleitoral assumirá a titularidade.

7.2. O prazo para ofertar ação penal eleitoral privada subsidiária da pública incondicionada

O ofendido, ou seu representante legal, decairá no direito de queixa, se não o exercer dentro do prazo de 6 (seis) meses.

Posição do STF:

> "Em se tratando de ação penal pública incondicionada, não há falar-se em decadência, instituto inerente aos crimes de ação privada ou de ação pública condicionada." (STF – HC 76.398/SP – 2ª Turma; *RTJ* 174/179)

Seis meses após a inércia do Ministério Público Eleitoral, estará consumada a decadência, não podendo mais o querelante interpor a queixa crime.

7.3. O início do prazo decadencial

No caso da ação penal eleitoral privada subsidiária da pública incondicionada, o início do prazo ocorre no dia em que se esgotar o prazo para o oferecimento da denúncia.

Se for necessário, o juiz nomeará um curador especial para apresentar a queixa subsidiária. O início do prazo ocorre da data da intimação do curador constituído.

Se o agente passivo é menor e o representante legal não oferta a queixa, o prazo começará a correr quando a vítima completar 18 anos.

No crime eleitoral continuado, o prazo será apreciado em relação a cada delito, de forma individualizada;

No caso de morte do ofendido o prazo decadencial não se prorroga nem se interrompe. Portanto, o cônjuge, o ascendente, o descendente e o irmão terão apenas o prazo restante, contados a partir da morte da vítima.

7.4. A ação penal eleitoral privada subsidiária da pública incondicionada *versus* o pedido de arquivamento do inquérito pelo Promotor de Justiça Eleitoral

Quando o Ministério Público Eleitoral, não tendo ficado inerte, requer, no prazo legal, o arquivamento do inquérito, não cabe a ação penal privada subsidiária. Segundo a posição dominante do STF:

> "Descabimento quando houver arquivamento – STF:
>
> Ação penal. Queixa-crime subsidiária. Não conhecimento. Hipótese em que não houve inércia do Ministério Público, pleiteando ele e obtendo, pelo contrário, o arquivamento do inquérito. Inteligência dos arts. 29 e 46 do CPP e 102, § 3º, do CP de 1940. (...) Queixa-crime subsidiária. Não cabe a ação penal privada, prevista nos arts. 29 do CPP e 102, § 3º, do CP, quando o Ministério Público, não tendo ficado inerte, haja requerido, no prazo legal (art. 46 do CPP), o arquivamento do inquérito".[6]

Lembre-se que a ação penal eleitoral privada subsidiária da pública incondicionada somente pode ser exercida pela vítima, ou por quem a represente, quando o Ministério Público Eleitoral se mostrar desidioso ou omisso, deixando de dar seguimento à *notitia criminis*, da qual seja destinatário, o que inocorre quando ele, tempestivamente, oferece exceção de litispendência, rogando que o feito seja arquivado.

7.5. A ação penal eleitoral privada subsidiária da pública incondicionada na hipótese de exclusão da denúncia pelo Promotor de Justiça Eleitoral

Não cabe ação penal eleitoral privada subsidiária da pública na hipótese de exclusão da denúncia de um dos indiciados pelo Promotor de Justiça Eleitoral. O entendimento jurisprudencial dominante é no sentido de que:

> "É defeso à parte, nos crimes de ação pública, formular queixa-crime contra alguém excluído da denúncia, oferecida tempestivamente, a pretexto de que o art. 29 do CPP não distinguiu entre relapsia e exclusão da denúncia de um dos possíveis implicados."[7]

7.6. A ação penal eleitoral privada subsidiária da pública *versus* a perempção

Na ação penal eleitoral privada subsidiária da pública, a negligência do querelante não causa perempção, portanto, no caso de negligência do querelante, deve o

6. *RT* nº 597/421.
7. *RT* nº 558/380; RT nº 514/383.

Promotor de Justiça Eleitoral retornar à ação como parte principal, nos termos da parte final do art. 29 do Código de Processo Penal, *in verbis:*

> *Será admitida ação privada nos crimes de ação pública, se esta não for intentada no prazo legal, cabendo ao Ministério Público aditar a queixa, repudiá-la e oferecer denúncia substitutiva, intervir em todos os termos do processo, fornecer elementos de prova, interpor recurso e,* ***a todo tempo, no caso de negligência do querelante, retomar a ação como parte principal.*** (Destaque nosso)

Ademais, segundo a posição dominante do **STF:**

> "A perempção constitui causa extintiva da punibilidade. Só ocorre nos procedimentos instaurados pelo ajuizamento da ação exclusivamente privada".[8]

7.7. A procuração na ação penal eleitoral privada subsidiária da pública

É entendimento predominante, na doutrina e jurisprudência, a necessidade de fazer-se constar do instrumento do mandato outorgado ao procurador, para oferecimento da queixa-crime, além dos poderes especiais, o nome do querelado, a menção do fato criminoso ou o artigo da lei violada.

Havendo defeitos na procuração, podem ser a todo tempo sanados, porém deve ser observado o prazo decadencial, pois tal retificação não poderá ser realizada após o prazo de seis meses.

O fundamento da exigência de poderes especiais na procuração da queixa-crime subsidiária da pública tem a finalidade de prevenir e evitar o ajuizamento de ações penais à revelia do mandante, sem estar o procurador munido dos poderes especiais, tornando possível a responsabilização penal do outorgante da procuração, quando de má-fé agir, e evitando-se ainda prejuízos ao constituinte, por eventuais excessos do mandatário.

8. ESTUDO ESPECÍFICO DA AÇÃO PÚBLICA SUBSIDIÁRIA DA PÚBLICA INCONDICIONADA

Dispõe os §§ 3º, 4º e 5º do art. 357 do Código Eleitoral, *in verbis*:

> *Art. 357*
> *(...)*
> § 3º *Se o órgão do Ministério Público não oferecer a denúncia no prazo legal representará contra ele a autoridade judiciária, sem prejuízo da apuração da responsabilidade penal.*

8. *RT* nº 689/420.

§ 4º *Ocorrendo a hipótese prevista no parágrafo anterior o Juiz solicitará ao Procurador Regional a designação de outro Promotor, que, no mesmo prazo, oferecerá a denúncia.*
§ 5º *Qualquer eleitor poderá provocar a representação contra o órgão do Ministério Público se o Juiz, no prazo de 10 (dez) dias, não agir de ofício.*

Os parágrafos supracitados atribuem ao juiz eleitoral uma nova função: "órgão fiscalizador e impulsionador da acusação", algo que como já estudamos é totalmente incompatível com o princípio acusatório.

O princípio acusatório é o pressuposto básico e principal ingrediente da formação de um processo penal eleitoral democrático e único que pode assegurar a imparcialidade e a tranquilidade psicológica do juiz eleitoral e, ao mesmo tempo, preservar os direitos e garantias dos litigantes, portanto, com a adoção do princípio acusatório, não há possibilidade de o juiz eleitoral fazer atividades *ex officio* com escopo de reforçar ou impulsionar a acusação.

Como não pode, *ex officio*, reforçar a acusação o juiz eleitoral, no âmbito do processo penal eleitoral, também não pode ser gestor de provas. Para o presidente da comissão que estrutura o novo Código de Processo Penal, Hamilton Carvalhido (*Ministro do STJ*):

O juiz tem que julgar e deve se manter como tal. A acusação incumbe ao Ministério Público; a investigação, à polícia e o julgamento, ao juiz, que não tem de produzir prova de ofício.

Por todas as considerações supracitadas, podemos afirmar que só o cidadão pode impulsionar a acusação eleitoral, portanto, entende-se como ação penal eleitoral subsidiária da pública incondicionada a possibilidade de o eleitor fazer uma representação contra o órgão do Ministério Público Eleitoral que não ofereceu a denúncia no prazo de 10 (dez) dias.

8.1. Legitimidade

Só o eleitor tem legitimidade para ofertar a representação que impulsionará a ação penal eleitoral subsidiária da pública incondicionada.

Quanto à legitimidade para interpor a ação penal eleitoral subsidiária da pública incondicionada, há, no contexto prático, duas hipóteses:

a) A representação é formulada contra o Promotor de Justiça Eleitoral de 1ª instância ao PRE (*Procurador Regional Eleitoral*).

Solução jurídica: caso o **PRE** (*Procurador Regional Eleitoral*) entenda que são procedentes as alegações realizadas, deve

1) oferecer a denúncia;

2) designar outro Promotor Eleitoral para oferecê-la.

Nos dois casos, recebida a denúncia, estaremos diante da ação penal eleitoral subsidiária da pública incondicionada.

b) A representação é formulada contra o Procurador Regional Eleitoral ao PGE (*Procurador-Geral Eleitoral*).

Solução jurídica: caso o PGE (*Procurador-Geral Eleitoral*) entenda que são procedentes as alegações realizadas, deve

1) oferecer a denúncia;

2) designar outro PRE (*Procurador Regional Eleitoral*) para oferecê-la.

8.2. Prazo

Diferentemente da ação penal privada subsidiária da pública, a ação penal eleitoral subsidiária da pública incondicionada não tem um prazo decadencial.

In casu, só deve ser observado o prazo prescricional, ou seja, enquanto não houver a prescrição da infração eleitoral, pode ser intentada a ação penal eleitoral subsidiária da pública incondicionada.

8.3. Principais diferenças entre a ação penal eleitoral subsidiária da pública incondicionada e a ação penal eleitoral privada subsidiária da pública incondicionada

A origem das duas ações são a mesma, qual seja, inércia do Ministério Público Eleitoral, mas há duas importantes diferenças;

1ª diferença: o prazo de interposição

a) na ação penal eleitoral privada subsidiária da pública incondicionada, há um prazo decadencial;

b) na ação penal eleitoral pública subsidiária da pública incondicionada, não há um prazo decadencial e sim um prazo prescricional.

2ª diferença: a legitimidade

a) na ação penal eleitoral privada subsidiária da pública incondicionada, a legitimidade é do ofendido ou seu representante legal;

b) na ação penal eleitoral pública subsidiária da pública incondicionada, a legitimidade é do Ministério Público Eleitoral (**PRE** ou **PGE**).

9. DA QUEIXA-CRIME ELEITORAL

9.1. Conceito

Queixa-crime, ou simplesmente **queixa**, é a denominação dada pela lei à petição inicial da ação penal eleitoral privada subsidiária da pública incondicionada intentada pelo ofendido ou seu representante legal.

O autor é mencionado como *"querelante eleitoral"*, enquanto o réu recebe o nome de *"querelado eleitoral"*, denominações derivadas de "querela", que, no vernáculo, significa demanda.

9.2. Requisitos da queixa crime eleitoral

São os mesmos requisitos da denúncia. Observe que a queixa só difere da denúncia no que concerne à titularidade:

a) a denúncia é a peça vestibular da ação pública;

b) a queixa é a peça inicial da ação eleitoral privada subsidiária da pública.

9.3. Aditamento da queixa-crime eleitoral

Dispõe o art. 45 do Código de Processo Penal que: *"A queixa, ainda quando a ação penal for privativa do ofendido, poderá ser aditada pelo Ministério Público, a quem caberá intervir em todos os termos subsequentes do processo".*

Portanto, o Ministério Público Eleitoral pode aditar a queixa para acrescentar à acusação circunstâncias que possam influir na caracterização do crime e sua classificação ou na fixação da pena (*dia, hora, local, meios, modos, motivos, dados pessoais do querelado etc.*).

9.4. Renúncia expressa ou tácita do direito de queixa

No direito penal a renúncia é uma causa de extinção da punibilidade, prescinde da anuência do querelado, pois é um ato unilateral. Com a renúncia expressa ou tácita, o direito de queixa não pode ser exercido, porque a renúncia equivale à desistência do direito de ação por parte do querelante.

Como no direito eleitoral só existe a ação penal eleitoral privada subsidiária da pública, nenhum efeito terá a renúncia do querelante, pois, com a renúncia, o Promotor de Justiça Eleitoral assumirá a ação penal eleitoral.

9.5. Perdão do ofendido

O perdão do ofendido, nos crimes em que somente se procede mediante queixa, obsta ao prosseguimento da ação.

Perdão é uma espécie de causa de extinção da punibilidade, nos exatos termos do art. 107, V, do Código Penal.

Na ação penal eleitoral privada subsidiária da pública, o perdão não significa a extinção da punibilidade, ainda que o perdão seja aceito, posto que a ação penal é pública. Neste caso o promotor assume a titularidade da ação penal.

10. DA DENÚNCIA ELEITORAL

Estado soberano é o titular absoluto do direito de punir. Portanto, quando alguém comete uma infração eleitoral, aquele desenvolve uma intensa atividade com o escopo de punir o infrator e restabelecer a paz no convívio social. Sendo evidente que, segundo os preceitos de ordem constitucional, a punição ao infrator não pode ser imposta sem o devido processo legal, que na afirmação de **Couture** *"due process of law* consiste no direito de não ser privado da liberdade nem dos seus bens, sem a garantia que supõe a tramitação de um processo desenvolvido na forma que a lei estabelecer".[9]

Essa intensa atividade do Estado-administração, em busca de estabelecer o direito de punir, denomina-se *persecutio criminis* e se desenvolve em dois momentos diferentes.

1º O procedimento inquisitorial eleitoral: que é desenvolvido, em regra, pela polícia judiciária, por meio da elaboração do procedimento inquisitorial, que visa basicamente a elucidar a autoria e a materialidade do fato delituoso eleitoral.

2º A ação penal eleitoral: desenvolvendo a instrução criminal, atendendo aos princípios do contraditório e ampla defesa e vários outros estudados no Capítulo 1, estabelecendo a plena certeza de que nenhuma pena será imposta ao réu senão por meio de um regular processo.

Concluída a primeira fase da *persecutio criminis*, se a ação for pública, o inquérito é remetido a juízo, e será distribuído/registrado. Após a distribuição, os autos serão encaminhados ao juiz eleitoral, e este proferirá o seguinte despacho: "**Vistas ao Ministério Público Eleitoral**".

O Promotor de Justiça Eleitoral, ao receber os autos do inquérito policial, tem seis opções, a seguir expostas:

1ª oferecer a denúncia;

2ª requerer o arquivamento dos autos;

3ª requerer novas diligências;

4ª arguir a falta de condição de procedibilidade;

5ª requerer a extinção da punibilidade;

6ª arguir conflito de atribuição.

Cuidado: já falamos no capítulo do inquérito policial, mas vamos repetir, por ser importante: o inquérito é necessário, mas não imprescindível; a inexistência

9. *Fundamentos del Derecho Procesal Civil*. 1972, p. 100.

de inquérito policial não impede o oferecimento da denúncia eleitoral quando o requerimento ou a representação dirigidos ao representante do Ministério Público Eleitoral vierem instruídos com os elementos indispensáveis à prova da materialidade do delito e os indícios de autoria.[10]

10.1. Conceito de denúncia

É a peça inicial da ação penal pública, a denúncia, pois é o ato pelo qual o Estado, através do Ministério Público Eleitoral requer à Justiça Eleitoral, e no uso do direito de punir, noticia a ocorrência de uma ou mais infrações eleitorais pleiteando a instauração do procedimento criminal eleitoral.

10.2. Titularidade da ação penal eleitoral

Como regra geral o titular da ação penal eleitoral é o Ministério Público Federal, mas através do princípio da delegação, a lei delega ao Ministério Público dos Estados e do Distrito Federal a atribuição de oficiar perante os juízes e juntas eleitorais, primeira instância da Justiça Eleitoral.

O princípio da delegação tem como base legal o art. 78 da LC nº 75/1993, *in verbis: "As funções eleitorais do Ministério Público Federal perante os Juízes e Juntas Eleitorais serão exercidas pelo Promotor Eleitoral".*

Compete ao Procurador Regional Eleitoral exercer as funções do Ministério Público nas causas de competência do Tribunal Regional Eleitoral respectivo, além de dirigir, no Estado, as atividades do setor.

O Procurador-Geral Eleitoral poderá designar, por necessidade de serviço, outros membros do Ministério Público Federal para oficiar, sob a coordenação do Procurador Regional, perante os Tribunais Regionais Eleitorais.

10.3. O promotor de justiça eleitoral natural

Segundo o art. 79 da LC nº 75/93:

> *O Promotor Eleitoral será o membro do Ministério Público local que oficie junto ao Juízo incumbido do serviço eleitoral de cada Zona.*
>
> *Parágrafo único. Na inexistência de Promotor que oficie perante a Zona Eleitoral, ou havendo impedimento ou recusa justificada, o Chefe do Ministério Público local indicará ao Procurador Regional Eleitoral o substituto a ser designado.*

No Direito Eleitoral, o princípio do promotor natural tem ampla aplicação porque o mesmo tem sua origem na Constituição Federal.

10. Nesse sentido: STF, *RTJ* nº 64/363, nº 76/741; STJ, *RT* nº 664/336; TJSP, *JTJ* nº 177/278, *RT* nº 543/349; TACRSP, *RJDTACRIM* nº 29/336, nº 33/369; nº 34/397-8 e nº 472.

O princípio do promotor eleitoral natural decorre do princípio da independência, que é imanente à própria instituição. Ela resulta da garantia de que toda e qualquer pessoa física ou jurídica que figure em determinado processo, que reclame a intervenção do Ministério Público Eleitoral, tenha um promotor eleitoral certo, determinado, pois é um direito subjetivo do cidadão ter e conhecer o promotor eleitoral, legalmente legitimado para o processo. Por outro lado, ela é também uma garantia constitucional do princípio da independência funcional, compreendendo o direito do promotor eleitoral de oficiar nos processos afetos ao âmbito de suas atribuições.

Este princípio, na realidade, é verdadeira garantia constitucional, menos do órgão do *parquet* eleitoral e mais da própria sociedade, do próprio cidadão, que tem assegurado, nos diversos processos em que atua o Ministério Público Eleitoral, que nenhuma autoridade ou poder poderá escolher promotor eleitoral específico para processar determinada pessoa, bem como que a atuação do membro do Ministério Público Eleitoral dar-se-á livremente, sem qualquer tipo de ingerência política.

Segundo os Ministros do STF Celso de Mello, Sepúlveda Pertence, Marco Aurélio e Carlos Velloso, o postulado do promotor natural limita, por isso mesmo, o poder do Procurador-Geral que, embora expressão visível da unidade institucional, não deve exercer a Chefia do Ministério Público de modo hegemônico e incontrastável.

Objeto de várias divergências entre os tribunais, hoje, o Supremo Tribunal Federal reconhece o princípio do promotor natural: "O Plenário do Supremo Tribunal Federal, ao julgar o HC nº 67.759, Rel. Min. Celso de Mello, proclamou a existência do princípio do promotor natural no sistema de direito positivo brasileiro".[11]

Nesse *habeas corpus*, encontra-se o seguinte trecho:

> "O postulado do promotor natural, que se revela imanente ao sistema constitucional brasileiro, repele, a partir da vedação de designações casuísticas efetuadas pela Chefia da Instituição, a figura do acusador de exceção. (...) A matriz constitucional desse princípio assenta-se nas cláusulas da independência funcional e da inamovibilidade dos membros da Instituição".

Portanto, de matriz constitucional, o princípio do promotor natural tem plena aplicação no Direito Eleitoral, não podendo o Procurador-Geral de Justiça indicar ao Procurador Regional Eleitoral um promotor eleitoral sem obediência ao critério legal. Veda-se, assim, designação de um promotor eleitoral com fins específicos de processar determinado político. É primordialmente salutar prefixar o critério de designação dos promotores eleitorais. Em vários Estados já existe resolução emitida pelo Procurador Regional Eleitoral, determinando critérios objetivos para o rodízio

11. Embargos de declaração em HC nº 67.759/RJ, Pleno, Rel. Celso de Mello, v. u., 26/08/1993, DJ 24/09/1993, *RT* nº 705/412.

dos promotores eleitorais; portanto, o descumprimento da resolução viola impreterivelmente o princípio do promotor eleitoral natural.

Em suma, o réu tem direito público, subjetivo, de conhecer o Promotor de Justiça Eleitoral, como ocorre com o juízo natural.

10.4. A investidura ilegal do promotor eleitoral

Joel José Cândido[12] defende que a investidura ilegal do promotor eleitoral poderá acarretar as consequências processuais do art. 358, III, do Código Eleitoral, nos processos criminais; nos processos não criminais, o juiz deverá aplicar o art. 13 do Código de Processo Civil. Já pelo ângulo institucional, como não pode haver o pagamento da gratificação a promotor eleitoral designado em desacordo com o preconizado pela consulta, o Procurador-Geral de Justiça ficará sujeito à Ação Popular se também for responsável por esse pagamento. Assim, quer por uma ótica, quer por outra, o assunto é grave e sério, merecendo ser melhor examinado.

Minha posição: de forma mais didática, podemos dividir as consequências da nomeação ilegal do promotor eleitoral em duas hipóteses:

1ª hipótese: no âmbito "eleitoral criminal" haverá duas consequências, dependendo da fase procedimental.

a) **O processo ainda não foi iniciado.** Neste caso, o juiz rejeitará a denúncia, "por manifesta a ilegitimidade da parte", na forma do art. 358, inciso III, do Código Eleitoral, *in verbis:*

> *Art. 358. A denúncia será rejeitada quando: (...)*
>
> *III – for manifesta a ilegitimidade da parte ou faltar condição exigida pela lei para o exercício da ação penal.*

O promotor eleitoral, investido regularmente, pode propor outra denúncia.

> *Art. 358. (...) Parágrafo único. Nos casos do número III, a rejeição da denúncia não obstará ao exercício da ação penal, desde que promovida por parte legítima ou satisfeita a condição.*

b) **O processo já foi iniciado.** O juiz deve decretar a nulidade do processo por rejeitar a ilegitimidade de parte, conforme preconiza o art. 564, inciso II, do Código de Processo Penal, *in verbis: "Art. 564. A nulidade ocorrerá nos seguintes casos: (...) II – por ilegitimidade de parte".*

2ª hipótese: no âmbito "eleitoral cível", haverá também duas consequências, dependendo da fase procedimental.

12. *Direito Eleitoral brasileiro*. 10. ed. Bauru: Edipro, p. 60.

a) **O processo ainda não foi iniciado.** Neste caso, o juiz eleitoral indefere a petição inicial, "por ser a parte manifestamente ilegítima", conforme dispõe o art. 295, inciso II, do Código de Processo Civil, *in verbis: "Art. 295. A petição inicial será indeferida: (...) II – quando a parte for manifestamente ilegítima".*

b) **O processo já foi iniciado.** O juiz deve extinguir o processo sem julgamento do mérito, na forma do art. 267, inciso VI, do Código de Processo Civil: *"Art. 267. Extingue-se o processo, sem julgamento do mérito: (...) VI – quando não ocorrer qualquer das condições da ação, como a possibilidade jurídica, a legitimidade das partes e o interesse processual".*

O promotor eleitoral, investido regularmente, pode propor novamente a ação.

> Art. 268. Salvo o disposto no art. 267, V, a extinção do processo não obsta a que o autor intente de novo a ação. A petição inicial, todavia, não será despachada sem a prova do pagamento ou do depósito das custas e dos honorários de advogado.

Você pode estar pensando: "Mas, o Ministério Público não é uno e indivisível?" Sim, mas a nomeação ilegal do promotor de Justiça atenta contra o princípio do "promotor de Justiça Eleitoral natural", portanto, o promotor de Justiça, investido ilegalmente na função, torna-se parte ilegítima na relação processual.

Atendendo ao "princípio da periodicidade da investidura das funções eleitorais", em todos os Estados existe uma espécie de rodízio, revezamento, entre os promotores.

EXEMPLO DIDÁTICO

Em uma comarca com dois promotores, cada um assumirá por dois anos a função de promotor eleitoral; é o mesmo caso dos juízes. Suponha que, no rodízio, chegou a sua vez de assumir as funções de promotor de Justiça Eleitoral e o Procurador-Geral de Justiça indicou ao Procurador Regional Eleitoral, novamente, o nome do primeiro promotor. A solução será o promotor que foi preterido em seu direito líquido e certo de assumir a função de promotor eleitoral propor um mandado de segurança.

OBSERVAÇÕES DIDÁTICAS

a) **Quando não é possível fazer o rodízio:** nas comarcas em que há apenas uma Promotoria de Justiça e apenas um promotor de Justiça, não há o rodízio das funções eleitorais.

b) **Cuidado, não confunda:** a "indicação" do promotor de Justiça Eleitoral é realizada pelo Procurador-Geral de Justiça e a "designação oficial", feita pelo Procurador Regional Eleitoral.

10.5. Requisitos da denúncia eleitoral

Da análise perfunctória do art. 357 § 2º, do Código Eleitoral (A denúncia conterá a exposição do fato criminoso com todas as suas circunstâncias, a qualificação do acusado ou esclarecimentos pelos quais se possa identificá-lo, a classificação do crime e, quando necessário, o rol das testemunhas), chegamos à conclusão de que a denúncia tem quatro requisitos essenciais.

1º Requisito: exposição do fato criminoso e todas as suas circunstâncias

a) Noções didáticas

O Ministério Público Eleitoral, na elaboração da denúncia, deve narrar os fatos necessários à plena configuração do crime eleitoral com todos os fatores que estão ao redor do delito, mas que servem para aumentar ou diminuir a pena.

Para que futuramente seja possível fazer uma análise da prescrição e competência, faz-se necessário que o Ministério Público Eleitoral faça referência à hora, ao dia, mês, ano e local em que ocorram os fatos objeto da denúncia.

b) Omissão do local

A omissão do local, por si só, não invalida a denúncia eleitoral, uma vez que a eventual nulidade deve ser considerada em face do embaraço ou cerceamento da defesa.[13]

c) A narrativa dos fatos

A narrativa dos fatos deve envolver:

- os indícios suficientes da autoria, coautoria ou participação;
- os meios que comprovem a materialidade;
- os meios empregados na realização do crime;
- os motivos do crime;
- as maneiras de execução.

d) Exposição dos fatos nos delitos de autoria coletiva

Deve ser observado que a moderna política criminal já não permite que o promotor eleitoral denuncie os crimes de autoria coletiva sem especificar a conduta de cada um dos autores, apenas fazendo uma identificação genérica afirmando: Assim, todos agiram de comum acordo e com a mesma identidade de propósito (...).

O Direito Penal Eleitoral moderno não permite a chamada responsabilidade penal objetiva (*em que a pessoa paga, independentemente de dolo ou culpa*). Assim, as condutas dos acusados devem ser totalmente individualizadas.

Ademais, o acriminado se defende dos fatos, e não da capitulação. Portanto, sua conduta tem de ser demonstrada de forma clara, precisa e objetiva.

---

13. *RT* nº 423/368 e nº 589/444.

Tratando-se de crime de autoria coletiva, é necessário que a denúncia, sob pena de inépcia, descreva a conduta de cada um dos participantes.[14]

e) Denúncia eleitoral alternativa

É aquela em que o Ministério Público Eleitoral, ao historiar os fatos, fica na dúvida sobre qual foi a real conduta do acusado. Então, finaliza a exordial atribuindo **uma** ou **outra** conduta ao réu.

EXEMPLO DIDÁTICO:

Ex positis, estando o acusado incurso no art. 324 (*calúnia*) ou 325 (*difamação*) do Código Eleitoral.

Este tipo de denúncia, embora sendo admitida por alguns doutrinadores, não é admissível, porque atenta sensivelmente contra o princípio do contraditório e da ampla defesa. O Estado, na procura do *jus puniendi*, não pode proceder elaborando condutas que são verdadeiras armadilhas, em que o cidadão, ao defender-se de uma acusação, pode vir a ser condenado por outra, podendo o exercício de defesa, que é constitucionalmente amplo, ter sido fragilizado pela várias ramificações hipotéticas em que se fundamentou a peça acusatória.

Em um Estado Democrático e de Direito, tem o cidadão um direito líquido, certo e subjetivo de liberdade de saber de forma objetiva qual é a imputação que lhe é feita.

É tão evidente que a denúncia eleitoral alternativa não pode subsistir em nosso direito, que o próprio legislador criou o fenômeno processual do *emendatio libelli* e *mutatio libelo*, com o escopo de adequar a peça inicial ao pedido final, e demonstrando de maneira clarividente que o promotor deve elaborar a denúncia de forma determinada, não precisando *adivinhar* o elemento subjetivo do injusto, pois, se durante a instrução criminal aparecer uma nova elementar que desconfigure o tipo articulado, na inicial, a mesma pode ser adequada aos novos fatos.

f) Inépcia por ausência de narrativa dos fatos

O entendimento jurisprudencial dominante é no sentido de que é inepta a denúncia que não descreve, ainda que sucintamente, o fato, apenas fazendo referência às peças do inquérito policial, onde estaria narrado.[15]

2º Requisito: a qualificação do acusado ou esclarecimentos pelos quais se possa identificá-lo

A peça inicial também precisa demonstrar de forma individualizada a pessoa que figurará na relação processual no polo passivo. É a qualificação do acusado, que

14. STF, *RTJ* nº 49/388.
15. STF, *RTJ* nº 57/389; *RDP* nº 4/126.

deve envolver o máximo de dados possível (exemplo: nome, prenome, apelido, estado civil, profissão, filiação, residência e domicílio), a fim de evitar que homônimos sejam injustamente processados.

Se não for possível fazer a qualificação nos termos *supra*, a mesma poderá ser feita de forma **indireta**, devendo o Promotor de Justiça Eleitoral colocar o máximo de dados possível para uma perfeita identificação do delatado. Atente-se para o fato de que, se não for possível a chamada qualificação indireta, especificando-se os principais traços caracterizadores do acusado, não será possível o oferecimento da denúncia, pois estamos diante de autoria ignorada, devendo ser realizadas novas diligências supridoras de tais dificuldades.

Nada impede que, em um caso que envolva vários acusados, o Promotor de Justiça Eleitoral apenas se reporte às folhas do procedimento inquisitorial, onde consta a qualificação dos acusados. Exemplo:

(...) Apresentar denúncia contra: 1. Francisco Dirceu Barros. 2. William Douglas. 3. Sylvio Motta. 4. Fernando da Costa Tourinho Filho; José Henrique Pierangeli etc., todos já devidamente qualificados às fls. 01, 02, 03, 04, 05, respectivamente, dos autos do procedimento inquisitorial.

OBSERVAÇÃO DIDÁTICA

O STF entende que o simples erro ou engano do nome do réu não anula a denúncia, desde que ela proporcione elementos para a sua perfeita qualificação.[16]

3º Requisito: classificação do crime eleitoral

É a chamada articulação dos fatos, em que o Promotor de Justiça Eleitoral vai transformar em artigos toda a descrição fática.

EXEMPLO DIDÁTICO

Se a denúncia narra crimes de "compra de votos" e "coação violenta para fazer o eleitor votar", cometidos em vários atos por duas pessoas, o Promotor de Justiça Eleitoral tem de concluir a denúncia, articulando os fatos, ou seja, transformando todos os fatos em artigos, em uma sequência tão lógica que, se você olhar para os artigos, será possível entender os fatos. Por exemplo:

Ex positis, estando os denunciados incursos nos art. 299 c.c. art. 301 do Código Eleitoral, c.c. art. 29 e art. 69, todos do Código Penal.

Observação importante: usamos sempre as terminologias denunciados, delatados, pois só existem acusados após o recebimento da denúncia.

16. *RTJ* nº 63/29.

Facilmente, percebe-se que, por essa articulação, trata-se de um crime de "compra de votos" (art. 299) e um crime de "coação violenta para fazer o eleitor votar" (art. 301) e, em concurso de pessoas (art. 29), e em concurso de crimes material (art. 69).

A doutrina em peso afirma que a tipificação errada não causa prejuízo ao réu; já que este se defende dos fatos, e não dos artigos, e o perfeito enquadramento do tipo é tarefa do magistrado, segundo o brocardo latino (*narra mihi factum dabo tibi jus*). O juiz, na sentença, pode corrigir o erro (*emendatio libelli*). É orientação do STF[17] e do STJ.[18]

4º Requisito: o rol de testemunha

O Promotor de Justiça Eleitoral ao propor a denúncia deve indicar o rol de testemunhas.

Só esclarecemos que a não apresentação do rol de testemunhas não constitui, *per se*, motivo para rejeição da queixa ou da denúncia, pois o fato pode ser provado por outros meios permitidos em lei.[19]

11. O PRAZO DA DENÚNCIA ELEITORAL

Dispõe o art. 357 do Código Eleitoral sobre o prazo para o oferecimento da denúncia eleitoral: "*Verificada a infração penal, o Ministério Público oferecerá a denúncia dentro do prazo de 10 (dez) dias*".

Concluído o inquérito policial os autos devem ser encaminhados com vista ao representante do Ministério Público Eleitoral. A partir do recebimento deles, passa a fluir o prazo de 10 (dez) dias para o oferecimento da denúncia. Observe que o prazo é único, estando o indiciado preso ou solto.

Deve ser obedecido de forma subsidiária o art. 798, § 1º, do CPP, *in verbis: "Não se computará no prazo o dia do começo, incluindo-se, porém, o do vencimento"*.

Como dizia o saudoso amigo Mirabete "Entender-se de outra forma é subtrair ao Ministério Público um dia do prazo sempre que o seu termo inicial for o termo de vista, gerando uma desigualdade em relação ao prazo oferecido à defesa".

11.1. As principais consequências do descumprimento do prazo para o oferecimento da denúncia eleitoral

Segundo o Código Eleitoral é crime previsto no artigo 342, *in verbis:*

> *Não apresentar o órgão do Ministério Público, no prazo legal, denúncia ou deixar de promover a execução de sentença condenatória: Pena – detenção até dois meses ou pagamento de 60 a 90 dias-multa.*

17. *RTJ* nº 79/95, nº 64/57 e nº 95/131.
18. RHC nº 634, 6ª Turma, *JSTJ* nº 18/230.
19. *RT* nº 523/409.

Entendo que o artigo supracitado, formulado em 1965, não foi recepcionado pelo novo ordenamento constitucional, e os motivos são simples, a Constituição Federal já elenca quais são as principais consequências do descumprimento do prazo para o oferecimento da denúncia eleitoral, a saber:

Primeira: o relaxamento imediato da prisão do indiciado;

Constituição Federal, art. 5º, inciso, LXV, *in verbis: "A prisão ilegal será imediatamente relaxada pela autoridade judiciária;".*

Segunda: o surgimento do direito de a vítima ou representante legal ingressar com a ação privada subsidiária da pública.

Constituição Federal, art. 5º, inciso, LIX, *in verbis: "Será admitida ação privada nos crimes de ação pública, se esta não for intentada no prazo legal;".*

Ademais, há ainda a possibilidade da interposição da ação penal eleitoral pública subsidiária da pública incondicionada, que é a possibilidade de o eleitor fazer uma representação contra o órgão do Ministério Público Eleitoral que não ofereceu a denúncia no prazo legal, para que outro membro do Ministério Público Eleitoral possa ofertá-la. Veremos maiores detalhes no item *"Estudo específico da ação penal eleitoral pública subsidiária da pública incondicionada".*

12. A REJEIÇÃO DA DENÚNCIA ELEITORAL

Segundo o art. 358 do Código Eleitoral, a denúncia será rejeitada quando:

> *I – o fato narrado evidentemente não constituir crime;*
> *II – já estiver extinta a punibilidade, pela prescrição ou outra causa;*
> *III – for manifesta a ilegitimidade da parte ou faltar condição exigida pela lei para o exercício da ação penal.*
> *Parágrafo único. Nos casos do número III, a rejeição da denúncia não obstará ao exercício da ação penal, desde que promovida por parte legítima ou satisfeita a condição.*

O uso do princípio da subsidiariedade nos autoriza a dizer que a denúncia também deve ser rejeitada quando:

a) for manifestamente inepta (*Vide art. 395, inciso I, do CPP, com redação dada pela reforma eleitoral, Lei nº 11.719/2008*):

É inepta e não deve ser recebida a denúncia que não especifica, nem descreve, ainda que sucintamente, o fato criminoso atribuído ao acusado.[20] É inepta e não deve ser recebida a denúncia que seja vaga, imprecisa, confusa, lacônica.[21]

20. Nesse sentido: *RT* nº 532/320-1, nº 562/427, nº 599/447, nº 646/331.
21. *RSTJ* nº 93/339; *RT* nº 543/419, nº 610/366, nº 642/358, nº 643/299, nº 700/396; *RJDTACRIM* nº 25/106.

Também é de ser rejeitada a denúncia em que não se descreve elemento essencial do tipo penal. O fato descrito deve ser subsumível a uma descrição abstrata na lei (tipo penal eleitoral); se não se reveste de tipicidade, não há imputação de crime e a denúncia deve ser rejeitada.[22]

b) faltar justa causa para o exercício da ação penal (*Vide* art. 395, *inciso I*, do CPP, com redação dada pela reforma eleitoral, Lei nº 11.719/2008)

A justa causa é o suporte probatório mínimo em que se deve lastrear a acusação eleitoral.

Há controvérsia se a justa causa é uma condição genérica da ação penal eleitoral, entendo que no processo penal a reforma processual não incluiu a justa causa como condição da ação penal e sim como causa especial de rejeição da denúncia.

A Lei nº 11.719/2008, em seu art. 395, é bem clara:

> A denúncia ou queixa será rejeitada quando:
>
> I – for manifestamente inepta;
>
> II – faltar pressuposto processual ou condição para o exercício da ação penal; ou
>
> ***III – faltar justa causa para o exercício da ação penal.*** (Destaque nosso)

13. A NATUREZA JURÍDICA DO RECEBIMENTO DA DENÚNCIA ELEITORAL

O recebimento da denúncia eleitoral é mero juízo quanto à procedibilidade da ação, não há, *in casu*, análise de mérito ou juízo de reprovação; deve, portanto, prevalecer o princípio *in dubio pro societa*, ou seja, na dúvida, prevalecerá o interesse da sociedade que, no caso, é observado com o recebimento da denúncia.

14. O INÍCIO DA AÇÃO PENAL ELEITORAL

A ação penal eleitoral não se inicia com o **oferecimento** da denúncia, e sim com o **recebimento** da denúncia. Se o Promotor de Justiça Eleitoral oferecer a denúncia e o juiz não a receber, não poderemos dizer que a ação se iniciou. Tanto é verdade que, conforme o art. 581 do Código de Processo Penal, caberá recurso, no sentido estrito, da decisão que não receber a denúncia ou a queixa.

22. *RT* nº 546/351, nº 548/382-3, nº 609/445.

15. O ADITAMENTO DA QUEIXA SUBSIDIÁRIA DA PÚBLICA

O Código de Processo Penal, aplicado de forma subsidiária, autoriza o Promotor de Justiça Eleitoral, a aditar a queixa na forma do § 2º do art. 46, *in verbis:*

> *O prazo para o aditamento da queixa será de três dias, contado da data em que o órgão do Ministério Público receber os autos, e, se este não se pronunciar dentro do tríduo, entender-se-á que nada tem a aditar, prosseguindo-se nos demais termos do processo.*

16. O CONFLITO DE ATRIBUIÇÕES ELEITORAIS

Os Professores **Eugênio Pacelli**[23] e **Thales Tácito Pádua Cerqueira**[24] defendem que: A própria LC nº 75/1993 dá tratamento diferenciado entre as funções institucionais propriamente ditas e as funções eleitorais: veja-se, por exemplo, o disposto no art. 75, que diz incumbir ao Procurador-Geral Eleitoral a função de dirimir conflitos de atribuições, enquanto o art. 62, VII, atribui tal mister à Câmara de Coordenação e Revisão, quando entre órgãos do Ministério Público Federal:

> *Art. 62. Compete às Câmaras de Coordenação e Revisão: (...)*
>
> *VII – decidir os conflitos de atribuições entre os órgãos do Ministério Público Federal.*
>
> *(...)*
>
> *Art. 75. Incumbe ao Procurador-Geral Eleitoral: (...)*
>
> *III – dirimir conflitos de atribuições; (...)*

Portanto, por expressa previsão legal, o conflito de atribuições entre Procuradores Regionais Eleitorais é resolvido pelo Procurador-Geral Eleitoral **(que, como sabemos, é o Procurador-Geral da República)**. Ademais, conforme visto alhures, a interpretação gramatical e lógica da disposição da seção que cuida da Câmara de Coordenação e Revisão encontra-se afastada da seção que cuida do Ministério Público Eleitoral, o que reforça que a Câmara não detém a solução de conflito de atribuições entre Procuradores Regionais Eleitorais.

Os insignes doutrinadores supracitados também sustentam que o conflito de atribuições entre dois promotores eleitorais deve ser resolvido pelo Procurador Regional Eleitoral, e não pela Câmara de Coordenação e Revisão do Ministério Público Federal – aqui, apesar de não haver previsão expressa na LC nº 75/1993, vale lembrar também o disposto no art. 27, § 3º, do Código Eleitoral, que confere a mesma atribuição legal do Procurador-Geral Eleitoral (PGE) ao Procurador

23. Thales Tácito Pontes Luz de Pádua Cerqueira. *Direito Eleitoral brasileiro*. Belo Horizonte: Del Rey, 2002.
24. Op. cit.

Regional Eleitoral (PRE), no tocante à função junto aos Tribunais Regionais Eleitorais.

SÍNTESE DIDÁTICA

a) O Procurador-Geral Eleitoral resolve conflito de atribuições entre Procuradores Regionais Eleitorais (art. 75, III, da LC nº 75/1993)

b) O Procurador Regional Eleitoral resolve conflito de atribuições entre os promotores eleitorais, mas existe uma exceção: veja o caso eleitoral superinteressante "O conflito de atribuições de promotores eleitorais em estados diferentes", no final do Capítulo 2.

17. A SUSPEIÇÃO DO PROMOTOR DE JUSTIÇA ELEITORAL

Tício, que é Promotor Eleitoral, entrou com uma queixa-crime contra Mévio, Prefeito da Cidade "XY". Aponte a solução jurídica, considerando que:

a) o que motivou a queixa-crime foi o fato de Mévio ter proferido ofensas contra a honra de Tício;

b) na eleição municipal, o partido de Mévio arguiu a suspeição de Tício, argumentando que ele estava em litígio com o candidato e, portanto, não poderia exercer a função de promotor eleitoral.

Resposta: Em um caso concreto, a 5ª Turma do Superior Tribunal de Justiça[25] rejeitou mandado de segurança da promotora de (...), alegando que, se o promotor está em litígio com um candidato, não deve atuar no processo eleitoral durante a campanha.

A partir de reclamação dos diretórios municipais dos partidos (...), por suposta inimizade entre a promotora (...) e a candidata a prefeita, o procurador regional eleitoral do (...) recomendou o afastamento da promotora. A promotora havia registrado queixa-crime contra a candidata. Com a decisão do procurador eleitoral, o Procurador-Geral do Estado resolveu acatar o pedido de afastamento da promotora de suas funções eleitorais, designando outro membro do MP para atuar na zona eleitoral.

A promotora sustentou que não ficou comprovada sua inimizade com a candidata. Também alegou que houve violação de seus direitos e que a suspeição não poderia ter sido alegada pela coligação, mas apenas pela pessoa diretamente afetada. E se defendeu, dizendo que o próprio parecer que recomendou o afastamento não atribuiu a ela nenhum comportamento indevido ou irregular.

O Estado do (...) contra-argumentou, considerando que foi dada a ela a oportunidade de se defender. E que o afastamento foi determinado por autoridade

25. Fonte de pesquisa: RMS nº 14.990. Revista *Consultor Jurídico*, 03/11/2005, em novembro de 2005.

competente, em cumprimento da disposição legal, seguindo ainda a opinião da Corregedoria-Geral do MP e da Coordenação do Centro de Apoio Operacional das Promotorias Eleitorais. Para o MPF, o Procurador-Geral de Justiça do Estado do (...) seria incompetente para determinar o afastamento da promotora de suas funções eleitorais, o que seria atribuição exclusiva do procurador regional eleitoral. Isso porque os promotores eleitorais exercem funções do MP Eleitoral.

O Ministro Arnaldo Esteves Lima destacou que o entendimento do Tribunal Superior Eleitoral é diverso, entendendo ser da competência do Procurador-Geral de Justiça a indicação ao procurador regional eleitoral do substituto do promotor eleitoral impedido. O relator esclareceu que o procurador regional eleitoral decidiu ser caso de afastamento da promotora de suas funções eleitorais e solicitou, conforme a jurisprudência do TSE, que o Procurador-Geral de Justiça indicasse o substituto. E, por isso, não existe ilegalidade no ato.

O período de afastamento também não seria excessivo, já que a jurisprudência entende que é possível o afastamento durante todo o processo eleitoral, de juiz ou membro do MP, em razão de impedimento ou suspeição. Quanto ao afastamento ter sido dado por pedido de partidos políticos, o ministro afirmou que esse fato é previsto no art. 96 da Lei nº 9.504/1997, que diz: "*Salvo disposições específicas em contrário desta lei, as reclamações ou representações relativas ao seu descumprimento podem ser feitas por qualquer partido político, coligação ou candidato*".

A existência efetiva de impedimento da promotora também foi analisada. O Ministro Arnaldo Esteves Lima esclareceu que a representação apreciou a questão e verificou a existência de ação penal privada promovida pela promotora contra a candidata por suposto crime contra a honra. "A existência dessa ação indica a presença de animosidades que vão além daquelas meramente derivadas do exercício de suas respectivas funções. Tornou-se pessoal", considerou o procurador regional eleitoral.

O ministro entendeu aplicável ao caso o disposto no art. 95 da Lei nº 9.504/1997: "Ao juiz eleitoral que seja parte em ações judiciais que envolvam determinado candidato é defeso exercer suas funções em processo eleitoral no qual o mesmo candidato seja interessado". "Não se trata de punição à recorrente ou imputação de prática de atos irregulares. Apenas garantia de imparcialidade na atuação do MP nas eleições municipais", afirmou o relator.

O direito de defesa da promotora também foi respeitado, no entendimento do Ministro Arnaldo Esteves Lima, já que ela teve oportunidade de responder, na representação, e não negou a existência da ação penal privada que fundamentou a decisão do afastamento.

Minha posição: entendo, *data venia*, que o fato de Tício propor queixa-crime contra Mévio não gera nenhuma relação de inimizade ou situação de dependência que possa gerar suspeição. Através do princípio da inafastabilidade da jurisdição (CF, "*art. 5º (...) XXXV – a lei não excluirá da apreciação do Poder Judiciário lesão ou ameaça a* *direito"*), Tício tem um direito líquido, certo e subjetivo de propor a competente ação judicial com escopo de punir o infrator que causou dano a sua honra – dignidade. O que seria vedado a Tício é "o exercício arbitrário das próprias razões" (Art. 345. *"Fazer justiça pelas próprias mãos, para satisfazer pretensão, embora legítima, salvo quando a lei o permite"*); portanto, o exercício de um direito constitucional não tem o condão de gerar suspeição. Seria o cúmulo da insipiência dizer, em um Estado Democrático de Direito, que o exercício do direito de ação possa provar inimizade.

A decisão *ut supra* ainda gera dois sérios precedentes:

a) um político de má-fé pode injuriar um promotor eleitoral, para que, quando este propuser queixa-crime, seja impedido de exercer suas atividades eleitorais;

b) o promotor eleitoral pode deixar de propor a queixa-crime, para não ser afastado de suas atividades eleitorais.

Posicionamento majoritário do STJ: defende a aplicação do art. 95 da Lei nº 9.504/1997 também ao membro do Ministério Público.[26] O artigo supracitado tem a seguinte redação: *"Ao Juiz Eleitoral que seja parte em ações judiciais que envolvam determinado candidato é defeso exercer suas funções em processo eleitoral no qual o mesmo candidato seja interessado"*.

26. STJ – AC de 25/10/2005, no RMS nº 14.990.

CAPÍTULO 3

Persecução Penal Eleitoral Extrajudicial

1. DO INQUÉRITO POLICIAL ELEITORAL

1.1. Noções didáticas sobre a matéria

O inquérito policial eleitoral é um procedimento de caráter administrativo que tem como objetivo a apuração da *autoria* e *materialidade* da infração eleitoral e tem como finalidade oferecer os elementos que servem à formação da *opinio delicti* do Promotor de Justiça Eleitoral, na ação penal pública incondicionada, ou do querelante, na ação penal eleitoral privada subsidiária da pública incondicionada e é presidido pela autoridade policial.

2. ATRIBUIÇÃO PARA REALIZAÇÃO DO INQUÉRITO EM CRIME ELEITORAL

A atribuição para realização do inquérito em crime eleitoral é da polícia federal. Estabelece o art. 1º da Resolução nº 23.222/2010 que

> *O Departamento de Polícia Federal ficará à disposição da Justiça Eleitoral, sempre que houver eleições, gerais ou parciais, em qualquer parte do Território Nacional* (Art. 2º do Decreto-lei nº 1.064, de 24 de outubro de 1968, e Res.-TSE nº 11.218, de 15 de abril de 1982).

Mas, nos locais onde inexistirem servidores da Polícia Federal, a polícia civil pode, em *atuação supletiva*, investigar e confeccionar o inquérito policial eleitoral em crime eleitoral.

Posição majoritária do TSE: O TSE, no Acórdão nº 16.048 – São Carlos (SP), considerou irrelevante a realização do inquérito pela Polícia Civil, ao decidir:

"Irrelevância de o inquérito ter sido realizado pela Polícia Estadual. A jurisprudência da Corte é no sentido de ser irrelevante ter o inquérito sido realizado pela Polícia Estadual, se a denúncia preenche os requisitos estabelecidos em lei. "Precedente: Acórdão 8.476" (DJU, 14/04/2000, p. 96, Rel. Min. José Eduardo Rangel de Alckmin).

Havia controvérsia sobre o tema, mas a Resolução do TSE nº 23.222/2010, elidiu a divergência:

Art. 2º A Polícia Federal exercerá, com prioridade sobre suas atribuições regulares, a função de polícia judiciária em matéria eleitoral, limitada às instruções e requisições do Tribunal Superior Eleitoral, dos Tribunais Regionais ou dos Juízes Eleitorais (Res.-TSE nº 8.906, de 5 de novembro de 1970 e art. 94, § 3º, da Lei nº 9.504/1997).

Parágrafo único. Quando no local da infração não existir órgãos da Polícia Federal, a Polícia Estadual terá atuação supletiva (Res.-TSE nº 11.494, de 8 de outubro de 1982 e Acórdãos nºs 16.048, de 16 de março de 2000 e 439, de 15 de maio de 2003).

3. AUTORIDADE COMPETENTE PARA PRESIDIR O INQUÉRITO POLICIAL ELEITORAL

A polícia judiciária eleitoral e a polícia investigativa eleitoral serão exercidas pelas autoridades policiais no território de suas respectivas circunscrições e terão por fim a apuração das infrações penais e da sua autoria.

Há uma diferença entre Polícia Investigativa Eleitoral e Polícia Judiciária Eleitoral, aquela é a incumbida de fazer as investigações das infrações eleitorais, de elaborar o inquérito policial eleitoral, enquanto Polícia Judiciária Eleitoral é a destinada a cumprir as requisições dos Juízes Eleitorais e membros do Ministério Público Eleitoral.

4. AS CARACTERÍSTICAS DO INQUÉRITO POLICIAL ELEITORAL

4.1. Subsidiariedade

Um das principais características do inquérito policial eleitoral é a subsidiariedade, ou seja, a maioria absoluta das características do inquérito policial comum são transportadas para o inquérito policial eleitoral.

Diz o art. 12 da Resolução nº 23.222/2010: *"Aplica-se subsidiariamente ao inquérito policial eleitoral o disposto no Código de Processo Penal" (Res.-TSE nº 11.218, de 15 de abril de 1982).*

4.2. Caráter discricionário

Frederico Marques afirma que as atribuições concedidas à polícia no inquérito policial eleitoral são de caráter **discricionário**, ou seja, têm elas a faculdade de operar ou deixar de operar, dentro, porém, de um campo cujos limites são fixados estritamente pelo direito.[1]

As palavras do renomado autor "(...) têm elas a faculdade de operar ou deixar de operar (...)" podem confundir o leitor, porque havendo indícios de autoria o delegado é obrigado (*princípio da obrigatoriedade*) a instaurar o procedimento inquisitorial eleitoral.

Portanto, esclareço que a discricionariedade da autoridade está ligada ao desenvolvimento de suas atividades para elucidar os fatos, ou seja, é lícito à autoridade policial, no limites da lei, deferir ou indeferir qualquer pedido de prova feito pelo indiciado ou ofendido, havendo total análise da conveniência de tais requerimentos.

EXEMPLO DIDÁTICO

Art. 14 do Código de Processo Penal, *in verbis: "O ofendido, ou seu representante legal, e o indiciado poderão requerer qualquer diligência,* ***que será realizada, ou não, a juízo da autoridade****"* (destaque nosso).

Quando afirmei que "é lícito à autoridade policial, ***nos limites da lei***, poder indeferir" é porque há uma exceção.

A única diligência que o delegado não pode indeferir é o exame de corpo de delito ***"quando o crime deixa vestígios"***.

Fundamentos:

a) Art. 158 do Código de Processo Penal, *in verbis*: "Quando a infração deixar vestígios, será indispensável o exame de corpo de delito, direto ou indireto, não podendo supri-lo a confissão do acusado".

b) Art. 564 do Código de Processo Penal:

> *A nulidade ocorrerá nos seguintes casos:*
>
> *(...)*
>
> *III – por falta das fórmulas ou dos termos seguintes:*
>
> *(...)*
>
> *b) o exame do corpo de delito nos crimes que deixam vestígios, ressalvado o disposto no art. 167;*

Assim, o delegado pode indeferir o exame de corpo de delito, quando o crime ***"não deixa"*** vestígios; esse exame pode ser suprido pela prova testemunhal, é a ilação lógica do art. 167 do Código de Processo Penal, *in verbis: "Não sendo possível o*

1. José Frederico Marques. *Elementos de Direito Processual Penal.* 16. ed., São Paulo: Forense, 1961, v. 1, p. 154-156.

exame de corpo de delito, por haverem desaparecido os vestígios, a prova testemunhal poderá suprir-lhe a falta".

4.3. Obrigatoriedade

Havendo justa causa o delegado é obrigado a instaurar o inquérito policial eleitoral para a materialidade e a autoria do fato delituoso.

Cuidado: não podemos confundir obrigatoriedade com discricionariedade.

RESUMO DIDÁTICO

a) A obrigatoriedade relaciona-se com a instauração do inquérito policial eleitoral.
b) A discricionariedade vincula-se com o desenvolvimento das investigações.

Havendo justa causa para instauração do inquérito o delegado não pode deixar de atender a requisição do Ministério Público Eleitoral, e o fundamento é o princípio da obrigatoriedade.

A maioria da doutrina defende que a requisição tem a natureza de "ordem" e não decorre de nenhuma hierarquia e sim da obrigação legal prevista no art. 13, inciso II, do Código de Processo Penal.

4.4. Sigilosidade relativa

O inquérito policial eleitoral é, ainda, **sigiloso**, qualidade necessária para que possa a autoridade policial providenciar as diligências necessárias para a completa elucidação do fato.

Como já se afirmou, o sigilo no inquérito policial eleitoral, necessário à elucidação do fato ou exigido pelo interesse da sociedade, tem ação benéfica, profilática e preventiva, tudo em benefício do Estado e do cidadão.[2]

Veja o art. 20, parágrafo único, do Código de Processo Penal, *in verbis:*

> *A autoridade assegurará no inquérito o sigilo necessário à elucidação do fato ou exigido pelo interesse da sociedade.*
>
> *Parágrafo único. Nos atestados de antecedentes que lhe forem solicitados, a autoridade policial não poderá mencionar quaisquer anotações referentes a instauração de inquérito contra os requerentes, salvo no caso de existir condenação anterior.*

O sigilo é relativo porque não se aplica:

a) ao juiz eleitoral;
b) o sigilo também não se estende ao Ministério Público Eleitoral, que pode acompanhar os atos investigatórios (art. 15, III, da LOMP – Lei Orgânica do MP).

2. José Carlos de Lucca. O necessário sigilo do inquérito policial eleitoral. *RT* nº 699/429-30.

Insta acentuar que não será qualquer juiz ou promotor que terá acesso aos autos, e sim o juiz eleitoral e o promotor de justiça eleitoral natural, é dizer, aquele que futuramente terá competência e atribuição para o processamento da ação penal.

c) Ao advogado constituído – Estatuto da Advocacia, Lei nº 8.906/1994, art. 7º, XIV, *in verbis*:

> *São direitos do advogado:*
>
> *Examinar em qualquer repartição policial, mesmo sem procuração, autos de flagrante e de inquérito, findos ou em andamento, ainda que conclusos à autoridade, podendo copiar peças e tomar apontamentos;*

Embora o artigo supracitado permita ao advogado "mesmo sem procuração, autos de flagrante e de inquérito", é evidente que a norma não pode ser generalizada para todo e qualquer advogado, portanto, leia-se o "advogado do investigado" pode mesmo sem procuração analisar os autos do inquérito policial eleitoral.

O texto da 14ª Súmula Vinculante diz o seguinte:

> É direito do defensor, no interesse do representado, ter acesso amplo aos elementos de prova que, já documentados em procedimento investigatório realizado por órgão com competência de polícia judiciária, digam respeito ao exercício do direito de defesa.

Não será qualquer advogado que terá acesso aos autos, e sim o advogado constituído, é dizer, aquele que tem a procuração do investigado para que seja patrocinada a sua defesa.

Havendo recusa imotivada do delegado em não permitir o acesso do advogado aos autos do inquérito policial eleitoral, a medida é o mandado de segurança criminal, pois viola o direito líquido e certo do advogado, mas, se no caso em concreto houver prejuízo ao direito de locomoção do investigado, caberá *habeas corpus*.

O sigilo do inquérito pode ser decretado com escopo de proteger a vítima, é o que dispõe o novo § 6º do art. 201, *in verbis:*

> *O juiz tomará as providências necessárias à preservação da intimidade, vida privada, honra e imagem do ofendido, podendo, inclusive, determinar o segredo de justiça em relação aos dados, depoimentos e outras informações constantes dos autos a seu respeito para evitar sua exposição aos meios de comunicação.*

4.5. Inquisitividade

O inquérito policial eleitoral é expediente administrativo e inquisitorial, nele não existe defesa, pois não há lide, não há partes, portanto, os princípios do contraditório e da ampla defesa são observados exclusivamente na persecução penal judicial.

Conforme o **STF:**

"Inexistência do contraditório no inquérito policial – A inaplicabilidade da garantia do contraditório ao procedimento de investigação policial tem sido reconhecida tanto pela doutrina quanto pela jurisprudência dos Tribunais,[3] cujo magistério tem acentuado que a garantia da ampla defesa traduz elemento essencial e exclusivo da persecução penal em juízo."[4]

Dispõe o art. 306, § 1º, do Código de Processo Penal:

Dentro em 24h (vinte e quatro horas) depois da prisão, será encaminhado ao juiz competente o auto de prisão em flagrante acompanhado de todas as oitivas colhidas e, caso o autuado não informe o nome de seu advogado, cópia integral para a Defensoria Pública.

Na realidade, o artigo supracitado não instituiu o contraditório no inquérito policial eleitoral e sim a ampla defesa no ato da prisão em flagrante.

A consequência da inobservância do preconizado no art. 306, § 1º, do Código de Processo Penal será o relaxamento da prisão com a *incontinenti* liberação do indiciado.

Como consequência da natureza inquisitiva do inquérito policial eleitoral, podemos citar:

a) não é obrigatória a presença de defensor no interrogatório do investigado;
b) não é permitido o advogado fazer reperguntas ao investigado ou às testemunhas;
c) não é possível opor suspeição às autoridades policiais nos atos do inquérito;
d) a autoridade policial pode, livremente, indeferir os pedidos de diligências feitos pelo ofendido ou pelo indiciado;
e) em regra, eventuais vícios ocorridos, não contaminam a ação penal.
f) não é admissível assistente de acusação em procedimento inquisitorial eleitoral.

4.6. Dispensabilidade

O inquérito policial eleitoral é um procedimento necessário, mas não é imprescindível ao oferecimento de denúncia ou queixa-crime.

EXEMPLO DIDÁTICO

Caso Tício, titular da ação penal, tenha antecipadamente informações suficientes à caracterização da materialidade e indícios de autoria da infração eleitoral, não será necessária a instauração do procedimento inquisitorial eleitoral.

3. *RT* nº 522/396.
4. *RT* nº 689/439.

Fundamentos:

a) art. 39, § 5º, do Código de Processo Penal, *in verbis*:

> *O órgão do Ministério Público Eleitoral dispensará o inquérito, se com a representação forem oferecidos elementos que o habilitem a promover a ação penal, e, neste caso, oferecerá a denúncia no prazo de 15 (quinze) dias.*

b) art. 46, § 1º, do Código de Processo Penal, *in verbis*: "*Quando o Ministério Público Eleitoral dispensar o inquérito policial eleitoral, o prazo para o oferecimento da denúncia contar-se-á da data em que tiver recebido as peças de informações ou a representação*".

4.7. Conteúdo de elementos informativos

Os elementos colhidos durante a investigação servem apenas para subsidiar a futura ação penal, portanto, em regra, não podem ser usados de "*forma exclusiva*" para fundamentar uma sentença condenatória.

Em regra, não será possível um juiz eleitoral fundamentar sua decisão exclusivamente nos elementos informativos colhidos na investigação policial eleitoral, mas há uma exceção.

O novo art. 155 do Código de Processo Penal, com redação dada pela Lei nº 11.690/2008, dispõe:

> *O juiz formará sua convicção pela livre apreciação da prova produzida em contraditório judicial, não podendo fundamentar sua decisão exclusivamente nos elementos informativos colhidos na investigação, ressalvadas as provas cautelares, não repetíveis e antecipadas.*

EXEMPLO DIDÁTICO

Exemplo de uma prova que, embora produzida no procedimento inquisitorial eleitoral, pode ser usada na fundamentação de uma condenação é a prova pericial que, em razão da sua natureza, não poderá ser repetida. Esta prova será submetida ao chamado contraditório diferido ou postergado.

Com a reforma processual podemos concluir que a desobediência às formalidades legais pode acarretar a ineficácia do ato em si (prisão em flagrante, por exemplo), mas entendo que, em regra, os vícios no inquérito eleitoral não se projetam para ação penal eleitoral que origina, exceto se tais vícios ocorrerem:

1) Nos elementos informativos colhidos de forma antecipada que não podem ser mais repetidos. Exemplo: exame pericial.
2) Nos elementos informativos colhidos em cautelares antecipadas. Exemplo: busca e apreensão.

Frederico Marques lecionava que

> A nulidade, porém, só atingirá os efeitos coercitivos da medida cautelar, e nunca o valor informativo dos elementos colhidos no auto de flagrante. O Juiz pode "relaxar" a prisão do indiciado, em virtude da nulidade do respectivo auto de flagrante delito; todavia o Ministério Público Eleitoral, com base nesse flagrante, que foi anulado para efeito de restaurar a liberdade do indiciado, também poderá oferecer denúncia contra este.[5]

4.8. Forma documental

Todos os atos produzidos oralmente no inquérito policial eleitoral são, em regra, reduzidos a termo.

Fundamento: art. 9º do Código de Processo Penal, *in verbis:* "Todas as peças do inquérito policial serão, num só processado, reduzidas a escrito ou datilografadas e, neste caso, rubricadas pela autoridade".

A doutrina dominante ensina que uma das características básicas do inquérito policial eleitoral é a forma escrita (*documental*), mas a reforma processual penal trouxe uma novidade:

Preconizam os §§ 1º e 2º do art. 405 do Código de Processo Penal que:

> *Sempre que possível, o registro dos depoimentos do investigado, indiciado, ofendido e testemunhas será feito pelos meios ou recursos de gravação magnética, estenotipia, digital ou técnica similar, inclusive audiovisual, destinada a obter maior fidelidade das informações.*

No caso de registro por meio audiovisual, será encaminhada às partes cópia do registro original, sem necessidade de transcrição.

4.9. Indisponibilidade absoluta

Depois de instalado, não há mais disponibilidade, ou seja, a autoridade policial não poderá arquivar o procedimento policial eleitoral.

Fundamento: art. 17 do Código de Processo Penal, *in verbis: "A autoridade policial não poderá mandar arquivar autos de inquérito."*

- **Destaque do futuro no processo penal**

O futuro Código de Processo Penal tratará a matéria da mesma forma do entendimento hoje *minoritário*, ou seja, o controle do arquivamento passa a se realizar no âmbito exclusivo do Ministério Público Eleitoral, atribuindo-se à vítima legitimidade para o questionamento acerca da correção do arquivamento.

4.10. Temporariedade

O inquérito policial eleitoral tem um tempo para ser encerrado; isto é, trata-se de um procedimento temporário.

5. *Elementos*, vol. I, 1997, p. 154.

Fundamento:

Art. 5º, inciso LXXVIII, da Constituição Federal, *in verbis*: *"A todos, no âmbito judicial e administrativo, são assegurados a razoável duração do processo e os meios que garantam a celeridade de sua tramitação".*

4.11. Conclusão delimitada (unidirecional)

O inquérito policial eleitoral tem a sua conclusão adstrita à indicação da materialidade e indícios suficientes da autoria, portanto, não cabe à autoridade policial fazer juízo de mérito, afirmando, por exemplo, que o indiciado agiu sobre o pálio da legítima defesa, estado de necessidade etc.

Também defendemos que, em regra, o delegado não pode fazer o relatório conclusivo indicando a tipificação do delito, esta função é do Ministério Público Eleitoral que faz o chamado "juízo de tipicidade".

RESUMO DIDÁTICO

a) O delegado aponta os indícios da autoria e materialidade.

b) O Ministério Público Eleitoral faz o "juízo de tipicidade", ou seja, indica qual é o fato típico.

c) O Juiz Eleitoral faz o "juízo valorativo", isto é, faz o juízo de reprovação à conduta típica e antijurídica.

4.12. Oficialidade

Não há em nosso ordenamento jurídico inquéritos privados; somente órgãos públicos (*oficiais*) podem realizar inquéritos policiais.

4.13. Oficiosidade

A oficiosidade do inquérito policial eleitoral significa que seus procedimentos devem ser impulsionados *de ofício*, sem necessidade de provocação da parte ofendida ou de outros interessados, até sua conclusão final.

4.14. Instrumentalidade

O inquérito policial eleitoral é um instrumento[6] que tem como principal escopo oferecer subsídios para propositura da futura ação penal.

O inquérito policial eleitoral destina-se a apurar a notícia de um crime em tese, reunindo as provas indiciárias suficientes para que o Ministério Público Eleitoral ofereça a denúncia.

---

6. "Ato reduzido a escrito, em forma apropriada, para que se constitua um documento que o torne concreto, autêntico, provável e oponível contra terceiros."

4.15. Legalidade

No procedimento investigatório só devem ser usados atos e procedimentos estritamente legais para descoberta da autoria e materialidade.

5. COMO SE INICIA O INQUÉRITO POLICIAL ELEITORAL

Dispõe o art. 3º da Resolução do TSE nº 23.222/2010:

> *Qualquer pessoa do povo que tiver conhecimento da existência de infração penal eleitoral em que caiba ação pública deverá, verbalmente ou por escrito, comunicá-la ao juiz eleitoral local (Art. 356 do Código Eleitoral e art. 5º, § 3º, do Código de Processo Penal).*

Em realidade, não há nenhum impedimento no fato de a *"notitia criminis"* eleitoral ser ofertada ao Promotor de Justiça Eleitoral ou diretamente ao Delegado de Polícia.

5.1. Os tipos de *notitia criminis* eleitoral

É com a *notitia criminis* que a autoridade policial dá início às investigações. A notícia do crime pode ser:

a) De cognição imediata (também chamada cognição direta ou espontânea)

Neste tipo de cognição a autoridade policial toma conhecimento do fato infringente da norma eleitoral por meio das suas atividades rotineiras, como por exemplo:

a) o jornal publicou a respeito;
b) um dos agentes teve conhecimento do fato;
c) houve descoberta ocasional do corpo do delito;
d) o próprio autor procura o delegado para confessar a prática de delito eleitoral.

b) De cognição mediata (também chamada cognição provocada)

A cognição mediata ocorre quando a autoridade policial toma conhecimento do fato por meio:

a) do requerimento da vítima ou de quem possa representá-la na ação penal subsidiária da pública incondicionada;
b) da requisição da autoridade judiciária eleitoral (*com divergência*);
c) da requisição do Ministério Público Eleitoral;

c) De cognição coercitiva

Ocorre no caso da prisão em flagrante, em que, junto com a *notitia criminis*, é apresentado à autoridade policial o autor da infração eleitoral.

d) De cognição apócrifa ou inqualificada

Ocorre quando a notícia é feita de forma anônima.

A autoridade policial não está obrigada a instaurar o inquérito policial eleitoral, pois a Constituição Federal, em seu art. 5º, IV, proíbe o anonimato.

Observação importante: no caso do item *"a"* (*cognição imediata*) e no do item *"d" (cognição apócrifa)*, como no direito eleitoral o inquérito não pode ser iniciado por meio de portaria, o delegado recebe a *notitia criminis* de cognição imediata ou de cognição apócrifa e toma providências no sentido de averiguar as informações, constatando o indício de crime eleitoral, devendo comunicar o fato ao juiz eleitoral.

Neste sentido o art. 6º da Resolução nº 23.222/2010 foi bem claro:

> *Quando tiver conhecimento da prática da infração penal eleitoral, a autoridade policial deverá informar imediatamente o juiz eleitoral competente (Res.-TSE nº 11.218, de 15 de abril de 1982).*

5.2. As espécies de *delatio criminis* eleitoral

Não há diferença entre *notitia criminis* e *delatio criminis*. A doutrina afirma que há duas espécies de *delatio criminis*:

a) ***Delatio criminis* eleitoral simples**: é a simples comunicação do fato criminoso feita por qualquer pessoa.

b) ***Delatio criminis* eleitoral postulatória**: é a comunicação do fato eleitoral criminoso com o pedido de instauração do inquérito policial eleitoral. O pedido é feito por meio de requerimento da vítima ou de quem possa representá-la e também por meio da requisição formulada pelo representante do Ministério Público Eleitoral ou da autoridade judiciária eleitoral.

6. FORMAS DE INICIAR O INQUÉRITO POLICIAL ELEITORAL NOS CRIMES DE AÇÃO PENAL PÚBLICA INCONDICIONADA

Segundo o art. 5º do Código de Processo Penal, nos crimes de ação pública o inquérito policial será iniciado:

I – de ofício;

II – mediante requisição da autoridade judiciária ou do Ministério Público, ou a requerimento do ofendido ou de quem tiver qualidade para representá-lo.

No direito eleitoral é diferente, pois segundo o art. 8º da Resolução nº 23.222/2010,

> *O inquérito policial eleitoral somente será instaurado mediante requisição do Ministério Público ou da Justiça Eleitoral, salvo a hipótese de prisão em flagrante quando o inquérito será instaurado independentemente de requisição. (Res.-TSE nºs 8.906, de 5 de novembro de 1970 e 11.494, de 8 de outubro de 1982 e Acórdão nº 439, de 15 de maio de 2003).*

Portanto, segundo a resolução supracitada, só há três formas de iniciar o inquérito policial eleitoral:

a) requisição do Ministério Público Eleitoral;
b) requisição do juiz eleitoral (hipótese em que há controvérsia);
c) auto de prisão em flagrante.

OBSERVAÇÕES DIDÁTICAS

a) A requisição é o meio pelo qual as autoridades retroapontadas levam ao conhecimento da polícia judiciária o cometimento de um crime cuja persequibilidade comporta ação penal pública incondicionada ou condicionada à representação e, ao mesmo tempo, determina à autoridade policial a instauração do procedimento administrativo cautelar de instrução provisória para a devida investigação.

b) A requisição deve descrever a conduta típica e apontar objetivamente o dispositivo legal que a conduta dos agentes teria violado.

7. A IMPOSSIBILIDADE DE O JUIZ ELEITORAL REQUISITAR INQUÉRITO POLICIAL ELEITORAL

Preconiza o art. 356 do Código Eleitoral que

> *Todo cidadão que tiver conhecimento de infração penal deste Código deverá comunicá-la ao Juiz Eleitoral da Zona onde a mesma se verificou.*
>
> § 1º *Quando a comunicação for verbal, mandará a autoridade judicial reduzi-la a termo, assinado pelo apresentante e por duas testemunhas, e a remeterá ao órgão do Ministério Público local, que procederá na forma deste Código.*

Entendo que o artigo supracitado, que autoriza a tomar iniciativa *ex officio* com o fito de impulsionar o procedimento inquisitivo eleitoral, não foi recepcionado pela Constituição Federal. Hoje, o sistema acusatório no processo penal brasileiro tem assento constitucional, o que não ocorria anteriormente. Assim, quando a Carta Magna preconiza, no seu art. 129, inciso I, ser exclusividade a iniciativa da propositura da ação penal pública ao Ministério Público Eleitoral, vedam-se ao juiz eleitoral os procedimentos *ex officio*, cujo interesse maior é dos titulares da ação penal.

- **Destaque do futuro no processo penal**

O futuro Código de Processo Penal tratará a matéria da mesma forma que estamos comentando, ou seja, o Processo Penal será reformulado para adotar o princípio acusatório, *in casu*, não existirá no ordenamento jurídico futuro a previsão de o juiz requisitar a instauração do procedimento inquisitorial eleitoral.

Esclareço que não é a atual posição do TSE, que afirma, no art. 4º da Resolução do TSE nº 23.222/2010:

> *Recebida a notícia-crime, o juiz eleitoral a remeterá ao Ministério Público ou, quando necessário, à polícia judiciária eleitoral, com requisição para instauração de inquérito policial (Art. 356, § 1º, do Código de Processo Penal).*

8. DOS PRAZOS PARA CONCLUIR O INQUÉRITO POLICIAL ELEITORAL

O prazo de conclusão do inquérito policial eleitoral não é previsto no Código Eleitoral, mas da leitura do Acórdão nº 330 do TSE e do art. 9º da Resolução do TSE nº 23.222/2010, podemos dizer que o inquérito policial eleitoral deve ser concluído:

a) em até 10 (dez) dias, se o indiciado tiver sido preso em flagrante ou previamente;

b) em até 30 (trinta) dias, quando estiver solto.

A ultrapassagem do prazo para conclusão do inquérito policial eleitoral com indiciado preso tornará ilegal a prisão, e o indiciado deve ser imediatamente solto.

8.1. Dilação de prazo

O delegado pode requerer ao juiz a dilação de prazo para concluir o inquérito, mas a dilação do prazo deve obedecer a dois requisitos:

a) quando o fato for de difícil elucidação;

b) e o indiciado estiver solto.

No mesmo sentido o art. 9º, § 3º, da Resolução do TSE nº 23.222/2010:

> *Quando o fato for de difícil elucidação, e o indiciado estiver solto, a autoridade poderá requerer ao juiz a devolução dos autos, para ulteriores diligências, que serão realizadas no prazo marcado pelo juiz (Art. 10, § 3º, do Código de Processo Penal).*

8.2. Consequências do pedido de dilação do prazo

a) O juiz deve ouvir o Ministério Público Eleitoral;

b) se deferido, o inquérito deve ser concluído no prazo marcado pelo juiz;

c) como o Ministério Público Eleitoral é titular da ação penal eleitoral, caso o juiz indefira o pedido de prazo, apesar da concordância do representante do órgão *parquet*, poderá ser interposta correição parcial ou reclamação;

d) o pedido de dilação de prazo, estando o investigado solto, pode ser repetido quantas vezes seja necessário.

8.3. A formação de autos complementares

No direito eleitoral criou-se uma praxe que é a formação de autos do inquérito policial eleitoral complementar.

Com a leitura do exemplo infracitado você entenderá como funciona, na prática, a formação de autos suplementares.

Tício e Mévio estão sendo investigados. O promotor recebe o inquérito com pedido de dilação de prazo. Aponte a solução jurídica considerando que: o promotor de justiça eleitoral identifica que já há indícios suficientes de autoria contra Tício, mas contra Mévio, os fatos devem ser mais bem investigados.

Solução jurídica: o promotor de justiça eleitoral deve:

a denunciar Tício;

b) ofertar parecer pela dilação de prazo com formação de autos complementares contra Mévio;

c) ofertar parecer pela liberação de Mévio, porque com a concessão da formação de autos complementares, haverá exaurimento do prazo para conclusão do inquérito policial eleitoral.

8.4. O excesso e o oferecimento da denúncia

Posição dominante do STJ:

Com o oferecimento da denúncia e seu recebimento, fica superada a alegação de excesso de prazo para o término do IP. (HC 6.741/PB; 5ª Turma.)

8.5. Como fazer a contagem do prazo

Havia séria controvérsia se o prazo de conclusão do inquérito policial eleitoral era matéria processual penal ou penal.

A controvérsia era relevante porque:

a) Se o prazo de conclusão do inquérito policial eleitoral fosse matéria processual, deveríamos aplicar o preconizado no art. 798, § 1º; do Código de Processo Penal, portanto, não se computaria no prazo o dia do começo; incluía-se, porém, o do vencimento.

b) Se o prazo de conclusão do inquérito policial eleitoral fosse matéria penal, teríamos de usar a regra prevista no art. 10 do Código Penal, ou seja, devíamos computar no prazo o dia do começo e excluir o prazo final.

O art. 9º da Resolução nº 23.222/2010 suprimiu a controvérsia adotando a segunda posição: *"(...) contado o prazo a partir do dia em que se executar a ordem de prisão (...)"*.

Duas observações importantes ainda devem ser realizadas:

a) caso o início do prazo não seja em dia útil, não haverá prorrogação para o próximo dia útil;

b) caso o início do prazo seja em uma sexta-feira, com a segunda sendo feriado, não haverá prorrogação para o próximo dia útil.

9. PRINCIPAIS INCUMBÊNCIAS DA AUTORIDADE POLICIAL

Diferentemente do que preconiza o Código de Processo Penal, estabelece o art. 6º da Resolução do TSE nº 23.222/2010 que:

> *Art. 6º Quando tiver conhecimento da prática da infração penal eleitoral, a autoridade policial deverá informar imediatamente o juiz eleitoral competente (Res.-TSE nº 11.218, de 15 de abril de 1982).*
>
> *Parágrafo único. Se necessário, a autoridade policial adotará as medidas acautelatórias previstas no art. 6º do Código de Processo Penal* (Res.-TSE nº 11.218, de 15 de abril de 1982).

O art. 6º do Código de Processo Penal diz que logo que tiver conhecimento da prática da infração penal, a autoridade policial deverá:

I – dirigir-se ao local, providenciando para que não se alterem o estado e conservação das coisas, até a chegada dos peritos criminais;

II – apreender os objetos que tiverem relação com o fato, após liberados pelos peritos criminais;

III – colher todas as provas que servirem para o esclarecimento do fato e suas circunstâncias;

IV – ouvir o ofendido;

V – ouvir o indiciado, com observância, no que for aplicável, do disposto no Capítulo III do Título VII, deste Livro, devendo o respectivo termo ser assinado por 2 (duas) testemunhas que lhe tenham ouvido a leitura;

VI – proceder a reconhecimento de pessoas e coisas e a acareações;

VII – determinar, se for caso, que se proceda a exame de corpo de delito e a quaisquer outras perícias;

VIII – ordenar a identificação do indiciado pelo processo datiloscópico, se possível, e fazer juntar aos autos sua folha de antecedentes;

IX – averiguar a vida pregressa do indiciado, sob o ponto de vista individual, familiar e social, sua condição econômica, sua atitude e estado de ânimo antes e depois do crime e durante ele, e quaisquer outros elementos que contribuírem para a apreciação do seu temperamento e caráter.

Há ainda outras incumbências da autoridade policial, quais sejam:

a) fornecer às autoridades judiciárias as informações necessárias à instrução e julgamento dos processos;
b) realizar as diligências requisitadas pelo Ministério Público Eleitoral;
c) cumprir os mandados de prisão expedidos pelas autoridades judiciárias;
d) representar acerca da prisão preventiva;
e) logo que chegue ao conhecimento da autoridade policial, a que incumbe a promoção do inquérito, a notícia, obtida por qualquer dos modos já examinados, de ocorrência, que se afigura infração eleitoral, entra ela em ação, para

verificar se, efetivamente, se trata de um crime eleitoral, e para apontar o ou os autores.

9.1. O que o delegado deve fazer em caso de prisão em flagrante em crime eleitoral

O delegado efetua a prisão em flagrante, confecciona o auto de prisão em flagrante que dará início ao inquérito policial e em 24 horas, comunica o fato ao juiz eleitoral competente.

Estabeleceu o art. 7º da Resolução nº 23.222/2010, *in verbis:*

> *As autoridades policiais e seus agentes deverão prender quem quer que seja encontrado em flagrante delito pela prática de infração eleitoral, comunicando o fato ao juiz eleitoral competente em até 24 horas* (Res.-TSE nº 11.218, de 15 de abril de 1982).

10. CRITÉRIOS IDENTIFICADORES DA CIRCUNSCRIÇÃO DO DELEGADO

A autoridade policial tem "atribuição" e não "competência", como decidiu o **STF**, "os atos de investigação, por serem inquisitórios, não se acham abrangidos pela regra do art. 5º, LIII, da Constituição, segundo a qual só a autoridade competente pode julgar o réu".[7]

O território é o primeiro critério para fixar a atribuição do delegado, assim, se o crime foi consumado na cidade "x" que só tem um delegado, este terá a atribuição de presidir o inquérito policial eleitoral.

11. DILIGÊNCIAS EM OUTRA CIRCUNSCRIÇÃO

No Distrito Federal e nas comarcas em que houver mais de uma circunscrição policial, a autoridade com exercício em uma delas poderá, nos inquéritos a que esteja procedendo, ordenar diligências em circunscrição de outra, independentemente de precatórias ou requisições, e bem assim providenciará, até que compareça a autoridade competente, sobre qualquer fato que ocorra em sua presença, noutra circunscrição.

Consoante pacificado em doutrina e jurisprudência, a polícia não exerce jurisdição, pelo que não se pode imputar aos atos policiais qualquer vício decorrente de incompetência *ratione loci*. Assim, não há falar em nulidade do flagrante pelo fato de serem os policiais condutores de circunscrição territorial diversa daquela em que ocorreu a prisão.[8]

7. Nesse sentido: *RTJ* nº 82/118 e TACrimSP, *RT* nº 584/376.
8. STJ – HC 11.867/RJ; 5ª Turma; p. 74.

12. DA RECONSTITUIÇÃO

Trata-se da permissibilidade à autoridade policial, para proceder à reconstituição do crime, medida de alto alcance para a apuração do ato delituoso e que traz ao julgador grande elemento de convicção.

A reconstituição do crime configura ato de caráter essencialmente probatório, pois destina-se – pela reprodução simulada dos fatos – a demonstrar o *modus faciendi* da prática delituosa (CPP, art. 7º). O suposto autor do ilícito penal não pode ser compelido, sob pena de caracterização de injusto constrangimento, a participar da reprodução simulada do fato delituoso.[9]

O magistério doutrinário, atento ao princípio que concede a qualquer indiciado ou réu o privilégio contra a autoincriminação, ressalta a circunstância de que é essencialmente voluntária a participação do imputado no ato – provido de indiscutível eficácia probatória – concretizador da reprodução simulada do fato delituoso.[10]

13. COMO TERMINA O INQUÉRITO POLICIAL ELEITORAL

Concluídas as investigações, a autoridade policial deve fazer minucioso relatório do que tiver sido apurado no inquérito policial eleitoral. Nele, poderá indicar testemunhas que não tiverem sido inquiridas, mencionando o lugar onde possam ser encontradas.

No mesmo sentido são os §§ 1º e 2º do art. 9º da Resolução do TSE nº 23.222/2010, *in verbis:*

> *§ 1º A autoridade policial fará minucioso relatório do que tiver sido apurado e enviará os autos ao juiz eleitoral competente* (Art. 10, § 1º, do Código de Processo Penal).
>
> *§ 2º No relatório poderá a autoridade policial indicar testemunhas que não tiverem sido inquiridas, mencionando o lugar onde possam ser encontradas* (Art. 10, § 2º, do Código de Processo Penal).

Entendo que, no relatório final, o delegado não deve tipificar o delito, ato, hoje, privativo do Ministério Público Eleitoral. A autoridade policial, ao concluir o procedimento inquisitorial eleitoral, deve indicar os indícios suficientes da autoria e materialidade.

A autoridade policial, ao concluir o procedimento inquisitorial eleitoral, pode também representar pela prisão preventiva do indiciado.

9. JSTF nº 174/ 299.
10. STF – HC 69.026/DF; 1ª Turma.

14. DAS DILIGÊNCIAS REQUISITADAS PELO MINISTÉRIO PÚBLICO ELEITORAL

Preceitua o § 2º do art. 356 do Código Eleitoral que:

> *Se o Ministério Público julgar necessários maiores esclarecimentos e documentos complementares ou outros elementos de convicção, deverá requisitá-los diretamente de quaisquer autoridades ou funcionários que possam fornecê-los.*

Dispõe também o art. 10 da Resolução do TSE nº 23.222/2010, *in verbis:*

> *O Ministério Público poderá requerer novas diligências, desde que necessárias ao oferecimento da denúncia (Acórdão nº 330, de 10 de agosto de 1999).*

Portanto, o artigo supracitado permite que o Ministério Público Eleitoral requeira a devolução do inquérito à autoridade policial para que esta proceda às diligências; mas tal permissão só tem cabimento no caso de as novas diligências serem imprescindíveis ao oferecimento da denúncia.

Segundo o **STJ:**

> "A Constituição Federal atribui ao Ministério Público a titularidade da ação penal pública incondicionada (art. 129, I, CF/1988). Para tanto, está o *parquet* autorizado a requisitar diligências investigatórias, bem como a instauração de inquérito policial eleitoral (art. 129, VIII, CF/1988)." (STJ – HC 16.523-0/RJ; 6ª Turma).

Não é necessário o Promotor de Justiça Eleitoral requerer ao juiz eleitoral tais diligências, pois o § 2º do art. 356 é bem claro: *"deverá requisitá-los diretamente"*.

15. A NATUREZA JURÍDICA DO INQUÉRITO POLICIAL ELEITORAL

O inquérito policial eleitoral é um procedimento administrativo de natureza inquisitiva.

16. DO ARQUIVAMENTO DO PROCEDIMENTO INQUISITORIAL ELEITORAL

Dispõe o § 1º do art. 357 do Código Eleitoral que

> *Se o órgão do Ministério Público, ao invés de apresentar a denúncia, requerer o arquivamento da comunicação, o Juiz, no caso de considerar improcedentes as razões invocadas, fará remessa da comunicação ao Procurador Regional, e este oferecerá a denúncia, designará outro Promotor para oferecê-la, ou insistirá no pedido de arquivamento, ao qual só então estará o Juiz obrigado a atender.*

Igual procedimento, na forma da Súmula nº 696 do STF e dos Acórdãos do TSE nºs 15.106/1998, 15.337/1998, 435/2002 e 523/2005, será realizado quando reunidos os pressupostos legais permissivos da suspensão condicional do processo, mas se recusando o promotor de justiça eleitoral.

Segundo o REsp. do TSE nº 25.030:

> "Compete às Câmaras de Coordenação e Revisão manifestar-se sobre o arquivamento de inquérito policial (LC nº 75/1993, art. 62, IV) objeto de pedido do procurador regional eleitoral e rejeitado pelo tribunal regional."

17. O ARQUIVAMENTO E A COISA JULGADA

A decisão que defere o pedido de arquivamento dos autos não faz coisa julgada material, portanto, aparecendo novas provas será possível o desarquivamento:

Segundo o **STF:**

> "Coisa julgada: não ocorrência, por isso que a decisão que manda arquivar inquérito ou peças de informações não causa preclusão. Súmula nº 524/STF." (STF – Inq. 1.769/DF. Pleno – RTJ 194/781).

As novas investigações serão realizadas pelo delegado mediante requisição; no mesmo sentido é o art. 11 da Resolução do TSE nº 23.222/2010:

> *Quando o inquérito for arquivado por falta de base para o oferecimento da denúncia, a autoridade policial poderá proceder a nova investigação se de outras provas tiver notícia, desde que haja nova requisição, nos termos dos arts. 4º e 6º desta Resolução.*

18. O RECURSO CABÍVEL DA DECISÃO QUE DETERMINA O ARQUIVAMENTO

Da decisão que determina o arquivamento do inquérito policial eleitoral não cabe recurso.

Posição do **STJ**:

> "Da decisão judicial que, acolhendo manifestação do Ministério Público, ordena o arquivamento de inquérito policial eleitoral não cabe recurso." (STJ – RMS 5.840/SP; 6ª Turma; p. 34.888).

19. O ARQUIVAMENTO DO INQUÉRITO POLICIAL ELEITORAL INDIRETO

Parte da doutrina usa a terminologia "arquivamento indireto" para solucionar o caso em que o promotor de justiça eleitoral não oferece a denúncia, manifestando-se pela incompetência do juízo e o juiz eleitoral não concorda.

Entendo que caso o promotor de justiça eleitoral entenda que o juízo não é competente, não deve requerer o arquivamento e sim ofertar parecer e ao final requerer a remessa dos autos ao magistrado competente.

20. O ARQUIVAMENTO DO INQUÉRITO POLICIAL ELEITORAL TÁCITO SUBJETIVO

Há arquivamento tácito subjetivo quando o promotor de justiça eleitoral, por esquecimento, deixa de denunciar um dos indiciados e o juiz não percebe o erro do representante do Ministério Público Eleitoral e recebe a denúncia.

EXEMPLO DIDÁTICO

Tício, Mévio, Petrus e Semprônio cometem crime de compra de votos. O Promotor de Justiça Eleitoral relata toda a trama delitiva e ao final denuncia Tício, Mévio e Petrus. O juiz eleitoral recebeu a denúncia.

20.1. Observações de ordem prática

No contexto prático, para evitar o arquivamento subjetivo tácito ou implícito, deve o juiz eleitoral:

a) Abrir vistas dos autos ao promotor de justiça eleitoral para que o mesmo afirme que realmente não quer denunciar o indiciado objeto da omissão, no exemplo, supracitado, "Semprônio".
b) No caso de resposta afirmativa, o juiz considerando improcedentes os argumentos do promotor de justiça eleitoral, deve receber a denúncia e, por analogia, usar o disposto no novo § 1º do art. 384, ou seja, não procedendo o órgão do Ministério Público Eleitoral ao aditamento, deve o juiz remeter os autos ao procurador regional eleitoral para os fins do § 1º do art. 357 do Código Eleitoral.

20.2. O arquivamento do inquérito policial eleitoral tácito objetivo

Há arquivamento tácito objetivo quando o Promotor de Justiça Eleitoral, por esquecimento, deixa de imputar ao(s) indiciado(s) um dos crimes indicados no procedimento inquisitorial eleitoral e o juiz recebe a denúncia, por não perceber o erro do representante do Ministério Público Eleitoral.

EXEMPLO DIDÁTICO

Tício, Mévio, Petrus e Semprônio cometem de falsidade ideológica eleitoral e venda de votos. O Promotor de Justiça Eleitoral relata apenas os fatos que ocasionaram a falsidade ideológica eleitoral e ao final denuncia Tício, Mévio, Semprônio e Petrus como incursos no art. 199 do Código Eleitoral.

RESUMO DIDÁTICO

Há dois tipos de arquivamento tácito ou implícito:
a) subjetivo, quando a omissão é em relação ao(s) autor(es) do(s) fato(s);
b) objetivo, quando a omissão é em relação ao(s) crimes(s) investigado(s).

21. A NATUREZA JURÍDICA DO ARQUIVAMENTO

O arquivamento de um inquérito policial eleitoral é um ato administrativo complexo e relativamente temporário.

a) Ato administrativo complexo porque exige a manifestação de pelo menos dois órgãos, a saber:
   1) o Ministério Público Eleitoral, que, obrigatoriamente, como dono da ação penal pública, deve ofertar parecer;
   2) O Judiciário, que determina o arquivamento.
b) Relativamente temporário porque enquanto não ocorrer uma causa extintiva da punibilidade, pode, aparecendo novas provas, ser desarquivado.

22. A IMPOSSIBILIDADE DO DESARQUIVAMENTO DE OFÍCIO

O juiz eleitoral não pode arquivar ou desarquivar o inquérito policial eleitoral de ofício. Arquivado o inquérito policial eleitoral, a requerimento do Ministério Público Eleitoral, devido ao fato de as investigações não apurarem a autoria do suposto crime, não pode o magistrado, de ofício, com parecer contrário do *parquet*, reabri-lo e determinar novas diligências.

No caso de o juiz desarquivar o inquérito policial eleitoral de ofício deve o promotor de justiça eleitoral interpor correição parcial ou reclamação (depende da organização judiciária de cada Estado).

23. O INDICIAMENTO ELEITORAL

Indiciamento é o ato pelo qual o presidente do inquérito policial eleitoral atribui ao investigado, com fulcro em indícios suficientes de autoria, a prática de uma infração eleitoral.

23.1. O momento do indiciamento eleitoral

O Código Eleitoral não define em qual momento o investigado passará para condição de indiciado.

O futuro Código de Processo Penal resolverá o problema, vide art. 31, § 1º, *in verbis:*

> Art. 2º Reunidos elementos suficientes que apontem para a autoria da infração eleitoral, a autoridade policial cientificará o investigado, atribuindo-lhe, fundamentadamente, a condição jurídica de "indiciado", respeitadas todas as garantias constitucionais e legais.
>
> § 1º A condição de indiciado poderá ser atribuída já no auto de prisão em flagrante ou até o relatório final da autoridade policial.

23.2. As espécies de indiciamento

Quanto ao momento de ocorrência o indiciamento pode ser:

a) Indiciamento eleitoral flagrancial *(ou ardente, acalorado, inflamado)*

O indiciamento eleitoral é realizado no primeiro ato do inquérito e ocorre geralmente nos casos de flagrante delito. Neste caso, o raciocínio é muito simples, se há motivo para prisão, haverá indícios suficientes para o indiciamento, portanto, o delegado não pode prender o suposto autor do delito em flagrante e depois baixar uma portaria para investigá-lo.

b) Indiciamento eleitoral cursor

O indiciamento é realizado durante o desenvolvimento da investigação eleitoral.

c) Indiciamento eleitoral conclusivo

O indiciamento é realizado no último ato do procedimento inquisitorial eleitoral e geralmente ocorre em conjunto com o relatório final nos casos de indiciado foragido.

24. PODERES INVESTIGATÓRIOS DO MINISTÉRIO PÚBLICO ELEITORAL

Existe divergência sobre a possibilidade de o Ministério Público Eleitoral poder investigar fatos delituosos.

Entendo que a própria Constituição Federal concede ao Ministério Público a legitimidade para investigar crimes. Veja o art. 129, *in verbis*:

> *São funções institucionais do Ministério Público:*
>
> *(...) II – zelar pelo efetivo respeito dos Poderes Públicos e dos serviços de relevância pública aos direitos assegurados nesta Constituição, promovendo as medidas necessárias a sua garantia;*

> *(...) VI – expedir notificações nos procedimentos administrativos de sua competência, requisitando informações e documentos para instruí-los, na forma da lei complementar respectiva.*

Insta acentuar que a Lei Orgânica do Ministério Público da União (Lei Complementar Federal nº 75/1993), aplicada subsidiariamente, é bem clara. Veja os arts. 7º, I, e 8º, VII, *in verbis:*

> *Art. 8º Para o exercício de suas atribuições, o Ministério Público Eleitoral da União poderá, nos procedimentos de sua competência:*
>
> *(...) VII – expedir notificações e intimações necessárias aos procedimentos e inquéritos que instaurar.*

Ademais, como afirmava o saudoso amigo **Mirabete**:

> Os atos de investigação destinados à elucidação dos crimes, entretanto, não são exclusivos da polícia judiciária, ressalvando expressamente a lei a atribuição concedida legalmente a outras autoridades administrativas (art. 4º do CPP). Não ficou estabelecida na Constituição, aliás, a exclusividade de investigação e de funções da polícia judiciária em relação às polícias civis estaduais. Tem o Ministério Público Eleitoral legitimidade para proceder investigações e diligências, conforme determinarem as leis orgânicas estaduais.[11]

Hoje, vivemos em um país carente de Justiça, em que ela atinge com muita dificuldade os principais criminosos, os que se escondem e se camuflam com togas, gravatas, discursos demagógicos e dólares, mas quando o Ministério Público Eleitoral adquire uma estrutura que pode enfrentá-los, discursos demagógicos se levantam para reforçar o funesto desejo de amordaçar os promotores e procuradores, com o fito precípuo de reduzir as suas atribuições e fazer com que a Justiça retome a sua função original: investigar as classes hipossuficientes e condenar os pobres e os marginalizados.

Não deixa de ser uma atitude retrógrada a campanha de alguns políticos brasileiros, no sentido de tentar calar (veja "Lei da Mordaça") ou diminuir as atribuições do Ministério Público Eleitoral. Tal comportamento anda na contramão da história, pois se contrapõe às mudanças no Direito alienígena, que são no sentido de fortalecer o Ministério Público Eleitoral como uma forma de roborar a própria Justiça.

França, Alemanha, Itália e Portugal são exemplos de países em que o Ministério Público conduz a investigação criminal. Nos Estados Unidos, os promotores têm uma equipe de investigadores.

11. *Processo Penal*. São Paulo: Atlas, 1997, p. 77.

POSIÇÃO DOS TRIBUNAIS SUPERIORES

O **STJ** reconhece, sem divergência, a legitimidade do Ministério Público para investigar, entre vários julgados podemos citar:

> "É consectário lógico da própria função do órgão ministerial – titular exclusivo da ação penal pública – proceder à coleta de elementos de convicção, a fim de elucidar a materialidade do crime e os indícios de autoria." (STJ-HC nº 32.660-0/SC, Relª Minª Laurita Vaz, 5ª Turma).
>
> "A titularidade plena do Ministério Público ao exercício da ação penal, como preceitua o inciso I do art. 129 da Constituição Federal, necessariamente legitima a sua atuação concreta na atividade investigatória, bem como o material probatório produzido. Por essa razão, a promoção investigatória do órgão acusatório, nos termos do comando constitucional, reveste-se de legalidade, sobretudo porque lhe é conferida, a partir dela, a indicação necessária à formação da opinião sobre o delito. Ordem denegada." (STJ – HC nº 31.869/DF, Rel. Min. José Arnaldo da Fonseca, 5ª Turma, p. 205)

Há, no **STJ**, até entendimento sumulado: "A participação de membro do Ministério Público na fase investigatória criminal não acarreta o seu impedimento ou suspeição para o oferecimento da denúncia" (Súmula nº 234).

O **STF** reconhecia, sem divergência, a legitimidade de o Ministério Público investigar (HC nº 77.770/SC).

No entanto, os ex-Ministros Nelson Jobim (RE nº 233.072-4/RJ e ROHC nº 81.326/DF) e Carlos Veloso (RE nº 205.473-9/AL) passaram a defender que "o Ministério Público Eleitoral não pode presidir investigações típicas das autoridades policiais".

RESUMO DIDÁTICO

a) O **STJ** defende que o Ministério Público tem poderes investigatórios.

b) A maioria absoluta da doutrina também defende a legitimidade para o Ministério Público investigar (**Tourinho, Mirabete, Hely Lopes Meirelles, Espínola Filho, Hugo Nigro Mazilli, Pacelli, Mougenot, Capez,** entre outros).

c) Estava em curso no Tribunal o julgamento do Inquérito nº 1.968-DF, no qual o Ministério Público Federal denunciava um deputado federal de suposto desvio de recursos do Sistema Único de Saúde. O deputado sustentava que a investigação é ilegal porque deveria ter sido feita pela polícia, e não por integrantes do Ministério Público Eleitoral Federal.

O relator, ministro Marco Aurélio de Mello, e o ministro Nelson Jobim (*já aposentado*) votaram contra o recebimento da denúncia.

Os ministros Joaquim Barbosa, Eros Grau e Carlos Ayres Britto divergiram do relator e entenderam que o Ministério Público Eleitoral tem poder constitucional de realizar investigações criminais.

Houve um pedido de vista do ministro Antonio Cezar Peluso que suspendeu o julgamento do inquérito. Posteriormente, o Inquérito nº 1.968-DF foi retirado de pauta, uma vez que houve extinção do mandado do deputado federal que era investigado.

De qualquer forma podemos dizer que no **STF** três ministros são favoráveis à legitimidade do Ministério Público Eleitoral (*Joaquim Barbosa, Eros Grau* e *Carlos Ayres Britto*) e um (*Marco Aurélio de Mello*) é contra. Os ministros Nelson Jobim e Carlos Veloso, que eram contrários, já se aposentaram.

25. TCOE (*TERMO CIRCUNSTANCIADO DE OCORRÊNCIA ELEITORAL*)

Quando o delito for de menor potencial ofensivo, isto é, os crimes eleitorais a que a lei comine pena máxima não superior a dois anos, cumulada ou não com multa, haverá dispensa da formulação do inquérito policial eleitoral, a autoridade policial lavrará apenas um termo circunstanciado de ocorrência eleitoral (TCOE) e o encaminha imediatamente à Justiça Eleitoral, com o autor do fato e a vítima, providenciando-se as requisições dos exames periciais necessários.

Preconiza o art. 7º da Resolução nº 23.222/2010:

> *Art. 7º As autoridades policiais e seus agentes deverão prender quem quer que seja encontrado em flagrante delito pela prática de infração eleitoral, comunicando o fato ao juiz eleitoral competente em até 24 horas (Res.-TSE nº 11.218, de 15 de abril de 1982).*
>
> *Parágrafo único. Quando a infração for de menor potencial ofensivo, a autoridade policial elaborará termo circunstanciado de ocorrência e o encaminhamento ao juiz eleitoral competente (Res.-TSE nº 11.218, de 15 de abril de 1982).*

26. O AUTO DE APREENSÃO NOS ATOS INFRACIONAIS ELEITORAIS

Em caso de flagrante de ato infracional cometido por menores (de 12 a 18 anos) e mediante violência ou grave ameaça a pessoa, a autoridade policial não faz um inquérito, deve apenas:

a) lavrar auto de apreensão, ouvidos as testemunhas e o adolescente;
b) apreender o produto e os instrumentos da infração;
c) requisitar os exames ou perícias necessários à comprovação da materialidade e autoria da infração.

Neste caso, já pacificado que a competência não é da Justiça Eleitoral e sim da Vara da Infância e Adolescência, local em que deve ser aplicado as medidas socioeducativas previstas no Estatuto da Criança e Adolescente.

CAPÍTULO 4

Dos Procedimentos Eleitorais

1. CLASSIFICAÇÃO DOS PROCEDIMENTOS ELEITORAIS

Os procedimentos eleitorais podem ser:

a) Procedimentos eleitorais cíveis

b) Procedimentos eleitorais penais

1.1. Procedimentos eleitorais cíveis

Os procedimentos eleitorais cíveis dividem-se em:

a) procedimento sumaríssimo;

b) procedimento sumário;

c) procedimento ordinário.

É extremamente salutar o estudo dos procedimentos eleitorais cíveis, pois veremos no estudo das ações eleitorais que a escolha da via errada pode acarretar a extinção do feito sem julgamento do mérito.

1.1.1. Procedimento sumaríssimo eleitoral cível

É o rito mais célere do direito eleitoral.

É rito usado nas representações eleitorais para apurar a propaganda irregular *(Leia o capítulo da Arpi)* e nas ações que têm como objetivo o direito de respostas.

1.1.2. Resumo didático do procedimento sumaríssimo eleitoral cível

Um exemplo claro do procedimento sumaríssimo eleitoral cível é o rito das representações eleitorais[1].

1. Fonte da pesquisa: Res. nº 22.624/2007.

Anexo I

FLUXOGRAMA DO PROCEDIMENTO DAS REPRESENTAÇÕES E RECLAMAÇÕES EM SENTIDO ESTRITO NO CARTÓRIO ELEITORAL – PROCESSAMENTO DA PETIÇÃO

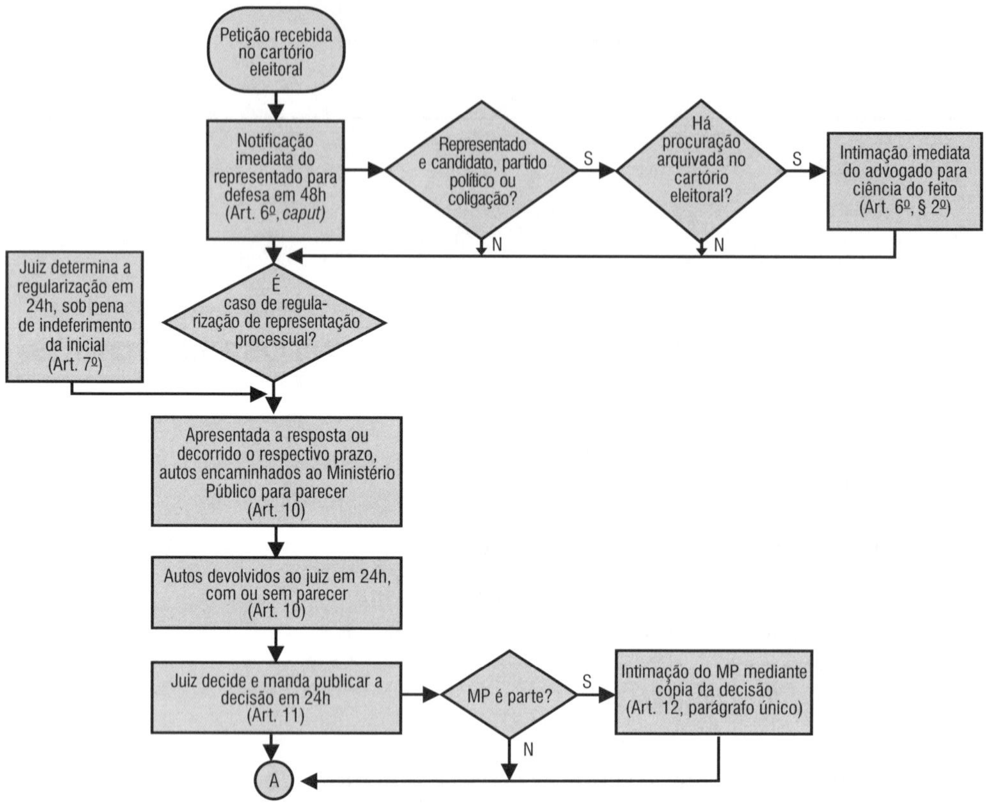

NO CARTÓRIO ELEITORAL – PROCESSAMENTO DO RECURSO

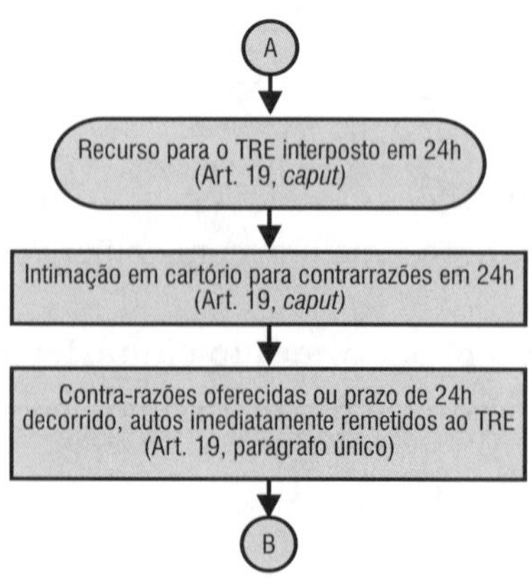

Anexo II

FLUXOGRAMA DO PROCEDIMENTO DAS REPRESENTAÇÕES E RECLAMAÇÕES EM SENTIDO ESTRITO NO TRE – PROCESSAMENTO DO RECURSO

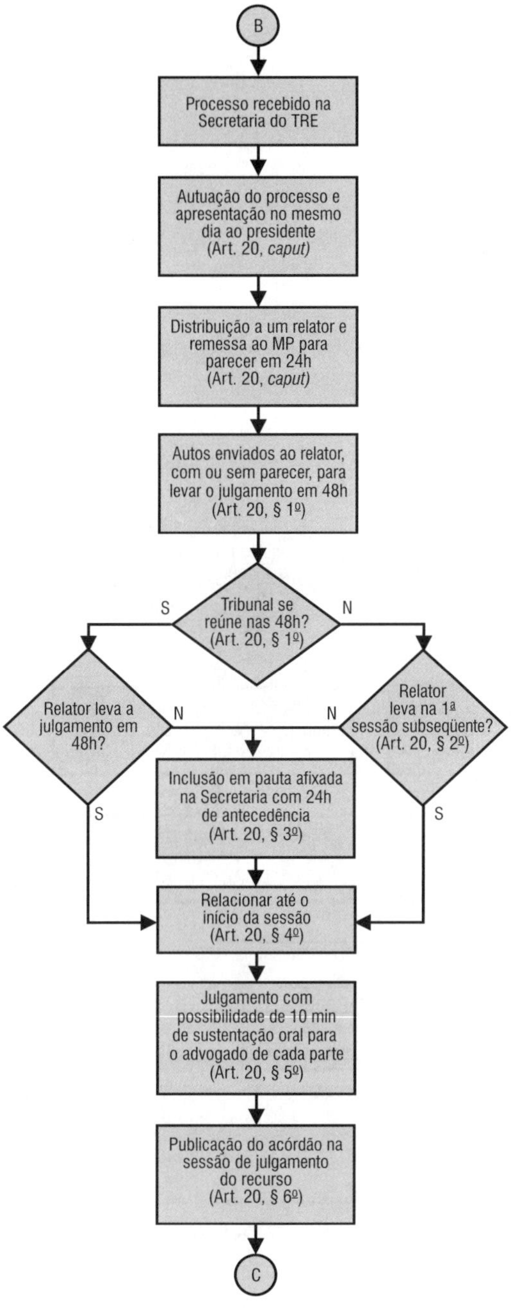

Anexo III
FLUXOGRAMA DO PROCEDIMENTO DAS REPRESENTAÇÕES E RECLAMAÇÕES EM SENTIDO ESTRITO NO TRE – PROCESSAMENTO DO RECURSO

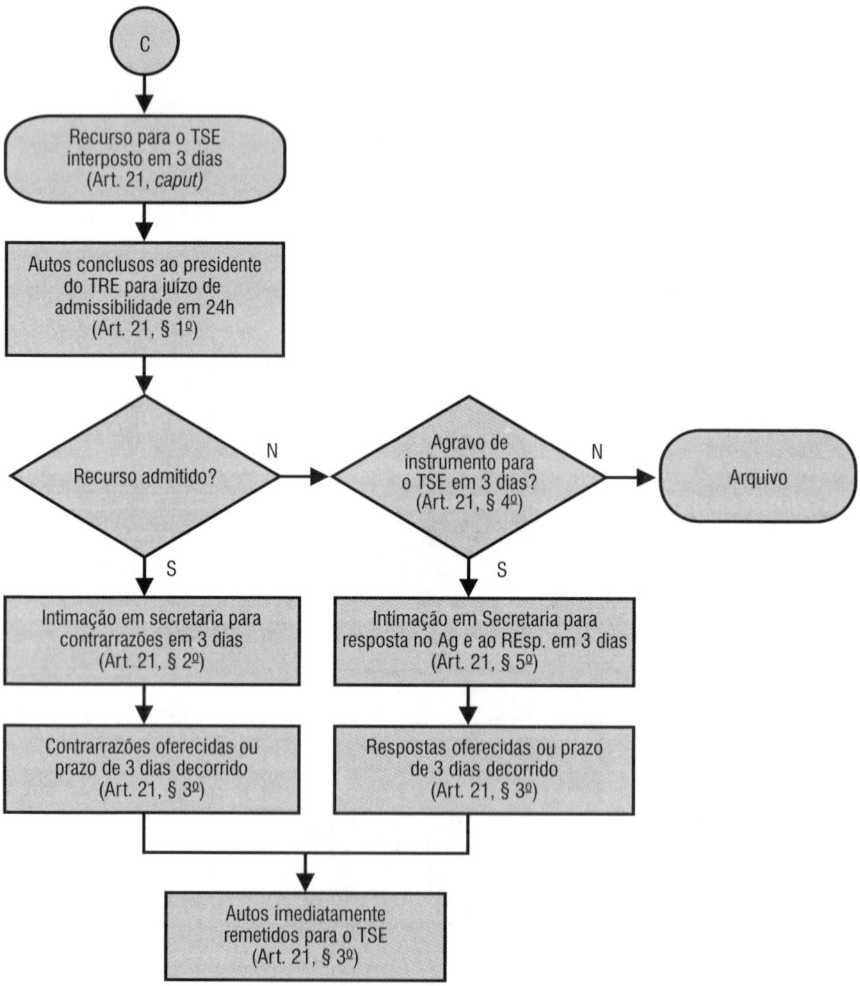

Anexo IV
FLUXOGRAMA DO PROCEDIMENTO DO DIREITO DE RESPOSTA

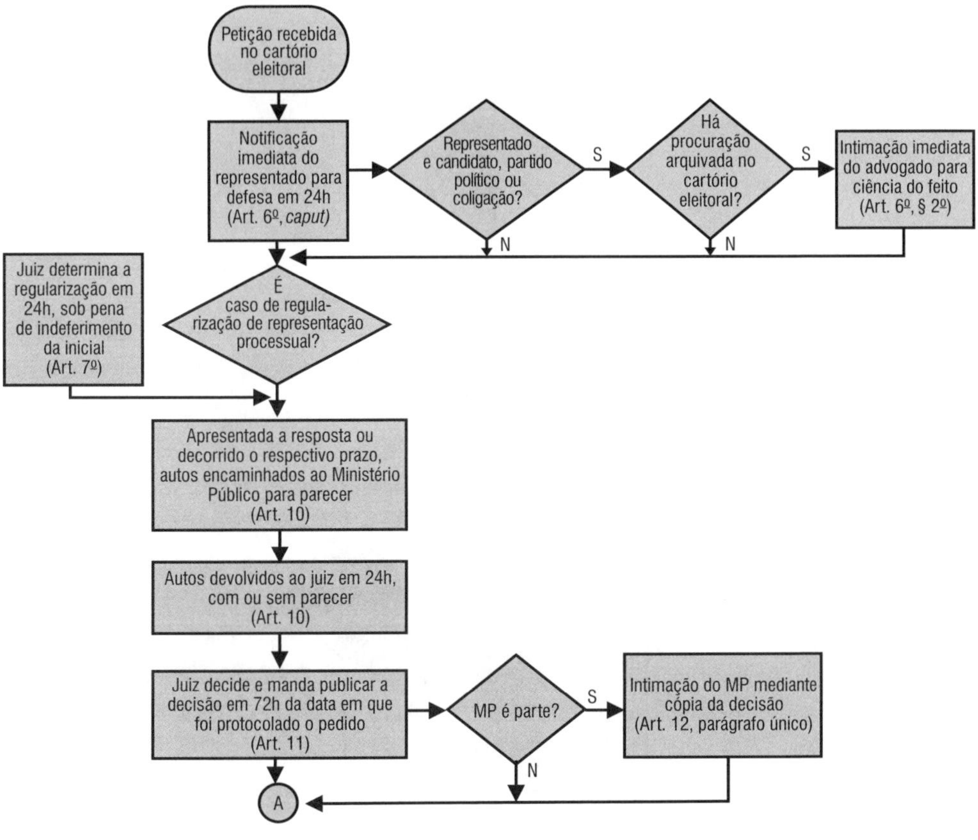

NO CARTÓRIO ELEITORAL – PROCESSAMENTO DO RECURSO

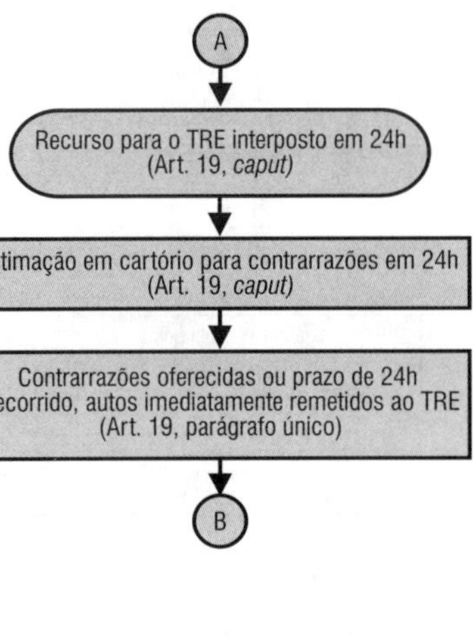

Anexo V
FLUXOGRAMA DO PROCEDIMENTO DO DIREITO DE RESPOSTA NO TRE – PROCESSAMENTO DO RECURSO

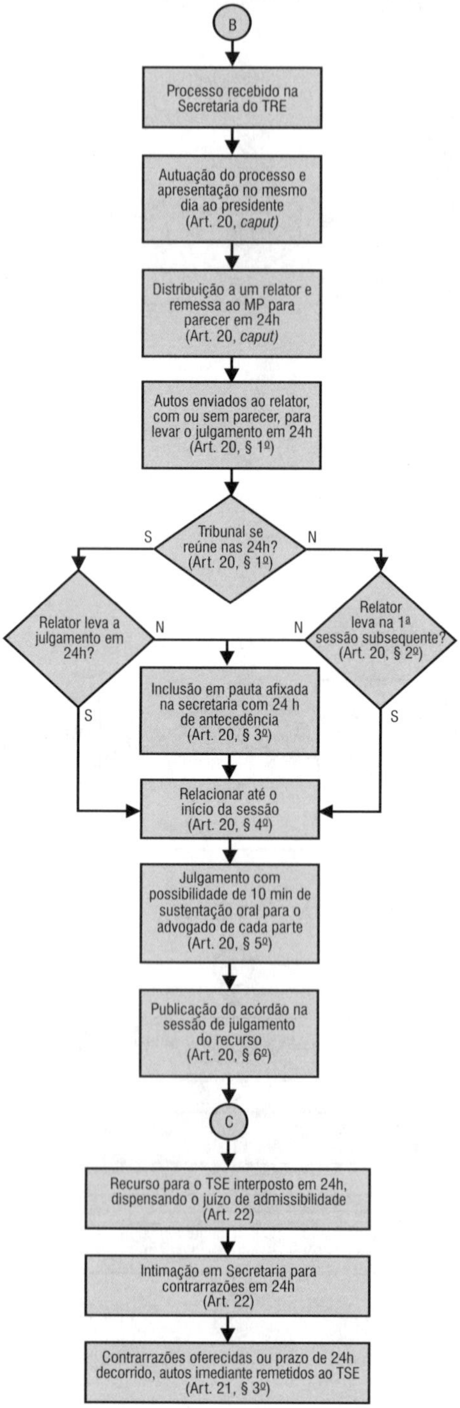

1.1.3. Procedimento sumário eleitoral cível

É um rito de velocidade média e é usado na AIRC (*Ação de Impugnação do Registro de Candidatura*).

1.1.4. Esquema didático do rito da Airc[2]

Anexo VI

FLUXOGRAMA DO REGISTRO DE CANDIDATURA

A – NO CARTÓRIO ELEITORAL

A.1. – PROCESSAMENTO DA PETIÇÃO

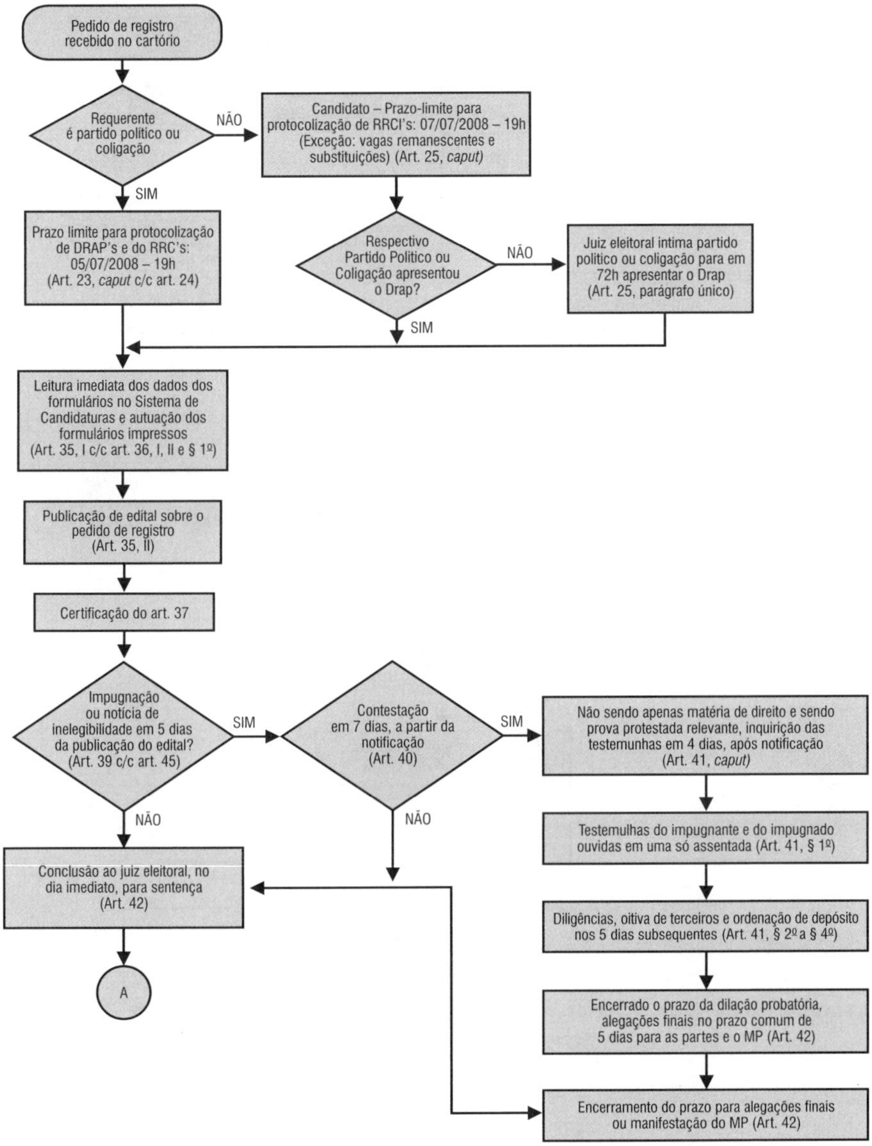

2. Inst. nº 120/DF (baseado na a Resolução do TSE nº 22.717, de 28/02/2008).

Anexo VII
FLUXOGRAMA DO REGISTRO DE CANDIDATURA

A – NO CARTÓRIO ELEITORAL
A.1. – PROCESSAMENTO DA PETIÇÃO (Continuação)

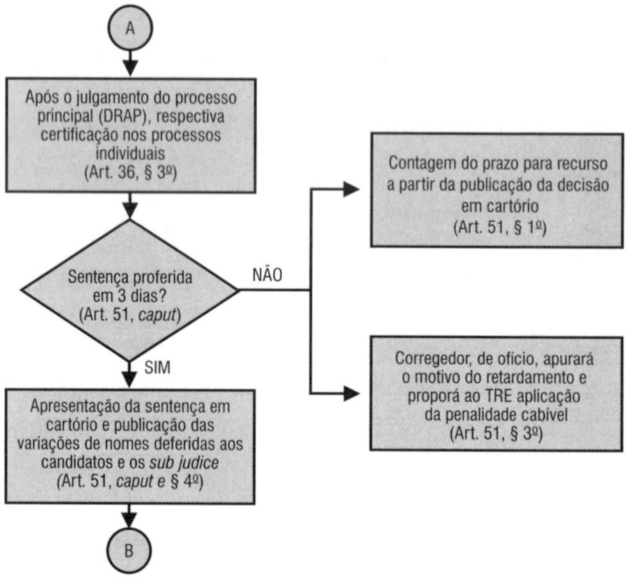

A.2. – PROCESSAMENTO DO RECURSO PARA O TRE

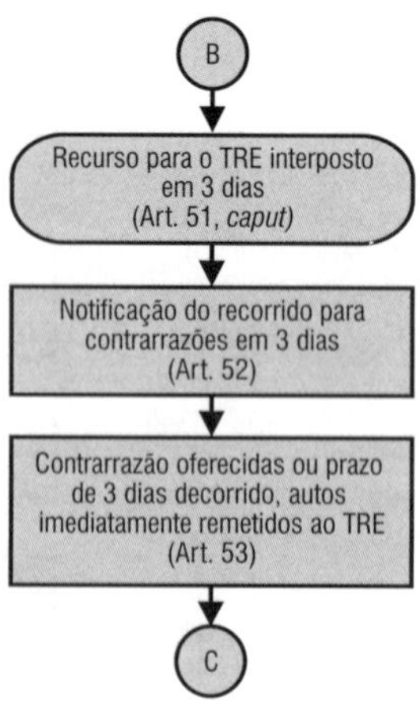

Anexo VIII
FLUXOGRAMA DO REGISTRO DE CANDIDATURA

B – NO TRE
B.1. – PROCESSAMENTO DO RECURSO

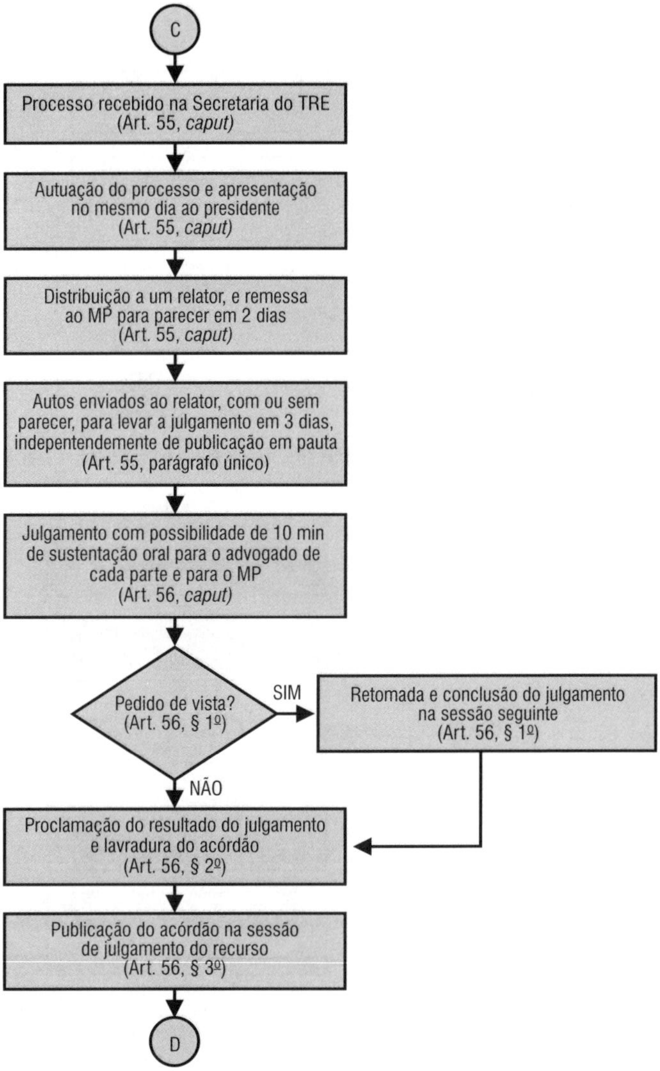

Anexo IX

FLUXOGRAMA DO REGISTRO DE CANDIDATURA

B – NO TRE

B.2. – PROCESSAMENTO DO RECURSO PARA O TSE

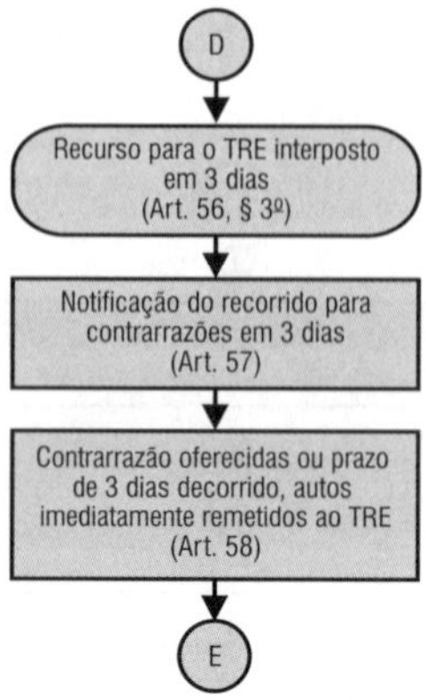

Anexo X

ANEXO I – FLUXOGRAMA DO REGISTRO DE CANDIDATURA

C – NO TSE

C.1. – PROCESSAMENTO DO RECURSO

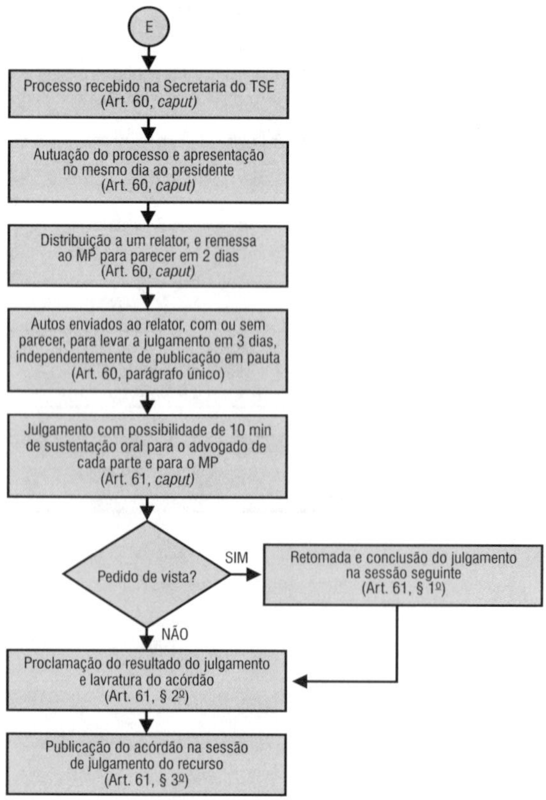

1.1.5. Procedimento ordinário eleitoral cível

É o procedimento mais longo do direito eleitoral e é usado na **Aije** (Ação de Investigação Judicial Eleitoral), na **Arcisu** (Ação de Reclamação de Captação Irregular de Sufrágio) e **Arci** (Ação de Reclamação de Contas Irregulares), **Ardicofi** (Ação de Reclamação as Doações Irregulares aos Comitês Financeiros) e **Arconve** (Ação de Reclamação de Condutas Vedadas).

Obs.: Leia o rito da Aije (*Ação de Investigação Judicial Eleitoral*) e você terá uma boa noção de como é o processamento do rito ordinário eleitoral cível.

1.2. Procedimentos eleitorais penais

Há dois procedimentos eleitorais penais:

a) o procedimento penal eleitoral comum;

b) o procedimento penal eleitoral sumaríssimo.

1.2.1. Síntese do rito penal eleitoral comum de competência do 1º grau de jurisdição

No processo e julgamento dos crimes eleitorais, assim como nos recursos e na execução que lhes digam respeito, aplicar-se-á, subsidiariamente, o Código de Processo Penal.

Determina o § 4º do art. 394 do Código de Processo Penal que:

> *As disposições dos arts. 395 a 398 deste Código aplicam-se a todos os procedimentos penais de primeiro grau, ainda que não regulados neste Código.*

Portanto, com a reforma processual penal, uma parte do procedimento comum previsto pelo Código de Processo Penal será acoplado ao procedimento especial eleitoral.

Diante de tais observações podemos dizer que o procedimento penal eleitoral comum será desenvolvido da forma infracitada:

1) A primeira atividade do juiz eleitoral:

O juiz eleitoral tem duas opções no primeiro contato com a denúncia ou a queixa subsidiária da pública incondicionada.

a) **Rejeita a denúncia ou a queixa subsidiária da pública incondicionada:**

Leia no capítulo 2 o item *"A rejeição da denúncia eleitoral"*.

Rejeitada a denúncia o Promotor de Justiça Eleitoral deve interpor recurso em sentido estrito.

b) **Recebe a denúncia ou a queixa**

Estipula a nova redação do art. 406 do Código de Processo Penal que *"O juiz eleitoral, ao receber a denúncia ou a queixa, ordenará a citação do acusado para responder a acusação, por escrito, no prazo de 10 (dez) dias"*.

2. O INÍCIO DO PRAZO PARA A DEFESA

O prazo para o acusado ou querelado responder a imputação acusatória eleitoral será contado:

a) a partir do efetivo cumprimento do mandado;

b) ou do comparecimento, em juízo, do acusado ou de defensor constituído, em duas hipóteses:

- no caso de citação inválida;
- no caso de citação por edital.

3. AS FORMAS DE CITAÇÃO

Agora há três formas de citação no âmbito do procedimento penal eleitoral:

Primeira forma de citação

A primeira forma é a forma mais clássica, ou seja, a citação direta feita pelo oficial de justiça através do mandado judicial.

Segunda forma de citação

A Lei nº 11.719, de 20 junho de 2008, inovou ao criar a citação por hora certa, portanto, verificando que o réu se oculta para não ser citado, o oficial de justiça certificará a ocorrência e procederá à citação com hora certa.

Um aspecto prático importante I:

A citação por hora certa será feita da seguinte forma:

a) quando, por três vezes, o oficial de justiça houver procurado o réu em seu domicílio ou residência, sem o encontrar, deverá, havendo suspeita de ocultação, intimar a qualquer pessoa da família, ou em sua falta a qualquer vizinho, que, no dia imediato, voltará, a fim de efetuar a citação, na hora que designar.

b) No dia e hora designados, o oficial de justiça, independentemente de novo despacho, comparecerá ao domicílio ou residência do citando, a fim de realizar a diligência.

c) Se o citando não estiver presente, o oficial de justiça procurará informar-se das razões da ausência, dando por feita a citação, ainda que o citando se tenha ocultado em outra comarca.

d) Da certidão da ocorrência, o oficial de justiça deixará contrafé com pessoa da família ou com qualquer vizinho, conforme o caso, declarando-lhe o nome.

e) Feita a citação com hora certa, o escrivão enviará ao réu carta, telegrama ou radiograma, dando-lhe de tudo ciência.

Um aspecto prático importante II:

Completada a citação com hora certa, se o acusado não comparecer, ser-lhe-á nomeado defensor dativo.

Terceira forma de citação

Não sendo encontrado o acusado e não sendo o caso de citação por hora certa, será procedida a citação por edital.

Um aspecto prático importante III:

Se o acusado, citado por edital, não comparecer, nem constituir advogado, o juiz eleitoral deve aplicar o art. 366 do Código de Processo Penal, *in verbis:*

> Se o acusado, citado por edital, não comparecer, nem constituir advogado, ficarão suspensos o processo e o curso do prazo prescricional, podendo o juiz eleitoral determinar a produção antecipada das provas consideradas urgentes e, se for o caso, decretar prisão preventiva, nos termos do disposto no art. 312.

O entendimento sumulado do **STJ** (*Súmula nº 415*) é no sentido de que: *"O período de* ***suspensão do prazo prescricional*** *é regulado pelo* ***máximo da pena cominada****."*

3.1. A citação por hora certa e a violação ao princípio "*nemo inauditus damnari potest*"

O princípio ***nemo inauditus damnari potest*** preconiza que "ninguém pode ser condenado sem ser ouvido".

Vale dizer, impede-se a tutela jurisdicional sem que tenham sido obedecidos os princípios da ampla defesa e do contraditório, assegurando-se o regular e devido processo legal. Portanto, ninguém, em regra, pode ser condenado sem que seja ouvido, possibilitando-lhe a defesa de seus interesses. Aliás,

> a audiência do réu não é algo que se lhe tenha deferido por generosidade ou liberalidade. Ela se inclui como exigência do interesse público da efetiva aplicação do direito legislado, consequentemente, a audiência do réu é interesse do próprio Estado legislador, como do Estado-juiz eleitoral, na sua tarefa de tornar efetivo o direito legislado, quando desatendido ou violado pelo destinatário da norma.[3]

O princípio consagra o direito da livre informação vedando o inquisitivo, os procedimentos secretos. Foi o princípio *nemo inauditus damnari potest* que estabeleceu a nova redação ao art. 366 do Código de Processo Penal.

Infelizmente, a reforma ao criar no Processo Penal a citação por hora certa violou frontalmente princípio *"nemo inauditus damnari potest"*, destarte, o próprio princípio do contraditório e ampla defesa, possibilitando o réu ser julgado e condenado sem ser ouvido.

3. José Joaquim Calmon de Passos. *Enciclopédia Saraiva do Direito.* Verbete "Direito de Defesa". São Paulo: Saraiva, 1977, v. 26, p. 138.

Tal questão será, impreterivelmente, analisada pelo STF, portanto, entendo que a melhor solução será os juízes eleitorais em caso de não localização do réu, determinar a citação por edital seguindo o procedimento exposto no art. 366 do Código de Processo Penal.

4. A DEFESA INICIAL DO RÉU

Na resposta, o acusado poderá:

a) arguir preliminares;

b) alegar tudo que interesse a sua defesa;

c) oferecer documentos e justificações;

d) especificar as provas pretendidas;

e) e sob pena de preclusão, arrolar testemunhas, qualificando-as e requerendo sua intimação, quando necessário.

5. ARGUIÇÃO DE EXCEÇÕES

Na defesa preliminar o réu pode alegar as exceções de:

- suspeição;
- incompetência de juízo;
- litispendência;
- ilegitimidade de parte;
- coisa julgada.

5.1. Principais regras práticas sobre as exceções

- As exceções serão processadas em apartado, nos termos dos arts. 95 a 112 do Código de Processo Penal e não suspenderão, em regra, o andamento da ação penal.
- A arguição de suspeição precederá a qualquer outra, salvo quando fundada em motivo superveniente.
- O juiz eleitoral que espontaneamente afirmar suspeição deverá fazê-lo por escrito, declarando o motivo legal e remeterá imediatamente o processo ao seu substituto, intimadas as partes.
- Quando qualquer das partes pretender recusar o juiz eleitoral, deverá fazê-lo em petição assinada por ela própria ou por procurador com poderes especiais, aduzindo as suas razões acompanhadas de prova documental ou do rol de testemunhas.

• Se reconhecer a suspeição, o juiz eleitoral sustará a marcha do processo, mandará juntar aos autos a petição do recusante com os documentos que a instruam, e por despacho se declarará suspeito, ordenando a remessa dos autos ao substituto.

• Não aceitando a suspeição, o juiz eleitoral mandará autuar em apartado a petição, dará sua resposta dentro em 3 (três) dias, podendo instruí-la e oferecer testemunhas, e, em seguida, determinará sejam os autos da exceção remetidos, dentro em 24 (vinte e quatro) horas, ao juiz eleitoral ou tribunal a quem competir o julgamento.

• Reconhecida, preliminarmente, a relevância da arguição, o juiz eleitoral ou tribunal, com citação das partes, marcará dia e hora para a inquirição das testemunhas, seguindo-se o julgamento, independentemente de mais alegações.

• Se a suspeição for de manifesta improcedência, será rejeitada pelo juiz eleitoral ou relator liminarmente.

• Julgada procedente a suspeição, ficarão nulos os atos do processo principal, pagando o juiz eleitoral as custas, no caso de erro inescusável; rejeitada, evidenciando-se a malícia do excipiente, a este será imposta multa.

• Quando a parte contrária reconhecer a procedência da arguição, poderá ser sustado, a seu requerimento, o processo principal, até que se julgue o incidente da suspeição.

• No Supremo Tribunal Federal e nos demais tribunais de superiores, quem se julgar suspeito deverá declará-lo nos autos e, se for revisor, passar o feito ao seu substituto na ordem da precedência, ou, se for relator, apresentar os autos em mesa para nova distribuição.

• Se não for relator nem revisor, o juiz eleitoral que houver de dar-se por suspeito, deverá fazê-lo verbalmente, na sessão de julgamento, registrando-se na ata a declaração.

• Se o presidente do tribunal se der por suspeito, competirá ao seu substituto designar dia para o julgamento e presidi-lo.

• Observar-se-á, quanto à arguição de suspeição pela parte, o disposto nos arts. 98 a 101, no que lhe for aplicável, atendido, se o juiz eleitoral a reconhecer, o que estabelece este artigo.

• A suspeição, não sendo reconhecida, será julgada pelo tribunal pleno, funcionando como relator o presidente.

• Se o recusado for o presidente do tribunal, o relator será o vice-presidente.

• Se for arguida a suspeição do órgão do Ministério Público Eleitoral, o juiz eleitoral, depois de ouvi-lo, decidirá, sem recurso, podendo antes admitir a produção de provas no prazo de 3 (três) dias.

• As partes poderão também arguir de suspeitos os peritos, os intérpretes e os serventuários ou funcionários de justiça, decidindo o juiz eleitoral de plano e sem recurso, à vista da matéria alegada e prova imediata.

• A exceção de incompetência do juízo poderá ser oposta, verbalmente ou por escrito, no prazo de defesa.

• Se, ouvido o Ministério Público Eleitoral, for aceita a declinatória, o feito será remetido ao juízo competente, onde, ratificados os atos anteriores, o processo prosseguirá.

• Recusada a incompetência, o juiz eleitoral continuará no feito, fazendo tomar por termo a declinatória, se formulada verbalmente.

• Nas exceções de litispendência, ilegitimidade de parte e coisa julgada, será observado, no que lhes for aplicável, o disposto sobre a exceção de incompetência do juízo.

• Se a parte houver de opor mais de uma dessas exceções, deverá fazê-lo numa só petição ou articulado.

Um aspecto prático importante:

O entendimento amplamente dominante é no sentido de que não cabe apelo de decisão que conclui pela competência do juízo, a teor da leitura conjunta dos arts. 108, inciso II, e 581, incisos I e II, ambos do Código de Processo Penal. A decisão que rejeita a exceção de incompetência no processo penal sujeita-se apenas à interposição de *habeas corpus* quando flagrante a ilegalidade cometida. Recurso em sentido estrito a que se nega provimento.[4]

6. A CONSEQUÊNCIA DA FALTA DA DEFESA INICIAL DO RÉU

A falta da defesa inicial do réu acarretará nulidade absoluta com infrigência aos princípios do contraditório e ampla defesa.

Contexto prático:

Para evitar nulidade, se a defesa não for apresentada no prazo legal, o juiz eleitoral deve nomear um defensor para oferecê-la em até 10 (dez) dias, concedendo-lhe vista dos autos.

Conforme ensina meu grande amigo **Fernando da Costa Tourinho Filho**[5]**:**

Sem embargo, parece que o entendimento dominante é no sentido de que, não ofertada a prévia, deve o Juiz eleitoral notificar o réu para substituir seu defensor para apresentar as "alegações preliminares" ou, se se tratar de defensor dativo, substituí-lo para esse fim e até mesmo para ficar à frente da defesa até final julgamento, sob pena de ofensa à ampla defesa.

Posição dominante do STF: hoje, a posição majoritária do STF é no sentido de que a ausência de defesa preliminar (ou inicial) causa nulidade (Vide STF: HC 88836, HC 86680, HC 94276 e HC 94027).

---

4. No mesmo sentido: TRF 4ª R. – RSE 2006.70.00.008485-6, 7ª Turma, Relª Desª Fed. Maria de Fátima Freitas Labarrère, *DJU* 10/01/2007.

5. Fernando da Costa Tourinho Filho. *Prática de Processo Penal*. São Paulo: Saraiva, 2006, p. 125.

7. A RÉPLICA

Segundo o novo art. 409 do Código de Processo Penal "*Apresentada a defesa, o juiz eleitoral ouvirá o Ministério Público ou o querelante sobre preliminares e documentos, em 5 (cinco) dias*".

A réplica não é obrigatória e só há necessidade de manifestação da acusação (*Ministério Público ou querelente*) em duas hipóteses:

a) alegação de preliminares;

b) juntada de documentos.

8. DO SANEAMENTO DO PROCESSO

Após a manifestação do Ministério Público Eleitoral, o juiz eleitoral:

a) decidirá sobre as diligências requeridas pelas partes;

As diligências devem ser requeridas em duas fases:

- Pelo Promotor de Justiça Eleitoral, no oferecimento da denúncia.
- Pelo querelante no oferecimento da queixa subsidiária da ação penal eleitoral pública incondicionada.
- Pelo defensor na defesa inicial.

b) Recebe a denúncia com suspensão condicional do processo.

c) Recebe a denúncia sem suspensão condicional do processo e em seguida determina o dia e hora para o depoimento pessoal do acusado, ordenando a notificação deste e também do Ministério Público. Neste caso, aplica-se o princípio da especialidade, pois a regra é prevista no art. 359 do Código Eleitoral.

Entendo que, no depoimento do réu, o Ministério Público Eleitoral e, depois, a defesa podem fazer perguntas, é aplicação analógica do art. 188 do Código de Processo Penal, *in verbis*: "Após proceder ao interrogatório, o juiz indagará das partes se restou algum fato para ser esclarecido, formulando as perguntas correspondentes se o entender pertinente e relevante." Veja melhor a matéria "Do interrogatório do réu", no livro IV da Coleção *Processo Penal Para Concursos*, Série Provas e Concursos, da Editora Campus/Elsevier.

d) Ouvidas as testemunhas da acusação e da defesa e praticadas as diligências requeridas pelo Ministério Público e deferidas ou ordenadas pelo juiz, abrir-se-á o prazo de 5 (cinco) dias a cada uma das partes – acusação e defesa – para alegações finais.

e) Decorrido esse prazo, e conclusos os autos ao juiz dentro de 48 (quarenta e oito) horas, terá o mesmo 10 (dez) dias para proferir a sentença.

f) Das decisões finais de condenação ou absolvição cabe recurso para o Tribunal Regional, a ser interposto no prazo de 10 (dez) dias.

g) Se a decisão do Tribunal Regional for condenatória, baixarão imediatamente os autos à instância inferior para a execução da sentença, que será feita no prazo de 5 (cinco) dias, contados da data da vista ao Ministério Público.

h) Se o órgão do Ministério Público deixar de promover a execução da sentença serão aplicadas as normas constantes dos §§ 3º, 4º e 5º do art. 357 do Código Eleitoral.

8.1. O procedimento para as ações penais com competência originária

No *Habeas Corpus* nº 652, de relatoria do Ministro Arnaldo Versiani, o TSE decidiu que o procedimento previsto para as ações penais originárias – disciplinado na Lei nº 8.038/1990 – não sofreu alteração em face da edição da Lei nº 11.719/2008, que alterou disposições do Código de Processo Penal. A Lei nº 8.038/1990 dispõe sobre o rito a ser observado desde o oferecimento da denúncia, seguindo de apresentação de resposta preliminar pelo acusado, deliberação sobre o recebimento da peça acusatória, com o consequente interrogatório do réu e defesa prévia – caso recebida a denúncia –, conforme previsão dos arts. 4º ao 8º da citada lei. As invocadas inovações do CPP somente incidiriam em relação ao rito estabelecido em lei especial caso não houvesse disposições específicas, o que não se averigua na hipótese em questão.

8.2. O procedimento penal eleitoral sumaríssimo

8.2.1. Análise da possibilidade de aplicar o juizado especial criminal aos crimes eleitorais

A Lei nº 9.099/1995, que criou os Juizados Especiais Criminais, passou a admitir a extinção da punibilidade pela composição civil; a aplicação imediata da pena alternativa, transação penal e suspensão condicional do processo. Além disso, possibilitou a imposição da pena não privativa de liberdade, antes do oferecimento da denúncia, havendo expressa anuência do infrator que compareça à audiência preliminar.

A redação original do art. 61 da Lei nº 9.099/1995 vedava o uso dos institutos do juizado especial criminal aos crimes que têm procedimento especial.

Antiga redação do art. 61 da Lei nº 9.099/1995, *in verbis:*

> *Consideram-se infrações penais de menor potencial ofensivo, para os efeitos desta Lei, as contravenções penais e os crimes a que a lei comine pena máxima não superior a um ano,* ***excetuados os casos em que a lei preveja procedimento especial.*** (Destaque nosso)

Hoje, podemos afirmar que, *em regra*, o juizado especial criminal será aplicado em qualquer procedimento, pois o novo art. 61, com redação dada pela Lei nº 11.313, de 28/06/2006, retirou a restrição aos crimes que têm procedimento especial.

Antiga redação do art. 61 da Lei nº 9.099/1995, *in verbis:*

> *Consideram-se infrações penais de menor potencial ofensivo, para os efeitos desta Lei, as contravenções penais e os crimes a que a lei comine pena máxima não superior a 2 (dois) anos, cumulada ou não com multa.*

Assim, no âmbito eleitoral, com fundamento na Res. do TSE nº 21.294/2002, no Acórdão do STJ nº 37.595, e no Acórdão do TSE nº 25.137/2005, podemos dizer é possível a aplicabilidade da transação penal e da suspensão condicional do processo no processo penal eleitoral, **salvo, em regra, para crimes que contam com sistema punitivo especial.**

8.2.2. A transação penal e os crimes eleitorais que possuem um sistema punitivo especial

É importante observar que há tipos penais eleitorais que têm um sistema punitivo especial e que, em tais hipóteses, as regras do Jcrim (*Juizados especiais criminais*) são submetidas a algumas restrições.

Uma indagação não é enfrentada pela doutrina nacional: *"O que se entende por sistema punitivo especial?"*.

Tem um sistema punitivo especial todo delito eleitoral em que no seu preceito secundário existe uma das características infracitadas:

a) há uma punição "puramente" eleitoral, como é o caso da cassação do registro ou diploma.

Você vai entender melhor a matéria com a leitura do caso prático infracitado:

"A transação"

Tício cometeu o delito previsto no art. 334 do Código Eleitoral (*"Utilizar organização comercial de vendas, distribuição de mercadorias, prêmios e sorteios para propaganda ou aliciamento de eleitores"*). **Aponte a solução jurídica, considerando que o promotor eleitoral denunciou Tício, justificando não ser possível ofertar a transação penal porque o crime tem um sistema punitivo especial, ou seja, é punido com detenção de seis meses a um ano e cassação do registro, se o responsável for candidato.**

Resposta: O promotor tem razão. É possível a transação penal nos crimes eleitorais, independentemente da ritualidade especial, mas o TSE, em memorável decisão, concluiu que o crime do art. 334 do Código Eleitoral não é cabível à transação penal, pois adota como pena autônoma a cassação do registro do candidato (agente ativo da empreitada delitiva), *in verbis:*

"(TSE) Resolução nº 21.294, de 07/11/2002, Processo Administrativo nº 18.956/DF. Relator: Ministro Sálvio de Figueiredo. Ementa. Infrações penais eleitorais. Procedimento especial. Exclusão da competência dos Juizados Especiais. Termo circunstanciado de ocorrência em substituição a auto de prisão. Possibilidade. Transação e suspensão condicional do processo. Viabilidade. Precedentes. I. As infrações penais definidas no Código Eleitoral obedecem ao disposto nos seus arts. 355 e seguintes, e o seu processo é especial, não podendo, via de consequência, ser da competência dos Juizados Especiais a sua apuração e julgamento. II. O termo circunstanciado de ocorrência pode ser utilizado em substituição ao auto de prisão em flagrante, até porque a apuração de infrações de pequeno potencial ofensivo elimina a prisão em flagrante. III. O entendimento dominante da doutrina brasileira é no sentido de que a categoria jurídica das infrações penais de pequeno potencial ofensivo, após o advento da Lei nº 10.259/2001, foi parcialmente alterada, passando a ser assim consideradas as infrações com pena máxima até dois anos ou punidas apenas com multa. IV. É possível, para as infrações penais eleitorais cuja pena não seja superior a dois anos, a adoção da transação e da suspensão condicional do processo, **salvo para os crimes que contam com um sistema punitivo especial, entre eles aqueles a cuja pena privativa de liberdade se cumula a cassação do registro se o responsável for candidato, a exemplo do tipificado no art. 334 do Código Eleitoral**."

b) Há penalidade de multa fixada em valor mínimo e máximo.

Quando há no preceito secundário do tipo penal eleitoral uma pena de detenção cumulada com uma multa *"previamente fixada"* em valor mínimo e máximo, demonstra-se claramente não ser viável a transação penal, pois o mínimo da multa é superior ao máximo da transação penal.

EXEMPLO DIDÁTICO

Segundo preconiza o art. 33, § 4º, *"A divulgação de pesquisa fraudulenta constitui crime, punível com detenção de seis meses a um ano e multa no valor de cinquenta mil a cem mil Ufir"*.

Comentando esse crime o juiz eleitoral Francisco Milton de Araujo Júnior, com grande maestria, nos ensina que:

Segundo o disposto no art. 61 da Lei nº 9.099/1995, tal conduta é crime de menor potencial ofensivo.

Ora, presentes as demais condições objetivas e subjetivas, o imputado faz jus à proposta de transação penal. Caso se obtenha êxito, e como de praxe, se imporá a ele doação de cestas básicas.

Observe-se que as sanções são cumulativas. Cuida-se de regime especial de individualização da reprimenda, em que se têm em conta os valores, os princípios e os superiores interesses públicos tutelados de modo próprio em sede de jurisdição eleitoral, e, no qual, o legislador, por entender mais condizente com tal desiderato, estabeleceu, desde logo, severa sanção pecuniária mínima, diversamente do que ocorre na sistemática adotada no Código Penal.

Portanto, se a doação transacionada não importar em cinco mil Ufir, pelo menos, restará sem efetividade a mencionada norma. Em hipótese contrária, do ponto de vista do infrator, a relação custo-benefício será superavitária. Ser-lhe-á vantajoso desequilibrar ilicitamente a disputa, visto que, mesmo apanhado em flagrante, o resultado em potencial superará a eventual apenação.

Neste caso, é inviável a transação penal, por exemplo, em 10 (dez) cestas básicas, pois tal quantia é inferior a cinquenta mil Ufir (*mínimo da multa*).

Há, em realidade, infrações eleitorais em que a multa se torna a principal sanção que tem como escopo evitar que a norma seja violada, pois tal lesão ao objeto jurídico tutelado pode influenciar no pleito eleitoral, pondo em risco as garantias do Estado democrático de direito.

No exemplo supracitado, a divulgação da pesquisa fraudulenta pode causar irreparável desequilíbrio ao pleito eleitoral, *in casu*, aceitar a transação penal é retirar totalmente a eficácia do preceito sancionador secundário.

Esclareço por oportuno, que há delitos eleitorais que mesmo portando em seu preceito secundário um sistema punitivo especial, haverá possibilidade de transação penal, é o que estudaremos no próximo item.

8.2.3. O sistema punitivo especial e a transação penal com proposta previamente determinada

Há delitos no direito eleitoral que mesmo em estabelecendo um sistema punitivo especial, haverá possibilidade da transação penal.

É fácil identificá-los, pois há infrações eleitorais em que o próprio preceito secundário diz como será a forma da transação penal, estabelecendo antecipadamente uma pena alternativa à detenção.

EXEMPLOS DIDÁTICOS

São alguns exemplos de transação vinculada:

a) art. 39, § 5º. Constituem crimes, no dia da eleição, puníveis com detenção, de seis meses a um ano, *com a alternativa de prestação de serviços à comunidade pelo mesmo período*, e multa no valor de cinco mil a quinze mil Ufir;

b) art. 34, § 2º. O não cumprimento do disposto neste artigo ou qualquer ato que vise a retardar, impedir ou dificultar a ação fiscalizadora dos partidos constitui crime, punível com detenção, de seis meses a um ano, *com a alternativa de prestação de serviços à comunidade pelo mesmo prazo*, e multa no valor de dez mil a vinte mil Ufir;

c) art. 40. O uso, na propaganda eleitoral, de símbolos, frases ou imagens, associadas ou semelhantes às empregadas por órgão de governo, empresa pública ou sociedade de economia mista constitui crime, punível com detenção, de seis meses a um ano, *com a alternativa de prestação de serviços à comunidade pelo mesmo período*, e multa no valor de dez mil a vinte mil Ufir;

d) art. 87, § 4º. O descumprimento de qualquer das disposições deste artigo constitui crime, punível com detenção de um a três meses, *com a alternativa de prestação de serviços à comunidade pelo mesmo período* e multa, no valor de um mil a cinco mil Ufir;

e) art. 91. Nenhum requerimento de inscrição eleitoral ou de transferência será recebido dentro dos cento e cinquenta dias anteriores à data da eleição.

Parágrafo único. A retenção de título eleitoral ou do comprovante de alistamento eleitoral constitui crime, punível com detenção, de um a três meses, *com a alternativa de prestação de serviços à comunidade por igual período*, e multa no valor de cinco mil a dez mil Ufir.

É importante observar que estamos tratando de tipos penais eleitorais que têm um sistema punitivo especial, portanto, para não retirar a eficácia do tipo penal eleitoral incriminador e, destarte, desproteger totalmente o objeto jurídico tutelado, o Promotor de Justiça Eleitoral deverá ofertar como transação a prestação de serviços à comunidade com período igual ao máximo da pena de detenção e também uma multa estipulada entre o valor mínimo e o máximo.

8.2.4. Síntese do procedimento para aplicação da transação penal

a) O Promotor de Justiça Eleitoral recebe o **TCOE** (*Termo Circunstanciado de Ocorrência Eleitoral*) e, não sendo caso de arquivamento ou de requisição de diligências, o Ministério Público Eleitoral não oferece a denúncia e sim propõe a aplicação imediata de pena restritiva de direitos ou multas, a ser especificada na proposta.

b) Nas hipóteses de ser a pena de multa a única aplicável, o Juiz poderá reduzi-la até a metade.

c) Não se admitirá a proposta de transação se ficar comprovado:

- ter sido o autor da infração condenado, pela prática de crime, à pena privativa de liberdade, por sentença definitiva;
- ter sido o agente beneficiado anteriormente, no prazo de cinco anos, pela aplicação de pena restritiva ou multa;
- não indicarem os antecedentes, a conduta social e a personalidade do agente, bem como os motivos e as circunstâncias, ser necessária e suficiente a adoção da medida;
- ter o delito um sistema punitivo especial.

e) Aceita a proposta pelo autor da infração e seu defensor, será submetida à apreciação do juiz.

f) Acolhendo a proposta do Ministério Público Eleitoral aceita pelo autor da infração, o juiz eleitoral aplicará a pena restritiva de direitos ou multa, que não importará em reincidência, sendo registrada apenas para impedir novamente o mesmo benefício no prazo de cinco anos.

g) Da sentença prevista no item anterior caberá a apelação.

h) A imposição de sanção não constará de certidão de antecedentes criminais, e não terá efeitos civis, cabendo aos interessados propor ação cabível no juízo cível.

8.2.5. Síntese do procedimento penal eleitoral sumaríssimo

a) Quando não houver aplicação de pena, pela ausência do autor do fato, ou por não ser a hipótese de transação penal eleitoral, o Ministério Público Eleitoral oferecerá ao juiz eleitoral, de imediato, denúncia oral, se não houver necessidade de diligências imprescindíveis.

b) Para o fornecimento da denúncia, que será elaborada com base no **TCOE** (*Termo Circunstanciado de Ocorrência Eleitoral*), com dispensa do inquérito policial eleitoral.

c) Se a complexidade ou circunstâncias do caso não permitirem a formulação da denúncia, o Ministério Público Eleitoral poderá requerer ao juiz eleitoral a conversão do rito sumaríssimo em comum.

d) Oferecida a denúncia, será reduzida a termo, entregando-se cópia ao acusado, que com ela ficará citado e imediatamente cientificado da designação de dia e hora para a audiência de instrução e julgamento, da qual também tomarão ciência o Ministério Público Eleitoral, o ofendido, o responsável civil e seus advogados.

e) Se o acusado não estiver presente, será citado na forma dos arts. 66 e 68 da Lei nº 9.099/1995, cientificado da data da audiência de instrução e julgamento, devendo a ela trazer suas testemunhas ou apresentar requerimento para intimação, no mínimo cinco dias antes de sua realização.

f) Não estando presentes o ofendido e o responsável civil, serão intimados nos termos do art. 67 da Lei nº 9.099/1995 para comparecerem à audiência de instrução e julgamento.

g) As testemunhas arroladas serão intimadas na forma prevista no art. 67 da Lei nº 9.099/1995.

h) No dia e hora designados para a audiência de instrução e julgamento, se na fase preliminar não tiver havido possibilidade de tentativa de conciliação e de oferecimento de proposta pelo Ministério Público, proceder-se-á nos termos dos arts. 72, 73, 74 e 75 da Lei nº 9.099/1995.

i) Nenhum ato será adiado, determinando o juiz, quando imprescindível, a condução coercitiva de quem deva comparecer.

j) Aberta a audiência, será dada a palavra ao defensor para responder à acusação, após o que o juiz eleitoral receberá, ou não, a denúncia; havendo recebimento, serão ouvidas a vítima e as testemunhas de acusação e defesa, interrogando-se a seguir o acusado, se presente, passando-se imediatamente aos debates orais e à prolação da sentença.

k) Todas as provas serão produzidas na audiência de instrução e julgamento, podendo o juiz eleitoral limitar ou excluir as que considerar excessivas, impertinentes ou protelatórias.

l) De todo o ocorrido na audiência será lavrado termo, assinado pelo juiz eleitoral e pelas partes, contendo breve resumo dos fatos relevantes ocorridos em audiência e a sentença.

m) A sentença, dispensado o relatório, mencionará os elementos de convicção do juiz eleitoral.

8.2.6. Síntese do procedimento para aplicação da suspensão condicional do processo

Com o mesmo raciocínio, defendemos que também não será possível a suspensão condicional do processo quando o preceito secundário do delito houver previsão de punição tipicamente eleitoral, como é o caso da cassação do registro.

RESUMO DIDÁTICO

a) Caberá transação penal para as infrações penais eleitorais a que a lei comine pena máxima não superior a 2 (dois) anos, cumulada ou não com multa, salvo se no preceito secundário do delito houve previsão de punição tipicamente eleitoral.

b) Caberá suspensão condicional do processo nos crimes eleitorais em que a pena mínima cominada for igual ou inferior a um ano, desde que:

a) o acusado não esteja sendo processado ou não tenha sido condenado por outro crime;
b) estejam presentes os demais requisitos que autorizariam a suspensão condicional da pena (art. 77 do Código Penal);
c) e que no preceito secundário do delito não houver previsão de punição tipicamente eleitoral.

8.2.7. Previsão legal da suspensão condicional do processo em crimes eleitorais

O fundamento legal é o art. 89 da Lei nº 9.099/1995, *in verbis:*

> *Art. 89. Nos crimes em que a pena mínima cominada for igual ou inferior a um ano, abrangidas ou não por esta Lei, o Ministério Público, ao oferecer a denúncia, poderá propor a suspensão do processo, por dois a quatro anos, desde que o acusado não esteja sendo processado ou não tenha sido condenado por outro crime, presentes os demais requisitos que autorizariam a suspensão condicional da pena (art. 77 do Código Penal).*
>
> *§ 1º Aceita a proposta pelo acusado e seu defensor, na presença do Juiz, este, recebendo a denúncia, poderá suspender o processo, submetendo o acusado a período de prova, sob as seguintes condições:*
>
> *I – reparação do dano, salvo impossibilidade de fazê-lo;*
>
> *II – proibição de frequentar determinados lugares;*
>
> *III – proibição de ausentar-se da comarca onde reside, sem autorização do Juiz;*

IV – comparecimento pessoal e obrigatório a Juízo, mensalmente, para informar e justificar suas atividades.

§ 2º O Juiz poderá especificar outras condições a que fica subordinada a suspensão, desde que adequadas ao fato e à situação pessoal do acusado.

§ 3º A suspensão será revogada se, no curso do prazo, o beneficiário vier a ser processado por outro crime ou não efetuar, sem motivo justificado, a reparação do dano.

§ 4º A suspensão poderá ser revogada se o acusado vier a ser processado, no curso do prazo, por contravenção, ou descumprir qualquer outra condição imposta.

§ 5º Expirado o prazo sem revogação, o Juiz declarará extinta a punibilidade.

§ 6º Não correrá a prescrição durante o prazo de suspensão do processo.

§ 7º Se o acusado não aceitar a proposta prevista neste artigo, o processo prosseguirá em seus ulteriores termos.

CAPÍTULO 5

Da Competência Criminal Eleitoral

1. NOÇÕES GERAIS

No Código Eleitoral, houve completo silêncio sobre a competência criminal no direito eleitoral, devemos, *in casu*, aplicar o princípio da subsidiariedade e usar as disposições do Código de Processo Penal.

2. CONCEITO

O juiz eleitoral não pode exercer, ilimitadamente, a sua jurisdição. Daí poderemos estabelecer a primeira noção de competência, que é medida de jurisdição, ou seja, competência: a medida que particulariza a jurisdição eleitoral.

3. TIPOS DE COMPETÊNCIA ELEITORAL

A competência ainda pode ser absoluta ou relativa.

a) A competência absoluta é a que não pode ser alterada a arbítrio das partes.

A competência absoluta é a que interessa à ordem pública, porque emana das leis de organização judiciária, as quais repartem os poderes entre os diversos tribunais e juízes; é fixada por normas imperativas, que não podem ser derrogadas pela vontade das partes.[1]

EXEMPLO DIDÁTICO

Veremos que as competências eleitorais *ratione personae* (em razão da pessoa) e *a ratione materiae* (em razão da matéria) são absolutas.

1. Walter P. Acosta. *O Processo Penal.*

b) A competência relativa é a que pode ser alterada por acordo expresso ou tácito das partes.

EXEMPLO DIDÁTICO

Veremos que a competência eleitoral *ratione loci* (em razão do lugar) é relativa.

RESUMO DIDÁTICO

A competência eleitoral absoluta:
- é fixada levando em consideração o interesse público.
- Não pode ser prorrogada.

A competência eleitoral relativa:
- é fixada levando em consideração os interesses das partes.
- Pode ser prorrogada.

c) A competência eleitoral plena é a que se estende a todo o processo ou feito.

EXEMPLO DIDÁTICO

O juiz eleitoral do JECrim (*Juizado Eleitoral Especial Criminal*) tem competência plena, pois a Lei nº 9.099/1995 proíbe até a expedição de precatória em nome da celeridade processual.

d) A competência limitada é a competência que só abrange um ato ou uma parte do feito ou processo.

EXEMPLO DIDÁTICO

No caso de precatória, o juiz eleitoral deprecado tem competência limitada somente à prática do ato judicial que é objeto da carta.

4. FATORES DETERMINANTES DA COMPETÊNCIA JURISDICIONAL ELEITORAL

A competência eleitoral pode ser considerada sob os seguintes aspectos:
1º) em razão do lugar (*ratione loci*);
2º) o domicílio ou residência do réu;
3º) em razão da matéria (*ratione materiae*);
4º) em razão da pessoa (*ratione personae*);
5º) em razão da continência ou conexão.

5. O LUGAR DA INFRAÇÃO (*RATIONE LOCI*)

O foro do lugar é sem dúvida o foro mais racional. Aí foi violada a lei, aí foi provocada a ação social, aí deve ser punido o delinquente eleitoral.

Nesse lugar, seja ou não o domicílio do acusado, há maior facilidade de serem coligidos os devidos esclarecimentos e provas necessárias; e, além disso, é o lugar onde o exemplo da repressão se faz mais imprescindível, seja pela sua impressão moral, seja para satisfação do ofendido, de seus parentes e amigos.

5.1. Principal regra *ratione loci*

Segundo o art. 70 do Código de Processo Penal, aplicado de forma subsidiária, a competência será, de regra, determinada pelo lugar em que se consumar a infração, ou, no caso de tentativa, pelo lugar em que for praticado o último ato de execução.

6. O DOMICÍLIO OU RESIDÊNCIA DO RÉU

É um foro supletivo. Portanto, só será usado quando não for conhecido o lugar da infração.

6.1. Principais regras

a) Regra 1

Não sendo conhecido o lugar da infração, a competência regular-se-á pelo domicílio ou residência do réu.

b) Regra 2

Se o réu tiver mais de uma residência, a competência firmar-se-á pela prevenção.

c) Regra 3

Se o réu não tiver residência certa ou for ignorado o seu paradeiro, será competente o juiz eleitoral que primeiro tomar conhecimento do fato.

7. DA COMPETÊNCIA PELA NATUREZA DA INFRAÇÃO

A competência em virtude da natureza da infração vem a ser a competência em razão da matéria (*ratione materiae*). Competência em razão de matéria define-se: o poder que tem o juiz eleitoral ou tribunal para conhecer de uma determinada infração, em razão da sua natureza ou da pena que a lei lhe comina.

8. DA COMPETÊNCIA ELEITORAL POR CONEXÃO

O mestre do Processo Penal, **Tourinho Filho**, a quem eu me curvo como fiel discípulo, apresenta elucidativa lição:[2]

> A conexão é o nexo, a dependência recíproca que as coisas e os fatos guardam entre si; disjunção é a separação delas, separação forçada, por isso mesmo que todo criminal deve ser indivisível. Com efeito, embora os crimes sejam diversos, desde que entre si conexos, ou que procedam de diferentes delinquentes associados, como autores ou cúmplices, formam uma espécie de unidade estreita que não deve ser rompida. E, continuando a lição, o velho Pimenta Bueno arrematava: todos os meios de acusação, defesa e convicção estão em completa dependência. Separar será dificultar os esclarecimentos, enfraquecer as provas e correr o risco de ter, afinal, sentenças dissonantes ou contraditórias. Sem o exame conjunto e, pelo contrário, com investigações separadas, sem filiar todas as relações dos fatos, como reconhecer a verdade em sua integridade ou como reproduzir tudo isso em cada processo?
> **A conexão existe quando duas ou mais infrações estiverem entrelaçadas por um vínculo, um nexo, um liame que aconselha a junção dos processos**, propiciando, assim, ao julgador perfeita visão do quadro probatório e, de consequência, melhor conhecimento dos fatos, de todos os fatos, de molde a poder entregar a prestação jurisdicional com firmeza e justiça.

8.1. As hipóteses de conexão

Há três espécies de conexão:

a) Primeira: Conexão eleitoral intersubjetiva

Ocorre conexão intersubjetiva quando duas ou mais infrações tiverem sido praticadas, ao mesmo tempo, por várias pessoas reunidas, ou por várias pessoas em concurso, embora diverso o tempo e o lugar, ou por várias pessoas, umas contra as outras.

RESUMO DIDÁTICO

A chamada conexão intersubjetiva pode ser dividida em três:

1) Na primeira parte da definição, temos a conexão intersubjetiva por simultaneidade: "quando duas ou mais infrações houverem sido cometidas, ao mesmo tempo, por diversas pessoas reunidas (pessoas simultâneas)".

2) Na segunda parte da definição, temos a conexão intersubjetiva por concurso: "quando duas ou mais infrações houverem sido cometidas por várias pessoas em **concurso**, ao mesmo tempo, ou em local e tempo diferentes **(pessoas em concurso)**".

2. Fernando da Costa Tourinho Filho. *Processo Penal*. v. 2. 18. ed. São Paulo: Saraiva, 1997

3) Na terceira parte da definição, temos a conexão intersubjetiva por reciprocidade: "quando duas ou mais infrações houverem sido cometidas por diversas pessoas **umas contra as outras (umas contra as outras, em reciprocidade)"**.

b) Segunda: Conexão eleitoral objetiva

Ocorre **conexão objetiva** se, no mesmo caso, houverem sido umas infrações praticadas para facilitar ou ocultar as outras, ou para conseguir impunidade ou vantagem em relação a qualquer delas.

RESUMO DIDÁTICO

A conexão objetiva é também chamada pela doutrina de material, lógica, teleológica ou consequencial e ocorre quando as infrações são praticadas para:

- facilitar as outras;
- ocultar as outras;
- conseguir impunidade em relação a qualquer delas;
- conseguir vantagem em relação a qualquer delas.

c) Terceira: Conexão eleitoral probatória ou instrumental

A conexão probatória ocorre quando a prova de uma infração ou de qualquer de suas circunstâncias elementares influir na prova de outra infração.

Em lúcida lição, o jurista **Fávila Ribeiro** apresenta exemplos. Afirma o mestre:

> Podemos apresentar a título de exemplificação diferentes situações que podem envolver conexão de crimes eleitorais com crimes comuns. Assim sucederia se alguém, para impedir ou perturbar os trabalhos de alistamento, agredisse os alistandos ou funcionários incumbidos do alistamento, ocasionando lesões generalizadas em diversos participantes do processo de alistamento. Por igual, ao usar alguém de violência contra eleitor para compeli-lo a votar ou deixar de votar em determinado candidato ou partido e resultasse dano físico. Haverá, inevitavelmente, conexão entre o crime do art. 301 do Código Eleitoral e do art. 129 do Código Penal. Da mesma maneira, estabelecer-se-á conexão se alguém, além de ocultar os transportes de sua propriedade para não os fornecer durante o dia da eleição, e com o mesmo propósito de obstar o transporte de eleitores, ocasionar danos aos veículos coletivos de outras empresas, impedindo-os de circular, o que importaria em ofensa ao art. 304 do Código Eleitoral e ao art. 163 do Código Penal.

E ainda acrescenta:

> Cuidar-se-á, também, de conexão, quando um grupo de pessoas, com a deliberada intenção de impedir ou embaraçar o exercício do sufrágio, promover rixa com alistandos, para os dispersar, infringindo, assim, o art. 137 do Código Penal e o art. 297 do Código Eleitoral. É ainda de ser considerada a situação de agentes que, com

o propósito de impedir o exercício de voto, promovem a concentração de eleitores, mantendo em cárcere privado os que não concordarem com a pretendida abstenção, dando margem à incidência no art. 148 do Código Penal e no art. 302 do Código Eleitoral. Ou o caso do juiz eleitoral responsável pela supervisão do serviço de alimentação na respectiva zona eleitoral que deixar de fornecer alimentação a eleitores das áreas rurais, ou fazê-lo incompletamente, para apropriar-se dos recursos públicos que lhe foram confiados para aplicação nesse serviço. Com esse seu proceder, violou a regra do art. 8º da Lei nº 6.091, de 15/08/1974, c. c. art. 312 do Código Penal.[3]

9. O EFEITO DA CONEXÃO ELEITORAL

A conexão tem como principal consequência a unidade de processos, destarte, a unicidade dos julgamentos.

Denota-se com a conexão, opera-se uma derrogação às regras de competência, pelo lugar e pela matéria, para que prevaleça a unidade do processo, conforme o magistério de **Hélio Tornaghi**,[4] resolvendo-se em favor da jurisdição mais especializada o conflito de competências decorrente dos crimes conexos, de acordo com o art. 78, IV, do Código de Processo Penal. E, em reforço à posição exponencial da jurisdição eleitoral, diante dos crimes comuns, é de ser mencionado que se trata de orientação constitucionalmente consagrada.

Com inteira razão afirma **Xavier de Albuquerque**[5] que

> se crimes comuns são praticados em conexidade com crimes eleitorais, a regra é a da prorrogação do poder de julgar da Justiça Eleitoral para processá-los todos; mas, como a norma constitucional que assim regula é de ordem geral e indiscriminada, pode sofrer derrogação quando outra norma constitucional, de ordem particular, não permitir a atração.

10. DA COMPETÊNCIA ELEITORAL POR CONTINÊNCIA

Conceito. Conforme o amigo **Fernando da Costa Tourinho Filho,** na continência, como o próprio nome está a indicar, uma causa está contida na outra, não sendo possível a cisão.

10.1. As hipóteses de continência eleitoral

A competência será determinada pela continência nas seguintes hipóteses.

a) Primeira: continência subjetiva

3. Fávila Ribeiro. *Direito Eleitoral*. 5. ed. Rio de Janeiro: Forense, 1988.
4. *Comentários ao Código de Processo Penal*. Rio de Janeiro: Forense, 1956, v. I, t. II, p. 183-184.
5. José Carlos G. Xavier e José Renato Nalini. *Manual de Processo Penal*. São Paulo: Saraiva, 1999.

Ocorre continência subjetiva quando duas ou mais pessoas forem acusadas pela mesma infração.

EXEMPLO DIDÁTICO NA JURISPRUDÊNCIA

Continência pelo concurso de pessoas: "Quando duas ou mais pessoas são acusadas da prática do mesmo fato delituoso, em coautoria, a competência jurisdicional é definida em função da continência, na forma do disposto no art. 77, I, do CPP".[6]

b) Segunda: continência eleitoral objetiva

Ocorre continência objetiva no caso da infração cometida em concurso formal, *aberratio ictus* e *aberratio delicti* (resultado diverso do pretendido).

RESUMO DIDÁTICO

Uso, para fins didáticos, as terminologias:

1ª hipótese: continência concursal, pois quando duas ou mais pessoas forem acusadas pela mesma infração, haverá impreterivelmente um concurso de pessoas.

2ª hipótese: continência em concurso formal, pois no caso da infração cometida em concurso formal, *aberratio ictus* e *aberratio delicti*, deverá sempre ser observada a regra do concurso formal.

11. A COMPETÊNCIA ELEITORAL PREVALENTE

Aprendemos que em caso de conexão ou continência haverá, em regra, unidade de processo e julgamento, portanto, pergunta-se: Qual será o foro que deve prevalecer? Ou seja, qual será o foro que julgará as infrações no caso da existência de conexão ou continência?

12. RESUMO DIDÁTICO DA REGRA E DAS EXCEÇÕES[7]

Regra Básica

Havendo conexão ou continência, a Justiça Eleitoral exerce a *vis atrativa*, isto é, ela atrai para sua competência o crime eleitoral e o não eleitoral (art. 78, IV, do CPP).

Exceções

Exceção 1. Havendo crime doloso contra a vida, deve haver desmembramento, ou seja, a Justiça Eleitoral julga o crime eleitoral e o Tribunal do Júri julga o crime doloso contra a vida, porquanto a CF/1988 deve ser respeitada (art. 5º, XXXVIII) e uma lei ordinária (CPP, art. 78) não pode prevalecer sobre a Carta Magna.

6. *RT 715/477.*

7. Fonte da pesquisa: Thales Tácito Pontes Luz de Pádua Cerqueira. *Direito Eleitoral brasileiro.* Belo Horizonte: Del Rey, 2002.

POSIÇÃO DIVERGENTE

Embora não seja a minha posição, por questão de ordem ética, informo que **Tourinho Filho** e **Suzana de Carmargo** pensam de forma diferente. Esclarece Suzana de Carmargo:

> o liame é de natureza objetiva, e decorre do disposto no art. 76, II, do CPP (...); havendo a concorrência entre o Tribunal do Júri e a Justiça especializada, a competência é desta última. É o que decorre do art. 78, IV, do CPP, dado estabelecer que no concurso entre a jurisdição comum e a especial, prevalecerá esta. Em suma, tratando-se de crimes eleitorais conexos a crimes dolosos contra a vida, o julgamento de todos eles há de ser realizado pela Justiça Eleitoral, a menos que caracterizada, em termos constitucionais, a competência funcional de outros órgãos jurisdicionais.[8]

Exceção 2. Se um dos autores tiver foro pela prerrogativa de função (ainda que previsto na Constituição Estadual, com respeito, porém, à Súmula nº 721 do STF), deve haver o desmembramento, ou seja, a Justiça Eleitoral julga o crime comum e o Tribunal competente julga aquele dotado de foro pela prerrogativa de função, porquanto a CF/1988 deve ser respeitada e uma lei ordinária (CPP, art. 78, III) não pode prevalecer sobre a Carta Magna.

Exceção 3. Se um dos autores tiver foro pela prerrogativa de função em crime comum **exclusivamente** previsto na **Constituição Estadual** e cometer crime doloso contra a vida conexo com crime eleitoral, haverá desmembramento; porém, quem julgará o crime doloso contra a vida será o Tribunal do Júri (e não o Tribunal de Justiça – Súmula nº 721 do STF), ao passo que quem julgará o crime eleitoral será a Justiça Eleitoral (de primeira instância, já que não pode uma Constituição Estadual criar foro pela prerrogativa de função em Tribunal Eleitoral Estadual, pois legislar sobre Direito Eleitoral é da competência da União).

Exceção 4. Haverá separação no concurso entre a jurisdição comum e a do Juízo de Menores.

EXEMPLO DIDÁTICO

Tício cometeu um delito eleitoral em companhia de Mévio, que tem 15 anos. Tício será denunciado pelo delito eleitoral, e Mévio será representado pelo ato infracional cometido. É uma consequência evidente da inimputabilidade do menor de 18 anos, submetido apenas à legislação especial, atualmente o Estatuto da Criança e do Adolescente (Lei nº 8.069, de 13/07/1990).

Exceção 5. Haverá separação, portanto, haverá quebra da unidade do processo se, em relação a algum corréu, sobrevier doença mental, posterior à infração eleitoral, caso em que o processo continuará suspenso até que o acusado se restabeleça.

8. "Crimes eleitorais", São Paulo: *Revista dos Tribunais*, 2000, p. 55-59.

Como afirma **Mirabete**,[9] sobrevindo a um dos réus doença mental, exige-se a separação dos processos já que, em relação a ele, fica suspenso o processo, embora possam ser praticadas diligências que não admitam delongas ou contemporizações (art. 149, § 2º). Evidentemente, o dispositivo não diz respeito àquele que, no momento do fato, era portador de doença mental, caso de inimputabilidade a ser apurado através de incidente próprio.

Exceção 6. Se houver vários acusados e um deles for citado por edital, e o mesmo não comparecer, nem constituir advogado, ficarão, em relação a ele, suspensos o processo e o curso do prazo prescricional, podendo o juiz eleitoral determinar a produção antecipada das provas consideradas urgentes e, se for o caso, decretar prisão preventiva. Nesse caso, entendo que o juiz eleitoral deverá determinar com fulcro no art. 80 do Código de Processo Penal, a separação do processo, decretando a produção das provas urgentes e, logo em seguida, separando o processo, extraindo traslado, continuando em relação aos demais.

Exceção 7. O caso da separação facultativa: será facultativa a separação dos processos quando as infrações tiverem sido praticadas em circunstâncias de tempo ou de lugar diferentes ou quando pelo excessivo número de acusados e para não lhes prolongar a prisão provisória, ou por outro motivo relevante, o juiz eleitoral reputar conveniente a separação.

Exceção 8. No caso de conexão ou continência entre dois foros por prerrogativa de função previstos na Constituição Federal, deve haver cissão.

EXEMPLO DIDÁTICO

Desembargador e promotor de Justiça cometem crime eleitoral.

Solução jurídica: a solução jurídica será:

a) desembargador será julgado pelo **STJ;**

b) Promotor de Justiça será julgado pelo **TRE** (*aplica-se o princípio da simetria*).

Exceção 9. Entendo que a unidade do processo não importará a do julgamento, nas seguintes hipóteses:

a) ocorre separação do processo quando há dois ou mais réus e só um tem direito a transação penal (veja o art. 76 da Lei nº 9.099/1995);

b) haverá também separação do processo quando há dois ou mais réus e é aplicada a suspensão condicional do processo em relação a um deles, hipótese em que a ação continua quanto aos demais (veja o art. 89 da Lei nº 9.099/1995).

Se, não obstante a conexão ou continência, forem instaurados processos diferentes, a autoridade de jurisdição prevalente deverá avocar os processos que corram perante os outros juízes eleitorais, salvo se já estiverem com sentença definitiva.

9. Júlio Fabbrini Mirabete. *Processo Penal*, p. 183.

Neste caso, a unidade dos processos só se dará, ulteriormente, para o efeito de soma ou de unificação das penas.

Posição dominante do STJ: Súmula nº 235 do STJ: "A conexão não determina a reunião dos processos, se um deles já foi julgado".

Se houver conexão ou continência entre uma infração eleitoral de menor potencial ofensivo e outra mais grave, prevalecerá a competência desta última, inclusive em relação ao rito processual.

Aspecto prático importante: *"Um juiz eleitoral, no exercício de suas atividades eleitorais, foi desacatado. Pergunta-se: de quem será a competência para julgar o delito?"*

Resposta: A competência é da Justiça Federal.

Fundamento:

a) o desacato não é um crime eleitoral;

b) o juiz eleitoral exerce, por delegação, função da Justiça Federal.

No caso, como o desacato é delito de menor potencial ofensivo, a competência será do JECrim Federal (Juiz do Criminal Federal).

13. A PRERROGATIVA DE FUNÇÃO (*RATIONE PERSONAE*)

"Fala-se em competência *ratione personae* (em razão da pessoa), quando o Código deixa bem claro que a competência é ditada pela função da pessoa, tendo em vista a dignidade do cargo exercido e não do indivíduo que o exerce. É usual também o nome de **foro privilegiado**, agora mais aceitável, já que a Constituição Federal de 1988 não menciona proibição ao "foro privilegiado" mas apenas a "juízo ou tribunal de exceção" (art. 5º, XXXVII). Na realidade, não pode haver "privilégio" às pessoas, pois a lei não pode ter preferências, mas é necessário que leve em conta a dignidade dos cargos e funções públicas. Há pessoas que exercem cargos e funções de especial relevância para o Estado e em atenção a eles é necessário que sejam processados por órgãos superiores, de instância mais elevada. O foro por prerrogativa de função está fundado na utilidade pública, no princípio da ordem e da subordinação e na maior independência dos tribunais superiores".[10]

PRINCIPAL REGRA

A competência pela prerrogativa de função é do Supremo Tribunal Federal, do Superior Tribunal de Justiça, dos Tribunais Regionais Federais e Tribunais de Justiça dos Estados e do Distrito Federal, relativamente às pessoas que devam responder perante eles por crimes comuns e de responsabilidade.

10. Cf. José Frederico Marques. Op. cit., p. 207.

14. PERPETUAÇÃO DA COMPETÊNCIA POR PRERROGATIVA DA FUNÇÃO

Preconizava o art. 84, §§ 1º e 2º, do Código de Processo Penal, respectivamente:

> *Art. 84 (...)*
>
> *§ 1º A competência especial por prerrogativa de função, relativa a atos administrativos do agente, prevalece ainda que o inquérito ou a ação judicial sejam iniciados após a cessação do exercício da função pública.*
>
> *§ 2º A ação de improbidade, de que trata a Lei nº 8.429, de 2 de junho de 1992, será proposta perante o tribunal competente para processar e julgar criminalmente o funcionário ou autoridade na hipótese de prerrogativa de foro em razão do exercício de função pública, observado o disposto no §1º.*

Por maioria de votos (7x3), o Plenário do Supremo declarou a inconstitucionalidade do foro especial para ex-ocupantes de cargos públicos e/ou mandatos eletivos. A decisão foi tomada no julgamento da Ação Direta de Inconstitucionalidade (ADIn nº 2.797), proposta pela Associação Nacional dos Membros do Ministério Público (Conamp).

Na decisão em comento, um ponto muito importante é destacado pelo Professor Luiz Flávio Gomes:

> O legislador ordinário não pode contrariar, por lei, interpretação constitucional do STF. O guardião máximo da Constituição Federal é, sem sombra de dúvida, o Supremo Tribunal Federal. Cabe a ele, consequentemente, interpretar os textos constitucionais e fixar o valor e o sentido de cada uma das suas normas. A interpretação dada pelo STF, por conseguinte, não pode ser contrariada pelo legislador ordinário, isto é, por lei ordinária. Se o STF julga um determinado assunto constitucional de uma maneira, não pode o legislador, pela via ordinária, alterar o sentido da decisão da Corte Suprema. A interpretação adotada pelo STF não está sujeita a "referendo" do legislador ordinário.

Portanto, não há mais possibilidade de ser imposta no nosso direito a tese da perpetuação da competência por prerrogativa da função.

Podem no contexto ocorrer as seguintes hipóteses:

1ª hipótese: Tício cometeu um crime eleitoral antes de ser diplomado deputado federal.

Solução jurídica: após a diplomação, aplica-se a prerrogativa de função, tendo em vista a proteção atual da dignidade do cargo.

2ª hipótese: Tício cometeu um crime eleitoral e antes de ser diplomado deputado federal foi denunciado pelo Ministério Público.

Solução jurídica: depois de iniciada a ação penal, os autos devem ser remetidos ao **STF**, usa-se o princípio *tempus regit actum* para aproveitar os atos já praticados.

3ª hipótese: aponte a solução jurídica considerando o fato de o deputado processado não ser reeleito.

Solução jurídica: no caso de término do mandato ou de aposentadoria do réu acaba o foro privilegiado e não importa se o crime foi cometido antes ou durante o mandato, pois a Súmula nº 394 do STF foi revogada. Hoje o que importa é a contemporaneidade do mandato, portanto, terminado o exercício do cargo, acaba o privilégio.

15. QUADRO DIDÁTICO SOBRE O ÓRGÃO COMPETENTE PARA JULGAMENTO DOS CRIMES ELEITORAIS

Já é entendimento pacífico no STF que o crime eleitoral é crime comum, portanto:

a) Os crimes eleitorais praticados pelo Presidente da República, por senador da República, deputado federal, enfim, pelas pessoas relacionadas no art. 102, I, letras *b* e *c*, da Constituição, são julgados no STF.

b) Já os governadores dos Estados e do Distrito Federal, pela prática dos crimes eleitorais, são julgados pelo Superior Tribunal de Justiça (art. 105, I, *a*, CF).

A propósito, manifestou-se o TSE no processo nº 15.584-Manaus:

> "Governador de Estado. Crime Eleitoral. A jurisprudência se pacificou no sentido de que a competência para processar e julgar, originariamente, os feitos relativos a crimes eleitorais praticados por governador de Estado é do Superior Tribunal de Justiça" (*DJU*, 30/06/2000, p. 159).

c) O Deputado Estadual, pela prática de crime eleitoral, nos termos do art. 29, I, *e*, do CE, deve ser julgado pelo TRE (STF, HC 434, *DJU*, 13/09/2002, p. 177).

d) Prefeitos, Promotor de Justiça Eleitoral e Juiz Eleitoral serão julgados pelo TRE.

e) Crimes eleitorais de secretários de Estado – a competência é do TRE.

Posição dominante do STF:

> "*Habeas corpus*. Competência para o processo e julgamento de Secretário do Estado acusado da prática de crime eleitoral. Constituição de 1988. Compete originariamente aos Tribunais Regionais Eleitorais processar e julgar, por crimes eleitorais, as autoridades estaduais que, em crimes comuns, tenham no Tribunal de Justiça o foro por prerrogativa de função. Recurso ordinário a que se nega provimento".[11]

Portanto, conforme nossa posição, o quadro será:

11. *JSTF* 175/327.

Cargo	Competência
Presidente e Vice	STF
Senador e Suplentes	STF
Deputado Federal	STF
Deputado Estadual	TRE
Governador e Vice	STJ
Prefeito	TRE
Vice-Prefeito e Vereadores	Juiz eleitoral

Obs.: Se o crime eleitoral é praticado pelo candidato, durante a campanha, a competência para julgá-lo é do Juiz Eleitoral. Se, porém, for ele eleito deputado estadual, a partir da diplomação a competência para processamento e julgamento transfere-se para o Tribunal Regional Eleitoral (CF, art. 53, § 1º, e art. 29, I, *e*, do CE).

Obs.: Desembargador que comete crime eleitoral será julgado pelo STJ (art. 105, I, *a*, da CF).

Obs.: Além dos indicados no quadro supramencionado, cometendo crimes eleitorais, serão julgados pelo **STF**: os ministros do STF, procurador-geral da República, os ministros de Estado e os comandantes da Marinha, do Exército e da Aeronáutica, os membros dos Tribunais Superiores, os do Tribunal de Contas da União e os chefes de missão diplomática de caráter permanente.

Obs.: Além dos indicados no quadro *ut supra*, serão julgados pelo **STJ**, nos crimes eleitorais: os desembargadores dos Tribunais de Justiça dos Estados e do Distrito Federal, os membros dos Tribunais de Contas dos Estados e do Distrito Federal, os dos Tribunais Regionais Federais, dos Tribunais Regionais Eleitorais e do Trabalho, os membros dos Conselhos ou Tribunais de Contas dos Municípios e os do Ministério Público da União que oficiem perante tribunais.

Posicionamento majoritário do TSE: competência do TRE para processar e julgar prefeito por crime eleitoral.[12]

Posicionamento majoritário do TSE: cessa a prerrogativa de foro com a cessação do mandato.[13]

16. QUEM PODE SUSCITAR O CONFLITO DE COMPETÊNCIA

As questões atinentes à competência resolver-se-ão não só pela exceção própria como também pelo conflito positivo ou negativo de jurisdição, todos com aplicação subsidiária do Código de Processo Penal.

12. TSE – AC nº 469/2003.
13. TSE – AC nºs 519 e 520/2005.

O conflito poderá ser suscitado:

a) pela parte interessada;

b) pelos órgãos do Ministério Público Eleitoral;

c) por qualquer dos juízes eleitorais ou tribunais em causa.

Algo peculiar no direito eleitoral é a previsão do art. 5º da Resolução nº 22.376/2006, *in verbis:*

> *Verificada a incompetência do juízo, a autoridade judicial a declarará nos autos e os remeterá ao juízo competente (Art. 78, IV, do Código de Processo Penal).*

17. O CONFLITO DE COMPETÊNCIA EM MATÉRIA PROCESSUAL PENAL ELEITORAL

Colhemos o escólio de José Joel Cândido[14]:

> Dá-se o conflito de competência em matéria processual penal eleitoral quando dois ou mais órgãos do Poder Judiciário, independente de jurisdição ou hierarquia, derem-se por competente, ou incompetente, para conhecer e julgar um processo por um mesmo crime eleitoral. A hipótese é muito comum, tanto na jurisdição ordinária, quanto na eleitoral. Menos comum, mas ainda sendo conflito de competência, ocorre quando houver controvérsia, nesses órgãos judiciários, acerca da unidade de juízo, junção ou separação de processos. "Não há conflito de competência seja existe sentença com trânsito em julgado, proferida por dois juízos conflitantes. (Esse é o teor da Súmula nº 59 – STJ.)

O renomado autor ainda nos brinda com um excelente quadro didático:

Conflitos de Competência em Matéria Processual Penal Eleitoral		
Órgãos em Conflito	Competência	Base Legal
Juiz Eleitoral X Juiz Eleitoral (da mesma circunscrição)	TRE	CE, art. 29, I, "b"
Juiz Eleitoral X Juiz Eleitoral (circunscrição diversa)	TSE	CE, art. 22, I, "b"
Juiz Eleitoral X Juiz de Direito	STJ	CF, art. 105, I
Juiz Eleitoral X TRE (de Estados diversos)	TSE	CE, art. 22, I, "b"
TRE X Juiz de Direito	STJ	CF, art. 105, I
TRE X TRE	STJ	CF, art. 105, I
TRE X TJ	STJ	CF, art. 105, I
TSE X Juiz ou qualquer outro Tribunal	STF	CF, art. 102, I

14. Joel José Cândido. *Direito eleitoral brasileiro.* 10. ed. São Paulo: Edipro, 2003.

CAPÍTULO 6

Prisões Processuais em Crimes Eleitorais

Preconiza o art. 236 do Código Eleitoral:

> *Art. 236. Nenhuma autoridade poderá, desde 5 (cinco) dias antes e até 48 (quarenta e oito) horas depois do encerramento da eleição, prender ou deter qualquer eleitor, salvo em flagrante delito ou em virtude de sentença criminal condenatória por crime inafiançável, ou, ainda, por desrespeito a salvo-conduto.*
>
> *§ 1º Os membros das mesas receptoras e os fiscais de partido, durante o exercício de suas funções, não poderão ser detidos ou presos, salvo o caso de flagrante delito; da mesma garantia gozarão os candidatos desde 15 (quinze) dias antes da eleição.*
>
> *§ 2º Ocorrendo qualquer prisão o preso será imediatamente conduzido à presença do juiz competente que, se verificar a ilegalidade da detenção, a relaxará e promoverá a responsabilidade do coator.*

Só podemos entender o alcance da norma jurídica visualizando-a por seu lado prático.

Tício, perigoso assaltante, acusado de vários roubos, triplo homicídio e dois estupros, estava foragido com prisão preventiva decretada, mas apareceu para votar nas eleições de 2008. Populares ligaram para a delegacia e a resposta do delegado foi uma só, "só podemos prendê-lo 48h após a eleição". **É claro que Tício ainda se encontra foragido, assaltando, matando e estuprando, pois profissionais do direito estritamente legalistas aplicam o art. 236 do Código Eleitoral em seu sentido literal sem compatibilizá-lo com a Constituição Federal.**

Dizia Carlos Maximiliano que "Deve o Direito ser interpretado inteligentemente: não de modo que a ordem legal envolva um absurdo, prescreva inconveniências, vá ter a conclusões inconsistentes ou impossíveis".[1]

1. Carlos Maximiliano. *Hermenêutica e aplicação do direito*. 19. ed. São Paulo: Forense, 2005, p. 136.

Neste contexto, entendo que a esdrúxula imunidade formal prisional prevista no art. 236, § 1º não foi recepcionada pela nova Constituição Federal, porque o ordenamento jurídico máximo, ao permitir alguns tipos de prisões, textualmente, excepcionou algumas situações e em nenhum momento se referiu às prisões em período eleitoral.

O inciso LXI do art. 5º da CF/88 é taxativo: *"Ninguém será preso senão em flagrante delito ou por ordem escrita e fundamentada de autoridade judiciária competente, salvo nos casos de transgressão militar ou crime propriamente militar, definidos em lei"*.

O flagrante delito ou a ordem escrita e fundamentada de autoridade judiciária competente são institutos autorizados pela Constituição Federal, portanto, uma norma infraconstitucional não pode retirar a sua eficácia.

É ilação plenamente lógica que se a prisão estiver em consonância com a Constituição Federal poderá ser executada mesmo em época da eleição, não sendo juridicamente possível ser alegada a sua ilegalidade.

Seria uma grande excrescência jurídica uma prisão preventiva, leia-se: *"uma ordem escrita e fundamentada de autoridade judiciária competente"*, não poder ser executada porque a legislação infraconstitucional não permite algo que é autorizado pela Constituição Federal.

Insta ainda acentuar que o Código Eleitoral também não foi recepcionado pela Constituição Federal quando permite a prisão em *"virtude de sentença criminal condenatória por crime inafiançável"* e não exige o trânsito em julgado da sentença condenatória, algo que, em realidade, atenta contra o princípio da não culpabilidade antecipada.

A solução será fazer uma interpretação conforme a Constituição Federal, é dizer, o juiz eleitoral ou o Tribunal deve, na análise do caso concreto, declarar qual das possíveis interpretações se revela compatível com a Lei Fundamental.

Portanto, em uma interpretação conforme a Constituição Federal, podemos dizer que será possível 5 (*cinco*) tipos de prisões no período eleitoral:

a) prisão flagrante delito eleitoral;
b) prisão preventiva eleitoral;
c) prisão oriunda de sentença criminal condenatória *transitada em julgado* por crime eleitoral inafiançável;
d) prisão por recaptura de réus condenados com decisão *transitada em julgado* por crime eleitoral inafiançável;
e) e, por fim, a prisão por desrespeito a salvo-conduto.

Observação importante: no direito eleitoral é inadmissível a prisão temporária porque a Lei nº 7.960/1989 não elenca em seus dispositivos nenhum crime eleitoral.

Com outros argumentos também combatem o art. 236 do Código Eleitoral:

Joel J. Cândido:

> Hoje, com a vigência do art. 5º, LXI, da Constituição Federal, o art. 236 e § 1º, do Código Eleitoral, está revogado. Mesmo fora daqueles períodos, ninguém pode ser preso, a não ser nas exceções mencionadas na lei. E pelas exceções constitucionais a prisão será legal, podendo ser efetuada mesmo dentro dos períodos aludidos no Código Eleitoral. Em resumo: se a prisão não for nos moldes da Constituição Federal, nunca poderá ser efetuada; dentro dos limites da Constituição Federal pode sempre ser executada, mesmo em época de eleição.[2]

Marcos Ramayana:

> No § 2º, o legislador criou uma espécie de imunidade formal prisional que, à luz da Carta Magna, não subsiste diante de sua evidente inconstitucionalidade material. Vejam que o candidato não poderá ser preso, seja detentor ou não de foro por prerrogativa de função, durante o prazo de quinze dias do pleito eleitoral.
>
> A imunidade formal em relação à prisão subsiste nas Cartas Magnas como instituto afeto às garantias dos parlamentares (deputados federais, estaduais e senadores). Assim, não pode o legislador garantir aos candidatos, que nem parlamentares são, as regras excepcionais da imunidade formal, pois elas não dizem respeito à pessoa do interessado, mas, sim, ao livre exercício funcional dos deputados e senadores. O artigo viola em sua essência o princípio da igualdade de todos perante a lei.[3]

No Congresso Nacional tramita o Projeto de Lei nº 7.573/2006,[4] propondo a revogação do art. 236 do Código Eleitoral, *in verbis:*

> Projeto de Lei nº 7.573/2006
> Revoga o art. 236 do Código Eleitoral.
> O Congresso Nacional decreta:
> Art. 1º Esta lei revoga o art. 236 da Lei nº 4.737, de 15 de julho de 1965, que institui o Código Eleitoral, de maneira a relativizar o princípio do direito de voto diante do princípio da segurança da sociedade, permitindo em todo o território nacional a prisão dos cidadãos, mesmo no período compreendido entre os cinco dias que antecedem e as quarenta e oito horas que se sucedem à eleição.
>
> Art. 2º Revogue-se o art. 236 da Lei nº 4.737, de 15 de julho de 1965.
>
> Art. 3º Esta lei entra em vigor na data de sua publicação.

O princípio da proporcionalidade é usado com muita propriedade na justificativa do projeto de lei:

2. *Direito Eleitoral brasileiro*, op. cit., p. 303.
3. *Direito Eleitoral*, 4. ed. Rio de Janeiro: Impetus, 2005.
4. Projeto de autoria do Deputado Fernando de Fabinho.

(...) sopesando o direito de voto e o direito de segurança da sociedade contra os indivíduos que atentam contra os valores que lhe são caros, o legislador preferiu o primeiro, estabelecendo algumas exceções. No entanto, passadas mais de quatro décadas da entrada em vigor da norma e vivendo nós hoje em um mundo muito mais violento, penso que não mais se justifica tal garantia eleitoral. O livre exercício do sufrágio há de ser garantido de outra forma, mas não mais dando um salvo-conduto de uma semana a inúmeros criminosos, para que circulem tranquilamente no período das eleições.

CAPÍTULO 7

Das Nulidades dos Votos

1. AS CONSEQUÊNCIAS DA NULIDADE DOS VOTOS

1.1. Teoria do aproveitamento dos votos condicionados à validade do registro

Seguindo a teoria da conta e do risco é possível que o "candidato" seja "eleito", mas o aproveitamento dos votos ficará condicionado ao deferimento do registro impugnado.

A teoria do aproveitamento dos votos condicionados à validade do registro estar prevista no art. 150 da Resolução nº 22.712/2008, *in verbis:*

> *Serão nulos para todos os efeitos os votos dados a candidatos inelegíveis ou não registrados, assim considerados aqueles que, no dia da votação, não possuírem registro, ainda que haja recurso pendente de julgamento,* ***hipótese em que a validade do voto ficará condicionada à obtenção do registro.***

Considerando as posições atuais do **TSE** podemos solucionar as diversas situações no contexto prático, a saber:

a) Nulidade na eleição proporcional

Se for cassado um candidato eleito que concorreu a eleição proporcional, por exemplo: senador, deputado federal, deputado estadual ou vereador, haverá, no contexto prático, duas situações:

Primeira:

O candidato não se encontrava elegível na data do seu registro ou da eleição, recorreu e disputou a eleição por conta e risco; posteriormente, a sentença que cassou seu registro foi confirmada.

Solução jurídica: os votos que a ele foram atribuídos são considerados nulos para todos os efeitos.

Fundamento: art. 175, § 3º, do CE, *in verbis:*

> *"Serão nulos, para todos os efeitos, os votos dados a candidatos inelegíveis ou não registrados".*

Ainda haverá três consequências:

a) como os votos são nulos, não podem ser computados para a legenda;

b) deve ser realizado um novo cálculo do quociente eleitoral;

c) deverá assumir o primeiro suplente.

No mesmo sentido o entendimento dominante do TSE:

> "O Colendo Tribunal Superior Eleitoral vem reiteradamente decidindo que 'cassado o registro do candidato antes da eleição, e não revertida essa situação nas instâncias superiores, os votos são nulos, para todos os efeitos, inclusive para a legenda, nos termos do § 3º do art. 175 do Código Eleitoral, pouco importando a atribuição de efeito suspensivo a recurso interposto contra aquela decisão'. (REspe nº 26.089 – Rel. Ministro Arnaldo Versiani – DJ 01/02/2008). Segurança denegada." (Mandado de Segurança nº 189 (202), TRE/ES, Rel. Sérgio Bizzotto Pessoa de Mendonça. j. 24/08/2009, unânime, DOE 04/09/2009, p. 03)

> "1. A interpretação dos §§ 3º e 4º do art. 175 do Código Eleitoral demonstra que deve prevalecer a situação jurídica do candidato no momento da eleição. (TSE, RCED nº 674, de minha relatoria, DJ de 24/04/2007 e TSE, MS nº 3.100/MA, Rel. Min. Sepúlveda Pertence, DJ de 07/02/2003). 2. O candidato Carlos Augusto Vitorino Cavalcante, no momento da eleição municipal, não tinha registro de candidatura deferido, circunstância que impõe a anulação dos votos a ele conferidos. No caso concreto, o indeferimento do registro decorreu de inelegibilidade por rejeição das suas contas. O acórdão que indeferiu seu registro de candidatura transitou em julgado em 14/10/2004. 3. Em se tratando de eleições proporcionais, o provimento integral do apelo do recorrente não pode ser deferido nesta instância em razão da implicação da nulidade de votos para o coeficiente eleitoral. 4. Esta Corte, no julgamento do MS nº 3.525/PA, Rel. Min. Carlos Ayres Britto, sessão de 05/06/2007, interpretando o art. 175, § 3º, do Código Eleitoral, assentou entendimento de que são nulos os votos conferidos a candidato que teve seu registro de candidatura indeferido antes da eleição, ainda que sem trânsito em julgado, mas após a geração das tabelas para carga das urnas eleitorais. 5. Recurso especial provido para declarar nulos os votos conferidos a Carlos Augusto Vitorino Cavalcante, determinando-se o recálculo do quociente eleitoral." (Recurso Especial Eleitoral nº 27.041, TSE/CE, Rel. José Augusto Delgado. j. 12/06/2007, unânime, DJ 08/08/2007)

> "Indeferido ou cassado o registro antes do pleito eleitoral, a mera pendência de recurso contra tal decisão não assegura ao candidato nem ao partido a contagem de voto para qualquer efeito. A validade dos votos obtidos pelo candidato fica condicionada à reforma da decisão que indeferiu o seu registro. Inteligência do art.

175, § 3º, do Código Eleitoral e art. 71, § 1º, da Resolução TSE nº 21.635. Não se trata de impossibilidade jurídica do pedido e sim improcedência do mesmo. Possível o julgamento do Mérito pelo Tribunal quando a causa estiver madura para imediato julgamento." (Recurso Eleitoral nº 1.170 (45), TRE/ES, Rel. Telêmaco Antunes de Abreu Filho. j. 02/03/2009, unânime, DOE 18/03/2009, p. 03)

Segunda hipótese:

Podemos citar dois exemplos:

1º: O candidato requereu seu registro e o juiz indeferiu, houve recurso e o **TRE** deferiu. Os opositores ou o Ministério Público Eleitoral recorreram para o **TSE**. O candidato disputou a eleição e foi "eleito", mas, posteriormente, em grau recursal o **TSE** indeferiu o registro.

2º: O candidato se encontrava elegível na data do seu registro ou da eleição, teve a candidatura impugnada, recorreu e disputou a eleição por conta e risco; posteriormente, seu diploma foi cassado por decisão transitada em julgado.

Solução jurídica: os votos que a ele foram atribuídos devem ser aproveitados.

Fundamento: art. 175, § 4º, do CE, *in verbis:*

> *O disposto no parágrafo anterior não se aplica quando a decisão de inelegibilidade ou de cancelamento de registro for proferida após a realização da eleição a que concorreu o candidato alcançado pela sentença, caso em que os votos serão contados para o partido pelo qual tiver sido feito o seu registro.*

Ainda haverá duas consequências:

a) Não será necessário realizar um novo cálculo do quociente eleitoral.
b) Como os votos não são nulos, podem os mesmos ser computados para a legenda.
c) Deverá assumir o segundo mais votado do partido a que foram creditados os votos.

Em suma: A interpretação dos §§ 3º e 4º do art. 175 do Código Eleitoral demonstra que deve prevalecer a situação jurídica do candidato no momento da eleição.

No mesmo sentido o entendimento dominante do TSE:

"A contagem dos votos para a legenda, conforme a regra do § 4º do art. 175 do CE, se dá quando o candidato, até a data da eleição, tiver a seu favor uma decisão, mesmo que *sub judice*, que lhe defira o registro e, posteriormente, essa decisão seja reformada, negando-se o registro. Precedentes. Agravo regimental desprovido." (Agravo Regimental em Agravo de Instrumento nº 6.588, TSE/MG, Rel. José Gerardo Grossi. j. 27/02/2007, unânime, DJ 19/03/2007)

"Cômputo de votos do candidato impugnado para a legenda do partido político ao qual for filiado. Inteligência do art. 175, § 4º, do Código Eleitoral. Não cabimento de pedido de modificação de quocientes eleitoral e partidário. Recurso a que se nega provimento." (Recurso Eleitoral nº 12072005 (515), TRE/MG, Rel. Antônio Romanelli. j. 25/04/2006, unânime, DJMG 20/06/2006)

b) Nulidade na eleição majoritária

Se for cassado um candidato eleito que concorreu a eleição majoritária, por exemplo: presidente, governador e prefeito, haverá, no contexto prático, duas situações:

Primeira:

O candidato não se encontrava elegível na data do seu registro ou da eleição, recorreu e disputou a eleição por conta e risco, venceu a eleição no *segundo* turno mas, posteriormente, a sentença que cassou seu registro foi confirmada.

Solução jurídica: deve assumir o segundo colocado na disputa eleitoral do segundo turno.

Segunda:

O candidato não se encontrava elegível na data do seu registro ou da eleição, recorreu e disputou a eleição por conta e risco, venceu a eleição no *primeiro* turno mas, posteriormente, a sentença que cassou seu registro foi confirmada.

Como a eleição foi decidida em primeiro turno, devemos considerar duas hipóteses no contexto prático:

1ª hipótese: caso o candidato tenha sido eleito com *"menos de 50% dos votos válidos"*, os votos atribuídos a este candidato serão anulados.

Solução jurídica: deve assumir o segundo colocado.

No mesmo sentido o entendimento dominante do TSE:

"Nos termos do art. 224 do CE e da jurisprudência do TSE, somente há nova eleição se a nulidade atingir mais da metade dos votos válidos. Para fins de aplicação do dispositivo (art. 224, CE). Precedentes (REsp nº 25.585/GO e MS nº 3.438/SC). Agravo regimental desprovido." (Agravo Regimental em Agravo de Instrumento nº 6.505, TSE/MA, Rel. José Gerardo Grossi. j. 09/08/2007, unânime, DJ 29/08/2007)

2ª hipótese: caso o candidato tenha sido eleito com *"mais de 50% dos votos válidos"*, os votos atribuídos a "todos" os candidatos serão anulados.

Solução jurídica: devem ser realizadas novas eleições.

Fundamento: art. 224 do Código Eleitoral, *in verbis:*

> *Se a nulidade atingir a mais de metade dos votos do País nas eleições presidenciais, do Estado nas eleições federais e estaduais ou do município nas eleições municipais, julgar-se-ão prejudicadas as demais votações e o Tribunal marcará dia para nova eleição dentro do prazo de 20 (vinte) a 40 (quarenta) dias.*

Neste caso, as eleições podem ser diretas ou indiretas

a) **quando a eleição será direta:**

Caso a vacância nos cargos de titular e vice se deram no primeiro biênio do mandato, as eleições serão diretas e serão realizadas dentro do prazo supracitado.

b) **quando a eleição será indireta:**

Caso a vacância nos cargos de titular e vice ocorreu no segundo biênio, as eleições serão indiretas, assumindo o presidente do poder legislativo, até que seja escolhido um novo chefe do Poder Executivo.

No mesmo sentido o entendimento dominante do TSE:

> "Questão de ordem. Caso peculiar. Ação de impugnação de mandato eletivo. Pedido julgado procedente. Cassação de prefeito eleito com mais da metade dos votos válidos no pleito de 2004. Indevida postergação na execução do julgado. Realização de novo pleito no último biênio do mandato. Nova eleição na modalidade indireta. Inteligência do art. 81, § 1º, da Constituição Federal. Comunicação imediata ao TRE da Bahia e ao presidente da câmara municipal de Sátiro Dias/BA. Precedentes. Tendo em vista a peculiaridade do caso, a realização de novas eleições no Município de Sátiro Dias/BA, a menos de quatro meses do fim do mandato, deve ocorrer na forma indireta, por aplicação do art. 81, § 1º, da Constituição Federal." (Agravo regimental em recurso especial eleitoral nº 28.194, TSE/BA, Rel. Joaquim Benedito Barbosa Gomes. j. 11/09/2008, unânime, DJE 17/10/2008, p. 06)

1.2. Quem deve marcar a nova eleição

Caso a eleição seja para presidente a nova eleição será designada pelo **TSE.**

No caso de eleição para Governador ou Prefeito a competência será do **TRE.**

A controvérsia seria na eleição de prefeito, mas já é pacífico que:

> "Eleição indireta pela Câmara de Vereadores. Aplicabilidade do art. 81 da Constituição Federal. Incompetência do juízo singular para designação de eleição. Art. 224 do Código Eleitoral. Competência do Tribunal. Recurso provido." (Recurso Eleitoral nº 1.200 (4.895), TRE/AL, Rel. Francisco Malaquias de Almeida Júnior. j. 05/12/2007, DOE 06/12/2007, p. 97/98)

1.3. Os votos que não podem ser computados

Para fins de aplicação do art. 224 do Código Eleitoral, não se somam aos votos anulados em decorrência da prática de captação ilícita de sufrágio os votos nulos por manifestação apolítica de eleitores.[1]

1.4. Quem não pode participar da nova eleição

Nos termos da jurisprudência do TSE, havendo renovação da eleição, em obediência ao art. 224 do CE, o candidato que tiver dado causa à nulidade da eleição não poderá participar da renovação do pleito, em respeito ao princípio da razoabilidade.[2]

1. No mesmo sentido: Ac.-TSE, de 29/06/2006, no MS nº 3.438 e de 05/12/2006, no REspe nº 25.585.
2. No mesmo sentido: Agravo regimental desprovido. (Agravo Regimental em Recurso Especial Eleitoral nº 26.140, TSE/PB, Rel. Ari Pargendler. j. 12/06/2007, unânime, DJ 01/08/2007); (Ac.-TSE, de 10/10/2006, nº REspe nº 26.018, de 12/06/2007, Respe nº 26.140; e de 02/08/2007, REspe nº 28.116).

CAPÍTULO 8

Das Ações Eleitorais

1. ARPI – AÇÃO DE RECLAMAÇÃO POR PROPAGANDA IRREGULAR

1.1. O poder de polícia no Direito Eleitoral

Conforme Hely Lopes Meirelles, o poder de polícia é a faculdade de que dispõe a Administração pública para condicionar e restringir o uso e gozo de bens, atividades e direitos individuais, em benefício da coletividade.

O Código Tributário Nacional conceitua o que é poder de polícia em seu art. 78, *in verbis:*

> *Considera-se poder de polícia atividade da administração pública que, limitando ou disciplinando direito, interesse ou liberdade, regula a prática de ato ou abstenção de fato, em razão de interesse público concernente à segurança, à higiene, à ordem, aos costumes, à disciplina da produção e do mercado, ao exercício de atividades econômicas dependentes de concessão ou autorização do Poder Público, à tranquilidade pública ou ao respeito à propriedade e aos direitos individuais ou coletivos.*

Em uma análise superficial, já notamos que o conceito de poder de polícia no Direito Eleitoral não é o mesmo no Direito Administrativo.

As razões são diversas, entre elas podemos citar:

a) No Direito Administrativo o poder de polícia é exercido pelo Poder Legislativo e pelo Executivo. No Direito Eleitoral, o poder de polícia é exercido pelo Poder Judiciário e pelo *Ministério Público Eleitoral.*
b) No Direito Administrativo, o poder de polícia decorre do princípio da supremacia do interesse público sobre o interesse particular. No Direito Eleitoral, o poder de polícia decorre da imposição de uma norma.
c) No Direito Administrativo, o poder de polícia tem como características a *discricionariedade, autoexecutoriedade* e a *coercibilidade.* No Direito Eleitoral, o poder de polícia tem como característica apenas a coercibilidade, porque:

1) A discricionariedade no Direito Administrativo é a liberdade de ação que, nos limites da lei, o administrador possui para agir. No Direito Eleitoral, não existe liberdade de ação, portanto, tendo notícia de um ato irregular, o promotor de justiça é obrigado a tomar as providências legais. O poder de polícia, no Direito Eleitoral, é vinculado e não há liberdade de atuação. **Diante de um ato ilegal, o juiz e o promotor devem agir para efetivar o cumprimento da lei.**
2) A autoexecutoriedade, no Direito Administrativo, é a possibilidade da Administração pública de fazer cumprir suas decisões, por seus próprios meios, diretamente, ou seja, sem autorização do Poder Judiciário. Não existe autoexecutoriedade no poder de polícia do Direito Eleitoral, porque se não houver cumprimento da notificação, o juiz não pode aplicar sanção sem o devido processo legal, deverá oficiar o Ministério Público Eleitoral para que tome as providências legais.
3) No Direito Administrativo, o poder de polícia pode ser positivo ou negativo, ou seja, regula a prática de ato (*poder de polícia positivo*) ou abstenção de fato (*poder de polícia negativo*). No Direito Eleitoral, o poder de polícia é, em regra, negativo, ou seja, regula a abstenção de um fato, **podendo ser excepcionalmente positivo.**

Conclusão 1: considera-se poder de polícia, no Direito Eleitoral, atividade desenvolvida por prevenção pelo juiz ou promotor de justiça disciplinando direito, interesse ou liberdade, regulando a prática de abstenção de fato, **em razão de interesse público determinado em uma norma.**

Conclusão 2: no Direito Eleitoral, poder de polícia pode ser exercido pelo juiz e pelo promotor de justiça eleitoral.

Conclusão 3: o poder de polícia só tem uma característica, qual seja, a coercibilidade e, no caso da propaganda irregular, após a prévia notificação cientificando o beneficiário, o **candidato, o partido político, a coligação ou o Ministério Público Eleitoral devem propor a representação a que alude o art. 96 da Lei nº 9.504/1997, como objetivo de aplicar as sanções legais.**

1.1.1. A fundamentação legal do poder de polícia do juiz

A fundamentação do poder de polícia para o juiz se encontra no art. 249 do Código Eleitoral:

> *O direito de propaganda não importa restrição ao poder de polícia quando este deva ser exercido em benefício da ordem pública.*

A reforma eleitoral consolidou o entendimento dominante do **TSE** (art. 76 § 2º da Resolução do TSE nº 23.191/2010), acrescentando o § 1º ao art. 40 da Lei nº 9.504/1997, *in verbis: "O poder de polícia sobre a propaganda eleitoral será exercido pelos juízes eleitorais e pelos juízes designados pelos Tribunais Regionais Eleitorais".*

1.1.2. A fundamentação legal do poder de polícia do Ministério Público Eleitoral

Embora o artigo supracitado afirme que o poder de polícia será *"será exercido pelos juízes eleitorais e pelos juízes designados pelos Tribunais Regionais Eleitorais"*, entendo que atenta contra a democracia a possibilidade de violação ao princípio da igualdade na propaganda eleitoral, portanto, o Ministério Público Eleitoral também detém poder de polícia com a precípua finalidade de fazer cessar de forma *incontinenti* práticas ilegais na propaganda eleitoral com fito de evitar a irreparabilidade do dano em face da demora na prestação jurisdicional.

A fundamentação do poder de polícia para o promotor de justiça eleitoral extraímos da Constituição Federal, art. 127, *in verbis:*

> *O Ministério Público é instituição permanente, essencial à função jurisdicional do Estado, incumbindo-lhe a defesa da ordem jurídica,* ***do regime democrático*** *e dos interesses sociais e individuais indisponíveis.*

Há dois fatores complicadores no fato de o juiz eleitoral exercer o poder de polícia, a saber:

a) Caso o notificado não cumpra a ordem do juiz eleitoral para retirar a propaganda eleitoral, estará configurado o crime de desobediência, previsto no art. 347 do código eleitoral. O problema é que o juiz estará impedido de atuar como julgador no processo criminal. No mesmo sentido é a posição do **TSE**: "Havendo desobediência à ordem do juiz eleitoral, no exercício do poder de polícia, fica o mesmo impedido de atuar como julgador no processo criminal que irá apurar tal crime" (Vide Ac- nº 220 do TSE).

b) Com a mesma razão, entendemos que afronta drasticamente os princípios constitucionais da ampla defesa e contraditório o fato de o juiz em atividade extra judicial mandar retirar uma propaganda por entender ser a mesma irregular ou criminosa e depois presidir o procedimento judicial com escopo de aplicar a sanção eleitoral.

1.1.3. Atividades práticas que o Ministério Público Eleitoral deve desenvolver no exercício do poder de polícia no ensejo de combater a propaganda eleitoral

O Ministério Público Eleitoral deve tomar providências *ex officio* com o escopo de impedir práticas de propaganda irregulares, tais como:

a) expedir notificação ao pré-candidato, cientificando-lhe da propaganda irregular;
b) interpor a **Arpi** (*Ação de Reclamação de Propaganda Irregular*) com a finalidade de liminarmente retirar a propaganda irregular e no final da ação aplicar a

sanção de multa ao responsável pela divulgação da propaganda e também ao beneficiário.

1.1.4. Atividades práticas que o juiz deve desenvolver no exercício do poder de polícia no ensejo de combater a propaganda eleitoral

Na prática, o juiz deve tomar as atitudes adiante relacionadas:

Hipótese 1: se a eleição for para prefeito, vice-prefeito e vereador *(circunscrição municipal)*, o juiz deve mandar retirar a propaganda irregular e depois comunicar o fato ao Ministério Público para que o mesmo adote as providências legais.

Hipótese 2: se a eleição for para governador, vice-governador, deputado estadual, deputado federal e senador *(circunscrição estadual)*, o juiz deve mandar retirar a propaganda irregular e depois comunicar o fato ao **TRE**.

Hipótese 3: se a eleição for para presidente, vice-presidente e deputado federal *(circunscrição nacional)*, o juiz deve mandar retirar a propaganda irregular e depois comunicar o fato ao **TSE**.

Ainda no exercício do poder de polícia, o juiz poderá mandar recolher o material de propaganda que não é tolerado pelo Direito Eleitoral, tais como:

a) propaganda de guerra, de processos violentos para subverter o regime, a ordem política e social ou de preconceitos de raça ou de classes;
b) propaganda que provoque animosidade entre as forças armadas ou contra elas ou delas contra as classes e instituições civis;
c) propaganda de incitamento de atentado contra pessoa ou bens;
d) propaganda de instigação à desobediência coletiva ao cumprimento da lei de ordem pública;
e) propaganda que implique oferecimento, promessa ou solicitação de dinheiro, dádiva, rifa, sorteio ou vantagem de qualquer natureza;
f) propaganda que perturbe o sossego público, com algazarra ou abuso de instrumentos sonoros ou sinais acústicos;
g) propaganda por meio de impressos ou de objeto que pessoa inexperiente ou rústica possa confundir com moeda;
h) propaganda que prejudique a higiene e a estética urbana ou contravenha a posturas municipais ou a outra qualquer restrição de direito;
i) propaganda que caluniar, difamar ou injuriar quaisquer pessoas, bem como órgãos ou entidades que exerçam autoridade pública.

1.1.5. Vedação da atividade *ex officio* do juiz com a finalidade de combater a propaganda irregular

O entendimento jurisprudencial e doutrinário, amplamente dominante, é no sentido de que não é possível o juiz instaurar procedimentos de ofício com fito de aplicar a sanção inerente ao descumprimento da lei eleitoral.

Posição dominante do TSE:

> "Nos termos da Lei nº 9.504/1997, art. 96, § 3º, compete ao Juiz Auxiliar julgar as representações ou reclamações que tenham por objeto o não cumprimento desse diploma legal. **Todavia, não lhe é permitido instaurar o processo de ofício**" (TSE, Ag. Instrumento nº 1.812, *JTSE*, v. 11, nº 3, p. 74).

Súmula nº 18 do TSE:

> Conquanto investido de poder de polícia, não tem legitimidade o juiz eleitoral para, de ofício, instaurar procedimento com a finalidade de impor multa pela veiculação de propaganda eleitoral em desacordo com a Lei nº 9.504/1997.

Portanto, após o exercício do poder de polícia, se houver possibilidade de aplicar sanção eleitoral, o juiz deverá comunicar a prática ilegal ao Ministério Público e aguardar a representação, que também pode ser feita por parte de algum dos legitimados, para só então impor a sanção cabível.

A mesma orientação foi repetida pelo art. 38, § 2º, da Resolução nº 23.193/2010 do TSE, *in verbis: "No caso de condutas sujeitas a penalidades, o juiz cientificará o Ministério Público, para os efeitos desta resolução".*

1.1.6. Vedações ao excesso no uso do poder de polícia

A reforma eleitoral (Lei nº 12.034/2009) formulou algumas regras que têm como principal escopo vedar o excesso no uso do poder de polícia, entre elas, destaco as previsões do art. 41, *caput* e § 2º da Lei nº 9.504/1997, *in verbis:*

> *Art. 41. A propaganda exercida nos termos da legislação eleitoral não poderá ser objeto de multa nem cerceada sob alegação do exercício do poder de polícia ou de violação de postura municipal, casos em que se deve proceder na forma prevista no art. 40.*
>
> *(...)*
>
> *§ 2º O poder de polícia se restringe às providências necessárias para inibir práticas ilegais, vedada a censura prévia sobre o teor dos programas a serem exibidos na televisão, no rádio ou na internet.*

1.2. Para que serve a Arpi

A **Arpi** serve para combater a propaganda eleitoral irregular, destarte, promove o restabelecimento da ordem pública violada pela propaganda indevida, restando secundária a imposição de multa, e reforça o princípio democrático na medida em que restaura o princípio igualitário norteador do processo eleitoral e, assim, assegura a lisura das eleições.

1.3. Os motivos que ensejam a Arpi

Caberá a interposição da **Arpi** para combater qualquer das espécies de propaganda irregular, quais sejam:

a) Espécie nº 1: propaganda eleitoral

A propaganda eleitoral é uma forma de captação de votos usada pelos partidos políticos, coligações ou candidatos, em época determinada por lei, por meio de divulgação de suas propostas, visando à eleição a cargos eletivos.[1]

Segundo o art. 36 da Lei nº 9.504/1997, "a propaganda eleitoral somente é permitida após o dia 5 de julho do ano da eleição", portanto, havendo propaganda eleitoral realizada até o dia 5 de julho do ano da eleição, com exceção da propaganda intrapartidária, caberá a interposição da representação eleitoral.

O art. 2º da Resolução nº 23.191/2009 foi taxativa: *"A propaganda eleitoral somente será permitida a partir de 6 de julho de 2010"* (Lei nº 9.504/1997, art. 36, *caput* e § 2º).

b) Espécie nº 2: propaganda intrapartidária

Propaganda intrapartidária é a realizada, nos prazos indicados por lei, pelos filiados de um partido político, com escopo de convencer correligionários de seu partido, que vão participar da convenção para escolha dos candidatos que irão concorrer à determinada eleição.

O período legal para realização da propaganda intrapartidária é 15 dias antes da convenção do partido. Fora deste prazo, caberá a interposição da representação eleitoral.

Dispõe os §§ 1º e 2º do art. 2º da Resolução nº 23.191/2009:

> *§ 1º Ao postulante a candidatura a cargo eletivo é permitida a realização, na quinzena anterior à escolha pelo partido político, de propaganda intrapartidária com vista à indicação de seu nome, inclusive mediante a afixação de faixas e cartazes em local próximo da convenção, com mensagem aos convencionais, vedado o uso de rádio, televisão e* outdoor *(Lei nº 9.504/1997, art. 36, § 1º).*
>
> *§ 2º A propaganda de que trata o parágrafo anterior deverá ser imediatamente retirada após a respectiva convenção.*

c) Espécie nº 3: propaganda partidária

Propaganda partidária ou propaganda político-partidária é a divulgação genérica e exclusiva do programa e da proposta política do partido, em época de eleição ou fora dela, sem menção de nomes de candidatos a cargos eletivos, exceto partidários, visando a angariar adeptos ao partido.[2]

Esta espécie de propaganda não existe no segundo semestre do ano em que houver eleição. Caso exista, será cabível a interposição da representação eleitoral.

1. No mesmo sentido: José J. Cândido, 2008, p. 151.
2. No mesmo sentido: Joel José Cândido. Op. cit.

Estipulam os §§ 3º e 4º do art. 2º da Resolução nº 23.191/2009 que:

> *§ 3º A partir de 1º de julho de 2010, não será veiculada a propaganda partidária gratuita prevista na Lei nº 9.096/1995, nem permitido qualquer tipo de propaganda política paga no rádio e na televisão (Lei nº 9.504/1997, art. 36, § 2º).*
>
> *§ 4º A violação do disposto neste artigo sujeitará o responsável pela divulgação da propaganda e o beneficiário, quando comprovado o seu prévio conhecimento, à multa no valor de R$ 5.000,00 (cinco mil reais) a R$ 25.000,00 (vinte e cinco mil reais) ou equivalente ao custo da propaganda, se este for maior (Lei nº 9.504/1997, art. 36, § 3º).*

1.4. Previsão legal da Arpi

A **Arpi** é uma espécie de reclamação prevista no art. 96 da Lei nº 9.504/1997.

1.5. Legitimidade ativa da Arpi

Tem legitimidade para propor a **Arpi:**

a) Qualquer partido político

O partido político pode propor a representação, mas, havendo coligação, entendo que o mesmo isoladamente não tem legitimidade para propor a ação. Quando ocorre a coligação, seus integrantes formam uma única corporação que representa os ideais de todos e que só passa a ter personalidade jurídica a partir do acordo de vontades dos partidos que a integram.

No mesmo sentido é o entendimento jurisprudencial:

> "Não é outro, aliás, o posicionamento jurisprudencial desta Corte, no sentido de que, uma vez coligada, a agremiação político-partidária abdica de sua legitimidade para postular isoladamente medida judicial que diga respeito ao pleito para o qual se coligou" (REspe 16.259-SP, Rel. Min. Costa Porto; também REspe nº 21.346/MG, Rel. Min. Peçanha Martins e REspe nº 19.962/MS).

b) Coligação

Enquanto os partidos políticos têm legitimidade permanente, as coligações têm legitimidade temporária, ou seja, só podem interpor a representação após as convenções partidárias e depois de consolidado o registro para a disputa do pleito eleitoral.

Os partidos políticos devem provar suas regulares constituições com a apresentação na inicial do estatuto partidário (comprovação da situação jurídica na circunscrição e a legitimidade do subscritor), **mas das coligações, como são específicas para determinada eleição (temporárias), o Tribunal Superior Eleitoral exige que o pedido seja subscrito, alternativamente, pelos presidentes dos partidos políticos coligados, por seus delegados, pela maioria dos membros dos respectivos órgãos executivos de direção ou por representante da coligação designado.** Nesse sentido, é regra, *v.g.*, do art. 23, § 2º, da Resolução nº 21.608/2004 (dispõe sobre a escolha e o registro de candidatos nas eleições municipais de 2004).[3]

c) Candidato

O art. 96 da lei eleitoral é bem claro ao estabelecer a legitimidade do candidato, mas há três indagações que precisamos elucidar.

Hipótese prática 1: é necessário o deferimento do registro do candidato?

A hipótese é interessante porque sabemos que as convenções devem ocorrer entre os dias 10 e 30 de junho do ano em que vão ser realizadas as eleições, e os partidos e coligações devem solicitar, à Justiça Eleitoral, o registro de seus candidatos até às 19 horas do dia 5 de julho do ano em que se realizarem as eleições, portanto, pergunta-se: após as convenções e antes do registro das candidaturas, o candidato e as coligações têm legitimidade para propor uma representação?

A Lei nº 9.504/1997 é bem clara quando atribui a legitimidade ao "candidato", ou seja, aquele que já teve o seu registro deferido, portanto, no período compreendido entre os dias 10 de junho até o dia 5 de julho do ano em que se realizarem as eleições, só têm legitimidade para interpor a representação o partido político, a coligação e o Ministério Público.

Hipótese prática 2: o candidato possui legitimidade ampla ou restrita?

EXEMPLO DIDÁTICO

Um candidato a vereador pode entrar com uma representação contra o Presidente da República?

O candidato tem ampla e ilimitada legitimidade para ajuizar representação, "dentro da circunscrição do pleito", e o motivo é muito simples, as eleições no Brasil não são coincidentes, elas são realizadas em dois momentos distintos, a saber:

a) **na circunscrição restrita:** eleições para prefeito e vice-prefeito;
b) **na circunscrição ampla**: eleições para governador, vice-governador, deputado federal, deputado estadual, senador, presidente e vice-presidente.

Portanto, um candidato da circunscrição restrita, por exemplo, um candidato a vereador, não pode interpor representação contra o Presidente da República que pertence à circunscrição ampla pois, como já afirmei, as eleições são realizadas em momentos distintos.

Hipótese prática 3: se já existe uma coligação, os candidatos perdem a condição legal para, isoladamente, formular uma representação eleitoral?

Entendo que sim, no mesmo sentido, em caso concreto o TRE-MT decidiu que:

3. No mesmo sentido: Marcos Ramayana. *Direito Eleitoral*. 4. ed. Rio de Janeiro: Impetus, 2005.

"Tendo o partido se coligado, a agremiação e seus candidatos perdem a condição legal para, isoladamente, formular pretensões perante a justiça eleitoral" (Acórdão TRE-MT nº 15.224/2004).

Os partidos políticos também não poderão interpor a Arpi sozinho, porque conforme o art. 35, § 4º, da Resolução nº 23.191/2009 do TSE: *As coligações sempre serão tratadas como um único partido político.*

d) Ministério Público

Com a leitura do art. 96 da Lei nº 9.504/1997, pode, para o leitor desavisado, surgir um pequeno problema, pois o referido artigo só faz referência a partido político, coligação ou candidato.

A pergunta é: e o Ministério Público Eleitoral?

A legitimidade do Ministério Público Eleitoral é retirada do ordenamento jurídico máximo que atribui ao *parquet* a defesa da ordem jurídica, do regime democrático na exata forma do art. 127, *in verbis:*

> *O Ministério Público é instituição permanente, essencial à função jurisdicional do Estado, incumbindo-lhe a defesa da ordem jurídica, do regime democrático e dos interesses sociais e individuais indisponíveis.*

As resoluções do Tribunal Superior Eleitoral decorrentes do poder normativo corrigiram a omissão apontada, conforme dispõe, *v.g.*, a Resolução do TSE nº 23.193/2010, em seu art. 3º, *in verbis:*

> *Art. 3º As representações e as reclamações poderão ser feitas por qualquer partido político, coligação, candidato ou pelo Ministério Público e deverão dirigir-se (Lei nº 9.504/1997, art. 96,* caput, *incisos II e III):*
>
> *I – ao Tribunal Superior Eleitoral, na eleição presidencial;*
>
> *II – aos tribunais regionais eleitorais, nas eleições federais, estaduais e distritais.*

d.1) Legitimidade do Ministério Público em caso de desistência do autor

Entendo que o defensor da ordem democrática pode prosseguir na ação por desistência da parte ativa, sempre que se defrontar com fatos que possam comprometer a lisura dos pleitos eleitorais.[4]

e) O eleitor e a legitimidade para propor a Arpi

O eleitor não tem legitimidade para propor a Arpi, mas pode noticiar o fato ao juiz eleitoral ou ao Ministério Público Eleitoral como escopo de ser tomada providência com fito de elidir a propaganda irregular.

4. No mesmo sentido: Acórdão nº 15.329, de 10/11/1998 – REspe nº 15.329 – Classe 22ª/SE.

1.6. Legitimidade passiva da Arpi

Os legitimados passivos são:

a) o responsável pela divulgação da propaganda;

b) o pré-candidato que atua como se candidato fosse;

c) o candidato;

d) o partido político;

e) a coligação.

Os agentes passivos agem praticando a propaganda eleitoral ilícita, visando influir diretamente na vontade dos eleitores, mediante ações que traduzem um propósito de provocar um desequilíbrio no procedimento eleitoral relativamente a outros candidatos, partidos ou coligações

1.6.1. Princípio da proibição da pré-candidatura

A proibição da propaganda irregular se estende aos pré-candidatos, pois estas se estabelecem meses antes das convenções e se a proibição não fosse extensiva às "pré-candidaturas", nada adiantaria a vedação legal, pois teríamos uma verdadeira antecipação das eleições realizada por pessoas que talvez nem sejam escolhidas nas convenções partidárias.

O princípio da proibição da pré-candidatura é de salutar importância para preservar a lisura do pleito eleitoral e a igualdade entre os postulantes que é o principal escopo da tutela jurisdicional eleitoral.

Insta acentuar que, em conformidade com o art. 17 da Resolução nº 23.191/2009:

> *O candidato cujo registro esteja* sub judice *poderá efetuar todos os atos relativos à sua campanha eleitoral, inclusive utilizar o horário eleitoral gratuito para sua propaganda, no rádio e na televisão (Lei nº 9.504/97, art. 16-A).*

1.6.2. Teoria da mera conduta

Há na doutrina quem defenda que o juiz eleitoral deve determinar a retirada da propaganda antecipada e aguardar a escolha do pré-candidato em convenção ou seu pedido de registro, quando só então poderá prosseguir na ação com a finalidade de aplicar a multa ao *"candidato"*.

Entendo de forma diferente, pois, como vimos no item anterior, a proibição da propaganda irregular se estende aos pré-candidatos, seria um grande reforço à impunidade "aguardar a escolha do pré-candidato em convenção ou seu pedido de registro, quando poderá prosseguir na ação em face do candidato", na realidade, o que deve prevalecer é "a teoria da mera conduta", ou seja, a *ratio legis* é diminuir o período de propaganda eleitoral, portanto, deve ser punido todo aquele que se comporta *como se candidato fosse.*

Leia a posição do TSE:

"1. A caracterização da propaganda eleitoral extemporânea independe da escolha dos candidatos em convenção partidária. 2. Configura-se a propaganda eleitoral antecipada quando o candidato, antes do período permitido, procurar levar ao conhecimento do eleitor, mesmo de forma dissimulada, programa de governo que pretende desenvolver. 3. O recurso especial não é meio próprio para se reexaminar os fatos e provas. 4. Agravo regimental desprovido". (Agravo Regimental em Agravo de Instrumento nº 7652, TSE/AL, Rel. Carlos Eduardo Caputo Bastos)

No mesmo sentido:

"Propaganda eleitoral antecipada. A propaganda realizada antes da convenção, visando a atingir não só os membros do partido, mas também os eleitores em geral, atrai a aplicação da multa prevista no art. 36, § 3º, da Lei das Eleições". (Recurso Especial Eleitoral nº 15.562, Mato Grosso [Cuiabá])

Não há, portanto, lógica razoável em "aguardar a escolha do pré-candidato em convenção ou seu pedido de registro, quando poderá prosseguir na ação em face do candidato", isso porque o escopo da Lei é justamente punir a propaganda irregular e, esta é, na maioria dos casos, realizada por pré-candidatos, portanto, entendo que pensar de forma contrária é criar um mecanismo destinado a burlar a norma eleitoral, por exemplo, em determinado caso concreto, acompanhei o seguinte caso:

Tício, desejando ser candidato, começou a fazer propaganda extemporânea, mediante adesivos. Aponte a solução jurídica considerando que:

a) o Ministério Público interpôs uma representação eleitoral;
b) Tício continuou a fazer propaganda eleitoral por meio de *outdoor*;
c) o Ministério Público interpôs outra representação eleitoral;
d) Tício continuou a fazer propaganda eleitoral por meio de um comício extemporâneo;
e) o Ministério Público interpôs outra representação eleitoral.

Em suma, no caso concreto, foram dez representações eleitorais.

Resultado: o esperto Tício, sabendo que iria ser condenado (mais de 200 mil reais de multa), não quis mais ser candidato e colocou seu filho para disputar o pleito, ou seja, depois de tumultuar todo o procedimento eleitoral, Tício agora diz "eu não sou candidato, portanto, não fiz nenhuma propaganda", ora, entendo que Tício deve sim receber a sanção, porque a proibição da propaganda antes do dia 6 de julho do ano da eleição se destina justamente ao que se comporta como se candidato fosse (*teoria da mera conduta*), afinal, no período citado não há candidato e sim pré-candidato.

1.7. Prazo para interposição da representação eleitoral

1.7.1. Prazo inicial

Não existe um prazo prefixado para a interposição de uma representação eleitoral, na realidade o prazo inicial será a constatação da irregularidade. A **Arpi**, por exemplo, pode ser interposta antes do período previsto para a propaganda eleitoral, como é o caso da propaganda extemporânea.

Mas há uma exceção, o **TSE** entende que, quando a propositura da representação por propaganda irregular tem como escopo fazer com que o infrator perca o tempo equivalente ao dobro do usado na prática do ilícito, no período do horário gratuito subsequente, o prazo será de 48 horas.

Leia a posição do TSE:

> "Não há óbice à imposição de multa por propaganda extemporânea do art. 36, § 3º, da Lei nº 9.504/1997, nos autos de ação de investigação judicial eleitoral, uma vez que não acarreta prejuízo à defesa, tendo em vista a observância do rito ordinário mais benéfico previsto no art. 22 da LC nº 64/1990. **Esta Corte estabeleceu o prazo de 48 horas para a propositura das representações por propaganda irregular, cuja pena prevista é a subtração do horário gratuito do representado**, para se '(...) evitar armazenamento tático de reclamações a fazer para o momento da campanha eleitoral, em que se torne mais útil subtrair tempo do adversário' (Ac. nº 443/DF). **Tal entendimento não se aplica aos casos da propaganda extemporânea do art. 36 da Lei nº 9.504/1997, que estabelece como penalidade o pagamento de multa.**" (Agravo Regimental em Agravo de Instrumento nº 6.349, TSE/MG, Rel. José Gerardo Grossi)

1.7.2. Prazo final

Há um prazo máximo. Não obstante a assertiva de que a Lei nº 9.504/1997 não fixou prazo para ajuizamento da representação por propaganda irregular, a **Arpi** deve ser proposta até a data da proclamação do resultado das eleições, sob pena de carência por falta de interesse processual do representante que tenha tido, antes disso, conhecimento do fato.

Leia a posição do TSE:

> "Esta Corte Superior, em sua hodierna jurisprudência, pacificou o entendimento segundo o qual, transcorrida a data da proclamação do resultado das eleições, deve ser reconhecida a falta de interesse processual no tocante às representações ajuizadas em virtude de propaganda eleitoral irregular. Precedentes: RP nº 1.343/DF, *DJ* de 01/02/2007 e RP nº 1.346/DF, *DJ* de 01/02/2007, ambas de relatoria do eminente Min. Carlos Alberto Menezes Direito. Decisão agravada mantida por seus próprios fundamentos. Agravo regimental não provido". (Agravo Regimental em Representação nº 1.357, TSE/DF, Rel. José Augusto Delgado) No mesmo sentido, TSE: (Agravo Regimental em REspe nº 28.536 – Ac. – Fernando Gonçalves – publicado no *DJE* em 13/05/2009, p. 23)

Como exceção, lembramos que a Arpi que visa combater a propaganda irregular e fazer com que o infrator perca o direito ao horário gratuito no rádio ou na televisão, o prazo final será de 48h, a contar do conhecimento do fato.

1.8. Competência para julgar a Arpi

A **Arpi** deverá ser interposta:

a) aos juízes eleitorais, nas eleições municipais;

b) aos Tribunais Regionais Eleitorais, nas eleições federais, estaduais e distritais;

Leia a posição do TSE:

> "As reclamações e representações formuladas contra o descumprimento da Lei das Eleições são de competência dos juízes auxiliares, durante o período eleitoral, devendo ser dirigidas, na hipótese de pleitos federais, estaduais e distritais, aos tribunais regionais eleitorais, por força do disposto no art. 96, II, do citado diploma legal. Improcedência da reclamação". (Reclamação nº 412, TSE/AP, Rel. Francisco Cesar Asfor Rocha. j. 22/03/2007, unânime, *DJ* 11/04/2007)

c) ao Tribunal Superior Eleitoral, na eleição presidencial.

No mesmo sentido é a posição do TSE:

> "Consulta. TRE/ES. Representações contra o descumprimento da Lei nº 9.504/1997 formuladas entre o encerramento das eleições e a designação de juízes auxiliares devem ser dirigidas diretamente ao TSE se se tratar de propaganda sobre eleições presidenciais; aos tribunais regionais eleitorais, em caso de eleições de governador, senador, deputado federal e estadual e ao juiz eleitoral, no caso de prefeito e vereador. É cabível recurso especial de decisão de TRE em sede de representação". (Res. nº 20.586, de 28/03/2000, rel. Min. Eduardo Alckmin)

Nas eleições municipais, quando a circunscrição abranger mais de uma zona eleitoral, o Tribunal Regional designará um juiz para apreciar as reclamações ou representações.

Os tribunais eleitorais designarão três juízes auxiliares para a apreciação das reclamações ou representações que lhes forem dirigidas.

Os recursos contra as decisões dos juízes auxiliares serão julgados pelo Plenário do Tribunal.

1.8.1. A comprovação do cumprimento das determinações da Justiça Eleitoral relacionadas a propaganda

Determina a Resolução do TSE nº 23.191/2010 que

Art. 75. A comprovação do cumprimento das determinações da Justiça Eleitoral relacionadas a propaganda realizada em desconformidade com o disposto na Lei nº 9.504/1997 poderá ser apresentada no Tribunal Superior Eleitoral, no caso de candidatos a Presidente e Vice-Presidente da República, nas sedes dos respectivos Tribunais Regionais Eleitorais, no caso de candidatos a Governador, Vice-Governador, Deputado Federal, Senador da República, Deputados Estadual e Distrital (Lei nº 9.504/1997, art. 36, § 5º).

Parágrafo único. A comprovação de que trata o caput *poderá ser apresentada diretamente ao juiz eleitoral que determinou a regularização ou retirada da propaganda eleitoral.*

1.8.2. A competência para conhecer e julgar a representação para retirada de propaganda eleitoral depois das eleições.

O art. 89 da Resolução nº 23.191/2010 afirma que

No prazo de até 30 dias após a eleição, os candidatos, os partidos políticos e as coligações deverão remover a propaganda eleitoral, com a restauração do bem em que fixada, se for o caso.

O problema é saber de quem é a competência para determinar a retirada da propaganda irregular pós-eleições.

O controvertido tema chegou ao TSE, que reformou integralmente a posição do TRE-MG.

O TRE/MG entendia que "Propaganda eleitoral remanescente. Julgamento das reclamações versando sobre propaganda eleitoral. Não retirada no prazo de 30 dias a contar do pleito. **Competência da Justiça comum**".

A atual posição do TSE é no sentido de que a Justiça Eleitoral é competente para julgar as reclamações versando sobre propaganda eleitoral, não retirada no prazo de 30 dias depois do pleito eleitoral.

"Recurso Especial. Propaganda. Divergência Jurisprudencial. Ocorrência. Retirada de propaganda eleitoral e restauração de bens, após o pleito. **Competência da Justiça Eleitoral**. Parecer pelo conhecimento do recurso e, no mérito, pelo provimento." (Decisão Monocrática em 23/03/2010 – REspe nº 35.925 – Ministro Ricardo Lewandowski)

1.9. Efeito da procedência da Arpi

Julgada procedente a **Arpi** sujeitará o responsável pela divulgação da propaganda e, quando comprovado o seu prévio conhecimento, o beneficiário à multa no valor de R$ 5.000,00 (cinco mil reais) a R$ 25.000,00 (vinte e cinco mil reais), ou ao equivalente ao custo da propaganda, se este for maior (*Redação em consonância com a nova redação estabelecida pela Lei nº 12.034/2009*).

Segundo o TSE, a multa prevista no art. 36, § 3º, da Lei nº 9.504/1997 deve ser aplicada de forma individualizada a cada um dos responsáveis.[5]

1.9.1. Ação civil pública por uso de bens públicos na propaganda partidária

Entendo que em se tratando de propaganda irregular com uso de bens públicos, sendo o beneficiário ou responsável agente político, haverá incidência da improbidade administrativa por inteira violação aos princípios da honestidade, imparcialidade, legalidade, lealdade, destarte, impessoalidade, na exata forma do art. 11, inciso I, da Lei nº 8.429/1992, *in verbis:*

> *Art. 11. Constitui ato de improbidade administrativa que atenta contra os princípios da administração pública qualquer ação ou omissão que viole os deveres de honestidade, imparcialidade, legalidade e lealdade às instituições, e notadamente:*
>
> *I – praticar ato visando fim proibido em lei ou regulamento ou diverso daquele previsto na regra de competência;*

Assim, teremos duas ações, uma de cunho eminentemente eleitoral com fito de combater a propaganda irregular e a outra de natureza cível com escopo de combater a improbidade administrativa.

In casu, o efeito será duplo:

a) no julgamento procedente da Arpi o juiz eleitoral condenará na multa eleitoral nos termos supracitados;

b) no julgamento da ação civil pública o juiz condenará o infrator ao ressarcimento integral do dano, se houver, perda da função pública, suspensão dos direitos políticos de 3 (três) a 5 (cinco) anos, pagamento de multa civil de até 100 (cem) vezes o valor da remuneração percebida pelo agente e proibição de contratar com o Poder Público ou receber benefícios ou incentivos fiscais ou creditícios, direta ou indiretamente, ainda que por intermédio de pessoa jurídica da qual seja sócio majoritário, pelo prazo de 3 (três) anos.

1.9.1.1. Possibilidade de cumulação de sanções

A propaganda eleitoral no rádio, televisão e na internet é regulamentada pelos arts. 44 e 45 da Lei nº 9.504/1997, *in verbis:*

> *Art. 44. A propaganda eleitoral no rádio e na televisão restringe-se ao horário gratuito definido nesta Lei, vedada a veiculação de propaganda paga.*

5. Agravo Regimental em Recurso Especial Eleitoral nº 26.273, TSE/PE, Rel. Francisco César Asfor Rocha, j. 03/10/2006, unânime, *DJ* 10/11/2006.

§ 1º A propaganda eleitoral gratuita na televisão deverá utilizar a Linguagem Brasileira de Sinais – Libras ou o recurso de legenda, que deverão constar obrigatoriamente do material entregue às emissoras.

§ 2º No horário reservado para a propaganda eleitoral, não se permitirá utilização comercial ou propaganda realizada com a intenção, ainda que disfarçada ou subliminar, de promover marca ou produto.

§ 3º Será punida, nos termos do § 1º do art. 37, a emissora que, não autorizada a funcionar pelo poder competente, veicular propaganda eleitoral.

Art. 45. A partir de 1º de julho do ano da eleição, é vedado às emissoras de rádio e televisão, em sua programação normal e noticiário:

I – transmitir, ainda que sob a forma de entrevista jornalística, imagens de realização de pesquisa ou qualquer outro tipo de consulta popular de natureza eleitoral em que seja possível identificar o entrevistado ou em que haja manipulação de dados;

II – usar trucagem, montagem ou outro recurso de áudio ou vídeo que, de qualquer forma, degradem ou ridicularizem candidato, partido ou coligação, ou produzir ou veicular programa com esse efeito;

III – veicular propaganda política ou difundir opinião favorável ou contrária a candidato, partido, coligação, a seus órgãos ou representantes;

IV – dar tratamento privilegiado a candidato, partido ou coligação;

V – veicular ou divulgar filmes, novelas, minisséries ou qualquer outro programa com alusão ou crítica a candidato ou partido político, mesmo que dissimuladamente, exceto programas jornalísticos ou debates políticos;

VI – divulgar nome de programa que se refira a candidato escolhido em convenção, ainda quando preexistente, inclusive se coincidente com o nome do candidato ou com a variação nominal por ele adotada. Sendo o nome do programa o mesmo que o do candidato, fica proibida a sua divulgação, sob pena de cancelamento do respectivo registro.

§ 1º A partir do resultado da convenção, é vedado, ainda, às emissoras transmitir programa apresentado ou comentado por candidato escolhido em convenção.

§ 2º Sem prejuízo do disposto no parágrafo único do art. 55, a inobservância do disposto neste artigo sujeita a emissora ao pagamento de multa no valor de vinte mil a cem mil Ufir, duplicada em caso de reincidência.

§ 3º (Revogado pela Lei nº 12.034/2009).

§ 4º Entende-se por trucagem todo e qualquer efeito realizado em áudio ou vídeo que degradar ou ridicularizar candidato, partido político ou coligação, ou que desvirtuar a realidade e beneficiar ou prejudicar qualquer candidato, partido político ou coligação.

§ 5º Entende-se por montagem toda e qualquer junção de registros de áudio ou vídeo que degradar ou ridicularizar candidato, partido político ou coligação, ou que desvirtuar a realidade e beneficiar ou prejudicar qualquer candidato, partido político ou coligação.

§ 6º É permitido ao partido político utilizar na propaganda eleitoral de seus candidatos em âmbito regional, inclusive no horário eleitoral gratuito, a imagem e a voz de candidato ou militante de partido político que integre a sua coligação em âmbito nacional.

O problema é que, como você notou, a sanção do § 2º só é direcionada para o partido, coligação e para emissora, portanto, defendo que para o beneficiário deve-se aplicar a sanção prevista no art. 36, § 3º, da Lei nº 9.504/1997 (multa por propaganda eleitoral extemporânea).

O TSE decidiu que

> "A jurisprudência desta Corte Superior se firmou pela possibilidade da cumulação de penas previstas no art. 45 da Lei nº 9.096/1995 (cassação do direito de transmissão do partido que desvirtuar propaganda partidária) e no art. 36, § 3º, da Lei nº 9.504/1997 (multa por propaganda eleitoral extemporânea), quando ambas ocorrerem concomitantemente. Nesse sentido: Representação nº 994/DF, Rel. Min. César Asfor Rocha, *DJ* 13/12/2006". (REsp nº 27.304, TSE/TO, Rel. José Augusto Delgado, j. 17/04/2007, unânime, *DJ* 02/05/2007)

RESUMO DIDÁTICO

No caso de infração ao art. 45 da Lei Eleitoral a sanção será:

a) Sanção para o partido ou coligação:

Solução jurídica: perda de tempo equivalente ao dobro do usado na prática do ilícito, no período do horário gratuito subsequente, dobrada a cada reincidência (art. 45, § 2º c.c. art. 55, parágrafo único, da Lei nº 9.504/1997).

b) Sanção para a emissora:

Solução jurídica: pagamento de multa no valor de 20 mil a 100 mil Ufir, duplicada em caso de reincidência (art. 45, § 2º, *in fine*, da Lei nº 9.504/1997).

c) Sanção para o beneficiário:

Solução jurídica: multa no valor de R$ 5.000,00 (cinco mil reais) a R$ 25.000,00 (vinte e cinco mil reais), ou ao equivalente ao custo da propaganda, se este for maior (art. 36, § 3º, da Lei nº 9.504/1997).

1.9.2. O efeito da retirada da propaganda

Quanto ao efeito da retirada da propaganda temos, no contexto prático, que considerar duas hipóteses:

Hipótese 1: o TSE firmou o entendimento de que o cumprimento da medida liminar não serve de amparo para que seja julgada prejudicada a representação. Se o fato de cumprir a parte infratora, a medida liminar deferida merecer prêmio, isto é, ser razão para afastar-se a existência da infração, a tanto equivale julgar prejudicada a representação, estar-se-iam abrindo as portas para a completa impunidade em matéria de propaganda eleitoral por meio eletrônico.[6]

6. Agravo Regimental em Representação nº 916, TSE/SP, Rel. Carlos Alberto Menezes Direito, j. 01/08/2006, unânime.

Hipótese 2: há entendimento jurisprudencial no sentido de que a retirada da propaganda irregular por meio de cartazes em bem de uso comum, após notificação dos responsáveis e beneficiários, afasta a incidência de multa.[7]

Na realidade as duas hipóteses não são divergentes. Podemos, no contexto prático, conciliá-las da forma infracitada:

Contexto prático 1: o juiz eleitoral, atendendo ao requerimento do representante, concede medida liminar no curso da representação e manda retirar a propaganda irregular.

Solução jurídica: o representado não estará isento de multa. (*É a primeira hipótese.*)

Contexto prático 2: o juiz ou o promotor de justiça, antes da interposição da representação, notifica o pré-candidato, e este retira a propaganda irregular.

Solução jurídica: o representado fica isento de multa. (*É a segunda hipótese.*)

No mesmo sentido:

> "A retirada tempestiva da propaganda irregular elide o ilícito (art. 37, § 1º, da Lei nº 9.504/997, com a redação dada pela Lei nº 11.300/2006)." Precedentes. (TSE – Agravo Regimental em Agravo de Instrumento nº 8.208 – Ac. – PA – p. 15)

1.9.3. A execução da multa eleitoral

Havia grande controvérsia sobre a legitimidade para propor a execução da multa eleitoral, mas o TSE elidiu a controvérsia, decidindo que o Ministério Público Eleitoral não é parte legítima para executar multa eleitoral oriunda de propaganda irregular e sim a Procuradoria da Fazenda Nacional.

No mesmo sentido o entendimento dominante do TSE:

> "A procuradoria da Fazenda Nacional é parte legítima para ajuizar ação de execução fiscal e cobrar crédito decorrente de multas eleitorais, dívida ativa não tributária da união." (No mesmo sentido: Agravo regimental a que se nega provimento. Tribunal Superior Eleitoral-TSE, AgRg-AI 7.464, Rel. Min. Ricardo Lewandowski, j. 04/08/2009, *DJU* 01/09/2009, p. 46)
>
> 1) A execução de multa eleitoral é prevista no Código Eleitoral e disciplinada pela Resolução TSE nº 21.975/2004 e pela Portaria TSE nº 288/2005.
>
> 2) As multas não satisfeitas no prazo de trinta dias do trânsito em julgado da decisão serão consideradas dívida líquida e certa, para efeito de cobrança, mediante executivo fiscal (Res. TSE nº 21.975/2004, art. 3º e Portaria TSE nº 288/2005, art. 4º), devendo os autos e o Termo de Inscrição de Multa Eleitoral serem encaminhados à Procuradoria da Fazenda Nacional.

7. Recurso Ordinário Eleitoral nº 13.298, TRE/CE, Rel. Maria Nailde Pinheiro Nogueira, j. 23/07/2007, unânime, *DJ* 08/08/2007.

3) A dívida ativa tributária é aquela decorrente de impostos, taxas, contribuições, multas e encargos a estes relativos, exigíveis em virtude de lei tributária, após o regular procedimento administrativo de lançamento. Apenas para essa aplica-se o prazo prescricional previsto no art. 174 do CTN.

4) A multa decorrente de propaganda eleitoral irregular insere-se no conceito de dívida ativa não tributária (art. 39, § 2º, Lei nº 4.320/1964). Inexistindo na legislação vigente prazo prescricional específico, aplica-se a prescrição decenal prevista no novo Código Civil brasileiro, porquanto caracterizada a regra de transição do art. 2.028. O termo *a quo* da prescrição decenal é a data da vigência desse diploma, qual seja, 11/01/2003, o que resulta na não caracterização da prescrição. (Execução e seus Incidentes nº 6.593, TRE/TO, Rel. José Godinho Filho, j. 11/12/2007, unânime, *DJ* 13/12/2007, p. B-9)

1.10. Procedimento da Arpi

As representações seguem um rito sumaríssimo a seguir delineado:

1.10.1. Petição inicial

As representações devem conter os seguintes requisitos:

a) direção: a autoridade judiciária;
b) qualificação do representante;
c) qualificação do representado;
d) exposição dos fatos;
e) fundamentação legal;
f) indicação das provas, indícios e circunstâncias;
g) o pedido;
h) a data;
i) a assinatura.

É inexigível nas ações eleitorais a indicação do valor da causa.

A petição inicial deve ser apresentada em 2 (duas) vias e assinada por advogado ou membro do Ministério Público Eleitoral, *vide* art. 5º da Resolução nº 23.193/2010:

As representações, subscritas por advogado ou representante do Ministério Público, serão apresentadas em 2 vias, de igual teor, e relatarão fatos, indicando provas, indícios e circunstâncias (Lei nº 9.504/1997, art. 96, § 1º).

A Lei nº 10.034, de 29 de setembro de 2009, acrescentou o art. 40-B à Lei nº 9.504/1997, exigindo que *"a representação relativa à propaganda irregular deve ser instruída com prova da autoria ou do prévio conhecimento do beneficiário, caso este não seja por ela responsável."*

A Resolução do TSE nº 23.193/2010 apenas acrescentou que deve ser observado o disposto no artigo supracitado, *vide* art. 5º, § 1º, *in verbis:*

> *A representação relativa à propaganda irregular deve ser instruída com prova da autoria ou do prévio conhecimento do beneficiário, caso este não seja por ela responsável, observando-se o disposto no art. 40-B da Lei nº 9.504/1997.*

Geralmente as representações são instruídas com documentos, fita de áudio e/ou vídeo, sendo necessário destacar que a fita de áudio e/ou vídeo que instruir a petição será obrigatoriamente acompanhada da respectiva degravação em duas vias (art. 5º da Resolução do TSE nº 22.624, de 13/12/2007).

No mesmo sentido é a posição do TSE:

> "O rito estabelecido ao art. 96 da Lei nº 9.504/1997 não determina a degravação da fita de ofício. Na linha dos precedentes do TSE, a aplicação do CPC ao processo eleitoral, em especial no que concerne às representações contra o descumprimento dos dispositivos da Lei nº 9.504/1997, é subsidiária à legislação processual eleitoral. (...)". (Ac. nº 2.743, de 05/12/2002, Rel. Min. Nelson Jobim.)

Entendo que a degravação poderá ser restringida aos textos que comprovam a propaganda irregular, não teria lógica, por exemplo, precisar degravar uma fita de vídeo com cinco horas de discursos de um comício antecipado.

É salutar destacarmos que a mídia de áudio e/ou vídeo que instruir a petição deverá vir obrigatoriamente acompanhada da respectiva degravação em 2 vias, observado o formato *mp3* para as mídias de áudio; *wmv, mpg, mpeg* ou *avi* para as de vídeo digital e VHS para fitas de vídeo. (*Vide art. 6º, § 4º da Resolução do TSE nº* 23.193/2010.)

Consoante exposto na Resolução do TSE nº 23.193/2010 (art. 6º, §§ 1º, 2º, 3º e 4º):

> *As petições ou recursos relativos às representações serão admitidos, quando possível, por petição eletrônica ou via* fac-símile, *dispensado o encaminhamento do texto original, salvo aqueles endereçados ao Supremo Tribunal Federal.*
>
> *A Secretaria Judiciária providenciará a impressão ou cópia dos documentos recebidos, que serão juntados aos autos.*
>
> *Os tribunais eleitorais tornarão públicos, mediante a afixação de aviso em quadro próprio e divulgação nos seus respectivos sítios, os números de* fac-símile *disponíveis e, se for o caso, o manual de utilização do serviço de petição eletrônica.*
>
> *O envio do requerimento por via eletrônica e sua tempestividade serão de inteira responsabilidade do remetente, correndo por sua conta e risco eventuais defeitos.*

No caso de fotografia, deve ser observado o art. 385, § 1º, do Código de Processo Civil, *in verbis*: "*Quando se tratar de fotografia, esta terá de ser acompanhada do respectivo negativo.*"

Quanto às fotografias digitais, interessante sugestão é apresentada por **Elmana Viana Lucena Esmeraldo**, na monografia Sistematização das Ações Tipicamente Eleitorais, à qual tive imensa honra de prestar uma pequena contribuição:

> É comezinho na seara processual que a fotografia obtida pelos métodos tradicionais, em que há a revelação e os negativos, é um meio de prova previsto pelo Código de Processo Civil, para cuja validade exige-se a juntada aos autos do negativo. Com o surgimento das fotos digitais em que não há esse filme negativo, ficando gravadas apenas na memória do meio eletrônico utilizado, surgiram problemas relacionados a sua admissão no processo.
>
> Embora não prevista no CPC, a fotografia digital pode ser utilizada como um meio de prova atípico, devendo ser submetida ao livre convencimento do magistrado que poderá aceitá-la ou não. Havendo indícios de montagem ou qualquer outro tipo de manipulação, pode ele submetê-la à perícia. Sugere-se que, se impugnada, seja juntado aos autos o dispositivo onde foi armazenada (ex: cartão de memória ou a própria máquina fotográfica ou celular, se armazenada na memória interna desses eletrônicos).

1.10.2. Capacidade postulatória

Segundo Adriano Soares da Costa,[8] "A representação não necessita ser subscrita por advogado, uma vez que se trata de procedimento administrativo".

POSIÇÃO DIVERGENTE

O entendimento do renomado autor afronta a Constituição Federal, que em seu art. 133 dispõe que *"o advogado é indispensável à administração da justiça, sendo inviolável por seus atos e manifestações no exercício da profissão, nos limites da lei"*. O próprio TSE, como já estudamos, editou a Resolução nº 23.193/2010 e no seu art. 5º exige a assinatura de um advogado ou Ministério Público Eleitoral.

1.10.3. A ausência de dilação probatória

O rito das representações é muito célere e não permite que haja dilação probatória, como a produção de prova testemunhal e/ou juntada aos autos de prova nova ou superveniente.

No mesmo sentido o entendimento jurisprudencial:

> "Em face da celeridade que informa o procedimento das reclamações e representações a que se refere o art. 96 da Lei nº 9.504/1997, inviável a oitiva de testemunhas, o que não consubstancia violação dos princípios constitucionais do contraditório e da ampla defesa. (No mesmo sentido: TREMS – REL 661 – (5.249) – Rel. p/o Ac. Juiz Dorival Moreira dos Santos)".

8. Adriano Soares da Costa. *Instituições de direito eleitoral*. 5. ed., Belo Horizonte: Del Rey, 2002.

Portanto, na representação por propaganda eleitoral extemporânea não há dilação probatória, conforme se observa da tramitação prevista nos arts. 5º a 12 da Resolução nº 23.193/2010 do TSE, devendo, *in casu*, o representante trazer com a inicial toda a prova que pretende seja considerada pelo órgão judicial.

Conforme entendimento do TSE:

> "(...) Oitiva de testemunhas. Não previsão. Princípios do contraditório e da ampla defesa não violados. (...). Em face da celeridade que informa o procedimento das reclamações e representações a que se refere o art. 96 da Lei nº 9.504/1997, inviável a oitiva de testemunhas, o que não consubstancia violação dos princípios constitucionais do contraditório e da ampla defesa. (...)" (Ac. nº 19.611).

Alguns doutrinadores defendem, como exceção, a possibilidade de produção de prova.

Joel J. Cândido afirma que a Lei criou um rito sumaríssimo para o juiz eleitoral aplicar em casos de reclamações ou representações variadas "(...) A prova, à míngua de previsão legal para sua produção em audiência, haverá de ser, a princípio, só documental. Em raríssimos casos o Juiz Eleitoral poderá autorizar a prova oral, demonstrada previamente sua necessidade e exclusividade".[9]

Entendo que o rito é sumaríssimo e só em duas hipóteses será admissível a dilação probatória.

Hipótese 1: é aplicação analógica do art. 132, parágrafo único, do Código de Processo Civil, *in verbis:*

> *O Juiz, titular ou substituto, que concluir a audiência julgará a lide, salvo se estiver convocado, licenciado, afastado por qualquer motivo, promovido ou aposentado, casos em que passará os autos ao seu sucessor.*
> *Parágrafo único. Em qualquer hipótese, o Juiz que proferir a sentença, se entender necessário, poderá mandar repetir as provas já produzidas.*

No mesmo sentido é o entendimento jurisprudencial:

> "(...) pode o juiz determinante da dilação, que não tenha participado da instrução processual, verificando a necessidade de prova, determinar a sua produção, não implicando isso em não cumprimento do comando da decisão anulatória, mas apenas a aplicação do princípio geral consagrado no parágrafo único do art. 132 do CPC. No mesmo sentido TREMS – REL 667, (5.263), Rel. Juíza Heloisa Helena Wanderley Maciel, j. 24/07/2006".

Hipótese 2: admite-se excepcionalmente a dilação probatória para ouvida de testemunhas, em especial se a representação só teve início ao procedimento depois das eleições e sem o rigor da exiguidade do prazo ali previsto para ser julgada.[10]

9. Op. cit., p. 566.
10. TRESP – Agreg nº 15.582/ São Paulo, Rel. Juiz Fernando Antonio Maia da Cunha, *DOESP* 23/10/2003.

Cuidado 3: não há no rito previsão de depoimento pessoal do investigado ou representado, no mesmo sentido a posição do STF:

> "Nem a disciplina legal da investigação judicial – objeto do art. 22 da LC nº 64/1990, nem a da representação por infringência à Lei nº 9.504/1997 – objeto do seu art. 96 e, a rigor, a adequada à espécie – contêm previsão de depoimento pessoal do investigado ou representado; limitam-se ambas a facultar-lhe o oferecimento de defesa escrita. O silêncio da Lei Eleitoral a respeito não é casual, mas eloquente: o depoimento pessoal, no processo civil, é primacialmente um ensaio de obter-se a confissão da parte, a qual, de regra, não tem relevo no processo eleitoral, dada a indisponibilidade dos interesses de que nele se cuidam. Entre as diligências determináveis de ofício previstas no art. 22, VI, da LC nº 64/1990 não está a de compelir o representado – ainda mais, sob a pena de confissão, de manifesta incompatibilidade com o Processo Eleitoral – à prestação de depoimento pessoal, ônus que a Lei não lhe impõe. A circunstância de que no Processo Eleitoral não estivesse compelido a fazê-lo, reforça, porém, que, se dispondo a depor, não seja o paciente privado da prerrogativa que teria se arrolado como testemunha em qualquer processo de escolher o local, dia e hora do depoimento". (STF – HC 85.029/SP, Pleno, Rel. Min. Sepúlveda Pertence, *DJU* 01/04/2005, p. 06)

1.10.3.1. Quando o juiz indefere a representação sem julgamento do mérito

A falta de requisitos da exordial pode acarretar a inépcia da inicial. No mesmo sentido é o entendimento jurisprudencial:

> "Representação. Propaganda eleitoral. Preliminar de inépcia da inicial. Acolhida. Não preenchimento dos requisitos legais exigidos. Extinção do processo sem julgamento do mérito. Art. 267, I, c.c. art. 295, parágrafo único, I, do CPC" (TRE-MG, Rec. Eleitoral nº 486/2001).

Também não se enquadrando o representante em nenhum dos legitimados à apresentação de representação eleitoral, infere-se pela patente ilegitimidade ativa *ad causam*, e, dessa forma, pela extinção do processo, sem julgamento de mérito, ante a falta de uma das condições da ação, consoante o disposto no art. 267, VI, do Código de Processo Civil.

Mas é necessário destacar que, segundo o art. 7º da Resolução do TSE nº 22.624, de 13/12/2007, e também o art. 8º da Resolução nº 23.193/2010, "*Se for o caso, o juiz determinará a regularização da representação processual no prazo de 24 horas, sob pena de indeferimento da petição inicial (CPC, arts. 13 e 284).*"

1.10.3.2. Atividade que o juiz eleitoral deve fazer ao receber a representação

No caso de o juiz eleitoral receber a representação, a Justiça Eleitoral "notificará", imediatamente, o reclamado ou representado para, querendo, apresentar defesa *em 48 horas*.

Conforme o art. 7º da Resolução do TSE nº 23.193/2010, recebida a petição, a Secretaria Judiciária do tribunal eleitoral notificará imediatamente o representado para apresentar defesa no prazo de 48 horas (Lei nº 9.504/1997, art. 96, § 5º), exceto quando se tratar de pedido de resposta, cujo prazo será de 24 horas (Lei nº 9.504/1997, art. 58, § 2º).

O TSE tem alternado resoluções com um erro crasso, qual seja, algumas resoluções afirmam "a Justiça Eleitoral ***notificará***" (Resolução do TSE nº 22.624, de 13/12/2007 e Resolução TSE nº 22.142/2006), outras, "o cartório eleitoral ***intimará***" (Resolução TSE nº 21.575/2003). Nem uma coisa, nem outra. Na realidade, trata-se de uma autêntica **"citação"**, nos exatos termos do art. 213 do Código de Processo Civil: "**Art. 213. Citação é o ato pelo qual se chama a juízo o réu ou o interessado a fim de se defender.**"

Obs.: Já relatei que o rito é muito célere, portanto, também não será admissível a produção de prova testemunhal na peça de defesa.

No mesmo sentido é a posição do TSE:

> (...) Produção de prova pelo representado. Apresentação junto com a defesa. O procedimento previsto no art. 96 da Lei nº 9.504, de 1997, pressupõe a apresentação da prova com a defesa" (Ac. nº 2.201, de 03/08/2000, Rel. Min. Fernando Neves).

Cuidado 1: Tratando-se de reclamação ou representação contra candidato, a notificação não poderá ser feita ao partido ou coligação a que pertença, isso porque a Lei nº 9.840 de 28/09/1999 revogou o § 6º do art. 96 da Lei nº 9.504/1997. Portanto, para atender o princípio da ampla defesa e contraditório, a notificação tem de ser dirigida ao representado.

As notificações e as intimações poderão ser realizadas por qualquer meio de comunicação, desde que não deixem dúvidas de que a parte tomou conhecimento do ato, certificando-se isso nos autos.

Se houver pedido de medida liminar, os autos serão conclusos ao juiz auxiliar ou relator e, depois da respectiva decisão, dela será o representado notificado, juntamente com o conteúdo da petição inicial. (*Vide* art. 7º, § 1º, da Resolução nº 23.193/2010).

Quando o representado for candidato, partido político ou coligação, o respectivo advogado – se arquivada a procuração na Secretaria Judiciária – será notificado, nos mesmos prazos, ainda que por telegrama ou *fac-símile*, da existência do feito (Lei nº 9.504/1997, art. 94, § 4º, e também art. 7º, § 2º, da Resolução nº 23.193/2010).

Preconiza o art. 9º, §§ 1º e 2º, da Resolução nº 23.193/2010:

> *A notificação será instruída com cópia da petição inicial e dos documentos que a acompanham e, se o representado for candidato, partido político ou coligação, será endereçada para o número de* fac-símile *indicado na inicial ou no pedido de registro de candidatura (Lei nº 9.504/1997, art. 96-A,* caput*).*
>
> *§ 1º É facultado às emissoras de rádio, televisão e demais veículos de comunicação, inclusive provedores e servidores de internet, comunicar aos tribunais eleitorais o número de fac-símile pelo qual receberão notificações e intimações.*
>
> *§ 2º Inexistindo a comunicação na forma do parágrafo anterior, as notificações e intimações serão encaminhadas ao número constante da petição inicial.*

As notificações, as comunicações, as publicações e as intimações serão feitas no horário das 10 horas às 19 horas, salvo se o juiz auxiliar ou relator dispuser que se faça de outro modo ou em horário diverso.

A concessão de medida liminar será comunicada das 8 horas às 24 horas, salvo quando o juiz auxiliar ou relator determinar horário diverso, independentemente da publicação em cartório; o termo inicial do prazo para impugnação ou recurso será o recebimento da respectiva comunicação da decisão.

1.10.4. Transcorrido o prazo de 48 horas, apresentada ou não a defesa

O juiz abrirá vistas ao Ministério Público Eleitoral, transcorrido o prazo de 48 horas, apresentada ou não a defesa:

Obs. 1: O art. 96 da Lei nº 9.504/1997 não faz referência expressa à intervenção do Ministério Público no rito das representações, mas é pacífico que o Ministério Público Eleitoral, quando não for parte, agirá como fiscal da Lei, devendo se manifestar sobre a legalidade do ato e suas consequências.

Obs. 2: Por se tratar de matéria de ordem pública e de direitos indisponíveis, não se aplicam os efeitos da revelia, também não será possível, em atendimento ao princípio da celeridade, a reconvenção nem a réplica.

Obs. 3: Dada a celeridade exigida no rito das representações, entendo que o Ministério Público Eleitoral deve se manifestar também em *24 horas*. Anoto a posição contraria de **José J. Cândido** que afirma:

O Ministério Público Eleitoral, se não for parte, deverá ser ouvido como *custus legis*, imediatamente após o prazo da defesa, com ou sem ela. A princípio, seu prazo deverá ser também de 48 horas, mas nada impede que o juiz Eleitoral colha seu parecer oral sobre o feito, resumindo-o nos autos, se for decidir em audiência.

A dúvida foi elucidada pelo art. 11 da Resolução do TSE nº 23.193/2010, que dispõe:

> *Apresentada a resposta ou decorrido o respectivo prazo, os autos serão encaminhados ao Ministério Público para parecer no prazo de 24 horas, findo o qual, com ou sem parecer, o processo será imediatamente devolvido ao juiz auxiliar ou relator.*

Denota-se da leitura do artigo supracitado que a vista dos autos é de natureza obrigatória ao Ministério Público Eleitoral, mas o parecer é dispensável diante da celeridade do rito processual da Arci.

1.10.5. Transcorrido o prazo de 24 horas para o Ministério Público Eleitoral ofertar o parecer

No caso de haver transcorrido o prazo de 24 horas para o Ministério Público Eleitoral ofertar o parecer, o juiz decidirá e fará publicar a decisão em 24 horas (Lei nº 9.504/1997, art. 96, § 7º), exceto quando se tratar de direito de resposta, cuja decisão deverá ser proferida no prazo máximo de 72 horas da data em que for protocolado o pedido (Lei nº 9.504/1997, art. 58, § 2º). (*Vide* art. 12 da Resolução do TSE nº 23.193/2010).

O Ministério Público será pessoalmente intimado das decisões pela Secretaria Judiciária, mediante cópia, e dos acórdãos, em sessão de julgamento, quando nela publicados.

Dispõe o art. 13 da Resolução nº 23.193/2010 que

> *A intimação das decisões e acórdãos será feita por publicação no* Diário da Justiça Eletrônico.
>
> *§ 1º No período entre 5 de julho de 2010 e a data fixada no calendário eleitoral, a publicação de que trata o* caput *será feita na Secretaria Judiciária, certificando-se no edital e nos autos o horário, ou em sessão, salvo nas representações previstas nos arts. 30-A, 41-A, 73 e nos §§ 2º e 3º do art. 81 da Lei nº 9.504/1997.*

1.10.6. Dos recursos para o Tribunal Regional Eleitoral

Preconiza a Resolução nº 23.193/2010 que

> *Art. 33. A decisão proferida por juiz auxiliar estará sujeita a recurso para o Plenário do tribunal eleitoral, no prazo de 24 horas da publicação da decisão em secretaria, assegurado ao recorrido o oferecimento de contrarrazões, em igual prazo, a contar da sua notificação (Lei nº 9.504/1997, art. 96, §§ 4º e 8º).*
>
> *§ 1º Oferecidas contrarrazões ou decorrido o respectivo prazo, o recurso será levado a julgamento em sessão pelo próprio juiz auxiliar, que substituirá membro da mesma representação no tribunal, no prazo de 48 horas, a contar da conclusão dos autos, independentemente de publicação de pauta (Lei nº 9.504/1997, art. 96, § 9º), exceto quando se tratar de direito de resposta, cujo prazo para julgamento será de 24 horas (Lei nº 9.504/1997, art. 58, § 6º).*
>
> *§ 2º Caso o Tribunal não se reúna no prazo previsto no parágrafo anterior, o recurso deverá ser julgado na primeira sessão subsequente.*
>
> *§ 3º Só poderão ser apreciados os recursos relacionados até o início de cada sessão plenária.*
>
> *§ 4º Ao advogado de cada parte é assegurado o uso da tribuna pelo prazo máximo de 10 minutos, para sustentação oral de suas razões.*
>
> *§ 5º Os acórdãos serão publicados na sessão em que os recursos forem julgados, salvo disposição diversa prevista nesta resolução.*

Há um julgado do TSE defendendo que, dependendo da situação fática, o prazo fixado em horas pode ser transformado em dias. Leia o julgado:

> "1) Conforme dispõe o art. 9º da Res. do TSE nº 22.142/2006, o prazo para interposição de recurso contra sentença proferida por juiz auxiliar, em feito no qual se discute extemporaneidade de propaganda eleitoral, é de vinte e quatro horas, a contar da sua publicação na secretaria.
> 2) O prazo fixado em horas pode ser transformado em dias, quando a situação fática permitir. A respeito, conferir AgRg nos EDcl na Rp (TSE) nº 789/DF, Rel. Min. Marco Aurélio de Mello, DJ de 18/10/2005: 'Prazo. Fixação em horas. Transformação em dias. Fixado o prazo em horas passíveis de, sob o ângulo exato, transformar-se em dia ou dias, impõe-se o fenômeno, como ocorre se previsto o de 24 horas a representar um dia. A regra somente é afastável quando a lei prevê expressamente termo inicial incompatível com a prática.'" (Recurso Especial Eleitoral nº 26.214, TSE/SC, Rel. José Augusto Delgado, j. 15/03/2007, unânime, *DJ* 02/04/2007)

O entendimento é razoável, porque o prazo para interposição de recurso contra sentença em representação que apura irregularidade em propaganda eleitoral é de 24 horas, conforme disposto no art. 9º da Resolução TSE nº 22.142/2006. Não iniciado regime de plantão, o que ocorre a partir de 5 de julho (art. 18 da Res. TSE nº 22.142/2006), e vencido o prazo em dia não útil, este fica prorrogado até a primeira hora do primeiro dia útil seguinte. (Representação nº 2.202 (20.595), TRE/SC, Rel. Oscar Juvêncio Borges Neto. j. 03/07/2006, unânime.)

Mas tenha cuidado, o prazo só é prorrogável nos dias em que não há expediente forense.

No mesmo sentido é a posição do TSE:

> "Representação. Decisão. Juiz auxiliar. Agravo. Prazo. Contagem. O prazo em horas conta-se minuto a minuto. O prazo é contínuo, não se interrompendo nos feriados. É peremptório e não se suspende aos sábados, domingos e feriados. Prorroga-se nos dias em que não há expediente. Não apresentado o recurso na abertura dos trabalhos no Tribunal, preclui o direito de recorrer." (Ac. nº 369, de 20/08/2002, Rel. Min. Peçanha Martins.)

Obs. 1: Joel J. Candido defende que o recurso cabível é o inonimado, a princípio sem efeito suspensivo.

Ensina **Lauro Barreto**[11] que na sessão de julgamento do recurso, pela corte regional, aos patronos de cada uma das partes é assegurado o uso da tribuna, pelo máximo de dez minutos. É de fundamental importância que os advogados façam uso dessa faculdade. A sustentação oral, via de regra, é o melhor e mais eficaz meio de se levar a todos integrantes do colegiado os pormenores mais relevantes da

11. Lauro Barreto. *Das representações no Direito Processual Eleitoral*. Rio de Janeiro: Edipro, 2006, p. 123.

demanda. É que, geralmente, os relatores tendem a enfatizar, no relatório que apresentam aos seus pares, tão somente os aspectos que mais se coadunam com o voto que vão proferir. Assim, é muito comum que eles "passem por cima" das questões que possam tornar seu voto questionável. Então, a sustentação oral, quando bem explorada, pode ter a providencial serventia de "tornar-se" a tendência natural de os demais julgadores simplesmente acompanharem o voto condutor, sem maiores questionamentos.

Os acórdãos serão publicados na sessão em que os recursos forem julgados (Resolução do TSE nº 22.624, de 13/12/2007, art. 20, § 6º).

1.10.7. Dos recursos para o Tribunal Superior Eleitoral

Salvo se se tratar de direito de resposta, da decisão do Tribunal Regional Eleitoral caberá recurso especial para o Tribunal Superior Eleitoral, no prazo de três dias, a contar da publicação em sessão (Código Eleitoral, art. 276, § 1º, e também art. 34 da Resolução nº 23.193/2010).

Interposto o recurso especial, os autos serão conclusos ao presidente do Tribunal Regional Eleitoral, que, no prazo de 24 horas, proferirá decisão fundamentada, admitindo ou não o recurso.

Admitido o recurso especial, será assegurado, ao recorrido, o oferecimento de contrarrazões no prazo de três dias, contados da intimação, por publicação na Secretaria.

Oferecidas as contrarrazões ou decorrido o seu prazo, serão os autos imediatamente remetidos ao Tribunal Superior Eleitoral, inclusive por portador, se necessário.

Não admitido o recurso especial, caberá agravo de instrumento para o Tribunal Superior Eleitoral, no prazo de três dias, contados da publicação da decisão em Secretaria (Resolução do TSE nº 23.193/2010, art. 34, § 4º).

Formado o instrumento, com observância do disposto na Resolução nº 21.477, de 29/08/2003, será intimado o agravado para oferecer resposta ao agravo e ao recurso especial, no prazo de três dias da publicação em secretaria.

O relator, no Tribunal Superior Eleitoral, negará seguimento a pedido ou recurso intempestivo, manifestamente inadmissível, improcedente, prejudicado ou em confronto com súmula ou com jurisprudência dominante do Tribunal Superior Eleitoral, do Supremo Tribunal Federal ou de Tribunal Superior (CPC, art. 557, *caput*, e RITSE, art. 36, § 6º); poderá o relator, nos próprios autos do agravo de instrumento, dar provimento ao recurso especial se o acórdão recorrido estiver em manifesto confronto com súmula ou com jurisprudência dominante do próprio Tribunal Superior Eleitoral, do Supremo Tribunal Federal ou de Tribunal Superior (CPC, art. 544, § 3º, e RITSE, art. 36, § 7º).

Quando se tratar de direito de resposta, o prazo de interposição do recurso especial será de 24 horas, dispensado o juízo de admissibilidade, com a imediata intimação do recorrido para o oferecimento de contrarrazões no mesmo prazo (Lei nº 9.504/1997).

1.10.8. Observações muito importantes

Os prazos relativos às representações serão contínuos e peremptórios, não se suspendendo aos sábados, domingos e feriados, entre 5 de julho de 2010 e a proclamação dos eleitos, inclusive em segundo turno (Lei Complementar nº 64/1990, art. 16).

Dispõe o art. 374, § 1º, da Resolução do TSE nº 23.193/2010 que, no período supracitado, os advogados, inclusive os que representarem as emissoras de rádio, televisão, provedores e servidores de internet e demais veículos de comunicação, estarão dispensados da juntada de procuração em cada processo, se arquivarem, na Secretaria Judiciária, mandato genérico relativo às eleições de 2010; a circunstância deverá ser informada na petição em que ele se valer dessa faculdade e certificada nos autos.

O requisito de admissibilidade dos recursos pela instância superior será verificado a partir da certidão constante dos autos, sendo a parte interessada responsável pela verificação da existência da referida certidão.

1.10.9. O que acarreta a não observância dos prazos supracitados

A sumariedade é notória no rito das representações, portanto, segundo o art. 97 da Lei nº 9.504/1997:

> *Poderá o candidato, partido ou coligação representar ao Tribunal Regional Eleitoral contra o Juiz Eleitoral que descumprir as disposições desta Lei ou* ***der causa ao seu descumprimento, inclusive quanto aos prazos processuais;*** *neste caso, ouvido o representado em vinte e quatro horas, o Tribunal ordenará a observância do procedimento que explicitar, sob pena de incorrer o Juiz em desobediência.*
>
> *Parágrafo único. No caso do descumprimento das disposições desta Lei por Tribunal Regional Eleitoral, a representação poderá ser feita ao Tribunal Superior Eleitoral, observado o disposto neste artigo.*

Conforme entendimento do TSE:

> "Representação por descumprimento de preceito da Lei nº 9.504/1997. Necessidade de obediência ao rito estabelecido nos parágrafos do art. 96 da citada lei, inclusive o prazo de vinte e quatro horas para a decisão. **Possibilidade de o pedido ser dirigido ao órgão superior quando tal prazo não é cumprido. Hipótese em que o feito aguarda decisão há quatro meses. Representação acolhida para determinar ao Tribunal Regional que encaminhe os autos da representação original ao Tribunal Superior Eleitoral, a fim de que a mesma seja decidida por um de seus juízes auxiliares.** Resolução nº 20.366, de 25/09/1998. Representação nº 147, Classe nº 30ª/MA (Matinha). Decisão: unânime em julgar procedente a representação. No mesmo sentido, a Resolução nº 20.367, de 25/09/1998."

Já o art. 32 da Resolução do TSE nº 22.624, de 13/12/2007, preconiza que

> *Poderá o candidato, o partido político, a coligação ou o Ministério Público representar ao Tribunal Regional Eleitoral contra o juiz eleitoral que descumprir as disposições desta resolução ou der causa a seu descumprimento, inclusive quanto aos prazos processuais; nesse caso, ouvido o representado em 24 horas, o Tribunal ordenará a observância do procedimento que explicitar, sob pena de incorrer o juiz em desobediência (Lei nº 9.504/1997, art. 97,* caput*).*

1.10.10. A priorização dos feitos eleitorais

Os feitos eleitorais, no período entre 10 de junho e 31 de outubro do ano da eleição, terão prioridade para a participação do Ministério Público e dos juízes de todas as justiças e instâncias, ressalvados os processos de *habeas corpus* e mandado de segurança (Lei nº 9.504/1997, art. 94, *caput*).

O art. 58-A da Lei nº 9.504/1997, acrescentado pela Lei nº 12.034, de 29 de setembro de 2009, estabeleceu que:

> *Os pedidos de direito de resposta e as representações por propaganda irregular na rádio, televisão e internet tramitarão preferencialmente em relação aos demais processos em curso na justiça eleitoral.*

A Resolução nº 23.193/2010 foi peremptória ao afirmar no seu art. 43 que

> *Poderá o candidato, o partido político, a coligação ou o Ministério Público representar ao tribunal regional eleitoral contra o juiz eleitoral que descumprir as disposições desta resolução ou der causa a seu descumprimento, inclusive quanto aos prazos processuais; nesse caso, ouvido o representado em 24 horas, o tribunal ordenará a observância do procedimento que explicitar, sob pena de incorrer o juiz em desobediência (Lei nº 9.504/1997, art. 97,* caput*).*

Os feitos eleitorais, no período entre 10 de junho e 5 de novembro de 2010, terão prioridade para a participação do Ministério Público e dos juízes de todas as justiças e instâncias, ressalvados os processos de *habeas corpus* e mandado de segurança (Lei nº 9.504/1997, art. 94, *caput*).

O descumprimento do supramencionado constitui crime de responsabilidade e será objeto de anotação funcional para efeito de promoção na carreira (Lei nº 9.504/1997, art. 94, § 2º).

Além das polícias judiciárias, os órgãos da Receita Federal, estadual e municipal, os tribunais e os órgãos de contas auxiliarão a Justiça Eleitoral na apuração dos delitos eleitorais, com prioridade sobre suas atribuições regulares (Lei nº 9.504/1997, art. 94, § 3º).

Informa ainda o art. 33, § 2º, que o descumprimento do disposto neste artigo constitui crime de responsabilidade e será objeto de anotação funcional para efeito de promoção na carreira (Lei nº 9.504/1997, art. 94, § 2º).

1.11. A representação e a litigância de má-fé

É possível, dados os ânimos acirrados do clima eleitoral, que um partido, candidato ou coligação interponham uma representação, utilizando-se de expediente de má-fé, e será, *in casu*, perfeitamente aplicável o disposto no art. 18 do Código de Processo Civil, *in verbis:*

> *O juiz ou Tribunal, de ofício ou a requerimento, condenará o litigante de má-fé a pagar multa não excedente a 1% (um por cento) sobre o valor da causa e a indenizar a parte contrária dos prejuízos que esta sofreu, mais os honorários advocatícios e todas as despesas que efetuou.*

No mesmo sentido é a posição do TSE:

> "1) Averiguada a litigância de má fé – em sede de representação por propaganda eleitoral irregular – e considerada a ausência de valor da causa dos feitos eleitorais, afigura-se razoável a fixação da multa do art. 18 do Código de Processo Civil, tendo como parâmetro o *quantum* da multa aplicada na citada representação. 2) No entanto, a fixação da sanção por litigância de má-fé não pode ficar ao livre arbítrio do julgador, devendo respeitar o limite de 1% expressamente estabelecido no *caput* do referido art. 18 do CPC. 3) Afigura-se desproporcional e desprovida de fundamento legal a multa por litigância de má-fé imposta pelo Tribunal Regional Eleitoral no décuplo da sanção aplicada na representação. Agravo regimental a que se nega provimento". (Agravo Regimental em Recurso Especial Eleitoral nº 28.335, TSE/SP, Rel. Carlos Eduardo Caputo Bastos, j. 16/10/2007, unânime, *DJ* 05/11/2007, p. 136)

1.12. Honorários advocatícios em sede de Arpi

A condenação em honorários advocatícios, em razão de sucumbência, apresenta-se incabível em feitos eleitorais.[12]

1.13. O ônus da prova da propaganda irregular

Na prática, todos os candidatos alegam uma só tese, qual seja, "não tinha conhecimento prévio da propaganda".

É evidente que a alegação *ut supra* pode ser verdadeira; é perfeitamente possível um candidato à presidência da República não conhecer uma propaganda que foi realizada no interior do país, mas é não razoável um candidato afirmar que não tinha conhecimento de um *outdoor* que foi colocado na rua do seu domicílio eleitoral.

Também não será possível alegar tal tese no caso de a propaganda irregular ter sido feita pelo próprio candidato, como é o caso das entrevistas.

Entendo que a tese de negativa de conhecimento deve ser realizada com um mínimo de provas que possa descaracterizar as indicadas no bojo da representação.

12. REspe nº 12.783 – Ac., Rel. Paulo Roberto Saraiva da Costa Leite, publicado no *DJ* em 18/04/1997, p. 13862.

Portanto, alegar e não provar nenhum efeito jurídico provocará, isso porque entendo que o ônus da prova não é do autor da representação e sim do representado.

É verdade que a Súmula nº 17 do TSE defendia: "Não é admissível a presunção de que o candidato, por ser beneficiário da propaganda eleitoral irregular, tenha prévio conhecimento de sua veiculação (arts. 36 e 37 da Lei nº 9.504 de 30/09/1997)".

A súmula supracitada foi revogada no julgamento do REsp nº 19.600/CE, Rel. Min. Luiz Carlos Lopes Madeira, *DJ* de 17/05/2002. Na ocasião, em questão de ordem suscitada pelo eminente Ministro Sepúlveda Pertence, restou assentado que, em razão da elevada quantidade de cartazes relativos ao candidato, "não havia que se falar em presunção de não conhecimento de propaganda eleitoral em seu favor". (Embargos de Declaração em Recurso Especial Eleitoral nº 26.142, TSE/SC, Rel. José Augusto Delgado, j. 31/10/2006, unânime, *DJ* 14/11/2006)

Neste sentido, a lição do Eminente Juiz Relator Eduardo Botalo, do Egrégio Tribunal Regional Eleitoral – São Paulo, no V. Acórdão do Processo nº 14.398:

> "E quanto à alegação de que desconhecia, ou não é culpado pelo evento, este E. Tribunal tem por firme o entendimento de que, para ser aceita, o Recorrido deveria trazer elementos concretos a subsidiar tal assertiva, o que, entretanto, não fez. Vale transcrever o seguinte precedente, aprovado unanimemente pela Corte:
>
> '(...) a Lei nº 9.504/1997 caminhou no sentido de dar ao candidato, que se favorece da prática inoportuna de propaganda, a possibilidade de eximir-se da imposição de sanção pecuniária, desde que demonstre não haver, de qualquer forma, concorrido, tampouco consentido com a divulgação ilícita.
>
> De seu turno, o Judiciário, no intuito de dar efetividade ao seu dever institucional de fiscalizar o processo eleitoral, não pode se satisfazer com a mera negativa de autoria, alçada, eventualmente, pelo beneficiário, desacompanhada de provas que o atestem.
>
> É certo que o candidato terá dificuldades em patentear satisfatoriamente sua não participação na ilegalidade.
>
> Isso é fato.
>
> Entretanto, se assim não fosse, a previsão legal (art. 36, § 3º, da Lei nº 9.504/1970) se faria inofensiva, por possibilitar ao infrator, desvencilhar-se da legítima punição'". (TRE – Acórdão nº 131.214, Processo nº 13.114, Classe 2ª, Rel. Des. Fed. Anna Maria Pimentel, *DJ* 07/06/2006)

1.14. Um macete de ordem prática

No contexto prático, sempre oriento os colegas promotores eleitorais que, ao tomarem conhecimento da propaganda irregular, a notifiquem o pré-candidato beneficiário para retirar tal propaganda em 48 horas; não retirada, será praticamente impossível o beneficiário alegar que não tinha conhecimento prévio.

Esta notificação antecipada se torna, em alguns casos, necessária para o sucesso final da representação, por exemplo, é o caso em que a parte legítima tomou conhecimento da propaganda, entrou com a representação, não juntou nos autos prova concreta da irregularidade e, logo em seguida, a propaganda desapareceu.

Leia como decidiu o Tribunal:

"I – Não havendo auto de constatação ou notificação para retirada, não há como presumir-se o conhecimento do candidato acerca da propaganda irregular. II – **Ausente comprovação da inutilização de propaganda lícita do adversário, não há como prosperar a reclamação com base nesse fato aduzida**. III – Propaganda eleitoral irregular não demonstrada. Improcedência da Reclamação" (Reclamação nº 11.055, TRE/CE, Rel. José Arísio Lopes da Costa, j. 11/09/2007, unânime, *DJ* 26/09/2007, p. 209).

Esclareço, por oportuno, que esta notificação não é condição de procedibilidade para o oferecimento da representação, é apenas uma estratégia no contexto prático.

Na realidade, a notificação prévia é importante, mas só em um caso será imprescindível.

No contexto prático, teremos três hipóteses:

Hipótese 1: quando a notificação não é necessária

A notificação não será necessária em duas circunstancias:

1ª) Há casos em que a notificação é totalmente desnecessária, circunstância do caso concreto, como, por exemplo, o caso de o próprio beneficiário fazer a sua propaganda.

EXEMPLO DIDÁTICO

Em determinado caso concreto, Tício aproveitou uma entrevista no rádio e fez um discurso de autopromoção enaltecendo as suas qualidades e lançando a sua campanha antes de ser escolhido na convenção.

Solução jurídica: neste caso, a notificação não é necessária, pois a fita degravada do discurso de Tício prova a propaganda irregular e também será impossível a alegação de desconhecimento prévio.

No mesmo sentido é a redação do art. 40-B da Lei nº 9.504/1997, com redação dada pela Lei nº 12.034/2009, *in verbis:*

A representação relativa à propaganda irregular deve ser instruída com prova da autoria ou do prévio conhecimento do beneficiário, ***caso este não seja por ela responsável.*** (Destaque nosso)

2ª) A notificação não será necessária quando, no contexto prático, é perfeitamente possível provar que o representado tinha conhecimento prévio da propaganda irregular.

EXEMPLO DIDÁTICO

Em um determinado caso concreto, um *outdoor* foi fixado na rua em que o pré-candidato residia.

Solução jurídica: a ausência de notificação para a retirada da propaganda irregular não impede a constatação do prévio conhecimento, tendo em vista a notoriedade e circunstância do caso concreto, torna-se impossível a alegação de não conhecimento da propaganda irregular.

No mesmo sentido é a redação do parágrafo único do art. 40-B da Lei nº 9.504/1997, com redação dada pela Lei nº 12.034/2009, *in verbis:*

> *A responsabilidade do candidato estará demonstrada se este, intimado da existência da propaganda irregular, não providenciar, no prazo de quarenta e oito horas, sua retirada ou regularização* ***e, ainda, se as circunstâncias e as peculiaridades do caso específico revelarem a impossibilidade de o beneficiário não ter tido conhecimento da propaganda.*** (Destaque nosso)

Interessante foi a regra trazida pelo art. 74, § 2º, da Resolução do TSE nº 23.191/2010, *in verbis:*

> *A intimação de que trata o parágrafo anterior poderá ser realizada por qualquer cidadão, candidato, partido político, coligação ou pelo Ministério Público diretamente ao responsável ou beneficiário da propaganda, devendo dela constar a precisa identificação da propaganda apontada como irregular.*

Hipótese 2: quando a notificação é importante

A notificação será importante quando, no contexto prático, houver dúvida se o representado tinha conhecimento prévio da propaganda irregular.

EXEMPLO DIDÁTICO

Em um determinado caso concreto, Tício colou vários adesivos de Mévio, que tinha a pretensão de ser candidato a prefeito.

Solução jurídica: quando há relação de divulgador (no caso, Tício) e beneficiário (Mévio), a notificação se torna importante, pois o beneficiário irá alegar que não tinha conhecimento da propaganda realizada pelo divulgador.

Hipótese 3: quando a notificação é imprescindível

A notificação é imprescindível quando a propaganda for realizada nos bens cujo uso dependa de cessão ou permissão do Poder Público, ou que a ele pertençam; e nos de uso comum, inclusive postes de iluminação pública e sinalização de tráfego, viadutos, passarelas, pontes, paradas de ônibus e outros equipamentos urbanos, é vedada a veiculação de propaganda de qualquer natureza, inclusive pichação, inscrição a tinta, fixação de placas, estandartes, faixas e assemelhados.

No mesmo sentido é a posição do TSE:

> "No que concerne à propaganda eleitoral irregular de que cogita o art. 37 da Lei das Eleições, a Lei nº 11.300 alterou a redação do respectivo § 1º, que passou a dispor que 'A veiculação de propaganda em desacordo com o disposto no *caput* deste artigo sujeita o responsável, após a notificação e comprovação, à restauração do bem e, caso não cumprida no prazo, a multa no valor de R$ 2.000,00 (dois mil reais) a R$ 8.000,00 (oito mil reais)'. Essa norma legal expressamente estabelece que, averiguada a irregularidade da propaganda, o responsável deverá ser notificado para efetuar a restauração do bem e, caso não cumprida no prazo estabelecido pela Justiça Eleitoral, poderá assim ser imposta a respectiva penalidade pecuniária". (TSE/SP, Agravo Regimental em Recurso Especial Eleitoral nº 27.865, Rel. Carlos Eduardo Caputo Bastos, j. 11/09/2007, unânime, *DJ* 24/09/2007, p. 142)

No mesmo sentido: veja o § 1º do art. 37 da Lei nº 9.504/1997 e art. 13, § 1º, da Resolução nº 22.718/2008.

1.15. Quando para combater a propaganda irregular devemos interpor a Aije ou a Aime

Dependendo do caso concreto, a propaganda irregular se torna um instrumento tão lesivo à democracia que é possível até ter *potencialidade lesiva para influir no resultado da disputa eleitoral, nestes casos, há evidente abuso de poder que deve ser combatido com a Aije ou Aime.*

No mesmo sentido o entendimento dominante do TSE:

> "Propaganda eleitoral irregular. Demonstração de potencialidade para influir no resultado do pleito. A propaganda eleitoral irregular pode ser objeto de representação prevista no art. 96 da Lei nº 9.504/1997, mas também pode constituir abuso de poder, desde que o excesso praticado possa influir no resultado do pleito. (...)."[13]

1.16. Princípio da responsabilidade solidária na propaganda eleitoral

Segundo o art. 241 do Código Eleitoral:

> *Toda propaganda eleitoral será realizada sob a responsabilidade dos partidos e por eles paga, imputando-se-lhes solidariedade nos excessos praticados pelos seus candidatos e adeptos.*

Evidentemente, caso a propaganda seja realizada por pré-candidatos, ou seja, aquele que ainda não foi escolhido na convenção partidária, não será possível imputar a responsabilidade solidária ao partido político ou à futura coligação, neste caso,

13. TSE – Agravo Regimental em Agravo de Instrumento nº 7.191, Ac. – BA, Rel. Min. Joaquim Benedito Barbosa Gomes, j. 04/09/2008, DJE, 26/09/2008, p. 9/10.

a solidariedade recairá entre o pré-candidato e o adepto, leia-se o eleitor que divulga a propaganda irregular.

Insta acentuar que a responsabilidade pela propaganda é solidária, mas a aplicação da multa deve ser feita ao partido político, coligação, candidatos e seus adeptos, de forma individual.

No mesmo sentido o entendimento do TSE:

> "É possível a aplicação da multa prevista no art. 36, § 3º, da Lei nº 9.504/1997, quando comprovada a prática de propaganda eleitoral extemporânea em espaço reservado à divulgação dos partidos. **Existindo mais de um responsável pela propaganda irregular, a pena de multa deve ser aplicada individualmente, e não de forma solidária."** (Ag/Rg no Agravo de Instrumento nº 7.826/SP)

À responsabilidade solidária não se vislumbra a ocorrência de *bis in idem* inconstitucional ao se aplicar multa ao partido político e ao interlocutor de propaganda eleitoral extemporânea quando este último for notadamente candidato a cargo político.[14]

1.17. Anexo IV – Tabela de prazos processuais previstos na Resolução nº 22.624/2007

	REPRESENTAÇÕES	DIREITO DE RESPOSTA
Regularização da representação processual	24 horas (art. 7º)	24 horas (art. 7º)
Defesa	48 horas (art. 6º, *caput*)	24 horas (art. 6º, *caput*)
Intimação do advogado que tiver procuração arquivada em cartório para ciência do feito	Simultânea à notificação para defesa (art. 6º, § 2º)	Simultânea à notificação para defesa (art. 6º, § 2º)
Parecer do Ministério Público	24 horas (art. 10)	24 horas (art. 10)
Decisão de primeiro grau	24 horas (art. 11)	72 horas da protocolização do pedido (art. 11)
Recurso para o Tribunal Regional Eleitoral	24 horas (art. 19, *caput*)	24 horas (art. 19, *caput*)
Contrarrazões ao recurso para o Tribunal Regional Eleitoral	24 horas (art. 19, *caput*)	24 horas (art. 19, *caput*)
Parecer no Ministério Público	24 horas (art. 20, *caput*)	24 horas (art. 20, *caput*)
Julgamento do recurso no Tribunal Regional Eleitoral	48 horas (art. 20, § 1º)	24 horas (art. 20, § 1º)
Publicação em pauta	48 horas (art. 20, § 3º)	24 horas (art. 20, § 3º)

14. No mesmo sentido vide precedentes do TSE: Ag nº 4.748/PR, Rel. Min. Caputo Bastos, *DJ* de 11/11/2004; Acórdão nº 21.418, Rel. Min. Peçanha Martins; de 06/04/2004; Acórdão nº 21.026, Rel. Min. Carlos Velloso, de 24/06/2003; e Acórdão nº 20.532, de 31/10/2002, Rel. Min. Luiz Carlos Madeira.

	REPRESENTAÇÕES	DIREITO DE RESPOSTA
Recurso Especial para o Tribunal Superior Eleitoral	3 dias (art. 21, *caput*)	24 horas (art. 22)
Decisão de admissão ou não do recurso especial	24 horas (art. 21, § 1º)	Dispensado o juízo de admissibilidade (art. 22)
Contrarrazões ao recurso para o Tribunal Superior Eleitoral	3 dias (art. 21, § 2º)	24 horas (art. 22)
Agravo de instrumento	3 dias (art. 21, § 4º)	
Contrarrazões ao agravo de instrumento ao recurso especial	3 dias (art. 21, § 5º)	

2. AIJE – AÇÃO DE INVESTIGAÇÃO JUDICIAL ELEITORAL

2.1. Para que serve a Aije

A Aije serve para apurar:

1) O uso indevido, desvio ou abuso do poder econômico, em benefício de candidato ou de partido político

O conceito de abuso do poder econômico *é* definido por **Antônio Carlos Mendes** como aquele que

> consiste, em princípio, no financiamento, direto ou indireto, dos partidos políticos e candidatos, antes ou durante a campanha eleitoral, com ofensa à lei e às instruções da Justiça Eleitoral, objetivando anular a igualdade jurídica (igualdade de chances) dos partidos, tisnando, assim, a normalidade e a legitimidade das eleições.[15]

Caracteriza-se abuso de poder econômico sempre que houver o uso indevido do poder financeiro configurando-se o intuito de desequilibrar a disputa eleitoral.

2) Desvio ou abuso do poder de autoridade, em benefício de candidato ou de partido político

Nas palavras de **Rodrigo López Zílio**[16], é:

> Todo ato emanado de pessoa que exerce cargo, emprego ou função que excede os limites da legalidade ou da competência. Só pode ser praticado por quem tem vínculo com a administração pública por cargo, emprego ou função pública, distinguindo-se do abuso de poder político que é praticado por quem tem vínculo com a administração pública, mediante mandato eletivo.

15. *Apud* Amir José Finocchiaro Sarti: "Abusos do poder econômico na campanha eleitoral", in: *Revista do TRE/RS* nº 8, p. 51.
16. Op. cit., p. 383.

3) Utilização indevida de veículos, em benefício de candidato ou de partido político

A utilização indevida de veículos, em benefício de candidato ou de partido político é puro abuso de poder político.

O abuso do poder político ocorre quando agentes públicos se valem da condição funcional para beneficiar candidaturas (desvio de finalidade), violando a normalidade e a legitimidade das eleições[17].

4) Utilização indevida dos meios de comunicação social, em benefício de candidato ou de partido político

É o uso de qualquer veículo de comunicação, em todo o período das campanhas eleitorais, em favor de partido político, coligação ou candidato, que não as veiculações em periódicos, rádio ou televisão, expressamente autorizadas por lei ou resolução da Justiça Eleitoral.[18]

Lembre-se que a palavra candidato é colocada em sentido amplo e que a coligação tem natureza jurídica de unidade partidária, portanto, na frase *"em benefício de candidato ou de partido político"*, leia-se: em benefício de *"pré-candidato, candidato, partido político ou coligação"*.

Na precisa observação de **Edson de Resende**:[19]

> A Ação de Investigação Judicial Eleitoral é usada como um poderoso veículo de resgate da democracia, na medida em que combate fatos abusivos, em prejuízo da liberdade de voto e visa a assegurar a lisura do pleito, garantindo que o exercício do mandato será desempenhado por aquele que foi legitimamente eleito na chapa apresentada à escolha popular.

Cuidado: há várias diferenças entre Aije e Airc, e é muito importante aprendermos as características de cada ação, pois a escolha da via inadequada pode causar sérios problemas.

Veja, a seguir, alguns exemplos jurisprudenciais.

> "Extingue-se o processo sem julgamento do mérito quando se verificar a ausência de pressupostos de constituição e de desenvolvimento válido e regular do processo, como *a inadequação processual da via eleita*. Rejeição da preliminar de nulidade da sentença suscitada pelo relator. *A impugnação de registro de candidatura não constitui meio próprio para investigação da ocorrência de abuso de poder político ou econômico, nem*

17. No mesmo sentido: AgRgRO 718/DF, Rel. Min. Luiz Carlos Madeira, REspe 25.074/RS, Rel. Min. Humberto Gomes de Barros.
18. No mesmo sentido: Joel José Cândido. *Direito Eleitoral brasileiro*. 10. ed. São Paulo: Edipro, 2003.
19. Edson de Resende Castro. *Teoria e prática do Direito Eleitoral*. 2. ed. Belo Horizonte: Mandamentos, 2005, p. 302.

> *de uso indevido dos meios de comunicação, próprios da ação de investigação judicial eleitoral de que cuida a Lei Complementar nº 64/1990.* Recurso conhecido e improvido". (TRE/RN, Rel. nº 2.707, p. 26)
>
> "Alegação de ausência de desincompatibilização. *Matéria estranha à ação de investigação judicial, devendo ser arguida em sede de ação de impugnação de registro de candidatura.* Não tendo havido impugnação no momento próprio, opera-se a preclusão. Afastada a incidência da coisa julgada. Recurso provido parcialmente". (TRE/MG, RE nº 379/01, (562/2002), p. 70)

2.2. Previsão legal da Aije

A Aije (Ação de Investigação Judicial Eleitoral) está prevista no art. 22 da LC nº 64/1990.

2.3. Natureza jurídica da Aije

Há na doutrina controvérsia sobre a natureza jurídica.

José Joel Cândido usa a terminologia IJE e defende que a natureza jurídica é:

> Investigação Judicial atípica, com carga decisória relevante, de consistência constitutiva negativa (no caso em que cassa o registro) e carga declaratória (no caso em que declara a inelegibilidade por três anos), o que é invulgar no ordenamento jurídico brasileiro.

Entendo que a natureza jurídica é de verdadeira ação (daí o nome ser Aije), porque:

a) Só pode ser desenvolvida por iniciativa dos legitimados expressamente previstos em lei.
b) Obedece aos princípios do contraditório e ampla defesa.
c) Há produção de provas.
d) Finaliza com uma sentença.
e) Há possibilidade de ser usado o duplo grau de jurisdição.
f) Só pode ser interposta pelos legitimados através de advogado.

Quanto à necessidade de advogado para pleitear a Aije há a mesma divergência que demonstramos na Airc, mas a maioria absoluta da doutrina defende tal necessidade.

No mesmo sentido:

> "Investigação judicial. Art. 22 da Lei Complementar nº 64/1990. Preliminar. Ausência de capacidade postulatória. Petição inicial subscrita por pessoa que não detém a qualificação de advogado, nos termos dos arts. 1º, inciso I, 4º e 5º, da Lei nº 8.906/1994, Estatuto da Advocacia e da Ordem dos Advogados do Brasil-OAB. E do art. 133 da Constituição Federal. Extinção do processo sem julgamento de mérito. Art. 267, IV, do CPC. Sessão de 08/10/2001". (TRE-MG, Rec. Eleitoral nº 356)

2.4. Legitimidade ativa da Aije

Têm legitimidade para propor a Aije:

a) qualquer partido político;

b) coligação;

c) candidato;

d) Ministério Público Eleitoral.

É necessário destacar que a unicidade da coligação resulta de sua própria natureza, portanto, o TSE entende que a coligação deve, ao propor a Aije, demonstrar a anuência de todos os partidos integrantes. "É nula a investigação suscitada sem aprovação de todos os partidos coligados. (Agravo Regimental em REsp nº 25.002, Ac., p. 162).

2.4.1. Análise do eleitor como agente ativo da Aije

O eleitor não tem legitimidade para propor uma Aije. No mesmo sentido:

> "Ausência de interesse de agir. Afastada possibilidade de nova eleição. Ilegitimidade ativa. Eleitor. Acolhida. Resolução não tem o condão de alargar a legitimação constante de lei complementar. Processo extinto". (TRE/MG, RE nº 407, p. 70)

2.4.2. Análise da possibilidade da formação de litisconsórcio ativo

O litisconsórcio ativo é facultativo, portanto, há possibilidade de mais de um dos legitimados propor, em litisconsórcio, a Aije.

Segundo o TSE, não se aplica a contagem de prazo em dobro, prevista no CPC, art. 191, para os casos de litisconsortes com diferentes procuradores.[20]

2.4.3. Análise da possibilidade de o partido coligado ajuizar investigação judicial eleitoral

Estamos aprendendo que a Aije pode ser proposta pela coligação e também pelo partido político, mas o posicionamento majoritário do TSE é no sentido de que há plena **"ilegitimidade de partido coligado para ajuizar investigação judicial eleitoral"** (TSE – AC nº 25.015). Portanto, havendo coligação, a legitimidade é da coligação, e não dos partidos integrantes da mesma.

A reforma eleitoral consolidou uma exceção que já era prevista à luz do entendimento jurisprudencial dominante, o § 4º do art. 6º da Lei nº 9.504/1997, acrescentado pela Lei nº 12.034, de 29 de setembro de 2009, preconiza que

> *O partido político coligado somente possui legitimidade para atuar de forma isolada no processo eleitoral quando questionar a validade da própria coligação, durante o período*

20. TSE – Agravo Regimental em REspe nº 27.104, Ac, p. 4.

compreendido entre a data da convenção e o termo final do prazo para a impugnação do registro de candidatos.

2.4.4. Análise da possibilidade do ajuizamento pela coligação de uma Aije sem a anuência de um dos partidos integrantes da composição

Não será possível o ajuizamento pela coligação de uma ação de investigação judicial eleitoral no caso de um dos partidos integrantes da coligação não prestar a sua anuência. No mesmo sentido: "*Nulidade da investigação judicial suscitada sem aprovação de todos os partidos coligados*" (TSE – AC nº 25.002).

No que diz respeito à legitimidade dos partidos políticos, é imprescindível lembrar que a representação a ser feita por eles deve partir de seus órgãos/diretórios com atribuições naquela determinada eleição, o que coincide com a legitimidade para requerer o registro e impugnar a candidatura. Explica-se: nas eleições municipais, o registro dos seus candidatos e a impugnação de outras candidaturas é atribuição do Diretório Municipal do Partido (a quem cabe, também, decidir pelas coligações de sua conveniência, dentro das diretrizes fixadas pelas direções estadual e nacional e observadas as restrições legais). Daí que a representação para instauração da Investigação Judicial Eleitoral compete também ao Diretório Municipal. Já para as eleições estaduais e federais, como o registro é feito perante o TRE pelo órgão de Direção Estadual e a impugnação ao registro de outros candidatos compete ao Partido na sua formatação estadual, a representação para a IJE é privativa da Direção Estadual e se dirige ao Corregedor Regional Eleitoral. Por conseguinte, ilegítimo o Diretório Municipal de determinado Partido para representar junto ao TRE pela instauração de investigação judicial eleitoral nas eleições estaduais ou federais. Por identidade de razão, apenas o órgão de Direção Nacional do Partido pode dirigir-se ao Corregedor-Geral Eleitoral, no TSE, para pedir a Investigação Judicial.[21]

2.4.5. Requisitos para que o candidato possa propor a Aije

Há dois requisitos para que o candidato possa propor a Aije:

a) indicação em convenção partidária;

b) requerimento do registro de candidatura.

Importante destacar que se após propor a ação o pré-candidato perde essa condição por meio da renúncia, substituição ou indeferimento do pedido de registro, não perderá a condição de legitimado, já que o preenchimento dos requisitos retro deve ser analisado no momento da propositura da ação.[22]

21.. No mesmo sentido, Edson de Resende Castro. *Teoria e prática do Direito Eleitoral*. 2. ed. Belo Horizonte: Mandamentos, 2005, p. 305.

22. No mesmo sentido: Elmana Viana Lucena Esmeraldo, na monografia Sistematização das ações tipicamente eleitorais.

2.4.6. Limitação a circunscrição

O diretório do partido político tem a sua área de atuação limitada à circunscrição, assim, um diretório municipal não pode interpor uma Aije contra um governador, e um diretório estadual não pode interpor ação contra um Presidente da República.

Insta acentuar que, o diretório nacional tem legitimidade ampla, pois a sua área de atuação é nacional.

2.5. Legitimidade passiva da Aije

a) Partido.

b) O candidato que usou indevidamente, desviou ou abusou do poder econômico ou do poder de autoridade, ou utilizou de forma indevida veículos ou meios de comunicação social, em benefício próprio, de outro candidato ou de partido político.

A terminologia "candidato" deve ser aferida em sentido amplo, ou seja, inclui também o pré-candidato, considerando aquele que requereu o registro de sua candidatura.

c) O cidadão que **não é candidato** também pode figurar como parte passiva, no caso de participação ou coautoria nos atos irregulares do candidato. Veremos que a lei prevê, como consequência da procedência da **Aije**, a sanção de inelegibilidade, para as eleições a se realizarem nos três anos subsequentes, de **quantos hajam contribuído para a prática do ato**. No mesmo sentido:

> "Qualquer pessoa do povo pode ser sujeito passivo de ação de investigação judicial, desde que haja possibilidade de concorrer à prática de abuso de poder econômico e político. Conhecido e negado provimento. Decisão unânime" (TRE/RJ, AI nº 75 – 21.751).

Há posição doutrinária defendendo que o partido político e a coligação são **pessoas jurídicas**, portanto, não podem figurar no polo passivo da Aije, uma vez que, como veremos em item próprio, as consequências do julgamento procedente da ação (*inelegibilidade, cassação do registro do candidato diretamente beneficiado, instauração de processo disciplinar, se for o caso, e processo-crime*) só podem ser aplicadas aos candidatos e a outras pessoas físicas que hajam contribuído para a prática do ato.

No mesmo sentido: "Ilegitimidade de pessoa jurídica para figurar no polo passivo da investigação judicial eleitoral". (TSE – AC nº 717, TRE-MG, Rec. nº 686/2002, Agravo Regimental em Representação nº 1.229 – Ac, p. 169)

Entendo que a nova posição do TSE e também do STF, ambos firmando o entendimento de que o mandato pertence ao partido e não ao candidato, torna o partido agente passivo da Aije, devendo haver um litisconsórcio passivo necessário.

2.5.1. Legitimidade passiva e a possibilidade de formação do litisconsórcio passivo

Sabemos em consonância com o art. 47 do Código de Processo Civil que haverá litisconsórcio necessário, quando, por disposição de lei ou pela natureza da relação jurídica, o juiz tiver de decidir a lide de modo uniforme para todas as partes; caso em que a eficácia da sentença dependerá da citação de todos os litisconsortes no processo.

Preconiza o parágrafo único do art. 47 do Código de Processo Civil: *O juiz ordenará ao autor que promova a citação de todos os litisconsortes necessários, dentro do prazo que assinar, sob pena de declarar extinto o processo.*

Há na doutrina e jurisprudência grande divergência sobre a necessidade de formação de litisconsórcio passivo.

O debate é de extrema importância, pois caso seja necessária a formação do litisconsórcio passivo entre o titular e o vice, e a Aije tiver sido interposta apenas contra o titular, o juiz eleitoral deverá determinar, nos termos do art. 47 do Código de Processo Civil e sob pena de extinção do processo sem resolução do mérito, que o autor complete o polo passivo da ação, promovendo a citação do vice.

Tal citação deve ser efetivada dentro do prazo de propositura da Aije, ou seja, antes de consumada a decadência.

Para os devidos fins didáticos vamos dividir o tema em três hipóteses práticas:

1ª hipótese: possibilidade de formação do litisconsórcio passivo entre o titular e o vice.

Há grande discussão sobre se é necessário ou facultativo o litisconsórcio passivo do candidato a titular nas eleições majoritárias (Prefeito, Governador, Presidente e Senador) com o candidato à vice ou com os suplentes de Senador.

O que a doutrina quer definir é se a Aije pode ser requerida apenas em face do candidato a titular ou se deverá necessariamente incluir o vice ou suplente da chapa no polo passivo.

Adriano Soares da Costa[23] defendia que:

> Diferentemente ocorre em se tratando de litisconsórcio necessário passivo formado pelos membros da chapa majoritária (Presidente da República e seu Vice; Governador de Estado e seu Vice; e Prefeito Municipal e seu Vice). Nesse caso, não há a mínima dúvida de que a relação jurídica processual angular deve ter a presença, no polo passivo, do titular e do Vice, sob pena de nulidade insanável. É que o abuso de poder econômico ou político, o uso indevido dos veículos ou meios de comunicação social, que ensejam a aplicação da sanção de inelegibilidade, traz um proveito ao candidato principal e ao seu Vice, indistintamente, já que o voto é juridicamente dado à chapa

23. Adriano Soares da Costa. *Instituições de Direito Eleitoral*. 4. ed. Belo Horizonte: Del Rey, 2000, p. 330-331.

> una e indivisível, e não a um dos candidatos independentemente. Aqui, a relação jurídica entre ambos, membros da chapa, é inconsútil, sendo impossível apartar o proveito ilícito obtido, como se houvesse possibilidade de o benefício impróprio não ser útil aos dois a um só tempo. A Aije terá por finalidade alcançar a inelegibilidade de quem se houve beneficiado com o ato ilícito praticado, de modo que se faz obrigatória a presença do candidato a Vice na relação processual.

Posteriormente o renomado professor mudou de posição e respondendo a um quesito formulado em um parecer, disse:[24]

> 1. Não. Na Aije o litisconsórcio é facultativo unitário, não havendo nulidade processual na ausência do então candidato a vice-prefeito, ainda mais que não haverá para ele, e muito menos para o candidato ao cargo de prefeito municipal, qualquer prejuízo com a ausência do vice no polo passivo da relação processual.

Confusa e insegura é a posição da doutrina e também no TSE, o tema é muito controvertido.

O TSE já tinha consolidado o entendimento de que a Lei Complementar nº 64/1990 não exige a formação de litisconsórcio passivo entre o representado e aqueles que tenham contribuído na realização do ato abusivo.[25]

No mesmo sentido:

> "O entendimento deste Tribunal já se consolidou no sentido da não caracterização de litisconsórcio necessário entre o prefeito e o vice, o que torna dispensável a citação deste, por se tratar de situação jurídica subordinada àquela do titular do cargo (Acs. nºs 19.668, de 11/12/2003; Rel. Min. Fernando Neves; e 21.148, de 20/06/2003, Rel. Min. Peçanha Martins). Agravo regimental improvido." (TSE, ERespe nº 20.950, Ac. nº 20.950, de 10/02/2004, Rel. Min. Carlos Velloso)

No mesmo sentido são os julgados:

Recurso Ordinário nº 722, TSE/PR, Curitiba, Rel. Min. Francisco Peçanha Martins, j. 15/06/2004, unânime, *DJ* 20/08/2004; Recurso Ordinário nº 782, TSE/SP, São Paulo, Rel. Min. Fernando Neves da Silva, j. 08/06/2004, maioria, *DJ* 03/09/2004; TSE, RO nº 722, Ac. nº 722, de 15/06/2004, Rel. Min. Peçanha Martins, TSE, RO nº 782, Ac. nº 782, de 08/06/2004, Rel. Min. Fernando Neves; TSE, REspe nº 21.148, Ac. nº 21.148, de 10/06/2003, Rel. Min. Peçanha Martins.

Em realidade, haverá litisconsórcio necessário quando, por disposição de lei ou pela natureza da relação jurídica, o juiz tiver de decidir a lide de modo uniforme para

24. Publicado no *site*: <www.jusnavejandi.com.br>.
25. No mesmo sentido: Representação nº 1.098, TSE/DF, Rel. Francisco Cesar Asfor Rocha, j. 20/03/2007, unânime, *DJ* de 20/04/2007.

todas as partes, assim como a chapa é uma e indivisível, conduz necessariamente à citação dos que possam ser alcançados pelo pronunciamento judicial, havendo, pois, a necessidade de formação do litisconsórcio necessário, já que é indispensável a citação do vice, em face da possibilidade de este sofrer os efeitos gravosos de eventual decisão condenatória.

É esta a atual posição dominante do **TSE,** no mesmo sentido:

> "1) Há litisconsórcio necessário entre o Chefe do Poder Executivo e seu vice nas ações cujas decisões possam acarretar a perda do mandato, devendo o vice necessariamente ser citado para integrá-las. Precedentes: AC nº 3.063/RO, Min. Arnaldo Versiani, *DJE* de 08/12/2008; REspe nº 25.478/RO, Min. Carlos Ayres Britto, *DJ* de 03/06/2008.
>
> 2) A eficácia da sentença prevista no art. 47 do Código de Processo Civil é de ordem pública, motivo pelo qual faz-se mister a presença, antes do julgamento, de todas as partes em relação às quais o juiz decidirá a lide de modo uniforme. Precedente: ED-RO nº 1.497/PB, Rel. Min. Eros Grau, *DJE* de 24/03/2009.
>
> 3) No caso dos autos, o vice-prefeito não foi citado para integrar a lide, tendo ingressado na relação processual apenas com a interposição de recurso especial eleitoral, quando já cassado o diploma dos recorrentes. Ademais, da moldura fática do v. acórdão regional, extrai-se que a captação ilícita de sufrágio teria sido praticada diretamente pelo vice-prefeito que, frise-se, não foi citado para integrar a lide.
>
> 4) Recursos especiais eleitorais providos." (REspe 35.292).
> "Recurso Especial Eleitoral. Ação de Investigação Judicial Eleitoral. Oitiva de Testemunhas. Cerceamento de Defesa. Recursos Providos. O Tribunal Superior Eleitoral entende que há formação de litisconsórcio necessário unitário entre o Chefe do Executivo e o seu Vice. Razão pela qual este tem o direito de arrolar testemunhas, independentemente das oferecidas por aquele." (TSE – REspe nº 25.478, Ac., Rel. Min. Carlos Augusto Ayres de Freitas Britto, *DJ* 03/06/2008, p. 25)

2ª hipótese: possibilidade de formação do litisconsórcio passivo entre o titular e o cidadão que não é candidato, mas praticou o ilícito visando o benefício deste.

Neste caso, não há controvérsia, haverá necessidade da formação do litisconsórcio passivo necessário.

3ª hipótese: possibilidade de formação do litisconsórcio passivo entre o candidato e partido político ao qual o mesmo é filiado.

Não há litisconsórcio passivo necessário porque não há homogeneidade entre o destino do candidato e do partido político, uma vez que a Aije causa como efeito a declaração de inelegibilidade e, dependendo do caso concreto, a cassação do registro, *in casu*, o partido político não será diretamente atingido, pois tem a possibilidade de substituir, no prazo legal, o candidato.

2.6. Prazo para interposição da Aije

2.6.1. Prazo inicial

Adriano Soares da Costa[26] defende que Aije só pode ser interposta após o registro da candidatura, *embora possa envolver fatos ocorridos anteriormente.*

Minha posição: *data maxima venia* ao argumento do ilustre advogado, mas entendo que tal posição gera, no contexto prático, a consolidação de várias injustiças, imagine uma eleição em que o prefeito no mês de janeiro comece explicitamente o abuso de poder econômico. Pergunta-se: qual a razoabilidade lógica em ter de esperar o dia 5 de julho do mesmo ano para entrar com a Aije? Defender tal posição é negar à Justiça Eleitoral o poder de fazer cessar imediatamente o ato de abuso lesivo à plena normalidade das eleições, destarte, a democracia.

No mesmo sentido:

> "A Justiça Eleitoral é competente para processar e julgar Ação de Investigação Judicial Eleitoral com base em fatos ocorridos fora do período eleitoral, sendo a Aije via correta para apurar abuso de autoridade. (Processo nº 4.271 (3.284), TRE/PB, Caraúbas, Rel. Juiz José Guedes Cavalcanti Neto, j. 03/03/2005, unânime, *DJ* 01/04/2005)

Edson de Resende[27] também critica a posição de **Adriano Soares** afirmando:

> A solução do eleitoralista alagoano peca por negar à Justiça Eleitoral, pela via da investigação, a possibilidade de fazer cessar imediatamente a conduta abusiva tão logo verificada, providência das mais importantes, principalmente quando se leva em conta que o principal objeto dessa ação é a preservação da normalidade e legitimidade das eleições. Então, não faz qualquer sentido colocar a Justiça Eleitoral como mera espectadora do abuso de poder, que pode se alastrar por meses, para tomar providências apenas após o registro da candidatura.

Portanto, entendo que deve haver um marco inicial da origem dos fatos, qual seja, devem ser analisados os fatos originados "a partir da data em que o representado se porta como se candidato fosse" (*teoria da mera conduta*).

Informo que há entendimento jurisprudencial fixando como prazo inicial a data da desincompatibilização.

No mesmo sentido:

> Embora não tenha o legislador pátrio fixado o momento adequado para o ajuizamento da ação de investigação judicial eleitoral, a jurisprudência, inclusive pacífica desta Corte, ***firmou o entendimento de que somente os fatos ocorridos a partir da***

26. Op. cit.
27. Edson de Resende Castro. *Teoria e prática do Direito Eleitoral.* 2. ed. Belo Horizonte: Mandamentos, 2005, p. 310.

> *data da desincompatibilização é que são passíveis de ser analisados por meio desta espécie de demanda."* (TRE/RN, Aije nº 013, (013), Rel. Juiz Rafael Godeiro, *DJRN* 05/09/2003, p. 25)

De qualquer forma, o TSE admite que a ação de investigação judicial eleitoral, fundada no art. 22 da LC nº 64/1990, que tenha como objeto abuso ocorrido antes da escolha e registro do candidato.

No mesmo sentido:

> "(...) A ação de investigação judicial eleitoral constitui instrumento idôneo à apuração de atos abusivos, ainda que anteriores ao registro de candidatura. (...)". (TSE – RO nº 1362, de 12/02/2009, Ac., Rel. Min. José Gerardo Grossi, *DJE*, tomo 66/2009, 06/04/2009, p. 45)

2.6.2. O prazo final

E o prazo final? Aqui há um pequeno problema, porque a lei não fixou um prazo final para interposição da **Aije**.

Joel J. Cândido defende que a **Aije** *"só pode ser ajuizada até o dia da eleição"*.

POSIÇÃO DIVERGENTE

Minha posição: *data maxima venia* ao argumento do ilustre autor, mas entendo que tal posição também gera, no contexto prático, a consolidação de injustiças; imagine se o abuso do poder econômico é realizado no dia da eleição e só é descoberto no dia seguinte, não seria justo impedir o acesso à Justiça Eleitoral deixando uma ilegalidade impune.

Alguns argumentam que tal impunidade não existe porque pode haver a interposição de uma Aime (Ação de Impugnação de Mandato Eletivo) com o prazo de 15 dias depois da diplomação, mas pergunto: e se o candidato não for eleito? Resposta: não haverá diplomação, portanto, não será possível a ação; mas se o candidato vencedor não tem interesse, o Ministério Público Eleitoral tem, pois o combate à corrupção eleitoral é matéria de ordem pública. O prazo final, *in casu*, será a data da **diplomação dos candidatos eleitos.**

No mesmo sentido é a posição do TSE:

> "Ação de investigação judicial. Prazo para a propositura. Ação proposta após a diplomação do candidato eleito. Decadência consumada. Extinção do processo. ***A ação de investigação judicial do art. 22 da Lei Complementar nº 64/1990 pode ser ajuizada até a data da diplomação.*** Proposta a ação de investigação judicial após a diplomação dos eleitos, o processo deve ser extinto, em razão da decadência". (TSE, RP nº 628, Ac. nº 628; REsp nº 15.263; REsp nº 12.531 e Ac. nº 15.099)

2.7. Competência para julgar a Aije

A **Aije** deverá ser interposta:

a) na segunda instância, perante o Tribunal Superior Eleitoral, quando se tratar de candidato a presidente ou vice-presidente da República, através do corregedor-geral eleitoral;
b) na segunda instância, perante os Tribunais Regionais Eleitorais, quando se tratar de candidato a senador, governador e vice-governador de Estado e do Distrito Federal, deputado federal, deputado estadual e deputado distrital, através do corregedor-geral eleitoral;
c) na primeira instância, quando se tratar de candidato a prefeito, vice-prefeito e vereador, através dos juízes eleitorais.

2.8. Dos efeitos da Aije

2.8.1. Efeito da Aije quando usada para apurar uso indevido

No caso de a Aije ser usada para apurar uso indevido, desvio ou abuso do poder econômico ou do poder de autoridade, ou utilização indevida de veículos ou meios de comunicação social, em benefício de candidato ou de partido político, o efeito deverá ser averiguado em consonância com o momento em que é prolatada a sentença, portanto, pode haver, no contexto prático, quatro momentos distintos:

1º momento: Aije julgada procedente antes do dia da eleição

Se a Aije for julgada procedente antes do dia da eleição, haverá três efeitos:

a) o Tribunal ou juiz eleitoral declarará a inelegibilidade do **representado e de quantos hajam contribuído para a prática do ato**, cominando-lhes sanção de inelegibilidade para as eleições a se realizar em os 3 (três) anos subsequentes à eleição em que se verificou;
b) o Tribunal ou juiz declarará a cassação do registro do candidato diretamente beneficiado pela interferência do poder econômico e pelo desvio ou abuso do poder de autoridade;
c) o Tribunal ou juiz determinará a remessa dos autos ao Ministério Público Eleitoral, para instauração de processo disciplinar, se for o caso, e processo-crime, ordenando quaisquer outras providências que a espécie comportar.

Evidentemente, a instauração de processo disciplinar será direcionada ao funcionário público que contribuiu com a concretização do abuso.

2º momento: Aije julgada procedente depois da eleição

Segundo o art. 22, inciso XV, da LC nº 64/1990:

> *Se a representação for julgada procedente após a eleição do candidato, serão remetidas cópias de todo o processo ao Ministério Público Eleitoral, para os fins previstos no art. 14, §§ 10 e 11, da Constituição Federal, e art. 262, inciso IV, do Código Eleitoral.*

Em uma leitura mais didática, o inciso afirma que se a Aije for julgada procedente após a eleição do candidato, serão remetidas cópias de todo o processo ao Ministério Público Eleitoral, para que este:

a) interponha a Aime (*Ação de Impugnação de Mandato Eletivo Infraconstitucional*)
b) ou a Aidi (*Ação de Impugnação ao Diploma Superveniente*), ou RCD (*Recurso Contra a Diplomação*), na terminologia da doutrina clássica.

A leitura isolada do inciso supracitado leva o leitor a várias indagações:

1) E o candidato que não foi eleito ficará sem sanção?
2) E se o candidato foi eleito, aquele que contribuiu para a prática do ato também ficará sem sanção?
3) E se houver indícios de irregularidades administrativas por parte de funcionário público não haverá sanção disciplinar?
4) E se houver indícios de prática de crimes o juiz não remeterá cópias dos autos ao Ministério Público Eleitoral, para requisição de inquérito policial ou denúncia?

Para evitar tais incongruências, defendo que a interpretação dos dispositivos eleitorais deve ser conglobante, ou seja, a leitura do inciso XV deve ser feita de forma conjugada com a do inciso XIV.

Assim, quando a Aije for julgada procedente depois da eleição, devemos considerar três momentos distintos:

Momento 1: a Aije foi julgada procedente depois da eleição e o candidato foi eleito

Consequência 1: A sentença poderá aplicar desde logo a sanção de inelegibilidade, entretanto, lembre-se que a cassação do diploma não foi prevista como sanção a ser aplicada por meio da Aije, e também, como já temos um diploma, já não será possível cassar o registro, portanto, será necessária a propositura de outra ação (Aidi ou Aime) para cassar o diploma ou o mandato daquele que foi eleito, assim, o juiz ou tribunal remeterá cópias de todo o processo ao Ministério Público Eleitoral, para os fins previstos no art. 14, §§ 10 e 11, da Constituição Federal (Ação de Impugnação de Mandato Eletivo Infraconstitucional) e art. 262, inciso IV, do Código Eleitoral (Ação de Impugnação ao Diploma Superveniente).

Sugestão legislativa: esse protelamento poderia ser facilmente evitado caso o legislador tivesse previsto a sanção de cassação do diploma quando a Aije fosse julgada procedente após as eleições.

Uma informação importante deve destacada: a novel jurisprudência do TSE considera possível a cassação de registro de candidatura mesmo que a Aije seja julgada procedente após a realização do pleito, desde que tal julgamento seja proferido antes da diplomação.[28]

---

28. No mesmo sentido: REspe nº 35.923–SP, Rel. Min. Felix Fischer, 09/03/2010.

Consequência 2: Deve ser cominada sanção de inelegibilidade do representado e de quantos hajam contribuído para a prática do ato para as eleições a se realizar em os três anos subsequentes à eleição em que se verificou.

Consequência 3: o Tribunal ou juiz também deve determinar a remessa dos autos ao Ministério Público Eleitoral, para instauração de processo disciplinar, se for o caso, e processo-crime.

Momento 2: a Aije foi julgada procedente após a eleição, mas o representado não foi eleito.

Consequência 1: deve ser cominada sanção de inelegibilidade do representado e de quantos hajam contribuído para a prática do ato para as eleições a se realizar em os 3 (três) anos subsequentes à eleição em que se verificou.

Consequência 2: o Tribunal ou juiz também deve determinar a remessa dos autos ao Ministério Público Eleitoral, para instauração de processo disciplinar, se for o caso, e processo-crime.

Momento 3: a Aije foi julgada procedente depois de três anos após a eleição.

Consequência 1: o juiz eleitoral ou o Tribunal deverá extinguir o processo por perda superveniente do objeto, e o motivo é simples, a sanção seria a decretação da inelegibilidade do representado e de quantos hajam contribuído para a prática do ato para as eleições *a se realizar em os 3 (três) anos subsequentes à eleição em que se verificou,* ou seja, infelizmente, por um "lapso proposital" dos nossos legisladores (*políticos*), houve o que denomino *"prescrição da inelegibilidade"*.

No mesmo sentido o entendimento dominante do TSE:

> "O termo inicial para a aplicação da sanção de inelegibilidade, nos termos do inciso XIV do art. 22 da Lei Complementar nº 64/1990, é a data da eleição em que ocorreu o ilícito. Súmula nº 19 do TSE." (TSE – Agravo Regimental em REspe nº 25.476 – Ac. – Rel. Min. Eros Roberto Grau, 10/03/2009, *DJE* 24/04/2009, p. 30)

Infelizmente, um candidato a prefeito que cometeu todo tipo de abuso, tendo tido considerado inelegível em sede de Aije, poderá concorrer novamente às próximas eleições, pois a inelegibilidade é de apenas 3 (três) anos contados da data da eleição em que praticado o ato ilícito.

Sugestão legislativa: a imoralidade supracitada poderia ser facilmente elidida com uma alteração legislativa no sentido de tornar o termo inicial para a aplicação da sanção de inelegibilidade à data do trânsito em julgado da Aije.

Consequência 2: o Tribunal ou juiz também deve determinar a remessa dos autos ao Ministério Público Eleitoral, para instauração de processo disciplinar, se for o caso, e processo-crime.

RESUMO DIDÁTICO

Se não houver a chamada "prescrição da inelegibilidade", haverá, independentemente do momento, um efeito constante em toda Ação de Investigação Judicial Eleitoral julgada procedente, qual seja, a decretação de inelegibilidade do representado e de quantos hajam contribuído para a prática do ato para as eleições a se realizar em os três anos subsequentes à eleição em que se verificou.

No mesmo sentido o entendimento dominante do **TSE:**

> "Investigação judicial eleitoral: sua procedência leva sempre à declaração de inelegibilidade, seja a decisão anterior ou posterior à eleição (LC nº 64/1990, arts. 1º, I, *d*, e 22, XIV e XV: inteligência)". (TSE, REspe nº 19.832, Ac. nº 19.832 e TSE, AREspe nº 19.701, p. 106)

2.9. Dos efeitos dos recursos interpostos da sentença que julga a Aije

2.9.1. Efeito do recurso que julga a Aije quando esta é usada para apurar uso indevido, desvio ou abuso do poder econômico ou do poder de autoridade, ou utilização indevida de veículos ou meios de comunicação social, em benefício de candidato ou de partido político

O efeito será o suspensivo, em conformidade com o art. 15 da Lei Complementar nº 64/1990, *in verbis: "Transitada em julgado a decisão que declarar a inelegibilidade do candidato, ser-lhe-á negado registro, ou cancelado, se já tiver sido feito, ou declarado nulo o diploma, se já expedido".*

2.9.2. Efeito do recurso que julga a Aije quando esta é usada para o combate a captação ilícita de votos

Vide item da Arcisu.

2.9.3. Efeito do recurso que julga a Aije quando esta é usada para o combate das condutas vedadas aos agentes públicos

Vide item da Arconve.

2.9.4. O significado do termo "após as eleições" do inciso XV do art. 22 da LC nº 64/1990

Nos termos da jurisprudência mais recente do Tribunal Superior Eleitoral, a cassação do registro é possível quando o julgamento de procedência da ação de investigação judicial eleitoral ocorre até a data da diplomação, e não apenas até a proclamação dos eleitos, como antes se entendia.

No mesmo sentido o entendimento dominante do **TSE:**

"O todo articulado da Constituição Federal abona a conclusão de que, nos termos do inciso XIV do art. 22 da Lei Complementar nº 64/1990, é possível, em sede de ação de investigação judicial eleitoral, a imposição da pena de cassação de registro e de inelegibilidade, **mesmo após o dia da votação, mas antes da diplomação do candidato eleito**. Interpretação constitucional que visa a excluir um vácuo jurisdicional (do dia da votação até a diplomação dos eleitos) durante o qual não existiria qualquer provimento jurisdicional efetivo, capaz de gerar a cassação de registro, hábil a afastar do processo eleitoral e a impedir que venha a ser diplomado o candidato que abusou do seu poder econômico ou político". (TSE – RO nº 1.362, Ac. – PR, Rel. Min. José Gerardo Grossi, j. 12/02/2009, *DJE*, tomo 66/2009, 06/04/2009, p. 45)

2.9.5. Análise da necessidade do trânsito em julgado da Aije para que sejam remitidas cópias do processo ao Ministério Público Eleitoral

Veremos no estudo da Ação de Impugnação de Mandato Eletivo Infraconstitucional que não é imprescindível o trânsito em julgado da Aije, basta apenas que a prolação da sentença ou do acórdão tenha ocorrido após as eleições, portanto, é efeito automático da sentença em sede de Aije a determinação da remessa de cópias dos autos para os fins do inciso **XV do art. 22 da LC nº 64/1990**.

2.10. O procedimento da Aije

Qualquer partido político, coligação, candidato ou o Ministério Público Eleitoral poderá representar à Justiça Eleitoral, diretamente ao corregedor-geral ou regional, relatando fatos e indicando provas, indícios e circunstâncias e pedir abertura de investigação judicial para apurar uso indevido, desvio ou abuso do poder econômico ou do poder de autoridade, ou utilização indevida de veículos ou meios de comunicação social, em benefício de candidato ou de partido político, obedecido o seguinte rito:

1) Interposição da Aije através dos legitimados

Em exegese ao art. 22, da Lei Complementar nº 64/1990, a Ação de Investigação Judicial Eleitoral há de ser instruída com a demonstração de fortes indícios e meios de provas capazes de se comprovar o alegado, mas para a propositura de ação de investigação judicial eleitoral não se impõe a apresentação, desde logo, de provas cabais do alegado, segundo o TSE, basta a demonstração de fortes indícios e meios de provas aptos a comprovarem o alegado.[29]

2) Petição inicial

A petição inicial deve preencher os requisitos previstos nos arts. 282 e 284 do Código de Processo Civil.

29. No mesmo sentido: TSE, AG nº 4.203, Ac. nº 4.203, Rel. Min. Peçanha Martins, 12/6/2003.

Não há valor da causa nos feitos eleitorais.

A apresentação do rol de testemunhas, no número máximo de 6 (seis), deve ocorrer no momento da inicial ajuizada pelo representante e da defesa protocolada pelo representado.

Deve ser realizada uma narrativa com a indicação da justa causa, é dizer, o lastro probatório mínimo que indica desequilíbrio na disputa eleitoral.

É imprescindível que a representação seja assinada por advogado regularmente inscrito na Ordem dos Advogados do Brasil – OAB, sob pena de ser extinto o feito sem julgamento do mérito, por violação do art. 133 da Constituição Federal.[30]

3) Atividades do corregedor, que terá as mesmas atribuições do relator em processos judiciais, ou do juiz, ao despachar a inicial

a) O juiz eleitoral ou corregedor recebe a petição inicial e ordenará que seja realizada a citação do representado,[31] entregando-se-lhe a segunda via apresentada pelo representante com as cópias dos documentos, a fim de que, no prazo de cinco dias, ofereça ampla defesa, juntada de documentos e rol de testemunhas, se cabível.

b) Poderá também, *in limine*, estando demonstrada a existência dos requisitos do *fumus boni iuris* e do *periculum in mora*, determinar que se suspenda o ato que deu motivo à representação, quando for relevante o fundamento e do ato impugnado puder resultar a ineficiência da medida, caso seja julgada procedente.

c) Indeferirá desde logo a inicial, quando não for caso de Aije ou lhe faltar algum requisito da LC nº 64/1990 ou do art. 295 do Código de Processo Civil.

d) Se existir algum vício sanável, o juiz notificará o autor para que a emende, sob pena de extinguir o processo sem resolução do mérito.

4) No caso de o corregedor indeferir a reclamação ou representação, ou retardar-lhe a solução, poderá o interessado renová-la perante o Tribunal, que resolverá dentro de 24 horas

Posicionamento majoritário do TSE:

> "Não se incide o inciso II do art. 22 da LC nº 64/1990 quando se tratarem de eleições municipais, em que a competência originária para processar e julgar a investigação judicial é do juiz eleitoral. Para não suprimir instância, a decisão que indefere a inicial expõe-se ao reexame, em recurso, pela Corte Regional Eleitoral. A parte prejudicada pela inércia do julgador, em tais circunstâncias, pode invocar o inciso III do citado art. 22 perante o Tribunal competente para exame das questões pertinentes aos pleitos municipais. Precedentes" (TSE, Pet nº 1.588; Ac. nº 22.022).

30. No mesmo sentido: Embargos de Declaração em REspe nº 20.976, Ac., p. 208.

31. A lei diz "notificação".

5) O interessado, quando não for atendido ou ocorrer demora, poderá levar o fato ao conhecimento do Tribunal Superior Eleitoral, a fim de que sejam tomadas as providências necessárias.

6) Feita a notificação, a Secretaria do Tribunal juntará aos autos cópia autêntica do ofício endereçado ao representado, bem como a prova da entrega ou da sua recusa em aceitá-lo ou dar recibo.

7) Findo o prazo da notificação, com ou sem defesa, abrir-se-á prazo de cinco dias para inquirição, em uma só assentada, de testemunhas arroladas pelo representante e pelo representado, até o máximo de seis para cada um, as quais comparecerão independentemente de intimação.

Análise da possibilidade de julgamento antecipado da lide

Posicionamento majoritário do TSE I: "Impossibilidade de julgamento antecipado da lide na representação por abuso de poder ou captação ilícita de sufrágio" (TSE; AC nº 6.241/2005).

Análise da possibilidade de decretação de revelia e confissão

Sendo necessária, para procedência da Aije, prova inconcussa dos fatos tidos como violadores do texto legal, não é cabível a decretação de revelia ou confissão tácita.

Posicionamento majoritário do TSE:

> "1. Na ação investigatória judicial, instaurada para os fins do art. 22 da Lei Complementar nº 64/1990, **descabe a decretação de revelia e confissão**, por depender a procedência da representação de prova inconcussa dos fatos tidos como violadores do texto legal, sendo o procedimento probatório inteiramente independente da formalização tempestiva e adequada da defesa dos representados. 2. A configuração do abuso do poder econômico exige prova inconcussa. Precedentes. Recurso ordinário desprovido" (TSE, RO nº 382; Ac. nº 382).

7) Nos três dias subsequentes, o corregedor ou juiz eleitoral procederá a todas as diligências que determinar, *ex oficio* ou a requerimento das partes.

8) No prazo da alínea anterior, o corregedor poderá ouvir terceiros, referidos pelas partes, ou testemunhas, como conhecedores dos fatos e circunstâncias que possam influir na decisão do feito.

9) Quando qualquer documento necessário à formação da prova se achar em poder de terceiro, inclusive estabelecimento de crédito, oficial ou privado, o corregedor poderá, ainda, no mesmo prazo, ordenar o respectivo depósito ou requisitar cópias.

10) Se o terceiro, sem justa causa, não exibir o documento, ou não comparecer a Juízo, o juiz poderá expedir contra ele mandado de prisão e instaurar processo por crime de desobediência.

11) Encerrado o prazo da dilação probatória, as partes, inclusive o Ministério Público, poderão apresentar alegações no prazo comum de dois dias.

• Em ação de investigação judicial eleitoral, o Ministério Público eleitoral é competente para atuar em todas as fases e instâncias do processo eleitoral, inclusive em sede recursal.[32]

12) Terminado o prazo para alegações, os autos serão conclusos ao corregedor, no dia imediato, para apresentação de relatório conclusivo sobre o que houver sido apurado.

13) O relatório do corregedor, que será assentado em três dias, e os autos da representação serão encaminhados ao Tribunal competente, no dia imediato, com pedido de inclusão *incontinenti* do feito em pauta, para julgamento na primeira sessão subsequente.

Posicionamento majoritário do TSE: impossibilidade de o corregedor julgar monocraticamente a representação, não se aplicando à hipótese os §§ 6º e 7º do art. 36 do RITSE (TSE, AC nº 404/2002).

Posicionamento majoritário do TSE: impossibilidade de o juiz auxiliar julgar monocraticamente a representação fundada no art. 41-A da Lei nº 9.504/1997 nas eleições estaduais e federais, em razão da adoção do procedimento do art. 22 da LC nº 64/1990 (TSE, AC nº 4.029/2003).

14) No Tribunal, o procurador-geral ou regional eleitoral terá vista dos autos por quarenta e oito horas, para se pronunciar sobre as imputações e conclusões do relatório.

2.11. Aplicação do princípio da potencialidade lesiva

Na Aije será necessário apurar se a conduta irregular foi suficiente para desequilibrar a igualdade de condições dos candidatos à disputa do pleito, ou seja, se foi decisiva para influenciar o resultado geral da eleição.

Para que a Aije seja julgada procedente não é suficiente a prova da ocorrência do alegado, será imperiosamente salutar provar a potencialidade lesiva, é dizer, se a conduta ilícita teve potencialidade de influenciar na lisura e resultado do pleito.

Émerson Garcia[33] leciona que:

> Para que seja identificada a potencialidade do ato, é despicienda a apresentação de cálculos aritméticos que venham a refletir uma diferença quantitativa de votos em favor de quem o praticou ou mesmo a demonstração de relação de causa e efeito entre o ato e o resultado do pleito. Pelo contrário, bastará que o ato, analisado em si e sob a ótica da conjuntura em que foi praticado, denote ser potencialmente daninho à legitimidade do pleito, sendo apto a comprometer a igualdade entre os candidatos e

32.. TSE, RO nº 781, Ac. nº 781, Rel. Min. Peçanha Martins, 19/08/2004.
33. Ob. cit., p. 20.

influir sobre a vontade popular. O nexo de causalidade, consubstanciado na provável influência do ilícito no resultado eleitoral, é tão somente indiciário, não conclusivo, prova, aliás, cuja produção é de todo inviável.

2.12. Honorários advocatícios

A condenação em honorários advocatícios, em razão de sucumbência, apresenta-se incabível em feitos eleitorais.[34]

2.13. Análise da possibilidade de aplicação da *emendatio libelli* em sede de Aije

Leia no capítulo 9 "A *mutatio* e a *emendatio libelli* eleitoral" o item "Análise da possibilidade de aplicação da emendatio libelli em sede de ação civil eleitoral".

2.14. Observações didáticas importantes

a) O TSE entende que, no caso da Aije, não cabe julgamento antecipado da lide porque não se permitira a apuração dos fatos supostamente ocorridos e devemos levar em consideração o efeito suspensivo da decisão decorrente da aplicação do art. 15 da LC nº 64/1990. (*Vide* Acórdão nº 19.419/2001) No mesmo sentido:

> "A ação de investigação judicial eleitoral, com a qualidade premissa de apurar ostensivamente o uso indevido do poder econômico, o desvio ou o abuso de autoridade em benefício de candidato, não comporta o julgamento antecipado da lide, devendo a sentença ser anulada e restaurado o rito adequado" (TRE/MA, Raij nº 2.195, (3.789), p. 34).

b) Não é necessária a prova pré-constituída na Aije. Neste sentido, o TSE:

> I – No recurso contra expedição de diploma, fundado no art. 262, IV, do CE, é prescindível que a prova pré-constituída seja colhida em ação de investigação com decisão judicial. II – Já assentou esta Corte que, em se tratando de ação de investigação judicial eleitoral, recurso contra expedição de diploma e ação de impugnação de mandato eletivo, quando fundadas as ações nos mesmos fatos, a procedência ou improcedência de uma não é oponível à admissibilidade da outra a título de coisa julgada". Precedentes (TSE, REspe nº 21.229/MG, p. 132).

c) A observância da "teoria dos frutos da árvore envenenada".

> "Em face de a ação de investigação judicial eleitoral ter sido concluída após a diplomação dos eleitos, resta prejudicada a análise do pedido na parte relativa à cassação do registro das candidaturas, em consonância com o que foi decidido em primeira

34. No mesmo sentido: REspe nº 12.783, Ac., Rel. Paulo Roberto Saraiva da Costa Leite, *DJ* 18/04/1997, p. 13862.

instância. As gravações feitas de modo clandestino são consideradas provas ilícitas, inadmissíveis no processo, em observância ao entendimento doutrinário dos frutos da árvore envenenada (*fruits poisonous tree*), em que a obtenção de prova por meios ilícitos contamina a prova que lhe é derivada. Quanto ao conjunto probante legalmente trazido aos autos, evidencia-se a sua fragilidade, não tendo o condão para caracterizar o abuso do poder econômico e a captação ilegal de sufrágio. Conhecimento e improvimento do recurso, com remessa de cópias dos autos ao Ministério Público estadual para as providências cabíveis" (TRE/RN, RO nº 2.699, (2.699), p. 24).

Obs.: Leia a "teoria dos frutos da árvore envenenada", no livro I, da Coleção *Processo Penal para Concursos*, Série Provas e Concursos, da Editora Campus/Elsevier.

d) Decisões interlocutórias tomadas no curso da Aije

Tendo em vista a celeridade com que deve ser desenvolvido o procedimento da Aije, as decisões interlocutórias tomadas em sede de investigação judicial, sob o rito do art. 22 da LC nº 64/1990, são irrecorríveis isoladamente, devendo sua apreciação ser feita quando da interposição do recurso próprio, haja vista que a matéria nela decidida não se sujeita à preclusão imediata.[35]

Há decisões defendendo que o caso é de mandado de segurança:

"Tratando-se de decisão interlocutória proferida por juiz eleitoral, negando seguimento a recurso ordinário, em sede de Aije e/ou AIME, contra a qual não há previsão de recurso hábil, cabível é a impetração de Mandado de Segurança, consoante precedentes do TSE (RMS 176/RJ, REspe 20.724/PI). Não cabe ao Juiz Eleitoral de primeiro grau o juízo de admissibilidade dos recursos, a teor do art. 267, §§ 6º e 7º, do Código Eleitoral" (Mandado de Segurança nº 364).

POSIÇÃO DIVERGENTE

Já sendo pacífico o entendimento de que é cabível a interposição de recurso inominado no âmbito da seara eleitoral para o fim de combater decisões interlocutórias em sede de ação de impugnação de mandato eletivo rejeita-se a presente prefacial (Recurso em Ação de Impugnação de Mandato nº 51 (665), TRE/BA, Miguel Calmon, Rel. João Pinheiro de Souza, j. 10/08/2005, unânime, *DOE* 23/08/2005).

e) Constitui crime eleitoral a arguição de inelegibilidade, ou a impugnação de registro de candidato feito por interferência do poder econômico, desvio ou abuso do poder de autoridade, deduzida de forma temerária ou de manifesta má-fé.

f) Da decisão proferida em sede de Aije cabe recurso inominado para o TRE e depois recurso ordinário para o TSE.

35. No mesmo sentido: REspe nº 25.999, TSE/SP, Rel. José Augusto Delgado. j. 05/10/2006, unânime, *DJ* 20/10/2006.

3. ARAGI – AÇÃO DE RECLAMAÇÃO POR ARRECADAÇÃO E GASTOS ILÍCITOS

3.1. Para que serve a Aragi

A Aragi é uma poderosa ferramenta processual eleitoral para combater as irregularidades relativas à arrecadação e gastos de recursos nas campanhas eleitorais, que geralmente indicam abuso de poder econômico e pode desequilibrar o pleito eleitoral.

3.2. Previsão legal da Aragi

A Aragi é prevista no art. 30-A da Lei nº 9.504/1997, *in verbis*:

Qualquer partido político ou coligação poderá representar à Justiça Eleitoral, no prazo de 15 (quinze) dias da diplomação, relatando fatos e indicando provas, e pedir a abertura de investigação judicial para apurar condutas em desacordo com as normas desta Lei, relativas à arrecadação e gastos de recursos.

3.3. Legitimidade ativa da Aragi

Têm legitimidade para propor a Aragi:

a) partidos políticos;

b) coligações;

c) Ministério Público Eleitoral.

A legitimidade do Ministério Público Eleitoral para propor a **Aragi** não é prevista no art. 30-A da Lei nº 9.504/1997, mas como defensor constitucional do regime democrático, o Ministério Público Eleitoral tem plena legitimidade para propor a **Aragi**.

No mesmo sentido o entendimento dominante do TSE:

"O Ministério Público Eleitoral é parte legítima para propor a ação de investigação judicial com base no art. 30-A" (RO nº 1.596/MG, Rel. Min. Joaquim Barbosa, *DJ* 16/03/2009).
Vide também TSE – RO nº 1.540, Ac., Rel. Min. Félix Fisher, *DJE*, 01/06/2009, p. 25-26-27.

O candidato e o eleitor não têm legitimidade para propor a **Aragi**, pois o art. 30-A da Lei nº 9.504/1997 estabelece apenas a legitimidade para a propositura de representação ao partido político e a coligação, não se referindo, portanto, a candidato.

No mesmo sentido o entendimento dominante do TSE:

Representação. Art. 30-A da Lei nº 9.504/1997. Candidato. Ilegitimidade ativa.
O art. 30-A da Lei nº 9.504/1997 estabelece legitimidade para a propositura de representação prevista nessa disposição legal apenas a partido político e coligação, não se referindo, portanto, a candidato" (RO nº 1.498, Ac., Rel. Min. Arnaldo Versiani Leite Soares, *DJE* 03/04/2009, p. 42).

A legitimidade do Ministério Público Eleitoral é retirada da Constituição Federal, assim sendo, podemos dizer que em nível infraconstitucional a legitimidade para propor a **Aragi** é específica e restrita ao preconizado no art. 30-A da Lei nº 9.504/1997.

No mesmo sentido o entendimento dominante do TSE:

O § 1º do art. 30-A da Lei das Eleições – ao dispor que, para a apuração das condutas, será observado o procedimento do art. 22 da Lei Complementar nº 64/1990 – refere-se, tão somente, ao rito, **não afastando, portanto, a regra de legitimidade específica, expressamente estabelecida no *caput* do mencionado artigo**" (RO nº 1.498, Ac., Rel. Min. Arnaldo Versiani Leite Soares, *DJE* 03/04/2009, p. 42).

3.4. Legitimidade passiva da Aragi

A Aragi pode ser proposta em desfavor do candidato eleito ou não, uma vez que o bem jurídico tutelado pela norma é a moralidade das eleições.

Insta acentuar que o art. 2º, § 4º, da Resolução do TSE nº 23.217/2010 que os candidatos a vice e a suplentes são solidariamente responsáveis no caso de extrapolação do limite máximo de gastos fixados para os respectivos titulares.

3.5. Prazo para interposição da Aragi

O prazo para interposição da Aragi sempre foi objeto de históricas controvérsias doutrinárias e jurisprudenciais.

A Resolução nº 23.193/2010 tinha elidido todas as controvérsias quando estabeleceu, para a propositura da Aragi, o prazo de 15 (quinze) dias da diplomação e até o encerramento do mandato para o qual concorreu o candidato a quem se destinou a doação e contribuição irregular de pessoa jurídica.

Após a edição da Resolução supracitada, no julgamento do REspe nº 36.552, o **TSE** voltou a debater o tema com a adoção de três teses divergentes:

a) **Primeira tese**. O prazo para interposição da Aragi é de 15 dias a partir da diplomação (art. 30-A da Lei nº 9.504/1997). Tese defendida pelo ministro Felix Fischer.
b) **Segunda tese**. O prazo final para interposição da Aragi é o fim do mandato do candidato beneficiado com a doação. Tese defendida pelo ministro Ayres Britto e apoiada pelo ministro Arnaldo Versiani.
c) **Terceira tese**. O prazo para interposição da Aragi é de 180 dias a partir da diplomação (previsto no art. 32 da Lei nº 9.504/1997). Tese defendida pelo ministro Marcelo Ribeiro.

Embora seja partidário da segunda tese, informo que a tese vencedora foi a terceira (com adesão dos ministros Hamilton Carvalhido, Cármen Lúcia e Marco Aurélio).

3.6. Competência para julgar a Aragi

A **Aragi** deverá ser interposta:

a) na segunda instância, perante o Tribunal Superior Eleitoral, quando se tratar de candidato a presidente ou vice-presidente da República, através do corregedor-geral eleitoral;

b) na segunda instância, perante os Tribunais Regionais Eleitorais, quando se tratar de candidato a senador, governador e vice-governador de Estado e do Distrito Federal, deputado federal, deputado estadual e deputado distrital, através do corregedor-geral eleitoral;

c) na primeira instância, quando se tratar de candidato a prefeito, vice-prefeito e vereador, através dos juízes eleitorais.

3.7. O procedimento da Aragi

O procedimento é o ordinário cível eleitoral, pois o § 1º do art. 30-A é bem claro: *"Na apuração de que trata este artigo, aplicar-se-á o procedimento previsto no art. 22 da Lei Complementar nº 64, de 18 de maio de 1990, no que couber".*

Aplica-se o procedimento do art. 22 da LC nº 64/1990, *"no que couber"*. Deve-se aplicar este procedimento, com exceção das normas previstas nos incisos XIV e XV, de forma que a denegação ou a cassação do diploma devem ocorrer diretamente nesta ação com a procedência do pedido, sem necessidade de ajuizar uma nova ação (RCD ou Aime) como ocorre na Aije.[36]

3.8. As sanções

Resolução do TSE nº 23.217/2010 afirma em seu art. 2º, § 5º, que:

> *O gasto de recursos, além dos valores declarados nos termos deste artigo, sujeita o responsável ao pagamento de multa no valor de 5 a 10 vezes a quantia em excesso, a qual deverá ser recolhida no prazo de 5 dias úteis, contados da intimação da decisão judicial, podendo o responsável responder, ainda, por abuso do poder econômico, nos termos do art. 22 da Lei Complementar nº 64/1990 (Lei nº 9.504/1997, art. 18, § 2º), sem prejuízo de outras sanções.*

Já o § 2º do art. 30-A da Lei nº 9.504/1997 preconiza: *"Comprovados captação ou gastos ilícitos de recursos, para fins eleitorais, será negado diploma ao candidato, ou cassado, se já houver sido outorgado".*

No mesmo sentido o entendimento dominante do TSE:

> "Na hipótese de irregularidades relativas à arrecadação e gastos de recursos de campanha, aplica-se a sanção de negativa de outorga do diploma ou sua cassação,

36. No mesmo sentido: Elmana Viana Lucena Esmeraldo, na monografia sistematização das ações tipicamente eleitorais.

quando já houver sido outorgado, nos termos do § 2º do art. 30-A. No caso, o recorrente arrecadou recursos antes da abertura da conta bancária, em desrespeito à legislação eleitoral, no importe de sete mil e noventa e oito reais (R$ 7.098,00), para a campanha de deputado estadual no Pará. (...)" (TSE – RO nº 1.540, Ac., Rel. Min. Félix Fisher, *DJE* 01/06/2009, p. 25-26-27).

3.9. A eficácia da sentença na Aragi

Como não há sanção de inelegibilidade a sentença terá eficácia imediata, aplicando-se a regra geral do art. 257 do Código Eleitoral, *in verbis:*

> *Os recursos eleitorais não terão efeito suspensivo.*
>
> *Parágrafo único. A execução de qualquer acórdão será feita imediatamente, através de comunicação por ofício, telegrama, ou, em casos especiais, a critério do Presidente do Tribunal, através de cópia do acórdão.*

3.10. O princípio da proporcionalidade *versus* a potencialidade da conduta

O TSE não considera a potencialidade do dano em relação ao pleito eleitoral, mas aplica o princípio da proporcionalidade com fito de averiguar a repercussão que o ilícito causou na campanha eleitoral e aplicar ou não a sanção de cassação do diploma.

No mesmo sentido o entendimento dominante do TSE:

> Para incidência do art. 30-A da Lei nº 9.504/1997, necessária prova da proporcionalidade (relevância jurídica) do ilícito praticado pelo candidato. Nestes termos, a sanção de negativa de outorga do diploma ou de sua cassação (§ 2º do art. 30-A) deve ser proporcional à gravidade da conduta e à lesão perpetrada ao bem jurídico protegido.
>
> Na hipótese dos autos, conforme consignado no acórdão embargado, as irregularidades não tiveram grande repercussão no contexto da campanha, em si. Deve-se, considerar, conjuntamente, que: a) o montante não se afigura expressivo diante de uma campanha para deputado estadual em Estado tão extenso territorialmente quanto o Pará; b) não há contestação quanto à origem ou destinação dos recursos arrecadados; questiona-se, tão somente, o momento de sua arrecadação (antes da abertura de conta bancária) e, consequentemente, a forma pela qual foram contabilizados." (No mesmo sentido: o ERO – embargos de declaração em recurso ordinário – RO nº 1.540/PA, Rel. Min. Felix Fischer, Tomo 166/2009, 01/09/2009, p. 26-27).

3.11. Prazo recursal

O atual entendimento doutrinário e jurisprudencial defende o prazo de 24 horas para interpor o Recurso Inominado para o **TRE**. *Vide* ARO (*Agravo Regimental Em Recurso Ordinário*) no RO 1.500 de relatoria do Min. Ricardo Lewandowski:

"Os argumentos apresentados no agravo regimental não se alinham à jurisprudência desta Corte, que se firmou no sentido de que a adoção do procedimento do art. 22 da LC nº 64/1990 na apuração dos ilícitos previstos no art. 30-A e 41-A da Lei das Eleições não afasta a incidência do prazo recursal de 24 horas, estabelecido no § 8º do art. 96 dessa lei."

Tal entendimento deve ser totalmente revisto, pois a reforma eleitoral fixou de forma peremptória o prazo de 3 dias, veja o art. 32, § 3º da Lei nº 9.504/1997, *in verbis*:

O prazo de recurso contra decisões proferidas em representações propostas com base neste artigo será de 3 (três) dias, a contar da data da publicação do julgamento no Diário Oficial.

3.12. Efeitos do Recurso

Como a Aragi não acarreta inelegibilidade não será possível a aplicação da regra prevista no art. 15 da LC nº 64/1990, *in verbis:*

Transitada em julgado a decisão que declarar a inelegibilidade do candidato, ser-lhe-á negado registro, ou cancelado, se já tiver sido feito, ou declarado nulo o diploma, se já expedido.

In casu, concluímos que não é necessário o trânsito em julgado para que a sentença surta efeito, é dizer, o efeito será meramente devolutivo, e a decisão recorrida terá execução imediata.

No mesmo sentido o entendimento dominante do TSE:

"As decisões fundadas no art. 30-A da Lei nº 9.504/1997, por não versar inelegibilidade, devem ter execução imediata, conforme jurisprudência do TSE".[37]

Destaco que é possível a interposição de mandado de segurança eleitoral com escopo de dar efeito suspensivo e possibilitar ao candidato que teve o seu registro cassado, permanecer nos atos de campanha, por sua conta e risco, e ao que teve o diploma cassado, dar início ou continuidade ao exercício do cargo.

3.13. A Aragi *versus* o RCD (Recurso contra a diplomação)

Não é cabível a propositura de recurso contra expedição de diploma com fundamento no art. 30-A da Lei das Eleições por ausência de previsão legal, uma vez que as hipóteses de cabimento previstas no art. 262 do Código Eleitoral são *numerus clausus*.[38]

37. No mesmo sentido: AgR-AgR-AC (Agravo Regimental em Agravo Regimental em Ação Cautelar) nº 3.220/MG, Rel. Min. Enrique Ricardo Lewandowski, Tomo 166, 01/09/2009, p. 30.

38. No mesmo sentido foi a decisão do TSE no RCED nº 731 (Recurso contra Expedição de Diploma) MG, Rel. Min. Enrique Ricardo Lewandowski.

3.14. A possibilidade da alteração do limite de gastos dos candidatos

Dispõe a Resolução do TSE nº 23.217/2010 que

Art. 2º (...)

§ 6º Após registrado na Justiça Eleitoral, o limite de gastos dos candidatos só poderá ser alterado com a devida autorização do relator do respectivo processo, mediante solicitação justificada, na ocorrência de fatos supervenientes e imprevisíveis, cujo impacto sobre o financiamento da campanha eleitoral inviabilize o limite de gastos fixados previamente, nos termos do § 1º deste artigo.

§ 7º O pedido de alteração de limite de gastos a que se refere o parágrafo anterior, devidamente fundamentado, será:

I – encaminhado à Justiça Eleitoral pelo partido político a que está filiado o candidato cujo limite de gastos se pretende alterar;

II – protocolado e juntado aos autos do processo de registro de candidatura, para apreciação e julgamento pelo relator.

§ 8º Deferida a alteração, serão atualizadas as informações constantes do Sistema de Registro de Candidaturas (Cand).

§ 9º Enquanto não autorizada a alteração do limite de gastos prevista no § 6º deste artigo, deverá ser observado o limite vigente.

4. ARCONVE – AÇÃO DE RECLAMAÇÃO DAS CONDUTAS VEDADAS AOS AGENTES PÚBLICOS EM CAMPANHAS ELEITORAIS

A Lei nº 9.504/1997 instituiu várias restrições aos agentes públicos em campanhas eleitorais que têm como principal escopo evitar o abuso de autoridade, do poder político e econômico.

Em realidade, ao ser permitida a reeleição do Presidente da República, dos Governadores de Estado e dos Prefeitos, sem a necessidade da desincompatibilização, criou-se um verdadeiro antídoto com a finalidade de inibir o uso da "máquina pública" por tais agentes políticos.

O antídoto são as condutas vedadas, que têm dois grandes objetivos umbilicalmente ligados:

a) preservar a igualdade de oportunidades entre os candidatos nos pleitos eleitorais.;

b) coibir abusos do poder de administração.

4.1. As condutas vedadas aos agentes públicos em campanhas eleitorais

São proibidas aos agentes públicos, servidores ou não, as seguintes condutas tendentes a afetar a igualdade de oportunidades entre candidatos nos pleitos eleitorais:

I – Ceder ou usar, em benefício de candidato, partido político ou coligação, bens móveis ou imóveis pertencentes à Administração direta ou indireta da União, dos Estados, do Distrito Federal, dos Territórios e dos Municípios, ressalvada a realização de convenção partidária.

Obs.: A vedação do item I não se aplica ao uso, em campanha, de transporte oficial pelo Presidente da República, obedecido o disposto no art. 76 da Lei nº 9.504/1997, nem ao uso, em campanha, pelos candidatos à reeleição de presidente e vice-presidente da República, governador e vice-governador de Estado e do Distrito Federal, prefeito e vice-prefeito, de suas residências oficiais para realização de contatos, encontros e reuniões pertinentes à própria campanha, desde que não tenham caráter de ato público.

Posicionamento majoritário do TSE: a vedação não abrange bem público de uso comum. (*Vide* TSE: AC nº 24.865/2004.)

II – Usar materiais ou serviços, custeados pelos Governos ou Casas Legislativas, que excedam as prerrogativas consignadas nos regimentos e normas dos órgãos que integram.

III – Ceder servidor público ou empregado da Administração direta ou indireta federal, estadual ou municipal do Poder Executivo, ou usar de seus serviços, para comitês de campanha eleitoral de candidato, partido político ou coligação, durante o horário de expediente normal, salvo se o servidor ou empregado estiver licenciado.

IV – Fazer ou permitir uso promocional em favor de candidato, partido político ou coligação, de distribuição gratuita de bens e serviços de caráter social custeados ou subvencionados pelo Poder Público.

Posicionamento majoritário do TSE: "A Lei Eleitoral não proíbe a prestação de serviço social custeado ou subvencionado pelo poder público nos três meses que antecedem à eleição, mas sim o seu uso para fins promocionais de candidato, partido ou coligação." (*Vide* TSE: AC nº 5.283/2004.)

Posicionamento majoritário do TSE: bem de natureza cultural, posto à disposição de toda a coletividade, não se enquadra neste dispositivo. (*Vide* TSE: AC nº 24.795/2004.)

V – Nomear, contratar ou de qualquer forma admitir, demitir sem justa causa, suprimir ou readaptar vantagens ou por outros meios dificultar ou impedir o exercício funcional e, ainda, *ex officio*, remover, transferir ou exonerar servidor público, **na circunscrição do pleito**, nos três meses que o antecedem e até a posse dos eleitos, sob pena de nulidade de pleno direito, ressalvadas:

a) a nomeação ou exoneração de cargos em comissão e designação ou dispensa de funções de confiança;

b) a nomeação para cargos do Poder Judiciário, do Ministério Público, dos Tribunais ou Conselhos de Contas e dos órgãos da Presidência da República;
c) a nomeação dos aprovados em concursos públicos homologados até o início daquele prazo;
d) a nomeação ou contratação necessária à instalação ou ao funcionamento inadiável de serviços públicos essenciais, com prévia e expressa autorização do Chefe do Poder Executivo;
e) a transferência ou remoção *ex officio* de militares, policiais civis e de agentes penitenciários.
VI – Nos três meses que antecedem o pleito:
a) realizar transferência voluntária de recursos da União aos Estados e Municípios, e dos Estados aos Municípios, sob pena de nulidade de pleno direito, ressalvados os recursos destinados a cumprir obrigação formal preexistente para execução de obra ou serviço em andamento e com cronograma prefixado, e os destinados a atender situações de emergência e de calamidade pública;
b) com exceção da propaganda de produtos e serviços que tenham concorrência no mercado, autorizar publicidade institucional dos atos, programas, obras, serviços e campanhas dos órgãos públicos federais, estaduais ou municipais, ou das respectivas entidades da Administração indireta, salvo em caso de grave e urgente necessidade pública, assim reconhecida pela Justiça Eleitoral.

Posicionamento majoritário do TSE: o TSE admite a permanência de placas de obras públicas desde que não contenham expressões que possam identificar autoridades, servidores ou administrações cujos dirigentes estejam em campanha eleitoral. (*Vide* TSE: AC nº 24.722/2004.)

c) fazer pronunciamento em cadeia de rádio e televisão, fora do horário eleitoral gratuito, salvo quando, a critério da Justiça Eleitoral, tratar-se de matéria urgente, relevante e característica das funções de governo.

Obs.: As vedações do item VI, alíneas *b* e *c*, aplicam-se apenas aos agentes públicos das esferas administrativas cujos cargos estejam em disputa na eleição.

Posicionamento majoritário do TSE: a redistribuição não está proibida por este dispositivo. (*Vide* TSE: AC nº 405/2002.)

Minha posição: entendo que a redistribuição de cargos e funções é uma forma de burlar a vedação prevista no item V em estudo. No mesmo sentido é a posição do STJ. (*Vide* STJ: AC nº 27-10/2004, no MS nº 890.)

VII – Realizar, em ano de eleição, antes do prazo fixado no inciso anterior, despesas com publicidade dos órgãos públicos federais, estaduais ou municipais, ou das respectivas entidades da Administração indireta, que excedam a média dos gastos nos três últimos anos que antecedem o pleito ou do último ano imediatamente anterior à eleição.

VIII – Fazer, na circunscrição do pleito, revisão geral da remuneração dos servidores públicos que exceda a recomposição da perda de seu poder aquisitivo ao longo do ano da eleição, a partir do início do prazo estabelecido no art. 7º da Lei nº 9.504/1997 até a posse dos eleitos.

4.2. O conceito de agente público

Reputa-se agente público, para os efeitos dos itens anteriores, quem exerce, ainda que transitoriamente ou sem remuneração, por eleição, nomeação, designação, contratação ou qualquer outra forma de investidura ou vínculo, mandato, cargo, emprego ou função nos órgãos ou entidades da Administração pública direta, indireta, ou fundacional.

4.3. As consequências práticas do descumprimento das vedações

a) O descumprimento das disposições supramencionadas acarretará a suspensão imediata da conduta vedada, quando for o caso, e sujeitará os responsáveis a multa no valor de 5 mil a 100 mil Ufir; aplicam-se estas sanções aos agentes públicos responsáveis pelas condutas vedadas e aos partidos, coligações e candidatos que delas se beneficiarem.

b) Nos casos de descumprimento do disposto nos itens supracitados e no item *e* infracitado, sem prejuízo do disposto no item *a*, o candidato beneficiado, agente público ou não, ficará sujeito à cassação do registro ou do diploma.

c) As multas serão duplicadas a cada reincidência.

d) Na distribuição dos recursos do Fundo Partidário (Lei nº 9.096, de 19/09/1995) oriundos da aplicação do disposto no item *a*, deverão ser excluídos os partidos beneficiados pelos atos que originaram as multas.

e) No ano em que se realizar eleição, fica proibida a distribuição gratuita de bens, valores ou benefícios por parte da Administração Pública, exceto nos casos de calamidade pública, de estado de emergência ou de programas sociais autorizados em lei e já em execução orçamentária no exercício anterior, casos em que o Ministério Público poderá promover o acompanhamento de sua execução financeira e administrativa.

Em a resposta à Consulta nº 1.357, o TSE relativizou a vedação *ut supra*, autorizando o Banco do Brasil a fazer doação ao programa Criança Esperança, considerando a importância social do projeto e a inexistência de proveito político eleitoral.

f) podemos afirma em consonância com a reforma eleitoral (*Lei nº 12.034, de 29/09/2009*) que, nos anos eleitorais, os programas sociais de que trata o item *e* não poderão ser executados por entidade nominalmente vinculada a candidato ou por este mantida.

4.3.1. A sanção e o princípio da proporcionalidade

O juiz eleitoral na aplicação da sanção deve usar o princípio da proporcionalidade, a fim de aplicar a pena em consonância com a gravidade da conduta.

No mesmo sentido o entendimento dominante do TSE:

> "'O dispositivo do art. 73, § 5º, da Lei nº 9.504/1997, não determina que o infrator perca, automaticamente, o registro ou o diploma. Na aplicação desse dispositivo reserva-se ao magistrado o juízo de proporcionalidade. Vale dizer: se a multa cominada no § 4º é proporcional à gravidade do ilícito eleitoral, não se aplica a pena de cassação'. (Ac. nº 5.343/RJ, Rel. Min. Gomes de Barros) (...)". (TSE – Agravo Regimental em REspe nº 25.994, Ac., Rel. Min. José Gerardo Grossi, DJ 14/09/2007, p. 224)

4.3.2. As condutas vedadas e o abuso de autoridade

Configura abuso de autoridade, para os fins do disposto no art. 22 da Lei Complementar nº 64, de 18 de maio de 1990, a infringência do disposto no § 1º do art. 37 da Constituição Federal, ficando o responsável, se candidato, sujeito ao cancelamento do registro ou do diploma.

Para o TSE "*o art. 74 se aplica somente aos atos de promoção pessoal na publicidade oficial praticados em campanha eleitoral.*" (Ag. nº 2.768).

4.4. Vedação à contratação de shows artísticos pagos com recursos públicos

Nos três meses que antecederem as eleições, na realização de inaugurações é vedada a contratação de shows artísticos pagos com recursos públicos.

Nos casos de descumprimento do disposto neste item, sem prejuízo da suspensão imediata da conduta, o candidato beneficiado, agente público ou não, ficará sujeito à cassação do registro ou do diploma.

4.5. Vedação à participação em inaugurações de obras públicas

É proibido a qualquer candidato comparecer, nos 3 (três) meses que precedem o pleito, a inaugurações de obras públicas.

Observe que antes da reforma eleitoral (Lei nº 12.034/2009) a proibição de participar só era destinada aos cargos do Poder Executivo, mas o TSE já tinha fixado o entendimento de que não havia proibição legal para candidatos a cargo do Poder Legislativo. (*Vide* TSE: AC nº 4.514/2004, com a reforma tal posição ficou superada.)

A sanção pela inobservância do acima citado é cassação do registro ou do diploma do infrator, mas, segundo o posicionamento majoritário no TSE, não haverá incidência de sanção se ainda não existia pedido de registro de candidatura na época do comparecimento à inauguração da obra pública. (*Vide* TSE: AC nº 5.143/2004.)

• O STF declarou constitucional tal sanção, pois esta não implica em inelegibilidade. (*Vide* STF: ADIn nº 3.305 de 13/09/2006.)

Havia controvérsia se a proibição alcançava a presença passiva no evento, ou seja, se o candidato se portasse como mero espectador no evento, caracterizava a conduta vedada.

O TSE elidiu a controvérsia da seguinte forma:

> "'É irrelevante, para a caracterização da conduta, se o candidato compareceu como mero espectador ou se teve posição de destaque na solenidade', desde que sua presença seja notada e associada à inauguração em questão" (REspe nº 19.404).

4.6. Os concursos públicos e o período eleitoral

A investidura em cargo ou emprego público depende de aprovação prévia em concurso público de provas ou de provas e títulos, sendo o prazo de validade do concurso de dois anos, prorrogável uma vez, por igual período.

Há anualmente centenas de vagas originadas das constantes aposentadorias e aperfeiçoamento da Administração Pública, Poder Legislativo, Executivo, Judiciário e Ministério Público. É importante destacar que o concurso público no Brasil se tornou o meio mais comum e idôneo para aquisição do tão sonhado emprego estável, por isso, tenho recebido dezenas de *e-mails* de leitores que querem esclarecimentos sobre os concursos públicos e o período eleitoral.

As dúvidas são originadas porque a matéria é pouco explorada nos livros de Direito Eleitoral e também porque as condutas vedadas aos agentes públicos em período eleitoral por vários anos foram previstas em sucessivas leis diferentes e divergentes, cuja redação causava certa perplexidade em virtude da imperfeição dos seus enunciados.

As dúvidas mais frequentes dos leitores são:

1) É possível um concurso público ser realizado em pleno período eleitoral?

Resposta: sim, hoje, as condutas vedadas aos agentes públicos em campanhas eleitorais, são previstas na Lei das Eleições (*Lei nº 9.504/1997*) e em nenhum dos seus enunciados proíbe a realização de concursos em ano de eleição.

No mesmo sentido é o posicionamento majoritário do TSE: A Lei Eleitoral não proíbe a realização de concurso público. (*Vide* TSE: RES nº 21.806/2004.)

2) Quer dizer que eu posso ser nomeado ou contratado pela Administração pública em pleno período eleitoral?

Resposta: não. A lei não proíbe a realização do concurso público, mas veda, em regra, a *nomeação, contratação ou admissão do servidor público,* nos três meses que antecedem o pleito e até a posse dos eleitos.

3) Em regra? Quer dizer que existe algum caso em que eu poderei ser nomeado ou contratado pela Administração pública em pleno período eleitoral?

Resposta: sim, a lei ressalva três hipóteses:

a) a nomeação dos aprovados em concursos públicos homologados até o início do prazo de vedação (*nos três meses que antecedem o pleito*), portanto, somente será possível a nomeação de aprovados em concurso público cuja homologação ocorreu até 3 de julho de 2007. Portanto, repito, se você foi aprovado e o concurso foi homologado até o dia 3 de julho de 2007, há plena possibilidade de a nomeação ocorrer em período eleitoral;
b) a nomeação para cargos do Poder Judiciário, do Ministério Público, dos Tribunais ou Conselhos de Contas e dos órgãos da Presidência da República;
c) a nomeação ou contratação necessária à instalação ou ao funcionamento inadiável de serviços públicos essenciais, com prévia e expressa autorização do chefe do Poder Executivo.

Repito, por ser importante, nas hipóteses *b* e *c* supracitadas poderá haver concurso, nomeação, contratação ou admissão do servidor público, mesmo em período eleitoral.

4) Qual foi o motivo por que o legislador criou obstáculos à nomeação, contratação ou admissão do servidor público, nos três meses que antecedem o pleito e até a posse dos eleitos?

Resposta: são três os motivos:

a) proporcionar a igualdade de oportunidades entre candidatos nos pleitos eleitorais;
b) evitar os apadrinhamentos eleitorais, impedindo que a nomeação seja "trocada por votos";
c) impedir as perseguições por politicagem, ou seja, que a opção do eleitor não seja óbice ao seu ingresso no serviço público.

5) O âmbito da restrição

Neste ponto há divergência entre os escritores.

1ª posição: parte dos escritores defende a vedação restrita no que concerne à circunscrição do pleito. Exemplo didático:

a) se a eleição for municipal, a restrição só ocorrerá no município, ficando liberado os Estados e a União;
b) se a eleição for para presidente, deputado federal, deputado estadual, senador e governador, os Estados e União ficam com a restrição e o Município ficará liberado.

2ª posição: a outra parte dos escritores defende a vedação extensiva da maior circunscrição para menor, não podendo a vedação da menor circunscrição ser estendida para maior. É a posição que defendo. Exemplo didático:

a) se a eleição for municipal, a restrição só ocorrerá no município, ficando liberados os Estados e a União, ou seja, a vedação da menor circunscrição (*município*) não pode ser estendida para maior (*União, Estados*). Neste ponto, as duas posições são semelhantes;

b) se a eleição for para presidente, deputado federal, deputado estadual, senador e governador, todos (*União, Estados e Municípios*) ficam com a restrição, pois a vedação é extensiva do maior ente para o menor.

Entendo que a segunda posição é a que mais se adapta às razões da vedação, pois não teria lógica em uma eleição para governador o prefeito ficar liberado para fazer politicagem com os concursos públicos, nomeando adeptos e perseguindo seus adversários, mas, infelizmente, por imposição legal, a vedação só pode ocorrer "**na circunscrição do pleito**", em conformidade com o que defende a primeira posição.

6) Quais são as consequências no caso de haver, no período de proibição, nomeação, contratação ou admissão do servidor público? O concurso será anulado?

Resposta: o concurso não será anulado, pois como já relatei na primeira resposta, não existe impedimento para que o mesmo seja realizado em ano de eleição. A sanção é para o servidor e para Administração, entre elas, posso citar:

a) haverá nulidade de pleno direito da nomeação do servidor.

b) O descumprimento da vedação acarretará a suspensão imediata da conduta vedada, quando for o caso, e sujeitará os responsáveis a multa no valor de 5 a 100 mil Ufir.

c) Em cada reincidência as multas serão duplicadas.

d) Por infringência ao princípio da legalidade o ato ilegal ainda caracteriza improbidade administrativa, a que se refere o art. 11, inciso I, da Lei nº 8.429, de 02/06/1992, e sujeitam-se às disposições daquele diploma legal, em especial às cominações do art. 12, inciso III.

4.7. O reflexo na lei de improbidade

Além dos efeitos eleitorais supracitados, há ainda a responsabilidade por atos de improbidade, pois, segundo o art. 73, § 7º, da Lei nº 9.504/1997, as condutas enumeradas no *caput* caracterizam, ainda, atos de improbidade administrativa, a que se refere o art. 11, inciso I, da Lei nº 8.429, de 02/06/1992, e sujeitam-se às disposições daquele diploma legal, em especial às cominações do art. 12, inciso III.

"(...) O fato de as condutas enumeradas no *caput* do art. 73 da Lei nº 9.504/1997 caracterizarem, ainda, atos de improbidade administrativa, sujeitando os seus autores às cominações do art. 12, III, da Lei nº 8.429/1992, não afeta a competência da Justiça Eleitoral para a cassação do registro ou do diploma do candidato infrator, nos termos do § 5º daquele artigo. Inexistência de violação do inciso LIII do art. 5º da Constituição da República. (...)" (Ac. nº 3.510, de 27/03/2003, Rel. Min. Luiz Carlos Madeira).

Razão assiste a Olivar Coneglian[39] quando o mesmo indaga e responde:

> Quais são as condutas enumeradas no *caput* do art. 73? São todas as condutas previstas nos incisos I a VIII, do art. 73, pois os referidos incisos fazem parte do *caput*. Assim, todas elas se enquadram no § 7º, vale dizer, todas elas constituem atos de improbidade administrativa.

Portanto, a infringência às condutas vedadas aos agentes públicos gera ainda as seguintes consequências:

a) ressarcimento integral do dano, se houver;
b) perda da função pública;
c) suspensão dos direitos políticos de três a cinco anos;
d) pagamento de multa civil de até cem vezes o valor da remuneração percebida pelo agente;
e) e proibição de contratar com o Poder Público ou receber benefícios ou incentivos fiscais ou creditícios, direta ou indiretamente, ainda que por intermédio de pessoa jurídica da qual seja sócio majoritário, pelo prazo de três anos.

RESUMO DIDÁTICO

A incidência ao art. 73 da Lei nº 9.504/1997 acarreta duas consequências:

a) na Justiça Eleitoral, o agente ativo responderá por uma Arconve com efeitos puramente eleitorais;
b) na Justiça Comum, o agente ativo por uma ação civil pública com reflexos eleitorais.

No que concerne à competência, leia a posição do TSE:

> "A disposição do § 7º do art. 73 da Lei nº 9.504, de 1997, acrescenta novas hipóteses de improbidade administrativa, mas não permite que tal prática possa ser apurada e punida pela Justiça Eleitoral (...). Não caracteriza abuso de poder ou infringência ao art. 73, incisos I e III, da Lei nº 9.504, de 1997, o uso de transporte oficial e a preparação de viagem do presidente da República, candidato a reeleição, por servidores públicos não licenciados, quando essa atividade é inerente às funções oficiais que exercem e eles não participam de outras, de natureza eleitoral" (Ac. nº 56, de 12/08/1998; Rel. Min. Fernando Neves.)

39. Olivar Coneglian. *Propaganda eleitoral*. 8. ed. Curitiba: Juruá, 2006, p. 110.

Olivar Coneglian[40] nos fornece uma valiosa dica, a saber:

> O agente público que pratica ato descrito no art. 73 da Lei nº 9.504/1997 responde por esse ato como desequilibrador da campanha eleitoral, perante a Justiça Eleitoral, e responde concomitantemente pelo mesmo ato, perante a administração pública e a justiça comum, por ferir o art. 11, da Lei nº 8.429/1992.

4.8. Da legitimidade

4.8.1. Legitimidade ativa da Arconve

Podem propor a Arconve

a) qualquer partido político;

b) coligação;

c) candidato;

d) Ministério Público Eleitoral.

4.8.2. Legitimidade passiva da Arconve

Dependendo da conduta infringida, podem figurar no polo passivo da Arconve:

a) agentes públicos responsáveis pelas condutas vedadas;

b) os partidos políticos;

c) as coligações;

d) os candidatos a reeleição.

4.9. O prazo para interposição de uma Arconve

4.9.1. O prazo inicial e o incidente do RO/PA nº 748

No julgamento do Recurso Ordinário nº 748/PA realizado em 24 de maio de 2005, pelo Tribunal Superior Eleitoral, algo extremamente grave e estranho ocorreu; após exaustivo debate ficou estabelecido que:

> "O prazo para o ajuizamento de representação por descumprimento das normas do art. 73 da Lei das Eleições é de cinco dias, a contar do conhecimento provado ou presumido do ato repudiado pelo representante. Recurso ordinário. Representação. Intempestividade. Recurso desprovido."

Futuramente, em outra questão de ordem, os ministros até que enfim reconheceram duas coisas:

a) o estabelecimento de um nocivo prazo decadencial não era prejudicial só ao Ministério Público, mas também aos partidos políticos, candidatos e coligação;

b) o estabelecimento de um prazo a partir de um "conhecimento presumido" praticamente tornaria ineficaz a o art. 73 da Lei nº 9.504/1997.

---

40. Olivar Coneglian. *Propaganda eleitoral*. 8. ed. Curitiba: Juruá, 2006, p. 111.

Hoje, o entendimento amplamente dominante é no sentido de que, em regra, o prazo inicial da Arconve é o *"requerimento"* do registro da candidatura.

As condutas vedadas praticadas antes do *requerimento* do registro da candidatura devem ser combatidas com a Aije.

No mesmo sentido o entendimento dominante do TSE: *"A norma do parágrafo único do art. 77 da Lei nº 9.504/1997 refere-se, expressamente, a candidato, condição que só se adquire com a solicitação do registro de candidatura".* (TSE – REspe nº 24.911).

A exceção será a conduta descrita no item 4.3., alínea *e*, que tem como prazo inicial o início do ano em que se realizar as eleições.

4.9.2. O prazo final

A atual posição do TSE é no sentido de que a representação fundada no art. 73 da Lei nº 9.504/1997 **deve ser ajuizada até a data das eleições**, sob pena de não ser conhecida por falta de interesse de agir.

No mesmo sentido:

> "Este Superior Eleitoral – no julgamento do REspe nº 25.935/SC, Rel. para acórdão Min. Cezar Peluso – assentou que a representação fundada no art. 73 da Lei nº 9.504/1997 **é de ser ajuizada até a data das eleições**, sob pena de não ser conhecida por falta de interesse de agir. Se se afasta o conhecimento das representações manejadas após as eleições e que tratam de condutas vedadas – que podem desaguar em cassação do registro ou do diploma –, com maior razão não se deve conhecer das representações fundadas no § 8º do art. 39 da Lei Eleitoral, quando intentadas após as eleições, porque, aqui, a procedência do pedido acarreta – no máximo – a aplicação de multa. 2. Precedentes. 3. Agravo regimental a que se nega provimento". (Agravo Regimental em Representação nº 1.356, TSE/MG, Rel. Carlos Augusto Ayres de Freitas Britto, j. 01/03/2007, unânime, DJ 22/03/2007)

Observação muito importante: a posição do **TSE**, fixada nas eleições de 2008, terá de ser alterada, pois a reforma eleitoral (*Lei nº 12.034/2009*) acrescentou o § 12 ao art. 73 da Lei nº 9.504/1997 e dirimiu qualquer dúvida ao afirmar que a Arconve ***poderá ser ajuizada até a data da diplomação.***

4.9.2.1. Teoria do armazenamento tático de indícios

Para evitar que o candidato opositor armazene os indícios da irregularidade para serem usados futuramente e baseado na sua livre conveniência, o TSE criou a teoria do armazenamento tático de indício, assim, passada a da data *da diplomação*, caso o candidato seja derrotado, não poderá no outro dia interpor a Arconve.

No mesmo sentido o TSE:

> "Já no que diz respeito às condutas vedadas (art. 73 da Lei nº 9.504/1997), para se evitar o denominado 'armazenamento tático de indícios', estabeleceu-se que o

interesse de agir persiste até a data das eleições, contando-se o prazo de ajuizamento da ciência inequívoca da prática da conduta." (QO no RO 748/PA, REspe 25.935/SC).

Observação: na frase *"data das eleições"* leia-se data da diplomação.

4.10. Análise da possibilidade de exigência de prova pré-constituída

Não é necessária a prova pré-constituída em sede de Arconve.

4.11. Análise da possibilidade de exigência de potencialidade do dano

Entendo que não é exigida a potencialidade do dano, pois as condutas vedadas protegem o eleitor e não as eleições. Na realidade, as condutas vedadas têm como principal escopo proteger a igualdade de oportunidades entre candidatos nos pleitos eleitorais. Portanto, por previsão *ex vi legis*, todas as condutas previstas no *art. 73 da Lei nº 9.504/1997* afetam o mesmo objeto jurídico. O que devemos analisar não é a potencialidade lesiva e sim se é possível usar o princípio da razoabilidade para aplicar a sanção da seguinte forma:

a) afetação mínima ao bem jurídico = aplicação de multa.

b) Afetação máxima = aplicação de multa + cassação do registro ou do diploma.

No mesmo sentido o entendimento dominante do TSE:

"A jurisprudência do TSE considera que a configuração da prática de conduta vedada independe de sua potencialidade lesiva para influenciar o resultado do pleito, bastando a mera ocorrência dos atos proibidos para atrair as sanções da lei. Precedentes: REspe nº 21.151/PR, Rel. Min. Fernando Neves, DJ de 27/06/2003; REspe nº 24.739/SP, Rel. Min. Peçanha Martins, DJ de 28/10/2004; REspe nº 21.536/ES, Rel. Min. Fernando Neves, DJ de 13/08/2004; REspe nº 26.908, desta relatoria, DJ de 12/02/2007. (...) (TSE – REspe nº 27.737, Ac., Rel. Min. José Augusto Delgado, 01/02/2008, p. 37).

4.12. Análise da necessidade da realização de novas eleições

Leia no capítulo das nulidades a consequência da nulidade dos votos.

4.13. Análise da possibilidade de o prefeito reeleito e cassado por conduta vedada poder concorrer ao cargo na eleição subsequente

Foi formulada ao TSE uma interessante consulta (a de nº 1.431): *O Prefeito eleito em 2000, reeleito em 2004, que tem o seu registro cassado por força do art. 73, § 5º, da Lei nº 9.504/1997, mas, diplomado e empossado por força de decisão liminar, exerce a função precariamente por apenas um ano neste mandato, pode candidatar-se ao cargo de Prefeito no ano de 2008?*

A resposta foi no sentido de que prefeito reeleito e cassado por conduta vedada não pode concorrer ao cargo na eleição subsequente, nos termos do voto do ministro Marcelo Ribeiro, relator da matéria.

4.14. Quando as condutas vedadas podem causar inelegibilidade

É pacífica a jurisprudência no sentido de que as sanções de cassação de registro de candidatura ou de diploma previstas em diversos dispositivos da Lei nº 9.504/1997 (arts. 41-A, 73, 74 e 77) não implicam inelegibilidade.

No mesmo sentido:

> "(...) Violação aos arts. 14, § 9º, da Constituição Federal, 15 e 22 da Lei Complementar nº 64/1990. Inconstitucionalidade do § 5º do art. 73 da Lei nº 9.504/1997. (...) **O § 5º do art. 73 da Lei nº 9.504/1997 não contém hipótese de inelegibilidade. Inconstitucionalidade não configurada.** Precedentes. Art. 15 da Lei Complementar nº 64/1990 (...)" (Ac. nº 25.117, Rel. Min. Luiz Carlos Madeira, 28/04/2005).

Porém, entendo que, em regra, as condutas vedadas aos agentes públicos, por serem previstas em lei ordinária, não podem causar inelegibilidades, **exceto se a conduta se constitui em um abuso do poder de autoridade.**

No mesmo sentido é a posição do TSE:

> "(...) Representação eleitoral. (...) As condutas vedadas (Lei das Eleições, art. 73) constituem-se em espécie do gênero abuso de autoridade. Afastado este, considerados os mesmos fatos, resultam afastadas aquelas. O fato considerado como conduta vedada (Lei das Eleições, art. 73) pode ser apreciado como abuso do poder de autoridade para gerar a inelegibilidade do art. 22 da Lei Complementar nº 64/1990. O abuso do poder de autoridade é condenável por afetar a legitimidade e normalidade dos pleitos e, também, por violar o princípio da isonomia entre os concorrentes, amplamente assegurado na Constituição da República. (...)" (Ac. nº 718, de 24/05/2005; Rel. Min. Luiz Carlos Madeira).
>
> "(...) As condutas vedadas no art. 73 da Lei nº 9.504/1997 podem vir a caracterizar, ainda, o abuso do poder político, a ser apurado na forma do art. 22 da Lei Complementar nº 64/1990, devendo ser levadas em conta as circunstâncias, como o número de vezes e o modo em que praticadas e a quantidade de eleitores atingidos, para se verificar se os fatos têm potencialidade para repercutir no resultado da eleição. O uso da máquina administrativa, não em benefício da população, mas em prol de determinada candidatura, reveste-se de patente ilegalidade, caracterizando abuso do poder político, na medida em que compromete a legitimidade e normalidade da eleição (...)" (Ac. nº 21.167, Rel. Min. Fernando Neves, 21/08/2003).

4.15. O efeito da decisão em sede de Arconve

O recurso da decisão em sede **Arconve** não tem efeito suspensivo, devendo, portanto, a sentença ou acórdão serem executados de forma imediata.

No mesmo sentido é a posição do TSE:

> "Representação. Candidato a prefeito. Art. 73, IV, da Lei nº 9.504/1997. Programa habitacional. Doação de lotes. (...) Em relação à condenação fundada no art. 73, IV, da Lei nº 9.504/1997 aplica-se a regra do art. 257 do Código Eleitoral, que estabelece que "os recursos eleitorais não terão efeito suspensivo", resultando, portanto, a imediata execução da decisão. (...)" (Ac. nº 5.817, Ac. nº 1.649, Ac. nº 24.862, e também Ac. nº 21.316).

Evidentemente, demonstrado o *fumus boni iuris e periculum in mora*, pode ser concedido liminar em sede de Mandado de Segurança com fito de conceder o efeito suspensivo ao recurso interposto, possibilitando, ao candidato, permanecer nos atos de campanha, por sua conta e risco.

A reforma eleitoral (*Lei nº 12.034/2009*) acrescentou o § 13 ao art. 73 da Lei nº 9.504/1997, passando a dispor que: *"O prazo de recurso contra decisões proferidas com base neste artigo será de 3 (três) dias, a contar da data da publicação do julgamento no Diário Oficial."*

4.16. Competência para julgar a Arconve

A arconve deverá ser interposta:

a) na segunda instância, perante o Tribunal Superior Eleitoral, quando se tratar de candidato a presidente ou vice-presidente da República, através do corregedor-geral eleitoral;

b) na segunda instância, perante os Tribunais Regionais Eleitorais, quando se tratar de candidato a senador, governador e vice-governador de Estado e do Distrito Federal, deputado federal, deputado estadual e deputado distrital, através do corregedor-geral eleitoral;

c) na primeira instância, quando se tratar de candidato a prefeito, vice-prefeito e vereador, através dos juízes eleitorais.

4.17. O procedimento da Arconve

Marcos Ramayana[41] defende que as condutas vedadas aos agentes públicos, quando não sejam capazes de, por si só, desequilibrar as eleições, por não serem potencialmente lesivas, seguem o rito das representações para aplicação de multa. Ao contrário, sendo as condutas vedadas (arts. 73 a 78 da Lei nº 9.504/1997) abusivas do poder, a ponto de atingir o equilíbrio nas eleições, o autor deve promover a ação de investigação judicial eleitoral ou a ação de captação ilícita de sufrágio (art. 22 da LC nº 64/1990 e art. 41-A da Lei nº 9.504/1997), neste último caso, quando houver compra de votos.

41. Marcos Ramayana. *Direito Eleitoral*. 4. ed. Rio de Janeiro: Impetus, 2005, p. 276.

Em realidade, a opinião supracitada era a dominante antes da reforma eleitoral, hoje, com o advento da Lei nº 12.034/2009, houve o acréscimo do § 11 ao art. 73 da Lei nº 9.504/1997, portanto, em todos os casos de condutas vedadas previstas no art. 73 da Lei nº 9.504/1997, aplica-se o rito ordinário que estudamos por ocasião da Aije.

5. ARDICOFI – AÇÃO DE RECLAMAÇÃO ÀS DOAÇÕES IRREGULARES AOS COMITÊS FINANCEIROS

5.1. Para que serve a Ardicofi

A Ardicofi deve ser usada para combater as doações e contribuições irregulares, feitas aos comitês financeiros dos partidos ou coligações, pelas pessoas jurídicas para campanhas eleitorais.

5.2. Previsão legal da Ardicofi

A Ardicofi é prevista no art. 81 da Lei nº 9.504/1997, *in verbis*: *"As doações e contribuições de pessoas jurídicas para campanhas eleitorais poderão ser feitas a partir do registro dos comitês financeiros dos partidos ou coligações"*.

5.3. Quando as doações são consideradas ilegais

A Ardicofi é uma ferramenta importante para inibir o abuso do poder econômico oriundo das doações ilegais feitas por empresas aos comitês partidários.

As doações e contribuições, para não serem consideradas ilegais, devem observar o que estabelece a Resolução do TSE nº 23.217/2010, *in verbis:*

> *Art. 16. Observados os requisitos estabelecidos no art. 1º desta resolução, candidatos, partidos políticos e comitês financeiros poderão receber doações de pessoas físicas e jurídicas mediante depósitos em espécie, devidamente identificados, cheques cruzados e nominais ou transferências bancárias, ou ainda em bens e serviços estimáveis em dinheiro, para campanhas eleitorais.*
> *§1º As doações referidas no* caput *deste artigo ficam limitadas (Lei nº 9.504/1997, arts. 23, § 1º, I e II, § 7º e 81, § 1º):*
> *I – a 10% dos rendimentos brutos auferidos no ano anterior à eleição, no caso de pessoa física, excetuando-se as doações estimáveis em dinheiro relativas à utilização de bens móveis ou imóveis de propriedade do doador, desde que o valor da doação não ultrapasse R$ 50.000,00 (cinquenta mil reais), apurados conforme o valor de mercado;*
> *II – a 2% do faturamento bruto do ano anterior à eleição, declarado à Receita Federal do Brasil, no caso de pessoa jurídica;*
> *III – ao valor máximo do limite de gastos estabelecido na forma do art. 2º desta resolução, caso o candidato utilize recursos próprios.*
> *§ 2º São vedadas doações de pessoas jurídicas que tenham começado a existir, com o respectivo registro, no ano de 2010.*

§ 3º Toda doação a candidato, a comitê financeiro, ou a partido político, inclusive recursos próprios aplicados na campanha, deverá fazer-se mediante recibo eleitoral (Lei nº 9.504/1997, art. 23, § 2º).

5.4. Legitimidade ativa da Ardicofi

Têm legitimidade para propor a Ardicofi:

a) qualquer partido político;

b) coligação;

c) candidato;

d) Ministério Público Eleitoral.

5.5. Legitimidade passiva da Ardicofi

Só as pessoas jurídicas que fazem as doações irregulares podem figurar no polo passivo da Ardicofi.

5.6. Prazo para interposição da Ardicofi

5.6.1. Prazo inicial

A lei não fixou um prazo inicial para proposição da Ardicofi, mas entendemos que há um marco inicial, qual seja, a ação pode ser interposta a partir do registro dos comitês financeiros.

5.6.2. O prazo final

A lei também não fixou um prazo final, mas com a moderna doutrina eleitoral não admite a perpetuação da lides eleitorais.

Nesse sentido, o parágrafo único da Resolução nº 23.193/2010 dispõe que

As representações de que trata o caput *deste artigo poderão ser ajuizadas até a data da diplomação, exceto as do art. 30-A e do art. 81, que poderão ser propostas, respectivamente, no prazo de 15 dias a partir da diplomação e até o encerramento do mandato para o qual concorreu o candidato a quem se destinou a doação e contribuição irregular de pessoa jurídica.*

5.7. Competência para julgar a Ardicofi

A Ardicofi deverá ser interposta:

a) na segunda instância, perante o Tribunal Superior Eleitoral, quando se tratar de candidato a presidente ou vice-presidente da República, através do corregedor-geral eleitoral;

b) na segunda instância, perante os Tribunais Regionais Eleitorais, quando se tratar de candidato a senador, governador e vice-governador de Estado e do Distrito Federal, deputado federal, deputado estadual e deputado distrital, através do corregedor-geral eleitoral;

c) na primeira instância, quando se tratar de candidato a prefeito, vice-prefeito e vereador, através dos juízes eleitorais.

5.8. O procedimento da Ardicofi

A reforma eleitoral (*Lei nº 12.034, de 29/09/2009*) determina que deve ser usado o procedimento ordinário eleitoral cível, na exata forma do art. 81, § 4º da Lei nº 9.504/1997, *in verbis:*

> *As representações propostas objetivando a aplicação das sanções previstas nos §§ 2º e 3º observarão o rito previsto no art. 22 da Lei Complementar nº 64, de 18 de maio de 1990, e o prazo de recurso contra as decisões proferidas com base neste artigo será de 3 (três) dias, a contar da data da publicação do julgamento no Diário Oficial.*

5.9. As sanções da Ardicofi

Segundo os §§ 4º e 5º da Resolução nº 23.217/2010:

> *§ 4º A doação de quantia acima dos limites fixados neste artigo sujeita o infrator ao pagamento de multa no valor de 5 a 10 vezes a quantia em excesso, sem prejuízo de responder o candidato por abuso do poder econômico, nos termos do art. 22 da Lei Complementar nº 64/1990 (Lei nº 9.504/1997, arts. 23, § 3º, e 81, § 2º).*
>
> *§ 5º Sem prejuízo do disposto no § 4º, a pessoa jurídica que ultrapassar o limite de doação, fixado no inciso II do § 1º deste artigo, estará sujeita à proibição de participar de licitações públicas e de celebrar contratos com o poder público pelo período de 5 anos, por decisão da Justiça Eleitoral, em processo no qual seja assegurada a ampla defesa (Lei nº 9.504/1997, art. 81, § 3º).*

6. AIRC – AÇÃO DE IMPUGNAÇÃO DE REGISTRO DE CANDIDATURA

6.1. O objetivo da Airc

O objetivo da Airc é impedir que o candidato seja registrado, mas, dependendo do tempo em que a ação for julgada, poderá haver até declaração de nulidade do diploma. É o que veremos no item "o efeito".

6.2. Os motivos que ensejam a Airc

Na ação em estudo, podem ser alegados três motivos:

a) Motivo 1: a ausência de uma ou mais causas de **elegibilidade** do impugnado.

Conforme o art. 46 da Resolução do TSE nº 22.717, de 28 de fevereiro de 2008, o registro de candidato inelegível ou que não atenda às condições de elegibilidade será indeferido, ainda que não tenha havido impugnação.

Em síntese, são condições de elegibilidade próprias as previstas diretamente na Constituição:

a) nacionalidade brasileira;

b) pleno exercício dos direitos políticos;

c) alistamento eleitoral;

d) domicílio eleitoral na circunscrição;

e) filiação partidária;

f) idade mínima exigível.

g) especiais para militares (art. 14, § 8º, da CF).

h) alfabetização;

i) inalistáveis.

São condições de elegibilidade impróprias as previstas na legislação infraconstitucional:

a) indicação em convenção partidária;

b) desincompatibilização.

As duas causas de elegibilidades supracitadas são previstas na legislação infraconstitucional, portanto, devem ser alegadas na Airc sob pena de preclusão. As elegibilidades próprias estando previstas na Constituição não estão sujeitas à preclusão.

b) Motivo 2: a presença de uma ou mais causas de **inelegibilidades** do impugnado.

Não é possível, em sede de Airc, pleitear a declaração de inelegibilidade, portanto, na Airc só será possível alegar a inelegibilidade consumada, ou seja, a preexistente ao momento do registro.

Veremos futuramente que as causas de inelegibilidades podem ser alegadas na Aije, Aime e na ACD (RCD).

Há vários julgados no TSE decidindo a Airc sem julgamento do mérito quando promotores e advogados querem usar o rito da Airc para combater o abuso de poder.

> "Agravo Regimental em recurso especial. Hipótese na qual o TRE entendeu que a via adequada para a declaração de inelegibilidade de candidatos é a ação de impugnação de registro de candidatura. Decidiu pela preclusão, uma vez que esgotado o prazo para a impugnação de registro de candidatura. **O abuso de poder econômico deve ser apurado em sede de ação de investigação judicial a ser proposta até a data da diplomação do candidato eleito. O processo de registro de candidatura não é meio para se verificar a prática de abuso de poder**" (TSE, REsp. nº 19.212/AL).
>
> "Além disso, em sede de AIRC, não se apura abuso nem se declara inelegibilidade" (TSE – REspe nº 21.709 – AC).

c) Motivo 3: ausência de uma condição de procedibilidade do registro

Ao fazer o **RRC** (*Requerimento de Registro de Candidatura*), o pré-candidato precisa apresentar vários documentos exigidos pela legislação.

Tais documentos são verdadeiras condições de procedibilidade do registro e os mesmos estão elencadas no art. 11, § 1º da Lei nº 9.504/1997, podendo, o TSE, por meio de resoluções, estabelecer outras.

> ***Art. 11.*** *(...)*
> *§1º O pedido de registro deve ser instruído com os seguintes documentos:*
> *I – cópia da ata a que se refere o art. 8º;*
> *II – autorização do candidato, por escrito;*
> *III – prova de filiação partidária;*
> *IV – declaração de bens, assinada pelo candidato;*
> *V – cópia do título eleitoral ou certidão, fornecida pelo cartório eleitoral, de que o candidato é eleitor na circunscrição ou requereu sua inscrição ou transferência de domicílio no prazo previsto no art. 9º;*
> *VI – certidão de quitação eleitoral;*
> *VII – certidões criminais fornecidas pelos órgãos de distribuição da Justiça Eleitoral, Federal e Estadual;*
> *VIII – fotografia do candidato, nas dimensões estabelecidas em instrução da Justiça Eleitoral, para efeito do disposto no § 1º do art. 59;*
> *IX – propostas defendidas pelo candidato a Prefeito, a Governador de Estado e a Presidente da República.*

A ausência de um dos documentos supracitados implica a ausência de condição de procedibilidade do registro, o que causará o indeferimento liminar do pedido.

No mesmo sentido é a posição dominante do **TSE**:

> "Candidato a deputado estadual. **Registro indeferido. Ausência de documentação.** Agravo regimental. Aplicação do § 6º do art. 36 do RITSE. Condição de elegibilidade. Recebimento como Recurso Especial. Os recursos manifestamente inviáveis podem ser julgados imediatamente pelo próprio relator, por meio de decisão singular. Em se tratando de ausência de condição de elegibilidade para fins de registro de candidatura, o recurso cabível é o especial. Agravo regimental desprovido". (TSE – ARO 1.170, SP, Rel. Juiz Carlos Augusto Ayres de Freitas Britto)

Quando a irregularidade não for insanável, o juiz eleitoral concede um prazo para o pré-candidato suprir a falta, caso não seja atendido, haverá duas hipóteses:

a) o juiz pode *ex officio* indeferir o pedido de registro;
b) não havendo indeferimento *ex oficio*, qualquer das partes legítimas pode interpor a Airc.

Posição dominante do TSE:

> "Registro indeferido: Decisão que se mantém por seus próprios fundamentos. **Hipótese em que o agravante teve prazo suficiente para suprir as irregularidades e não o fez, inviabilizando, assim, a sua pretensão em ver admitida a nova**

documentação trazida com o presente agravo. Agravo a que se nega provimento". (TSE – Arespe nº 26.766/SP, Rel. Juiz Francisco Cesar Asfor Rocha)

O TSE admite a juntada posterior de documentos com escopo de suprir a *irregularidade* quando esta não foi oportunizada na instância ordinária e quando a documentação faltante acarretou o indeferimento do pedido de registro.

Posição dominante do TSE:

"**Em requerimento de registro de candidatura, esta Corte admite a juntada de documentos quando esta não foi oportunizada na instância ordinária e quando o documento faltante acarretou o indeferimento do pedido de registro.** O requerente foi devidamente intimado, em 09/08/2006, a sanar a irregularidade apontada, em relação à dupla filiação constante no banco de dados da Justiça Eleitoral, não tendo, no entanto, atendido à determinação judicial. Inaplicável no caso a Súmula nº 3 desta Corte. Agravo regimental não provido". (TSE – Arespe nº 26.793/RJ, Rel. Juiz José Augusto Delgado, j. 26/09/2006, *PSESS* 26/09/2006)

Observe que a possibilidade de sanar a falha com a juntada da documentação em grau recursal, só será possível no caso de não ter sido dada oportunidade para o suprimento da omissão.

Posição dominante do TSE:

"Escolha em convenção. Ausência. Fundamentos não infirmados. **Nos termos da Súmula/TSE nº 3, a possibilidade de sanar a falha com a juntada da documentação com o recurso, só se dá no caso de não ter sido dada oportunidade para o suprimento da omissão, o que não se aplica ao caso dos autos.** A indicação em convenção é requisito essencial para qualquer registro de candidatura, uma vez que não se admite candidatura avulsa. Para que o agravo obtenha êxito, é necessário que todos os fundamentos da decisão agravada sejam especificamente infirmados, sob pena de subsistirem suas conclusões. Agravo Regimental a que se nega provimento". (TSE – ARO nº 1.285/RN, Natal, Rel. Juiz José Gerardo Grossi, j. 25/09/2006, *PSESS* 25/09/2006)

De qualquer forma, com a Airc o que a impugnante busca é o indeferimento do registro da candidatura, sob o argumento de que há algum impedimento na vida do candidato, este impedimento, pode ser a ausência de uma causa de elegibilidade, a presença de causa de inelegibilidade e a ausência de uma condição de procedibilidade do registro.

6.2.1. O momento oportuno para verificação das condições de elegibilidade e das causas de inelegibilidade.

A reforma eleitoral (*Lei nº 12.034/2009*) acrescentou o § 10 ao art. 11, da Lei nº 9.504/1997, *in verbis:*

> *As condições de elegibilidade e as causas de inelegibilidade devem ser aferidas no momento da formalização do pedido de registro da candidatura, ressalvadas as alterações, fáticas ou jurídicas, supervenientes ao registro que afastem a inelegibilidade.*

6.3. Previsão legal da Airc

A ação de impugnação ao registro de candidatura está prevista no art. 3º da LC nº 64/1990.

6.4. Legitimidade ativa da Airc

Têm legitimidade para propor a Airc:

a) qualquer candidato;

b) partido político;

c) coligação;

d) Ministério Público.

A impugnação por parte do candidato, do partido político ou da coligação não impede a ação do Ministério Público. (*No mesmo sentido vide o art. 37 § 1º da Rel. nº 23.221/2010.*)

A lei se refere a *"candidato"*, como só há legalmente candidato após o deferimento do registro, devemos ler: candidato ou pré-candidato, ainda que esteja *sub judice*, devendo ser observados três requisitos:

a) o pré-candidato deve ter sido indicado em convenção partidária;

b) o pré-candidato já requereu o registro de candidatura;

c) o impugnante deve concorrer a eleição na mesma circunscrição do pré-candidato impugnado e pertencer ao mesmo processo eleitoral. Veja melhor a matéria no item *"A impugnação adstrita à circunscrição"*.

Elmana Viana Lucena Esmeraldo[42] explica que:

> Importante destacar que, se após propor a ação o pré-candidato perde essa condição por meio da renúncia, substituição ou indeferimento do pedido de registro, não perderá a condição de legitimado, já que o preenchimento dos requisitos retro deve ser analisado no momento da propositura da ação. É desnecessário, ainda, que o candidato impugnante concorra à mesma eleição do impugnado.

Quanto ao eleitor, o posicionamento majoritário do TSE é no sentido da ilegitimidade de eleitor para impugnar registro de candidatura, podendo, entretanto, apresentar notícia de inelegibilidade.

O eleitor, destarte, embora não arrolado dentre os que têm legitimidade para impugnar (LC nº 64/1990, art. 3º), pode noticiar ao juiz eleitoral, exercendo seu

42. Op. cit., p. 22.

direito de petição, a ocorrência de inelegibilidade de que tenha conhecimento. É vedado ao juiz eleitoral deixar de conhecê-la ao fundamento de ilegitimidade da parte, porquanto o eleitor, no caso, não é parte.

A Resolução do TSE nº 23.221/2010, a propósito, dispõe que:

> *Art. 38. Qualquer cidadão no gozo de seus direitos políticos poderá, no prazo de 5 dias contados da publicação do edital relativo ao pedido de registro, dar notícia de inelegibilidade ao Juiz Eleitoral, mediante petição fundamentada, apresentada em duas vias.*
>
> *§ 1º A Secretaria Judiciária procederá à juntada de uma via aos autos do pedido de registro do candidato a que se refere a notícia e encaminhará a outra via ao Ministério Público.*
>
> *§ 2º No que couber, será adotado na instrução da notícia de inelegibilidade o procedimento previsto para as impugnações.*

A jurisprudência também já sinala com a estipulação de um prazo para o cidadão oferecer notícia de inelegibilidade.

> "O prazo para o cidadão oferecer notícia de inelegibilidade é de cinco dias a partir da publicação do edital de registro, não podendo ser essa sequer conhecida se ajuizada intempestivamente, mesmo proposta na espécie como pedido alternativo; fato em que o impugnante somente quando da apresentação das alegações finais suscitou, em pedidos alternativos e já conhecedor da tese da contestação, que esta juíza eleitoral recebesse a impugnação como notícia de inelegibilidade. Não havendo no acórdão omissão a ser sanada, rejeitam-se os embargos de declaração" (Registro de Candidato nº 11.969, TRE/CE, Rel. Maria Nailde Pinheiro Nogueira, unânime).

6.4.1. Possibilidade da arguição de uma inelegibilidade *ex officio*

O juiz pode, ao receber a notícia de uma inelegibilidade, declarar a *inelegibilidade* de ofício.

Conforme o art. 42 da Resolução do TSE nº 23.221/2010 o pedido de registro será indeferido, ainda que não tenha havido impugnação, quando o candidato for inelegível ou não atender a qualquer das condições de elegibilidade.

No mesmo sentido a posição do TSE:

> "A ausência de impugnação não impede que o Juiz aprecie a inelegibilidade 'de ofício'". (TSE/SP – REsp's nºs 21.902 e 23.070, Agravo Regimental em Recurso Ordinário nº 1.303, Rel. Francisco César Asfor Rocha, unânime).
>
> "A inelegibilidade pode e deve ser declarada de ofício" (TSE – Recurso nº 91.181, Rel. Min. Borja, *JTSE* 3-1, p. 191).

6.4.2. Análise da capacidade postulatória

Há julgados defendendo que não é necessário advogado para propositura da Airc; o mesmo só será exigível nos recursos (*JTSE* 84 nº 131 e nº 132).

Minha posição: a posição do TSE entra em confronto com o art. 133 da Constituição Federal, que preconiza ser "o advogado indispensável à administração da justiça, sendo inviolável por seus atos e manifestações no exercício da profissão, nos limites da lei". A posição doutrinária amplamente dominante também defende a indispensabilidade do advogado para propor a Airc. Entre os autores: Tito Costa, Pedro Henrique Távora Niess e Joel J. Cândido.

No mesmo sentido:

> "A impugnação de registro de candidato deverá ser ajuizada no prazo de cinco dias a partir da publicação do edital em petição devidamente assinada por advogado e não pelo Representante da Coligação, pois esta não possui capacidade postulatória de ir a Juízo, fato que enseja a extinção da ação sem julgamento de mérito" (TRE/CE – Registro de Candidato nº 12.459, Rel. Maria Nailde Pinheiro Nogueira, unânime).

6.4.3. Vedação para o partido ou a coligação apresentarem impugnação aos seus próprios filiados

Embora a legitimação seja concorrente, o partido ou a coligação não pode impugnar seus próprios filiados. Com o mesmo raciocínio, entendo que um partido de uma coligação não pode impugnar o registro de um candidato de outro partido pertencente à mesma coligação.

A única exceção seria o caso da alegação de que o candidato não foi escolhido na convenção ou que houve irregularidade na escolha do mesmo.

6.4.4. Vedação para o partido político integrante de coligação impugnar isoladamente registro de candidatura

O partido político integrante de coligação não pode isoladamente impugnar registro de candidatura. A legitimidade passa a ser da coligação (No mesmo sentido *vide* Lei nº 9.504/1997, art. 6º, § 1º, e a Resolução TSE nº 21.608/2004, art. 4º, § 2º).

6.4.5. Quando é permitido ao partido ou coligação, que não impugnou o registro, recorrer da decisão que o defere

No caso da matéria ser constitucional, pode o partido ou coligação, que não impugnou o registro, recorrer da decisão que o deferiu.

Segundo a Súmula nº 11 do TSE: *"No processo de registro de candidatos, o partido que não o impugnou não tem legitimidade para recorrer da sentença que o deferiu, salvo se se cuidar de matéria constitucional".*

A ressalva é importante porque veremos no capítulo dos recursos que não existe preclusão contra matéria constitucional. Quanto ao Ministério Público Eleitoral, entendo que é plenamente possível recorrer de uma decisão que deferiu o registro de uma candidatura, mesmo sem ter sido autor da impugnação, pois o órgão *parquet* agirá como fiscal da lei.

O posicionamento majoritário do TSE é pela admissão da legitimidade recursal do Ministério Público Eleitoral, ainda que não haja impugnado o pedido de registro de candidato.

> "Registro de candidatura. Ausência de filiação partidária. Recurso para o Tribunal Regional Eleitoral proposto pelo Ministério Público sem prévia impugnação ao pedido de registro. Possibilidade. Recurso conhecido e provido" (TSE – REsp. nº 14.133/AM).

Em posição minoritária, há uma julgado do TSE defendendo a aplicação da Súmula nº 11 a todos os legitimados a impugnar registro de candidatura. (No mesmo sentido: TSE nº 22.578/2004.)

6.4.6. Quando o Ministério Público Eleitoral não pode impugnar

Preconiza o art. 3º, § 2º, da LC nº 64/1990:

> *Não poderá impugnar o registro de candidato o representante do Ministério Público que, nos 4 (quatro) anos anteriores, tenha disputado cargo eletivo, integrado diretório de partido ou exercido atividade político-partidária.*

Minha posição: usando o critério cronológico, entendo que o prazo de impedimento é de dois anos, isso porque o art. 80 da LC nº 75/1993, que é posterior, determina: *"A filiação a partido político impede o exercício de funções eleitorais por membro do Ministério Público, até dois anos do seu cancelamento".*

O art. 37, § 2º da Resolução do TSE nº 23.221/2010, pacificou a discussão ao estabelecer que:

> *Não poderá impugnar o registro de candidato o representante do Ministério Público que, nos 2 anos anteriores, tenha disputado cargo eletivo, integrado diretório de partido político ou exercido atividade político-partidária (LC nº 64/1990, art. 3º, § 2º; LC nº 75/1993, art. 80).*

6.4.7. A teoria da impugnação adstrita à circunscrição

A impugnação do partido deve ser adstrita à circunscrição, assim, um diretório municipal não pode impugnar o registro de um candidato a governador.

No mesmo sentido:

> "Diretório Municipal de partido político não tem legitimidade para impugnar pedido de registro de candidato em Eleição Estadual e Federal (art. 3º da LC nº 64/1990 c.c. o art. 11, parágrafo único, da Lei nº 9.096/1995). Precedentes. Os fundamentos da

decisão que se deseja reformar têm que ser especificamente infirmados, sob pena de subsistirem suas conclusões. É inviável o reexame de provas em sede de recurso especial. Agravo regimental a que se nega provimento" (TSE/SP – Agravo Regimental em Recurso Especial Eleitoral nº 26861, Rel. José Gerardo Grossi, unânime).

"Registro de Candidato. Cargo: Deputado Federal. Dupla impugnação, ambas fundadas em atos tendentes a configurar abuso de poder econômico. Não conhecimento das duas impugnações. Ilegitimidade do Diretório Municipal para impugnar registro de candidatura em âmbito estadual. Falta de interesse de agir, em razão da inadequação da via eleita para pleitear o reconhecimento de atos de abuso de poder. Registro deferido" (TRE-SP, Ac. nº 141.818).

Da mesma forma um promotor eleitoral não pode impugnar a candidatura de um Presidente da República, a sequência é:

a) perante o TSE a atribuição é do procurador-geral da Justiça Eleitoral;

b) perante o TRE a atribuição é do procurador regional eleitoral;

c) perante os juízes eleitorais a atribuição é do promotor de Justiça Eleitoral.

Insta acentuar que a regra da impugnação adstrita à circunscrição não tem nenhum efeito quanto ao diretório nacional do partido político, pois este está autorizado a apresentar impugnação em todas as eleições, uma vez que tem circunscrição nacional.

6.4.7.1. Teoria da impugnação adstrita ao que se pleiteia

A impugnação está adstrita à circunscrição eleitoral e também ao que se pleiteia, portanto, falta interesse de agir por não ter nenhum interesse direto, o fato de um candidato a cargo do executivo impugnar um candidato a um cargo do legislativo.

A regra é:

a) Executivo *versus* executivo;

b) Legislativo *versus* legislativo.

6.4.8. Quando será possível um partido coligado atuar de forma isolada

Formada a coligação os partidos integrantes perdem a legitimidade para atuar de forma isolada no processo eleitoral, a legitimidade passa a ser da coligação. Essa é a regra geral, porém há duas exceções:

a) A reforma eleitoral dispõe no § 4º do art. 6º da Lei nº 9.504/1997:

O partido político coligado somente possui legitimidade para atuar de forma isolada no processo eleitoral quando questionar a validade da própria coligação, *durante o período compreendido entre a data da convenção e o termo final do prazo para a impugnação do registro de candidatos.*

b) Segundo o **TSE:**

> *"A coligação assume todos os direitos e obrigações dos partidos no momento de sua constituição (art. 6º, § 1º, da Lei nº 9.504/1997) até a realização das eleições,* ***após o que, a agremiação partidária coligada terá legitimidade para agir isoladamente.*** (TSE – REspe nº 25.547, Ac., Rel. Min. José Augusto Delgado, p. 116).

6.4.9. Requisito básico para coligação propor qualquer ação eleitoral

A unicidade da coligação resulta de sua própria natureza a impossibilidade de cisão, portanto, para propor a Airc ou qualquer outra ação eleitoral será necessária a anuência de todos os entes partidários coligados.

Posição dominante do TSE: *"É nula a investigação suscitada sem aprovação de todos os partidos coligados". (Agravo Regimental em REspe nº 25.002, Ac., p. 162).*

6.5. Legitimidade passiva da Airc

Os legitimados passivos são os pré-candidatos. Lembre-se que a Airc só pode ser interposta a partir da publicação do pedido de registro do candidato, ou seja, antes do deferimento do pedido de registro.

6.6. Prazo para interposição da Airc

A Airc deverá ser interposta no prazo de 5 dias, contados da publicação do pedido de registro do candidato. O prazo é decadencial e não se prorroga.

O prazo é contado, excluindo-se o dia do início e incluindo-se o último (*art. 184 do CPC*) e tem inteira aplicação o art. 16 da LC nº 64/1990, *in verbis:*

> *Os prazos a que se referem o art. 3º e seguintes desta lei complementar são peremptórios e contínuos e correm em secretaria ou Cartório e, a partir da data do encerramento do prazo para registro de candidatos, não se suspendem aos sábados, domingos e feriados.*

6.7. Competência para julgar Airc

A **Airc** deverá ser interposta:

a) perante o Tribunal Superior Eleitoral, quando se tratar de candidato a presidente ou vice-presidente da República;

b) perante os Tribunais Regionais Eleitorais, quando se tratar de candidato a senador, governador e vice-governador de Estado e do Distrito Federal, deputado federal, deputado estadual e deputado distrital;

c) perante os juízes eleitorais, quando se tratar de candidato a prefeito, vice-prefeito e vereador.

6.8. Efeito da procedência da Airc

Quando o registro é cassado "antes" das eleições a Airc terá os seguintes efeitos:

a) No caso das eleições proporcionais podemos identificar no contexto prático duas hipóteses

1ª hipótese: Tício concorreu a um cargo do Poder Legislativo. O seu registro foi impugnado e, antes das eleições, foi indeferido com trânsito em julgado.

Solução jurídica: Tício deve ser substituído no prazo de 10 dias, a contar da decisão judicial que decretou a cassação, na forma do estatuto do partido do substituído, observando-se o prazo de 60 dias antes do dia das eleições.

2ª hipótese: Tício concorreu a um cargo do Poder Legislativo. O seu registro foi impugnado e, antes das eleições, foi indeferido. Tício recorreu.

Solução jurídica: como Tício recorreu, poderá *"por sua conta e risco"* praticar todos os atos da campanha eleitoral.

No futuro haverá três situações:

a) Se a sentença de indeferimento for confirmada "antes" das eleições, estamos diante da primeira hipótese, ou seja, Tício deve ser substituído, devendo ser observado os prazos legais.

b) Se a sentença de indeferimento do registro for confirmada *"após"* as eleições e o candidato não foi eleito, a Airc deverá:

- ser extinta por falta de objeto. Neste caso, o objeto da impugnação é uma condição de procedibilidade do registro;
- ser extinta, devendo o órgão declarar a inelegibilidade "preexistente" do impugnado ou a ausência de uma causa de elegibilidade.

c) Se a sentença de indeferimento do registro for confirmada após as eleições e o candidato foi eleito, há três hipóteses de índole prática:

1) se Tício ainda não foi diplomado não poderá obter o diploma, pois este depende do registro;

2) se Tício já tinha sido diplomado, este será cassado, fato que impedirá o exercício do mandato;

3) se Tício já tinha sido diplomado e já estava no exercício do mandato, será imediatamente afastado.

b) No caso das eleições majoritárias podemos identificar no contexto prático duas hipóteses

1ª hipótese: Tício concorreu a um cargo do poder executivo. O seu registro foi impugnado e, antes das eleições, foi indeferido com trânsito em julgado.

Solução jurídica: Tício pode ser substituído no prazo de 10 dias a contar da decisão judicial ou da notificação do partido da decisão judicial.

Sabemos que a inelegibilidade tem caráter pessoal e não é extensiva ao outro integrante da chapa, mas como a chapa é una e indivisível, o indeferimento do registro de um determina fatalmente o indeferimento da chapa.

Portanto, é imperiosamente salutar que o juiz eleitoral, ao julgar procedente o pedido, indefira o registro da chapa e declare qual dos integrantes da chapa foi considerado inapto, pois só assim será possível efetivar a substituição.

2ª hipótese: Tício concorreu a um cargo do Poder Executivo. O seu registro foi impugnado e, antes das eleições, foi indeferido. Tício recorreu.

Solução jurídica: Tício participará das eleições normalmente *"por sua conta e risco"* e, no futuro, caso seja confirmado o indeferimento, deve acontecer duas situações:

a) Confirmado o indeferimento *"antes"* das eleições, Tício poderá ser substituído na forma da primeira hipótese.

b) Confirmado o indeferimento *"depois"* das eleições, haverá duas hipóteses:

1ª: Tício não foi eleito. A Airc deverá:

- ser extinta por falta de objeto. Neste caso, o objeto da impugnação é uma condição de procedibilidade do registro.
- ser extinta, devendo o órgão declarar a inelegibilidade "preexistente" do impugnado ou a ausência de uma causa de elegibilidade.

2ª: Tício foi eleito. Voto dado a candidato sem registro é nulo de pleno direito, portanto:

a) se Tício ainda não foi diplomado não poderá obter o diploma, pois este depende do registro;

b) se Tício já tinha sido diplomado, este será cassado, fato que impedirá o exercício do mandato;

c) se Tício já tinha sido diplomado e já estava no exercício do mandato, será imediatamente afastado.

Observação importante: para você melhor entender como são os efeitos da sentença que cassa o registro do candidato "eleito", leia no capítulo "Das nulidades" o item "Teoria do aproveitamento dos votos condicionados a validade do registro".

6.8.1. A teoria da conta e do risco

Dispõe o art. 43 da Resolução do TSE nº 22.717, de 28/02/2008 que o candidato que tiver seu registro indeferido poderá recorrer da decisão por sua conta e risco e, enquanto estiver *sub judice*, prosseguir em sua campanha e ter seu nome mantido na urna eletrônica, ficando a validade de seus votos condicionada ao deferimento de seu registro por instância superior.

6.8.2. A teoria da conta e do risco versus a antecipação da tutela

Em virtude da teoria da conta e do risco, nenhum efeito prático ocasiona a concessão da tutela antecipada, pois mesmo que o registro seja indeferido será permitido ao pré-candidato continuar na campanha eleitoral.

Preconiza a Resolução nº 23.221/2010 que:

Art. 46. Os processos dos candidatos às eleições majoritárias deverão ser julgados conjuntamente, com o exame individualizado de cada uma das candidaturas, e o registro da chapa somente será deferido se todos os candidatos forem considerados aptos, não podendo ser deferido o registro sob condição.

Parágrafo único. Se o relator indeferir o registro da chapa, deverá especificar qual dos candidatos não preenche as exigências legais e apontar o óbice existente, podendo o candidato, o partido político ou a coligação, por sua conta e risco, recorrer da decisão ou, desde logo, indicar substituto ao candidato que não for considerado apto, na forma do art. 57 desta resolução.

6.9. Do litisconsórcio ativo e passivo

Elmana Viana Lucena Esmeraldo[43] disserta de forma muito eficaz sobre o litisconsórcio ativo e passivo em sede de Airc:

Litisconsórcio ativo

É facultativo. Podem mais de um dos legitimados propor, em litisconsórcio, a Airc. O TSE já pacificou o entendimento que no caso de litisconsortes com procuradores diferentes nos feitos eleitorais não se aplica o art. 191 do CPC, ou seja, os prazos para contestar, recorrer ou de qualquer forma falar nos autos não serão contados em dobro.

"(...) Esta Corte já firmou que aos feitos eleitorais não se aplica a contagem de prazo em dobro, prevista no CPC, art. 191, para os casos de litisconsortes com diferentes procuradores". (TSE – Agravo Regimental em REspe nº 27.104, Ac., Rel. Min. Marcelo Henriques Ribeiro Oliveira, j. 17/04/2008, *DJ* 14/05/2008, p. 04).

Litisconsórcio Passivo

a) **Pré-candidato e partido político/coligação** – Não há litisconsórcio necessário. Na ação movida contra o candidato, o partido político ou coligação a que pertence pode ingressar no feito como assistente litisconsorcial, em face dos efeitos reflexos que podem advir da sentença de procedência, que poderá trazer prejuízos para a agremiação.

"(...) Nas ações de impugnação de registro de candidatura, não existe litisconsórcio necessário entre o pré-candidato e o partido político pelo qual pretende concorrer no pleito. Entretanto, deve ser admitida a intervenção da agremiação partidária na qualidade de assistente simples do pretenso candidato, tendo em vista os reflexos eleitorais decorrentes do indeferimento do registro de candidatura. Omissão sanada (...)". (TSE – Embargos de Declaração em Agravo Regimental em REspe nº 33.498, Ac., Rel. Min. Enrique Ricardo Lewandowski, j. 23/04/2009, *DJE*, tomo 88, 12/05/2009, p. 18).

Observação importante: embora a posição da querida amiga seja dominante, entendemos de forma diferente. Veremos futuramente que o argumento da inexistência do litisconsórcio passivo entre os candidatos impugnados e o partido político ao

43. Op. cit., p. 32.

qual pertencem era porque o juiz não teria de decidir a lide de modo uniforme para o candidato e o partido, mas a partir do momento que o TSE e o STF passaram a entender que o mandato não pertence ao candidato e sim ao partido político, surgiu a imperiosa necessidade de o mesmo também integrar a lide na forma de litisconsórcio passivo.

---

b) **Titular e vice, pré-candidatos às eleições majoritárias** – Não há litisconsórcio passivo necessário (como ocorre com as demais ações eleitorais, em que há a possibilidade de perda do mandato), tendo em vista que as condições de elegibilidade, de registrabilidade e as causas de inelegibilidade a serem arguidas na impugnação são de cunho pessoal, aplicando-se o art. 18 da LC nº 64/1990 (Brasil, 1990) que estabelece que "a declaração de inelegibilidade do candidato à Presidência da República, Governador de Estado e do Distrito Federal e Prefeito Municipal não atingirá o candidato a Vice-Presidente, Vice-Governador ou Vice-Prefeito, assim como a destes não atingirá àqueles."

Sabe-se que cada Requerimento de Registro de Candidatura – RRC, do titular e do vice, gera um processo que serão apensados e analisados em conjunto. Estes processos deverão ser julgados conjuntamente, por uma só decisão, e o registro da chapa só será deferido se ambos forem considerados aptos. Entretanto, apesar de julgados conjuntamente, a análise ocorre de maneira distinta.

Embora a chapa seja una e indivisível, não podendo o juiz deferir o registro de candidatura de um dos integrantes e indeferir a do outro, ao indeferir o registro da chapa, deverá especificar qual dos candidatos não preenche as exigências legais, apontando o óbice existente, para que o partido ou coligação possa optar por recorrer da decisão, por sua conta e risco, ou indicar substituto para o candidato considerado inapto.

Verifica-se, portanto, que os pré-candidatos, titular e vice, podem ter destinos diferentes, embora o juiz indefira o registro da chapa. O que for considerado inapto será indicado na decisão, abrindo-se a possibilidade de sua substituição para a integralização da nova chapa que será formada com aquele que foi considerado apto, de forma que este não terá, necessariamente, o mesmo destino daquele, salvo se, interposto recurso da decisão que indeferiu o registro da chapa, e não realizada a substituição, esta vier a ser confirmada, com trânsito em julgado.

Neste sentido:

"(...) 1. Este Tribunal jáassentou que, na fase do registro de candidatura, não há falar em litisconsórcio passivo necessário entre candidatos a prefeito e vice. (TSE – Recurso Ordinário nº 1.912, Ac., j. 21/10/2008, Rel. Min. Arnaldo Versiani Leite Soares, publicado em sessão).

6.10. Atividades práticas do juiz ao receber o pedido de registro

Ao receber o pedido de registro, o juiz deve observar se este contém:

a) cópia da ata a que se refere o art. 8º da Lei nº 9.504/1997;

b) autorização do candidato, por escrito;

c) prova de filiação partidária;

d) declaração de bens, assinada pelo candidato;

e) cópia do título eleitoral ou certidão, fornecida pelo cartório eleitoral, de que o candidato é eleitor na circunscrição ou requereu sua inscrição ou transferência de domicílio no prazo legal. Lembre-se que para concorrer às eleições, o candidato deverá possuir domicílio eleitoral na respectiva circunscrição pelo prazo de, pelo menos, um ano antes do pleito e estar com a filiação deferida pelo partido no mesmo prazo;
f) certidão de quitação eleitoral (a Resolução TSE nº 21.667, de 18/03/2004, *DJU* de 12/04/2004, dispõe sobre a utilização do serviço de emissão de certidão de quitação eleitoral por meio da internet);
g) certidões criminais fornecidas pelos órgãos de distribuição da Justiça Eleitoral, Federal e Estadual;
h) fotografia do candidato, nas dimensões estabelecidas em instrução da Justiça Eleitoral, para efeito do disposto no § 1º do art. 59 da Lei nº 9.504/1997;
i) informação dos Tribunais de Contas a respeito de contas rejeitadas.

Obs. 1: A idade mínima constitucionalmente estabelecida como condição de elegibilidade é verificada tendo por referência a data da posse.

Obs. 2: Caso entenda necessário, o juiz abrirá prazo de 72 horas para diligências.

Obs. 3: Na hipótese de o partido ou coligação não requerer o registro de seus candidatos, estes poderão fazê-lo perante a Justiça Eleitoral nas 48 horas seguintes ao encerramento do prazo.

Deve o juiz tomar muito cuidado na conferência dos requisitos supracitados, pois o pedido de registro do candidato tendo sido deferido por meio de decisão judicial transitada em julgado, não pode o juiz cassá-lo de oficio, sob alegação de ausência de condição de elegibilidade.

6.10.1. O que deve conter o pedido de registro

O pedido de registro deverá ser apresentado obrigatoriamente em meio magnético gerado pelo Sistema de Candidaturas – Módulo Externo (Candex), desenvolvido pelo Tribunal Superior Eleitoral, acompanhado das vias impressas dos formulários Demonstrativo de Regularidade de Atos Partidários (Drap) e Requerimento de Registro de Candidatura (RRC), emitidos pelo sistema e assinados pelos requerentes.

O Candex poderá ser obtido nos sítios do Tribunal Superior Eleitoral e dos Tribunais Regionais Eleitorais, ou, diretamente, nos próprios Tribunais Eleitorais, desde que fornecidas pelos interessados as respectivas mídias.

O pedido será subscrito pelo presidente do diretório nacional ou regional, ou da respectiva comissão diretora provisória, ou por delegado autorizado.

Na hipótese de coligação, o pedido de registro dos candidatos deverá ser subscrito pelos presidentes dos partidos políticos coligados, ou por seus delegados, ou pela maioria dos membros dos respectivos órgãos executivos de direção, ou por representante da coligação designado na forma do inciso I do art. 7º dessa resolução (Lei nº 9.504/1997, art. 6º, § 3º, II).

Com o requerimento de registro, o partido político ou a coligação fornecerá, obrigatoriamente, o número de *fac-símile* no qual receberá intimações e comunicados e, no caso de coligação, deverá indicar, ainda, o nome da pessoa designada para representá-la perante a Justiça Eleitoral (Lei nº 9.504/1997, art. 6º, § 3º, IV, *a*, *b* e *c* e art. 96-A).

Na hipótese de o partido político ou a coligação não requerer o registro de seus candidatos, estes poderão fazê-lo no prazo máximo de 48 horas seguintes à publicação da lista dos candidatos pelo Tribunal Eleitoral competente para receber e processar os pedidos de registro, apresentando o formulário Requerimento de Registro de Candidatura Individual (RRCI), na forma prevista no artigo anterior, com as informações e documentos previstos nos arts. 25 e 26 dessa resolução (Lei nº 9.504/1997, art. 11, § 4º).

Caso o partido político ou a coligação não tenha apresentado o formulário Demonstrativo de Regularidade de Atos Partidários (Drap), o respectivo representante será intimado, pelo Tribunal Eleitoral competente, para fazê-lo no prazo de 72 horas; apresentado o Drap, será formado o processo principal nos termos do inciso I do art. 33 dessa resolução.

6.11. Teoria das inelegibilidades extemporâneas

A jurisprudência do TSE é assente em definir as inelegibilidades supervenientes como aquelas cuja causa ocorre entre o período de registro de candidatura (e eventual propositura de impugnação) e a data do pleito, portanto, a inelegibilidade superveniente somente cabe ser reconhecida até a data da eleição, segundo remansosa jurisprudência do Tribunal Superior Eleitoral.[44]

Caso não seja alegada a inelegibilidade no momento oportuno, haverá três hipóteses:

a) Se a inelegibilidade for prevista na legislação infraconstitucional, haverá preclusão, ou seja, ela não poderá ser arguida em outro momento.

No mesmo sentido:

> "A inelegibilidade infraconstitucional e preexistente ao registro não pode ser arguida no recurso contra expedição de diploma" (TSE/PI – Embargos de Declaração em Agravo Regimental em Agravo de Instrumento nº 6.735, Rel. Carlos Eduardo Caputo Bastos, unânime).

b) Se a inelegibilidade for prevista na Constituição Federal, a mesma poderá ser arguida por ocasião do Recurso Contra a Diplomação, pois não pode haver preclusão contra norma constitucional.

44. No mesmo sentido: Recurso contra Expedição de Diploma nº 732.005 (323), TRE/MG – Rel. Francisco de Assis Betti, unânime.

No mesmo sentido:

> "As inelegibilidades constitucionais podem ser arguidas tanto na impugnação de candidatura quanto no recurso contra expedição de diploma, mesmo se existentes no momento do registro, pois aí não há falar em preclusão. No entanto, as inelegibilidades constantes da legislação infraconstitucional só poderão ser alegadas no recurso contra expedição de diploma se o fato que as tiver gerado, ou o seu conhecimento for superveniente ao registro (...)". (TSE, Agravo Regimental em Agravo de Instrumento, Ac. 3.328, Rel. Sálvio de Figueiredo Teixeira, p. 136).

c) Caso a inelegibilidade seja superveniente, mesmo sendo infraconstitucional, será possível ser arguida por ocasião do Recurso Contra a Diplomação. É também a lição de **Edson de Resende**:[45]

> Também em relação às inelegibilidades que não existiam por ocasião do registro da candidatura, mas que incidiram sobre o candidato posteriormente (inelegibilidades supervenientes) não há de falar-se em preclusão (art. 223 do CE). Explicando melhor: se determinado candidato, à época do pedido de registro da candidatura, não preenche certa condição de elegibilidade ou incorre em alguma causa de inelegibilidade, os legitimados deverão arguir a inelegibilidade na impugnação ao registro (Airc). Caso isso não aconteça, e mesmo não havendo provocação de qualquer eleitor, ou mesmo se o Juiz Eleitoral, de ofício, não indeferir o pedido, será necessário verificar se a inelegibilidade em que incorre o candidato (cujo registro foi deferido) é de ordem constitucional ou infraconstitucional, ou seja, se a inelegibilidade está prevista na Constituição Federal ou se na Lei Complementar nº 64/1990. Se a inelegibilidade é de assento constitucional, não ocorre a preclusão, e os legitimados ainda poderão levantá-la quando da diplomação do candidato eleito, arguindo-a por meio do Recurso Contra a Expedição do Diploma. Se a inelegibilidade não está prevista na Constituição, mas tão somente na Lei Complementar, ocorre a preclusão, e a matéria não mais poderá ser apreciada, nem mesmo no Recurso contra a Expedição do Diploma, e, no entanto, a inelegibilidade for superveniente ao registro da candidatura ainda que seja ela infraconstitucional, poderá ser arguida no Recurso contra a Expedição do Diploma. É o caso daquele candidato que é condenado pela prática de crime e a sentença transita em julgado depois do registro da candidatura. Ora, por ocasião do registro não havia como arguir a inelegibilidade simplesmente porque ela não existia, já que a sentença criminal não havia passado em julgado. Se o candidato se elege pode a inelegibilidade ser levantada pela via do recurso previsto no art. 262 do CE.

6.12. Teoria do provimento jurisdicional eficaz

Dispõe o art. 1º, inciso I, alínea *g*, da Lei Complementar nº 64/1990 que:

45. Edson de Resende Castro. *Teoria e prática do Direito Eleitoral*. 2. ed. Belo Horizonte: Mandamentos, 2005, p. 106.

> *Art. 1º São inelegíveis:*
> *I – para qualquer cargo:*
> (...)
> *g) os que tiverem suas contas relativas ao exercício de cargos ou funções públicas rejeitadas por irregularidade insanável e por decisão irrecorrível do órgão competente, salvo se a questão houver sido ou estiver sendo submetida à apreciação do Poder Judiciário, para as eleições que se realizarem nos 5 (cinco) anos seguintes, contados a partir da data da decisão.*

A exceção formulada pelo artigo supracitado (*salvo se a questão houver sido ou estiver sendo submetida à apreciação do Poder Judiciário*) criou no contexto prático um lamentável incentivo à impunidade, pois o político que tinha as contas rejeitadas, antes do dia 5 de julho do ano eleitoral, ajuizava com uma ação objetivando desconstituir a decisão desfavorável proferida pelo Tribunal de Contas e reconquistava a sua elegibilidade.

O TSE chegou até editar uma súmula (Súmula nº 1) sobre o assunto: "Proposta a ação para desconstituir a decisão que rejeitou as contas, anteriormente à impugnação, fica suspensa a inelegibilidade (Lei Complementar nº 64/1990, art. 1º, I, *g*)".

Percebe-se que os nossos sábios políticos legisladores criaram a norma e ao mesmo tempo o antídoto para anulá-la, pois em quase dez anos como promotor de Justiça Eleitoral não tive a grata satisfação de encontrar alguém inelegível com base no art. 1º, inciso I, alínea *g*, da Lei Complementar nº 64/1990.

O antídoto foi exatamente o uso da ação como meio de protelar e tornar a norma totalmente ineficaz.

O ex-presidente do TSE, Paulo Brossard,[46] já tinha notado o artificioso ardil usado para tornar a norma ineficaz:

> Ocorre que a norma, aparentemente severa, se converte em ludibrio patente, pois raramente a desaprovação das contas de administrador municipal, por mais ímprobo que seja, acarretará sua inelegibilidade; basta que antes de vir a ser novamente candidato o ex-prefeito, que teve desaprovadas suas contas pela Câmara Municipal segundo o parecer do Tribunal de Contas, ingresse em juízo alegando o que lhe aprouver, para que a inelegibilidade se desfaça, *si et em quantum*. Dificilmente a decisão da Câmara que tenha rejeitado as contas de prefeito será desconstituída por sentença. (...) Quer isto dizer que, quando a ação chegar ao seu desfecho, o ex-prefeito que tenha sido eleito novamente já terá concluído o seu segundo mandato.

Entendo que a propositura de ação desconstitutiva em juízo, por si só, não tem o condão de suspender a inelegibilidade; deve o autor apresentar argumentos de que o provimento jurisdicional é eficaz, ou seja, a ação não é um expediente meramente protelatório, pois o direito não pode proteger expedientes escusos.

46. Paulo Brossard de Souza Pinto. Inelegibilidade fictícia. In: *Folha de S. Paulo*, 29/10/1992, p. 1-3.

O art. 273 do CPC prevê a possibilidade de o magistrado, com base nos elementos constantes dos autos quando do ajuizamento da ação e louvado em juízo de verossimilhança e probabilidade, conceder ou não a tutela antecipada, mediante ponderado juízo de valor quanto aos elementos instrutórios do processo carreados pelo postulante,[47] portanto, a interposição da ação desconstitutiva deve ser acompanhada do pedido de antecipação de tutela para que, de pronto, suspenda os efeitos da decisão, que rejeitou as contas.

No Agravo Regimental no Recurso Especial Eleitoral nº 26.942, de que foi relator o Ministro José Delgado, o Tribunal Superior Eleitoral, por unanimidade, assim decidiu:

> "O pedido de reconsideração ou de revisão de contas, bem como as ações ajuizadas na Justiça Comum, devem estar acompanhados de liminar ou de antecipação de tutela, com deferimento anterior à solicitação do registro de candidatura, para que afaste a inelegibilidade."

No mesmo sentido, destaquem-se as sábias palavras do ex-Ministro do Tribunal Superior Eleitoral, César Asfor Rocha no voto proferido no julgamento do Recurso Ordinário nº 912-RO:

> "Penso, com a devida referência, que não se deverá atribuir a uma ação ordinária desconstitutiva de decisão administrativa de rejeição de contas, que não se apresente ornada de plausibilidade, aquela especial eficácia de devolver ao cidadão a sua elegibilidade, sob pena de se banalizar o comando constitucional do art. 14, § 9º, que preconiza a proteção da probidade administrativa e da moralidade para o exercício de mandato eletivo."

E ainda completou:

> "A análise de idoneidade da ação anulatória é complementar e integrativa à aplicação da ressalva contida no Enunciado da súmula nº 1 do TSE, pois a Justiça Eleitoral tem o poder-dever de velar pela aplicação dos preceitos constitucionais de proteção à probidade administrativa e à moralidade para o exercício do mandato (art. 14, § 9º, CF/88)."

A importância deste novel entendimento é destacada por **Antonio Roque Citadini** no artigo "A inelegibilidade por rejeição de contas".[48]

> Este entendimento jurisprudencial adotado pelo Tribunal Superior Eleitoral é de suma importância, a uma porque despreza a literalidade da lei e aperfeiçoa o espírito

47. No mesmo sentido: TRF 2ª R., AG 2007.02.01.006268-5, 1ª Turma Esp., Rel. Juíza Fed. Conv. Marcia Helena Nunes, *DJU* 04/10/2007, p. 191.
48. Antonio Roque Citadini. *Código Eleitoral anotado e comentado*. 2. ed. São Paulo: Max Limonad, 1985.

> da norma; a duas porque prestigia a ação do órgão de controle externo, que fruto de seu trabalho e dentro de sua visão especializada concluiu pela rejeição das contas, após examinar o caso concreto.
>
> Assim, doravante, a pessoa que tenha suas contas rejeitadas pelo Tribunal de Contas torna-se inelegível e só terá suspensa tal situação se obtiver do Judiciário provimento liminar ou tutela antecipada. Não basta, portanto, que recorra ao Judiciário. A inelegibilidade perdurará enquanto não houver decisão específica, ainda que provisória, em sede de ação judicial ajuizada para desconstituir a decisão de rejeição das contas.

Denota-se, *in casu*, para nossa grande satisfação que a jurisprudência do Tribunal Superior Eleitoral evoluiu e, em seu site, logo após a transcrição da malfadada Súmula nº 1 existe a observação infracitada:

Obs.: O Tribunal assentou que a mera propositura da ação anulatória, sem a obtenção de provimento liminar ou tutela antecipada, não suspende a inelegibilidade (Ac.-TSE de 24/08/2006, no RO nº 912; de 13/09/2006, no RO nº 963; de 29/09/2006, no RO nº 965 e no REspe nº 26.942; e de 16/11/2006, no AgRgRO nº 1.067, dentre outros).

6.13. Princípio da vida pregressa proba

Preconiza o art. 14, § 9º, da Constituição Federal:

> *Lei Complementar estabelecerá outros casos de inelegibilidade e os prazos de sua cessação,* ***a fim de proteger a probidade administrativa, a moralidade para o exercício do mandato, considerada a vida pregressa do candidato,*** *e a normalidade e legitimidade das eleições contra a influência do poder econômico ou o abuso do exercício de função, cargo ou emprego na administração direta ou indireta.* (Destaque nosso)

A Constituição cidadã ordena que devemos ter mecanismos para impedir que disputem eleições candidatos que, em análise da vida pregressa, podemos concluir que serão uma séria ameaça à probidade administrativa e à moralidade.

A lei complementar editada para obedecer ao preceito constitucional, foi a Lei Completar nº 64/1990 e – *pasmem!!!* – em nenhum momento a lei tratou dos temas:

a) probidade administrativa;

b) moralidade para o exercício do mandato;

c) vida pregressa do candidato.

Não há na Lei Completar nº 64/1990, "por puro esquecimento" dos nossos "bem-intencionados" políticos legisladores, as palavras: **probidade, moralidade** e **vida pregressa**.

Os nossos legisladores ainda exigiram nos parcos itens que poderiam tratar de moralidade e probidade, o trânsito em julgado, a saber:

> *Art. 1º São inelegíveis:*
>
> *I – para qualquer cargo:*

(...)
d) os que tenham contra sua pessoa representação julgada procedente pela Justiça Eleitoral, **transitada em julgado**, *em processo de apuração de abuso do poder econômico ou político, para a eleição na qual concorrem ou tenham sido diplomados, bem como para as que se realizarem nos 3 (três) anos seguintes;*
e) os que forem condenados criminalmente, **com sentença transitada em julgado**, *pela prática de crimes contra a economia popular, a fé pública, a administração pública, o patrimônio público, o mercado financeiro, pelo tráfico de entorpecentes e por crimes eleitorais, pelo prazo de 3 (três) anos, após o cumprimento da pena;*
(...)
h) os detentores de cargo na Administração Pública Direta, Indireta ou Fundacional, que beneficiarem a si ou a terceiros, pelo abuso do poder econômico ou político apurado em processo, **com sentença transitada em julgado**, *para as eleições que se realizarem nos 3 (três) anos seguintes ao término do seu mandato ou do período de sua permanência no cargo;*
(...) (Destaques nossos)

Percebe-se sem nenhum esforço mental que o comando constitucional ainda não foi atendido em sua integralidade, pois não há previsão explícita para os casos de inelegibilidade com o escopo de proteger a probidade administrativa e a moralidade para o exercício do mandato, considerada a vida pregressa do candidato.

Os políticos brasileiros não têm a coragem nem a condição ética necessária para transformar a legislação eleitoral mais eficaz no combate da corrupção eleitoral, portanto, cabe ao jurista e ao juiz no julgamento das ações fazer a interpretação que seja a mais adequada ao reforço dos instrumentos que são essenciais ao fortalecimento do regime democrático, quais sejam, as ações eleitorais que têm como principal escopo evitar que corruptos e políticos marginais direcionem as suas nebulosas atividades na administração da *res* pública.

Neste sentido, o Brasil que enseja entrar no primeiro mundo deve, urgentemente, responder a quatro simples perguntas:

1) É razoável um aspirante a um mandato eletivo, que tem vários processos criminais e ainda responde a várias ações civis públicas por improbidade administrativa em virtude de desvios de verbas públicas, ser elegível? Ou seja, ser um pretenso candidato a gerir os recursos oriundos do Estado?
2) A moralidade não seria a primeira característica a ser averiguada como condição de elegibilidade a um aspirante de um cargo público?
3) Há condições éticas mínimas necessárias para ocupar um cargo político?
4) O princípio do estado de inocência é o escudo fiel protetor dos políticos corruptos e um fator intransponível que permite a perpetuação de seres ímprobos no poder?

Para responder a tais indagações, deixo, *ab initio*, que não poderemos nos deter a nenhuma interpretação estritamente positivista, pois os nossos legisladores reconhecidamente "convenientes" jamais teriam interesse em patrocinar leis probas, portanto, a resposta estritamente legal e sem a mínima consciência político-social seria a registrada no RO nº 1.069/RJ do TSE, em 20/09/2006, *in verbis*: "Na ausência de lei complementar estabelecendo os casos em que a vida pregressa do candidato implicará inelegibilidade, não poderá o julgador, sem se substituir ao legislador, defini-los."

O RO nº 1.069/RJ, supracitado, discutia se era elegível um determinado candidato com nove processos criminais e uma ação de improbidade administrativa, tenho certeza absoluta de que, se a Ministra Carmem Lúcia, do Supremo Tribunal Federal, estivesse presente em tal julgamento, teria respondido a indagação supracitada da seguinte forma:

> Eventualmente, há que se sacrificar a interpretação literal e isolada de uma regra para se assegurar a aplicação e o respeito de todo o sistema constitucional (voto condutor do acórdão proferido no *Habeas Corpus* nº 89.417-8, Rondônia, em 22/08/2006).

É justamente isso que defendo: a literalidade da norma não se pode sobrepor à interpretação de um mandamento constitucional.

Há, na realidade, um conflito, entre o princípio da não culpabilidade antecipada e o do princípio da vida pregressa proba.

Um de índole processual penal defende que "ninguém será considerado culpado até o trânsito em julgado de sentença penal condenatória". (**Fundamento constitucional**: art. 5º, inciso LVII, da Constituição Federal.)

Outro de índole administrativo-eleitoral defende que a fim de proteger a probidade administrativa, a moralidade para o exercício do mandato, a normalidade e legitimidade das eleições contra a influência do poder econômico ou o abuso do exercício de função, cargo ou emprego na Administração direta ou indireta, deve ser considerada a conduta moral baseada na vida pregressa do pretenso candidato. (**Fundamento constitucional**: art. 14, § 9º, c.c. art. 37, todos da Constituição Federal.)

Tal conflito só pode ser resolvido pelo princípio da proporcionalidade:

> O princípio da proporcionalidade é operado através da verificação, pelo juiz, de determinado caso concreto, no qual surja o conflito de dois interesses juridicamente protegidos. Em caso afirmativo, deverão estes interesses, postos em causa, ser pesados e ponderados. A partir daí estabelecer-se-ão os limites de atuação das normas, na verificação do interesse predominante. Deste modo, o magistrado, mediante minuciosa valoração dos interesses, decidirá em que medida deve-se fazer prevalecer um ou outro interesse, impondo as restrições necessárias ao resguardo de outros bens jurídicos.

Realmente, com frequência, o julgador depara com dilemas em que a solução de um problema processual implica o sacrifício de um valor conflitante com outro, não obstante ambos tenham proteção legal. Nesse caso, devemos valorar os princípios em conflito, estabelecendo, em cada caso, que direito ou prerrogativa deva prevalecer.

Na valoração dos princípios conflitantes, há duas afirmações a serem fixadas:

Primeira: "não permitir" que um pretenso candidato com vida pregressa reconhecidamente ímproba concorra a um cargo público viola o princípio do estado de inocência (modernamente há a denominação "princípio da não culpabilidade antecipada").

Segunda: "permitir" que um pretenso candidato com vida pregressa reconhecidamente ímproba concorra a um cargo público viola o princípio da vida pregressa proba.

Na solução do conflito, é preciso desvendar o seguinte paradigma: se quaisquer das soluções afrontarão direitos, qual a solução menos injusta, ou seja, qual a solução que, dentro das desvantagens, apresentará mais vantagem à solução do litígio, de modo que se dê a solução concreta mais justa?

> O princípio da proporcionalidade exige também que se faça um juízo de ponderação sobre a relação existente entre o bem que é lesado ou posto em perigo, e o bem de que pode alguém ser privado. Assim, não teria sentido proteger, em nome do estado de inocência, um pretenso corrupto em detrimento ao dano que o mesmo pode acarretar à res pública.

Foi justamente através de princípios que foi imposta a "verticalização partidária", a "fidelidade partidária" e foi reforçado em todo Brasil o combate ao nepotismo arraigado nos três poderes e será através de princípios que podemos defender de forma veemente que a moralidade é pressuposto básico de ascensão ou ingresso a qualquer cargo público.

Defende o Ministro **José Augusto Delgado** no artigo "Reflexões doutrinárias e jurisprudenciais sobre o art. 41-A da Lei nº 9.504/1997" que

> A previsão do princípio da moralidade, de forma expressa e autônoma, na Constituição Federal, reforçou o entendimento de que qualquer atividade voltada para realizar fins estatais somente alcança aperfeiçoamento se for prestigiada pelo cumprimento das regras morais que lhe são impostas e pela vinculação à disciplina legislativa que lhe diz respeito.
>
> Esse panorama impõe obrigatoriedade ao Poder Judiciário de examinar, do modo mais amplo possível, a conduta do agente que se candidata a qualquer cargo eletivo, a fim de verificar se a sua eleição para integrar o Poder Executivo ou Legislativo ocorreu em conformidade com os postulados democráticos, especialmente com os que consagram o respeito à dignidade humana, ao valor da liberdade do voto, à legalidade e à igualdade.
>
> No círculo dessas ideias a serem seguidas pelo Poder Judiciário, deve preponderar o entendimento de que a carga valorativa a ser prestigiada nas relações jurídicas eleitorais, por influência das circunstâncias que estão presentes na situação em análise, deve ser a moral legitimada pelo próprio Direito, isto é, a que esteja contida na coerção de uma norma reconhecida como existente, válida, eficaz, efetiva e em harmonia com os desígnios da Constituição Federal.

Defendemos a prevalência do princípio da vida pregressa proba e ainda entendemos que nenhuma liberdade pública é absoluta, portanto, quando se percebe que a moralidade é tutelada como princípio coletivo, deve-se impor o sacrifício do interesse estritamente individual, assim, entre um princípio que pode se tornar uma armadura blindada com escopo de proteger atividades imorais e ilícitas, atentando frontalmente as bases de um verdadeiro Estado democrático de Direito, deve prevalecer que defende a moralização das atividades dos homens públicos.

Destaque-se a ementa do Recurso Ordinário nº 1.133 – RJ, em que o ex-Ministro do Tribunal Superior Eleitoral, José Delgado, ressalvou o seu entendimento pessoal:

"Recurso ordinário. Eleições 2006. Indeferimento. Registro de candidatura. Exame de vida pregressa. *Art. 14, § 9º, Constituição Federal de 1988, afronta aos princípios da moralidade e da probidade administrativa. Ressalva do entendimento pessoal. Provimento.*

1. O art. 14, § 9º, da CF, deve ser interpretado como contendo eficácia de execução autoaplicável com o propósito de que seja protegida a probidade administrativa, a moralidade para o exercício do mandato, considerando-se a vida pregressa do candidato.

2. A regra posta no art. 1º, inciso I, *g*, da LC nº 64, de 18/05/1990, não merece interpretação literal, de modo a ser aplicada sem vinculação aos propósitos da proteção à probidade administrativa e à moralidade pública.

3. A autorização constitucional para que Lei Complementar estabelecesse outros casos de inelegibilidade impõe uma condição de natureza absoluta: a de que fosse considerada a vida pregressa do candidato. **Isto posto, determinou, expressamente, que candidato que tenha sua vida pregressa maculada não pode concorrer às eleições.**

4. A exigência, portanto, **de sentença transitada em julgado não se constitui requisito de natureza constitucional.** Ela pode ser exigida em circunstâncias que não apresentam uma tempestade de fatos caracterizadores de improbidade administrativa e de que o candidato não apresenta uma vida pregressa confiável para o exercício da função pública.

5. Em se tratando de processos crimes, o ordenamento jurídico coloca à disposição do acusado o direito de trancar a ação penal por ausência de justa causa para o oferecimento da denúncia. Em se tratando de acusação de prática de ilícitos administrativos, improbidade administrativa, o fato pode ser provisoriamente afastado, no círculo de ação ordinária, por via de tutela antecipada, onde pode ser reconhecida a verossimilhança do direito alegado.

6. No entanto, no julgamento do RO nº 1.069/RJ, Rel. Min. Marcelo Ribeiro, sessão de 20/09/2006, esta Corte assentou entendimento segundo o qual o pretenso candidato que detenha indícios de máculas quanto a sua idoneidade, não deve ter obstaculizado o registro de sua candidatura em razão de tal fato.

7. Desta forma, em homenagem ao princípio da segurança jurídica, alinho-me a novel jurisprudência do TSE, ressalvando o meu entendimento.

8. Recurso ordinário provido.

Hoje, com notória proliferação de políticos desonestos causando incomensuráveis danos ao erário público, o juiz jamais pode afirmar que desconhece a vida pregressa ímproba de um pretenso candidato, pois a própria Lei nº 64/1990 autoriza[49] que o Juiz ou Tribunal, forme a sua convicção pela livre apreciação da prova, atendendo aos fatos e às circunstâncias constantes dos autos, **ainda que não alegados pelas partes**, mencionando, na decisão, os que motivaram seu convencimento, ou seja, no Direito Eleitoral, o clássico paradigma de *"o juiz está adstrito aos autos"* é substituído por um moderno com fito de prestar eficácia social às diretrizes dos preceitos constitucionais, qual seja, *"o juiz está adstrito ao mundo das eleições"*.

No mesmo sentido, certa vez, o ex-Ministro do TSE, Torquato Jardim, profetizou com maestria:

> O que faz a norma, ao tutelar valores fundamentais à eficácia social do regime democrático representativo, é exigir do Juiz sua imersão total no meio social e político no qual exerça seu mister; é impor-lhe vivência com a realidade sociológica e as nuances do processo político que, por intermédio do direito positivo com as peculiaridades inerentes à imparcialidade de decisão do Judiciário, deve ele, provocado na forma da lei, controlar, com o fim de assegurar a normalidade e a legitimidade das eleições e o interesse público de lisura eleitoral. Não lhe permite a norma pretender ignorar o que dos autos não conste; ao contrário, exige-lhe a lei, que instrumente a realidade legal e a eficácia social da Constituição, que acompanhe ele a vida social e política de sua comunidade. De distante e pretensiosamente diferente observador da cena à sua volta, torna-se o julgador, por imposição legal, um "spectateur engagé" – na feliz expressão com que se descreveu a vida intelectual de Raimond Aron.[50]

Nesse contexto, razão assiste a **Djalma Pinto**[51] quando afirma que a exigência de trânsito em julgado de condenação para simples aferição de improbidade, em última análise, significa prestigiá-la estimulando os governantes desonestos a persistirem na sua sina, tornando impotente a ordem jurídica para enfrentá-los, como se o Direito pátrio, no limiar do terceiro milênio, não dispusesse de mecanismo para dar satisfação aos seus legítimos destinatários: o povo brasileiro. Povo este desiludido e desencantado com as soluções propostas sempre tendentes à preservação dos direitos políticos dos comprovadamente sem probidade.

No julgamento do Registro de Candidatura nº 2.401 do TRE-RJ a Juíza Jacqueline Lima Montenegro também defendeu a desnecessidade do trânsito em julgado para considerar inelegível o pretenso candidato, e destacando:

---

49. Art. 7º, parágrafo único.
50. Ministro Torquato Jardim, do TSE, no Recurso nº 9.354, Porto Alegre/RS, Acórdão nº 13.428, *Revista de Jurisprudência* do TSE, v. 6, nº 1, p. 332.
51. Djalma Pinto. *Elegibilidade no Direito brasileiro*. São Paulo: Atlas, 2008.

(...) o momento histórico-social em que vivemos não se coaduna com interpretações restritivas dos comandos principiológicos autoaplicáveis, contidos na Contituição. Vivemos momentos em que se assanham rumores de desenvolvimento de agentes públicos com toda sorte de infrações penais, alguns deles com fortes indícios de realidade, de modo que não me parece que o legislador constituinte tenha querido ficar adstrito à ideia de tornar inelegível apenas aqueles que já contam com sentença penal condenatória.

Insta acentuar que o princípio da não culpabilidade antecipada é natureza processual penal e as instâncias processual penal e eleitoral são diversas e não vinculativas. Podemos citar dois exemplos desta total independência das disciplinas:

a) Um presidente do Brasil já teve os direitos políticos cassados no âmbito político-eleitoral e no processo criminal, fazendo uso dos princípios da não culpabilidade antecipada que fundamenta o *in dubio pro reo*, foi absolvido pelo STF.
b) No âmbito político-eleitoral, é possível a cassação de mandatos apenas baseado na ausência do decoro parlamentar, como aconteceu no escândalo do mensalão, em que alguns dos cassados ainda estão sendo processados criminalmente.

Em nenhum dos dois casos supracitados houve violação ao princípio que a doutrina clássica denomina "presunção do estado de inocência", por quê?

Porque temos de fazer uma divisão:

a) princípio da não culpabilidade antecipada (*ou presunção do estado de inocência*) é direcionado ao processo penal (*ninguém será considerado culpado até o trânsito em julgado de* ***sentença penal*** *condenatória*), aqui, o bem jurídico tutelado é a liberdade individual.
b) Princípio da vida pregressa proba é destinado ao Direito Eleitoral. O bem jurídico tutelado é de natureza coletiva, destarte, de interesse de todos, para os quais é primordialmente salutar que as *res* pública esteja protegida de criminosos e indivíduos ímprobos.

Djalma Pinto,[52] ao comentar o item "registro de pessoa sem idoneidade" afirma:

Ao deferir-se o registro de pessoa indiciada, denunciada ou condenada pela prática de crime grave, cuja autoria e materialidade estejam bem demonstradas, nega-se efetividade ao princípio que exige vida pregressa compatível com a magnitude da representação popular. O fato de tornar-se a decisão, que o concede, irrecorrível não transforma, entretanto, em elegível o infrator. A comprovada atuação à margem da lei, por razões inexplicáveis, mesmo contrariando a Constituição, pode até não ser levada em consideração, deferindo-se, então, o registro. Jamais subtrai, porém, a condição de inelegível ao cidadão registrado que a Lei Maior desautoriza

52. Djalma Pinto. *Elegibilidade no Direito brasileiro*. São Paulo: Atlas, 2008, p. 45.

> o reconhecimento de elegibilidade, em decorrência das comprovadas ilicitudes por ele cometidas. É que os comprovadamente marginais não perdem a condição de infratores em decorrência do registro de suas candidaturas. A Constituição mantém-se violada. Como consequência da incorreta aplicação do Texto constitucional, a população acaba perplexa com o perfil de muitos dos eleitos. O Parlamento não é reformatório para infrator, é preciso uma compreensão de todos nesse sentido. Não tem obviamente a atribuição de acolher acusado da prática de crimes contra a Administração, daí por que somente cidadãos dignos, sem conta a acertar com a Justiça, devem a ele ter acesso.

Em síntese, anoto que há um projeto de lei que visa a tornar a vida pregressa causa de inelegibilidade, mas não acredito que os políticos brasileiros tenham tendências suicidas, portanto, antecipo a previsão que só fazendo uso do princípio da vida pregressa proba e da coragem de todos que integram a justiça eleitoral poderemos elidir do cenário político os seres ímprobos como forma de construir uma democracia plena em que a moralidade, a dignidade da pessoa humana e a cidadania sejam os pressupostos básicos de um verdadeiro Estado democrático.

6.14. Teoria dos indícios veementes que confirmam a vida pregressa ímproba

A nova tendência do Direito Eleitoral é interpretar a norma com a precípua finalidade de reforçar o regime democrático, destarte, a própria democracia; por isso, é otimista a perspectiva de que os políticos desonestos sejam, enfim, forçados a cometer as suas naturais ilicitudes no âmbito privado.

O grande problema será a constatação da vida pregressa ímproba; no julgamento do Recurso Especial Eleitoral nº 26.406, TSE/RO, o então Ministro José Augusto Delgado já sinalizava para esta dificuldade:

> "1) A interpretação contemporânea do § 9º do art. 14 da CF, receptáculo do postulado da moralidade pública, sinaliza para a necessidade de o candidato a qualquer cargo público eletivo ser concebido como possuidor de conduta "proba, íntegra, honesta e justa – atributos esses exigíveis a qualquer servidor",[53] sob pena de se terem como violados princípios mestres sustentadores da Democracia preconizada pelo constituinte de 1988.
>
> 2) Tenho como certo que o § 9º do art. 14 da CF de 1988, autoexecutável, encerra preceito voltado a conferir normalidade e legitimidade absolutas ao processo eleitoral, pelo que a sua interpretação deve ser voltada para garantir essas destinações axiológicas, aplicando-se os seus efeitos de modo que seja afastado do ambiente das eleições qualquer fato que afete a sua lisura e que provoque falta de confiança nos estamentos sociais convocados para escolher os seus governantes.

53. Uadi Lammêgo Bullos, *Constituição Federal anotada*. São Paulo: Saraiva, 2008, 5. ed. p. 496.

> 3) Contudo, a parte que impugna registro de candidatura a cargo eletivo, tendo como base ausência de conduta proba, íntegra, honesta e justa do pretendente, deverá demonstrar, de modo evidente, a ausência dessas condições pelo candidato.
> 4) Meras notícias de denúncias, em três ações penais, apresentadas pelo Ministério Público contra o candidato, apontando-lhe o cometimento do delito do art. 299 do Código Eleitoral, sem se ter ciência do seu conteúdo e das provas que sustentaram o seu oferecimento, por si só, não são hábeis para formar convencimento sobre consumação de improbidade administrativa e/ou violação do princípio da moralidade pública.
> 5) Recurso especial conhecido, porém, improvido. Manutenção do acórdão recorrido que deferiu o registro do candidato.

A pergunta é como demonstrar, de modo evidente, a ausência de probidade do pretenso candidato?

A resposta não é tão simples como parece, pois temos duas dificuldades:

Primeira: nem todo ato de improbidade administrativa revela ausência de moralidade do praticante.

Segunda: no recebimento de uma denúncia criminal, prevalece o princípio *in dubio pro societate*, ou seja, na dúvida prevalece o interesse da sociedade, portanto, também podemos afirmar que nem todo crime cometido revela ausência de moralidade do praticante.

Lembre-se que até o crime de homicídio pode ser cometido por relevante valor moral e não teria sentido impugnar o registro de um candidato por um crime que qualquer pessoa pode cometer, como, por exemplo, um homicídio culposo no trânsito.

Portanto, pergunta-se: se nem todo ato de improbidade administrativa e nem todo crime revela condição ímproba do praticante, qual o critério adotado para averiguar a vida pregressa de um pretenso candidato?

Depois de muito refletir, concluo que só há uma solução: a adoção da "Teoria dos indícios veementes que confirmam a vida pregressa ímproba".

Determina o art. 239 do Código de Processo Penal que: "*Considera-se indício a circunstância conhecida e provada, que, tendo relação com o fato, autorize, por indução, concluir-se a existência de outra ou outras circunstâncias*".

Em homenagem ao princípio da segurança jurídica não é razoável que aquele que é processado por um crime sem que haja pelo menos uma sentença condenatória, torne-se inelegível, portanto, entendemos que o indício de circunstância conhecida e provada no Direito Eleitoral deve impreterivelmente passar pelo crivo dos princípios da ampla defesa e contraditório, assim, podemos visualizar, com fulcro na "teoria dos indícios veementes que confirmam a vida pregressa ímproba", que são hipóteses que demonstram uma vida pregressa ímproba:

a) os que forem condenados criminalmente, **mesmo sem trânsito em julgado**, pela prática de crimes contra:

- a Administração Pública

- a fé pública
- o patrimônio
- administração da justiça
- liberdade sexual
- saúde pública
- paz pública
- finanças públicas
- a economia popular
- o mercado financeiro
- pelo tráfico de entorpecentes
- pelo crime de corrupção eleitoral

b) os que estão respondendo por ação de improbidade administrativa que denotam improbidade de caráter, tais como:
• Todos os atos de improbidade administrativa que importam enriquecimento ilícito na forma do art. 9º da Lei nº 8.429/1992, a saber:
– receber, para si ou para outrem, dinheiro, bem móvel ou imóvel, ou qualquer outra vantagem econômica, direta ou indireta, a título de comissão, percentagem, gratificação ou presente de quem tenha interesse, direto ou indireto, que possa ser atingido ou amparado por ação ou omissão decorrente das atribuições do agente público;
– perceber vantagem econômica, direta ou indireta, para facilitar a aquisição, permuta ou locação de bem móvel ou imóvel, ou a contratação de serviços pelas entidades referidas no art. 1º por preço superior ao valor de mercado;
– perceber vantagem econômica, direta ou indireta, para facilitar a alienação, permuta ou locação de bem público ou o fornecimento de serviço por ente estatal por preço inferior ao valor de mercado;
– utilizar, em obra ou serviço particular, veículos, máquinas, equipamentos ou material de qualquer natureza, de propriedade ou à disposição de qualquer das entidades mencionadas no art. 1º desta Lei, bem como o trabalho de servidores públicos, empregados ou terceiros contratados por essas entidades;
– receber vantagem econômica de qualquer natureza, direta ou indireta, para tolerar a exploração ou a prática de jogos de azar, de lenocínio, de narcotráfico, de contrabando, de usura ou de qualquer outra atividade ilícita, ou aceitar promessa de tal vantagem;
– receber vantagem econômica de qualquer natureza, direta ou indireta, para fazer declaração falsa sobre medição ou avaliação em obras públicas ou qualquer outro serviço, ou sobre quantidade, peso, medida, qualidade ou característica de mercadorias ou bens fornecidos a qualquer das entidades mencionadas no art. 1º desta Lei;

– adquirir, para si ou para outrem, no exercício de mandato, cargo, emprego ou função pública, bens de qualquer natureza cujo valor seja desproporcional à evolução do patrimônio ou à renda do agente público;
– aceitar emprego, comissão ou exercer atividade de consultoria ou assessoramento para pessoa física ou jurídica que tenha interesse suscetível de ser atingido ou amparado por ação ou omissão decorrente das atribuições do agente público, durante a atividade;
– perceber vantagem econômica para intermediar a liberação ou aplicação de verba pública de qualquer natureza;
– receber vantagem econômica de qualquer natureza, direta ou indiretamente, para omitir ato de ofício, providência ou declaração a que esteja obrigado;
– incorporar, por qualquer forma, ao seu patrimônio bens, rendas, verbas ou valores integrantes do acervo patrimonial das entidades mencionadas no art. 1º desta Lei;
– usar, em proveito próprio, bens, rendas, verbas ou valores integrantes do acervo patrimonial das entidades mencionadas no art. 1º desta Lei.

• Todos os atos de improbidade administrativa que causam prejuízo ao erário com fulcro no art. 10 da Lei nº 8.429/1992, a saber:

– facilitar ou concorrer por qualquer forma para a incorporação ao patrimônio particular, de pessoa física ou jurídica, de bens, rendas, verbas ou valores integrantes do acervo patrimonial das entidades mencionadas no art. 1º desta Lei;
– permitir ou concorrer para que pessoa física ou jurídica privada utilize bens, rendas, verbas ou valores integrantes do acervo patrimonial das entidades mencionadas no art. 1º desta Lei, sem a observância das formalidades legais ou regulamentares aplicáveis à espécie;
– doar à pessoa física ou jurídica bem como ao ente despersonalizado, ainda que de fins educativos ou assistenciais, bens, rendas, verbas ou valores do patrimônio de qualquer das entidades mencionadas no art. 1º desta Lei, sem observância das formalidades legais e regulamentares aplicáveis à espécie;
– permitir ou facilitar a alienação, permuta ou locação de bem integrante do patrimônio de qualquer das entidades referidas no art. 1º desta Lei, ou ainda a prestação de serviço por parte delas, por preço inferior ao de mercado;
– permitir ou facilitar a aquisição, permuta ou locação de bem ou serviço por preço superior ao de mercado;
– realizar operação financeira sem observância das normas legais e regulamentares ou aceitar garantia insuficiente ou inidônea;
– conceder benefício administrativo ou fiscal sem a observância das formalidades legais ou regulamentares aplicáveis à espécie;
– frustrar a licitude de processo licitatório ou dispensá-lo indevidamente;
– ordenar ou permitir a realização de despesas não autorizadas em lei ou

regulamento;
– agir negligentemente na arrecadação de tributo ou renda, bem como no que diz respeito à conservação do patrimônio público;
– liberar verba pública sem a estrita observância das normas pertinentes ou influir de qualquer forma para a sua aplicação irregular;
– permitir, facilitar ou concorrer para que terceiro se enriqueça ilicitamente;
– permitir que se utilize, em obra ou serviço particular, veículos, máquinas, equipamentos ou material de qualquer natureza, de propriedade ou à disposição de qualquer das entidades mencionadas no art. 1º desta Lei, bem como o trabalho de servidor público, empregados ou terceiros contratados por essas entidades.
– celebrar contrato ou outro instrumento que tenha por objeto a prestação de serviços públicos por meio da gestão associada sem observar as formalidades previstas na lei;
– celebrar contrato de rateio de consórcio público sem suficiente e prévia dotação orçamentária, ou sem observar as formalidades previstas na lei.

• Alguns dos atos de improbidade administrativa que atentam contra os princípios da Administração pública com fulcro no art. 11 da Lei nº 8.429/1992, a saber:
– frustrar a licitude de concurso público;
– deixar de prestar contas quando esteja obrigado a fazê-lo.

Posição dominante do STF:

A tese supracitada é aceita pela maioria absoluta dos juízes e promotores eleitorais, mas no dia 6 de agosto de 2008, infelizmente, por nove votos a dois, o STF julgou improcedente o pedido da Associação dos Magistrados Brasileiros para permitir que juízes eleitorais pudessem vetar a candidatura de políticos que respondem a processo judicial, os chamados "fichas sujas". E o pior, como a decisão foi por maioria absoluta do plenário, o resultado vincula todas as instâncias do Poder Judiciário, inclusive a Justiça Eleitoral, e a Administração Pública.

6.15. O procedimento da Airc

Faremos a seguir uma exposição didática do procedimento, alertando que não é possível usar o rito das representações e que a escolha da via errada pode acarretar a extinção do feito sem julgamento do mérito.

No mesmo sentido:

> "**Inadequação da via processual eleita.** Extinção do feito sem julgamento do mérito, nos termos do art. 267, inciso VI, do Código de Processo Civil" (TRE/CE, Recurso em Ação de Impugnação de Mandato Eletivo nº 11.047, Guaiúba, Rel. Rômulo Moreira de Deus).

Também não é possível usar o rito da Airc para impugnação de uma propaganda irregular.

No mesmo sentido:

"Propagandas eleitorais. Irregularidade a ser apurada em processo autônomo, com rito, procedimentos e penalidades próprios, consoante os dispositivos legais específicos aplicáveis à espécie" (TRE/MG, Recurso Eleitoral nº 1572005 (474), Rel. Antônio Romanelli, maioria).

a) A petição inicial e os meios de provas

A petição inicial deve conter os requisitos dos arts. 282 e 284 do CPC.

O impugnante especificará, desde logo, os meios de prova com que pretende demonstrar a veracidade do alegado, arrolando testemunhas, se for o caso, no máximo de seis.

Não é exigível nas ações eleitorais o valor da causa.

A petição inicial poderá ser indeferida liminarmente na forma do art. 295 do Código de Processo Civil, *in verbis:*

A petição inicial será indeferida:

I – quando for inepta;

II – quando a parte for manifestamente ilegítima;

III – quando o autor carecer de interesse processual;

IV – quando o juiz verificar, desde logo, a decadência ou prescrição (art. 219, § 5º);

V – quando o tipo de procedimento, escolhido pelo autor, não corresponder à natureza da causa, ou ao valor da ação; caso em que só não será indeferida, se puder adaptar-se ao tipo de procedimento legal;

VI – quando não atendidas as prescrições dos arts. 39, parágrafo único, primeira parte, e 284.

Parágrafo único. Considera-se inepta a petição inicial quando:

I – lhe faltar pedido ou causa de pedir;

II – da narração dos fatos não decorrer logicamente a conclusão;

III – o pedido for juridicamente impossível;

IV – contiver pedidos incompatíveis entre si.

b) A contestação

Conforme o art. 39 da Resolução nº 23.221/2010, terminado o prazo para impugnação, o candidato, o partido político ou a coligação serão notificados por *fac-símile*, para, no prazo de 7 dias, contestá-la ou se manifestar sobre a notícia de inelegibilidade, juntar documentos, indicar rol de testemunhas e requerer a produção de outras provas, inclusive documentais, que se encontrarem em poder de terceiros, de repartições públicas ou em procedimentos judiciais ou administrativos, salvo os processos que estiverem tramitando em segredo de justiça (LC nº 64/1990, art. 4º).

Não apresentada a contestação, não podemos falar em revelia, pois trata-se de matéria de ordem pública e de direitos indisponíveis.

O **TSE** também entende que não é possível a reconvenção. No mesmo sentido: "No procedimento de impugnação de registro de candidatos, não se admite Reconvenção."[54]

Em razão da celeridade do procedimento sumário, também não será possível a réplica.

c) A produção de provas

Decorrido o prazo para contestação, caso a hipótese verse sobre questão de mérito unicamente de direito, ou, sendo de direito e de fato, não houver necessidade de produzir prova em audiência, o juiz eleitoral pode julgar antecipadamente o pedido.

Sendo relevante a produção de provas, serão designados os quatro dias seguintes para inquirição das testemunhas do impugnante e do impugnado, as quais comparecerão por iniciativa das partes que as tiverem arrolado, com notificação judicial.

Se houver testemunhas arroladas, será necessário que o juiz, no despacho que designa a audiência para sua oitiva, esclareça se serão elas notificadas ou se o seu comparecimento fica a cargo da parte que as arrolou. Isto porque o texto da Lei Complementar nº 64/1990 (art. 5º) é contraditório ao dizer que as testemunhas comparecerão à audiência por iniciativa das partes, com prévia notificação judicial.[55]

Dispõe o art. 40 da Resolução nº 23.221/2010 que, decorrido o prazo para contestação, se não se tratar apenas de matéria de direito, e a prova protestada for relevante, o relator designará os 4 dias seguintes para inquirição das testemunhas do impugnante e do impugnado, as quais comparecerão por iniciativa das partes que as tiverem arrolado, após notificação (LC nº 64/1990, art. 5º, *caput*).

d) A oitiva das testemunhas

As testemunhas do impugnante e do impugnado serão ouvidas em uma só assentada.

e) Das diligências

Nos cinco dias subsequentes, o juiz ou o relator procederá a todas as diligências que determinar, de ofício ou a requerimento das partes.

Consoante lição de **Edson de Resende**[56] este é momento de o juiz submeter os candidatos ao teste de alfabetização, quando a impugnação fundar-se na inelegibilidade decorrente do analfabetismo.

---

54. TSE – REspe nº 22.664, Rel. Min. Humberto Gomes de Barros, 15/09/2004, publicada em sessão.
55. No mesmo sentido, Edson de Resende Castro. *Teoria e prática do Direito Eleitoral*. 2. ed. Belo Horizonte: Mandamentos, 2005, p.199.
56. Edson de Resende Castro. *Teoria e prática do Direito Eleitoral*. 2. ed. Belo Horizonte: Mandamentos, 2005, p. 199.

Conforme o art. 26, § 9º da Resolução nº 23.221/2010,

> *A ausência do comprovante de escolaridade a que se refere o inciso IV do* caput *poderá ser suprida por declaração de próprio punho,* ***podendo a exigência de alfabetização do candidato ser aferida por outros meios, desde que individual e reservadamente.*** *(Destaque nosso)*

f) A coleta de provas

No prazo supramencionado, o juiz ou o relator poderá ouvir terceiros, referidos pelas partes, ou testemunhas, como conhecedores dos fatos e circunstâncias que possam influir na decisão da causa.

Quando qualquer documento necessário à formação da prova se achar em poder de terceiro, o juiz ou o relator poderá ainda, no mesmo prazo, ordenar o respectivo depósito.

Se o terceiro, sem justa causa, não exibir o documento ou não comparecer a juízo, poderá o juiz contra ele expedir mandado de prisão e instaurar processo por crime de desobediência.

g) As alegações finais

Encerrado o prazo da dilação probatória, nos termos do item anterior, as partes, inclusive o Ministério Público, poderão apresentar alegações no prazo comum de cinco dias.

h) A sentença

As alegações finais são facultativas, portanto, encerrado o prazo para alegações, os autos serão conclusos ao juiz ou ao relator, no dia imediato, para sentença ou julgamento pelo Tribunal.

i) O princípio da celeridade processual e a Airc

A reforma eleitoral, com escopo de dar maior celeridade aos feitos eleitorais, estabeleceu o prazo de 45 (quarenta e cinco dias) antes da data das eleições para que os Tribunais Regionais Eleitorais enviem ao Tribunal Superior Eleitoral, para fins de centralização e divulgação de dados, a relação dos candidatos às eleições majoritárias e proporcionais.

Nesta relação, deve constar obrigatoriamente a referência ao sexo e ao cargo a que concorrem.

j) A data final para que todos os registros sejam julgados

Ainda em atendimento ao princípio da celeridade, até 45 (quarenta e cinco dias) antes da data das eleições, todos os pedidos de registro de candidatos, inclusive os impugnados, e os respectivos recursos, devem estar julgados em todas as instâncias, e publicadas as decisões a eles relativas.

Para cumprir os dois objetivos dos itens "*i*" e "*j*" os processos de registro de candidaturas terão prioridade sobre quaisquer outros, devendo a Justiça Eleitoral adotar as providências necessárias para o cumprimento dos prazos, inclusive com a realização de sessões extraordinárias e a convocação dos juízes suplentes pelos Tribunais, sem prejuízo da eventual aplicação do disposto no art. 97 da Lei nº 9.504/1997 e de representação ao Conselho Nacional de Justiça.

k) Os honorários advocatícios em sede de Airc

Segundo o **TSE** a condenação em honorários advocatícios, em razão de sucumbência, apresenta-se incabível em feitos eleitorais. (REspe nº 12.783 – Ac, p. 13.862).

l) A apreciação das provas

Segundo o art. 7º, parágrafo único, da Lei Complementar federal nº 64, de 18/05/1990:

> *O juiz, ou Tribunal, formará sua convicção pela livre apreciação da prova, atendendo aos fatos e às circunstâncias constantes dos autos, ainda que não alegados pelas partes, mencionando, na decisão, os que motivaram seu convencimento.*

Obs.: Existe uma ação Direta de Inconstitucionalidade (nº 1.082-4) contestando as expressões "ainda que não alegados pelas partes" encontráveis no parágrafo único supracitado.

m) O prazo recursal

Nos pedidos de registro de candidatos a eleições municipais, o juiz eleitoral apresentará a sentença em cartório três dias após a conclusão dos autos, passando a correr deste momento o prazo de três dias para a interposição de recurso para o Tribunal Regional Eleitoral.

Quando a sentença for proferida dentro do tríduo legal o transcurso do prazo recursal corre em cartório, independentemente de intimação ou de publicação. Quanto ao Ministério Público, a intimação deve ser pessoal, uma vez que, neste caso, aplica-se o art. 18, II, *h* da LC nº 75/1993.

Posicionamento majoritário do TSE I: A contagem do prazo de recurso não se altera quando a sentença é entregue *antes* dos 3 (três) dias previstos.

No mesmo sentido a Súmula nº 10 do TSE:

> No processo de registro de candidatos, quando a sentença for entregue em Cartório antes de três dias contados da conclusão ao Juiz, o prazo para o recurso ordinário, salvo intimação pessoal anterior, só se conta do termo final daquele tríduo.

Cuidado: como já relatei, "o juiz eleitoral apresentará a sentença em cartório três dias após a conclusão dos autos, **passando a correr deste momento o prazo de três dias para a interposição de recurso"**, portanto, as partes devem visitar diariamente o cartório eleitoral, porque não serão intimados pessoalmente nem por publicação oficial da sentença.

Posicionamento majoritário do TSE II: não tendo o juiz aberto prazo para o suprimento de defeito da instrução do pedido, pode o documento, cuja falta houver motivado o indeferimento, ser juntado com o recurso ordinário (TSE – Súmula nº 3/1992).

n) A contagem do prazo recursal diferenciada

Se o juiz eleitoral não apresentar a sentença no prazo do item anterior, o prazo para recurso só começará a correr após a sua publicação por edital, em cartório.

Ocorrendo a hipótese anteriormente prevista, o Corregedor Regional, de ofício, apurará o motivo do retardamento e proporá ao Tribunal Regional Eleitoral, se for o caso, a aplicação da penalidade cabível.

o) A ilegitimidade do partido que não impugnou o registro de candidato para recorrer da sentença que o deferiu

Consoante posicionamento majoritário do TSE há ilegitimidade do partido que não impugnou o registro de candidato para recorrer da sentença que o deferiu, salvo se cuidar de matéria constitucional. (TSE – Súmula nº 11/1992) Neste caso, a preclusão só atinge a matéria infraconstitucional.

p) As contrarrazões

A partir da data em que for protocolada a petição de recurso, passará a correr o prazo de três dias para a apresentação de contrarrazões.

Apresentadas as contrarrazões, serão os autos imediatamente remetidos ao Tribunal Regional Eleitoral, inclusive por portador, se houver necessidade, decorrente da exiguidade de prazo, correndo as despesas do transporte por conta do recorrente, se tiver condições de pagá-las.

O prazo para as contrarrazões do recorrido será sempre de três dias (arts. 8º, §§ 1º, e 12, ambos da LC nº 64/1990). Importante frisar que os prazos eleitorais, a partir de 5 de julho do ano das eleições, não se interrompem aos sábados, domingos e feriados e são peremptórios. Assim, se a intimação ocorrer na sexta-feira, começará o prazo a fluir no sábado. Se o juiz entregar a sentença no Cartório Eleitoral na quarta-feira, o prazo de três dias para recurso começa a contar-se na quinta e, via de consequência, o recurso deve ser protocolado no sábado, porque os Cartórios e Secretarias Eleitorais funcionam inclusive naqueles dias, no mínimo de 11 às 19 horas.[57]

57. No mesmo sentido, Edson de Resende Castro. *Teoria e prática do Direito Eleitoral*. 2. ed. Belo Horizonte:

q) A intervenção do procurador

Recebidos os autos na Secretaria do Tribunal Regional Eleitoral, estes serão autuados e apresentados no mesmo dia ao Presidente, que, também na mesma data, os distribuirá a um relator e mandará abrir vistas ao procurador regional pelo prazo de dois dias.

Findo o prazo, com ou sem parecer, os autos serão enviados ao relator, que os apresentará em mesa para julgamento em três dias, independentemente de publicação em pauta.

r) O julgamento no tribunal

Na sessão do julgamento, que poderá realizar-se em até duas reuniões seguidas, feito o relatório, facultada a palavra às partes e ouvido o procurador regional, proferirá o relator o seu voto e serão tomados os dos demais juízes.

Proclamado o resultado, o tribunal se reunirá para lavratura do acórdão, no qual serão indicados o direito, os fatos e as circunstâncias com base nos fundamentos do relator ou do voto vencedor.

Terminada a sessão, far-se-á a leitura e a publicação do acórdão, passando a correr dessa data o prazo de três dias, para a interposição de recurso para o Tribunal Superior Eleitoral, em petição fundamentada.

s) O recurso para o TSE

Caberão os seguintes recursos para o Tribunal Superior Eleitoral, que serão interpostos, no prazo de 3 dias, em petição fundamentada (LC nº 64/1990, art. 11, § 2º):

a) recurso ordinário quando versar sobre inelegibilidade (CF, art. 121, § 4º, III);

b) recurso especial quando versar sobre condições de elegibilidade (CF, art. 121, § 4º, I e II).

O recorrido será notificado por *fac-símile*, para apresentar contrarrazões, no prazo de 3 dias (LC nº 64/1990, art. 12, *caput*).

Apresentadas as contrarrazões ou transcorrido o respectivo prazo, e dispensado o juízo prévio de admissibilidade do recurso, os autos serão remetidos ao Tribunal Superior Eleitoral imediatamente, inclusive por portador, correndo as despesas do transporte, nesse último caso, por conta do recorrente (LC nº 64/1990, art. 8º, § 2º, c.c. art. 12, parágrafo único).

Os recursos e as respectivas contrarrazões poderão ser enviados por *fac-símile*, dispensado o envio dos originais.

A Secretaria do Tribunal Regional Eleitoral comunicará, imediatamente, à Secretaria do Tribunal Superior Eleitoral, por *fac-símile* ou correio eletrônico, a remessa dos autos, indicando o meio, a data e, se houver, o número do conhecimento.

Mandamentos, 2005, p. 200.

6.16. Observações didáticas

1) Tratando-se de registro a ser julgado originariamente por Tribunal Regional Eleitoral, observado o disposto no art. 6º da LC nº 64/1990, o pedido de registro, com ou sem impugnação, será julgado em três dias, independentemente de publicação em pauta.

No Tribunal Superior Eleitoral, os recursos sobre registro de candidatos serão processados e julgados na forma prevista nos itens "q" e "r" supracitados e em conformidade com o regimento interno do TSE; há possibilidade de o relator negar seguimento a pedido ou recurso intempestivo, manifestamente inadmissível, improcedente, prejudicado ou em confronto com súmula ou com jurisprudência dominante do TSE, do STF ou de Tribunal Superior.

Há também possibilidade de prover, desde logo, o recurso se a decisão recorrida estiver na situação supracitada. Em qualquer hipótese, da decisão cabe agravo regimental, conforme disposto no § 8º do Regimento Interno do TSE.

2) A declaração de inelegibilidade do candidato à presidência da República, governador de Estado e do Distrito Federal e prefeito municipal **não atingirá o candidato a vice-presidente, vice-governador ou vice-prefeito, assim como a destes não atingirá aqueles**.

3) Cuidado para não errar o rito, pois segundo o entendimento do TSE:

> "Não é próprio apurar-se a ocorrência de abuso em impugnação de registro de candidatura, uma vez que a Lei Complementar nº 64/1990 prevê, em seu art. 22, a ação de investigação judicial para esse fim, a qual, não estando sujeita a prazo decadencial, pode ser ajuizada até a data da diplomação do candidato"
>
> 11. Conforme jurisprudência deste Tribunal Superior é tido por inexistente o recurso interposto por advogado sem procuração nos autos. Incumbe ao advogado informar sobre o arquivamento de sua procuração em cartório ou secretaria e solicitar a certificação de tal fato pelo cartório nos autos.[58] A existência de procuração arquivada na Secretaria do Tribunal tem que estar certificada nos autos.
>
> 12. É também entendimento do TSE que interposto o recurso, este não pode ser complementado ou renovado, ainda que o prazo não se tenha esgotado, operando-se a preclusão consumativa. Para que o agravo obtenha êxito, é necessário que os fundamentos da decisão agravada sejam especificamente infirmados, sob pena de subsistirem suas conclusões. Agravo Regimental a que se nega provimento.[59] (TSE – RO 593, Rel. Min. Sálvio de Figueiredo Teixeira). (...)

58. No mesmo sentido: TSE/GO, Agravo Regimental em Recurso Especial Eleitoral nº 26.639, Rel. Marcelo Henriques Ribeiro de Oliveira, unânime.

59. No mesmo sentido: TSE/RJ, Agravo Regimental em Recurso Ordinário nº 1.084, Rel. José Gerardo Grossi, unânime.

7. ARCISU – AÇÃO DE RECLAMAÇÃO POR CAPTAÇÃO IRREGULAR DE SUFRÁGIO

Com o precípuo desejo de combater a crescente corrupção eleitoral, várias entidades (Conamp, AMB, OAB, Fenaj, CUT, CBJP, entre outras) recolheram mais de mais de 1 milhão de assinaturas, com o escopo de criar uma lei que propiciasse mecanismo ao combate à chamada mercadoria do voto.

Neste ensejo, a Lei nº 9.840/1999, apelidada como "Lei dos Bispos", causou sensível mudança na Lei nº 9.504/1997 ao criar o art. 41-A, *in verbis:*

> *Ressalvado o disposto no art. 26 e seus incisos, constitui captação de sufrágio, vedada por esta Lei, o candidato doar, oferecer, prometer, ou entregar, ao eleitor, com o fim de obter-lhe o voto, bem ou vantagem pessoal de qualquer natureza, inclusive emprego ou função pública, desde o registro da candidatura até o dia da eleição, inclusive, sob pena de multa de mil a cinquenta mil Ufir, e cassação do registro ou do diploma, observado o procedimento previsto no art. 22 da Lei Complementar nº 64, de 18 de maio de 1990.*

7.1. Para que serve a Arcisu

A onda de corrupção nos três Poderes que ameaça estabelecer o caos na sociedade brasileira decorre, entre outros fatores, da falta de preocupação de nossas escolas com a formação moral dos alunos e do processo de escolha dos nossos homens públicos viciados e embriagados pela noção de que o poder deve ser conquistado a qualquer custo e não importa os meios que porventura sejam utilizados.

A sociedade deve, urgentemente, educar seus jovens para serem cidadãos justos e virtuosos, para votar conscientemente e estabelecer um combate incessante a todos os tipos de corrupção. A sabedoria de Platão constata que "o Estado é o que é porque seus cidadãos são o que são. Portanto, não devemos esperar ter melhores estados enquanto não tivermos homens melhores..."

Hoje, infelizmente, a maioria dos políticos brasileiros nunca poderão dizer esta frase: "Eu não tenho mensagem. Minha mensagem é a minha vida." (Gandhi)

Neste contexto, a Arcisu serve para combater a retrógrada, imoral, secular e quase costumeira captação ilícita de sufrágio, e traz em seu bojo a grande esperança de que os políticos brasileiros entendam que a ética e a moral são as duas colunas que devem dar sustentáculo a toda atividade desenvolvida pelo parlamentar.

Destaco, por concordar em sua plenitude com as sábias palavras de **Flávio da Silva Andrade**:[60]

60. Breves apontamentos acerca do moralizador instituto do art. 41-A da Lei nº 9.504/1997 – captação ilícita de sufrágio. In: *Juris Plenum.*

A Lei nº 9.840/1999, que trouxe inovações à Lei nº 9.504/1997, é portadora de muitas esperanças, isso porque inibe com rigor a captação ilícita de sufrágio (corrupção eleitoral) e também o uso indevido da máquina administrativa. Não se pode mais permitir que maus políticos, sabedores da impossibilidade de burlar o resultado matemático da votação, impunemente voltem suas energias à prática da mercancia eleitoral e à concessão de benesses sufragistas, fazendo de tudo para alcançar ou se manter no poder político.

Jamais se pode esquecer da necessidade de proteção da lisura do pleito eleitoral, isso porque vivemos num Estado que se proclama democrático e de direito, o que significa, dentre tantas outras coisas, que os candidatos devem agir conforme as leis na busca dos mandatos almejados.

Urge, portanto, que as autoridades constituídas façam valer tão importante lei, aplicando-a de modo a combater, com firmeza e equilíbrio, os costumeiros atos de ofensa e violência à democracia, tão duramente conquistada pelo povo brasileiro. Se se quiser mudar o curso da história neste país miserável e cheio de injustiças, será necessário tomar medidas verdadeiramente severas em relação àqueles candidatos que conquistam mandatos desonestamente, sendo que, não fosse o amor ao ilícito, nunca seriam eleitos para ocupar cargo algum.

Não se pode permitir o exercício do mandato por quem não o logrou alcançar legitimamente. Em verdade, para que se tenha um país verdadeiramente democrático, voltado para a realização da justiça e para igualdade concreta de todos os brasileiros, é absolutamente necessário extirpar do meio político os que galgam tais mandatos valendo-se da carência dos milhares de eleitores sem condição de bem discernir sobre a importância do direito/dever de votar.

7.2. Os requisitos da Arcisu

A Arcisu requer 7 (sete) requisitos, a saber:

1) Conduta objetiva consistente em:

a) dar;

b) oferecer;

c) prometer;

d) ou entregar bem ou qualquer vantagem de cunho pessoal, inclusive emprego ou função pública, salvo as exceções legais previstas no art. 26 da Lei nº 9.504/1997.

2) a existência de uma pessoa física (um eleitor focado na intenção ou ato praticado).[61]

3) A exigência da finalidade especial.

Para a caracterização da captação ilícita de sufrágio é desnecessário o pedido explícito de votos, mas deve ser demonstrada a prova da finalidade especial de agir, qual seja, de que a conduta fora praticada com o objetivo de obter o voto do eleitor.

61. No mesmo sentido *vide* o voto condutor no Ac. nº 19.176/2001, Rel. Min. Sepúlveda Pertence.

4) Conduta direcionada a eleitor determinado ou determinável.

A conduta realizada de forma genérica como é o caso das promessas de campanha realizadas a um número indeterminado de eleitores não configura a hipótese do art. 41-A da Lei nº 9.504/1997, que exige conduta direcionada ao eleitor ou eleitores, desde que sejam identificados, ou seja possível a identificação.

Repito por ser importante: é entendimento já consolidado no TSE que *"não se faz indispensável a identificação do eleitor (...)"*,[62] o que se exige é que o eleitor possa ser identificado.

5) Pedido direcionado a eleitor da circunscrição do pleito.

Caso a conduta seja dirigida a um eleitor que vota em outra circunscrição eleitoral, trata-se de impossibilidade jurídica de lesão ao bem jurídico tutelado, portanto, não restará configurada a hipótese prevista no art. 41-A da Lei nº 9.504/1997.

6) Pedido positivo ou negativo.

Configura a conduta prevista no art. 41-A o pedido de votos (*pedido positivo*) e também o pedido negativo, qual seja, o pedido de abstenção consistente na formulação da conduta com o objetivo de o eleitor não votar em determinado candidato.

7) Conduta formal.

Para caracterização da conduta ilícita não é necessária a obtenção da vantagem pretendida pelo candidato, a simples promessa já caracteriza a conduta, sendo a efetivação da promessa mero exaurimento.

Ausentes os requisitos supracitados, não será o caso de imposição da Arcisu, mas a conduta só será lícita se não for o caso de corrupção eleitoral ou um abuso do poder econômico ou político, a serem combatidas por outras ações eleitorais.

7.2.1. A distinção entre "boca de urna" e captação de sufrágio

1) A boca de urna é caracterizada pela coação que inibe a livre escolha do eleitor (Lei nº 9.504/1997, art. 39, § 5º).

2) A captação de sufrágio constitui oferecimento ou promessa de vantagem ao eleitor, com o fim de obter-lhe o voto (Lei nº 9.504/1997, art. 41-A, acrescido pela Lei nº 9.840/1999).[63]

7.3. Previsão legal da Arcisu

A **Arcisu** é prevista no art. 41-A da Lei nº 9.504/1997.

7.4. Legitimidade ativa da Arcisu

Têm legitimidade para propor a **Arcisu**

a) qualquer partido político;

62. TSE – REspe nº 25.215, Ac., Rel. Carlos Caputo Bastos, p. 171.
63. No mesmo sentido: Res. nº 20.531, de 14/12/1999, Rel. Min. Maurício Corrêa.

b) coligação;

c) candidato;

d) Ministério Público.

Lembre-se que o partido político coligado não detém legitimidade ativa para, isoladamente, manejar representação e é firme a jurisprudência do TSE a dizer que a coligação, no momento de sua constituição assume, em relação ao pleito, todos os direitos e obrigações inerentes a uma agremiação partidária. Logo, uma vez coligada, a agremiação política tem suspensa sua legitimidade para postular isoladamente medida judicial referente ao pleito para o qual se coligou. O fato de a coligação vir posteriormente a ingressar no feito, posição de assistente, não supera a falha, uma vez que a legitimidade *ad causam* há de ser aferida no momento do ajuizamento da medida judicial (art. 267, VI, do CPC).[64]

7.5. Legitimidade passiva da Arcisu

Os legitimados passivos são, como regra geral, os pré-candidatos ou candidatos.

Nesta ação a noção de "pré-candidatos" tem a interpretação mais restrita, qual seja, são aqueles que "requereram o registro", não tendo, infelizmente, aplicação a teoria da mera atividade.

Os candidatos são os que já tiveram o registro "deferido".

7.5.1. O cabo eleitoral

"*Cabo eleitoral*" é a terminologia usada para caracterizar a pessoa que não é pré-candidato ou candidato, mas tenta de todas as formas angariar votos para os políticos envolvidos na disputa eleitoral.

O cabo eleitoral geralmente só era punido nas sanções do crime previsto no art. 299 do Código Eleitoral, mas a reforma eleitoral (Lei nº 12.034/2009) resolveu o problema ao penalizar com as sanções do art. 41-A todo aquele, leia-se candidato ou não que praticar atos de violência ou grave ameaça a pessoa, com o fim de obter-lhe o voto.

Portanto, no contexto prático, é possível o cabo eleitoral ser agente passivo da Arcisu, mas algo deve ser esclarecido: há uma impropriedade técnica na redação do § 2º do art. 41-A que determina: "*As sanções previstas no* caput *aplicam-se contra quem praticar atos de violência ou grave ameaça a pessoa, com o fim de obter-lhe o voto*".

É ilação lógica que nem todas as sanções previstas no *caput* do art. 41-A podem ser aplicadas ao cabo eleitoral que, como já relatamos, não disputa o pleito eleitoral, portanto, não sendo possível aplicar a sanção de cassação do registro ou do diploma, resta aplicar a pena de multa de mil a cinquenta mil Ufir.

---

64. No mesmo sentido, Ac. nº 25.033, Rel. Min. Humberto Gomes de Barros, 10/03/2005.

7.6. A teoria da autoria eleitoral mediata

Destaque-se que a infração pode ser cometida mesmo que o candidato não realize a conduta pessoalmente, podendo perfeitamente ser o autor mediato da corrupção, ou seja, corromper ou tentar corromper o eleitor por meio de um cabo eleitoral. A jurisprudência do TSE é no sentido de que resulta caracterizada a captação de sufrágio quando o beneficiário, embora não tenha praticado diretamente a conduta, anui às condutas abusivas e ilícitas capituladas no art. 41-A da Lei nº 9.504/1997. No mesmo sentido é a posição do TSE:

> "(...) caracteriza-se a captação de sufrágio quando o candidato pratica, participa ou anui explicitamente às condutas vedadas, e não apenas, como querem fazer crer os embargantes, quando a prática abusiva for realizada diretamente pelo candidato. Do contrário torna-se inócua a aplicação da sanção prevista no art. 41-A da Lei nº 9.504/1997, introduzido pela Lei nº 9.840/1997, frustrando a expectativa daqueles que, em nome da sociedade, propuseram a sua criação (Sálvio de Figueiredo, REspe 19.566, de 06/06/2002).
>
> Para a caracterização da infração ao art. 41-A da Lei das Eleições, é desnecessário que o ato de compra de votos tenha sido praticado diretamente pelo candidato, mostrando-se suficiente que, evidenciado o benefício, haja participado de qualquer forma ou com ele consentido (REspe nº 21.264, Rel. Min. Carlos Velloso; REspe nº 21.792, Rel. Min. Caputo Bastos." (Ac. nº 787, Rel. Min. Cesar Asfor Rocha, 13/12/2005).
>
> "(...) A atual jurisprudência do Tribunal não exige a prova da participação direta, ou mesmo indireta, do candidato, para fins de aplicação do art. 41-A da Lei das Eleições, bastando o consentimento, a anuência, o conhecimento ou mesmo a ciência dos fatos que resultaram na prática do ilícito eleitoral, elementos esses que devem ser aferidos diante do respectivo contexto fático. No caso, a anuência, ou ciência, do candidato a toda a significativa operação de compra de votos é fruto do envolvimento de pessoas com quem tinha forte ligação familiar, econômica, política e trabalhista. (...)" (TSE – RO nº 2.098, Ac., Rel. Min. Arnaldo Versiani Leite Soares, *DJE*, tomo 147/2009, 04/08/2009, p. 103-104).

7.7. Prazo para interposição da Arcisu

7.7.1. Prazo inicial

Leciona Adriano Soares da Costa:[65] "O art. 41-A prescreve que os fatos reputados como captação ilícita de sufrágio são aqueles que ocorrerem desde o registro de candidatura até a eleição. O marco temporal de incidência da norma ficou assim definido".

Já o professor **Thales Tácito**[66] afirma que "O dia *a quo* da captação de sufrágio é o do registro de candidatura, enquanto que o dia *ad quem* é com o dia da eleição".

65. Adriano Soares da Costa. *Instituições de Direito Eleitoral*. 5. ed. Belo Horizonte: Del Rey, 2002, p. 488.
66. Thales Tácito Pontes Luz de Pádua Cerqueira. *Direito Eleitoral brasileiro*. 3. ed. Belo Horizonte: Del Rey, 2004, p. 1158.

A posição dos notáveis juristas supracitados traz, na prática, um grande inconveniente, demonstrado no exemplo infracitado:

Tício requereu o registro de sua candidatura. Aponte a solução jurídica considerando que:

a) o registro no dia 8 de julho do ano da eleição foi impugnado.
b) No dia 30 julho do ano da eleição o juiz julgou a ação improcedente e cassou o registro de Tício.
c) Tício recorreu e no dia 30 de agosto o Tribunal *ad quem* deu provimento ao recurso, destarte, autorizou o registro de Tício.
d) No dia 15 de agosto o Ministério Público Eleitoral interpôs um Arcisu alegando que, entre os meses de julho e agosto, Tício praticou atos de corrupção eleitoral.

Solução jurídica: se você entender que o dia *a quo* da captação de sufrágio é o do registro de candidatura a ação deve ser julgada improcedente e, nesse caso, temos um lapso de impunidade que vai do pedido do registro até o deferimento.

Para evitar o ilógico lapso de impunidade, defendemos que o dia *a quo* da captação de sufrágio é o "pedido" do registro de candidatura, neste sentido, é a atual posição do TSE:

> "O termo inicial do período de incidência da regra do art. 41-A da Lei nº 9.504, de 1997, é a data em que o registro da candidatura é requerido, e não a do seu deferimento" (Acórdão 19.229, Rel. Min. Fernando Neves da Silva, *RJTSE* 12/373).
>
> "O termo inicial do período de incidência da regra do art. 41-A da Lei nº 9.504, de 1997, é a data em que o registro da candidatura é requerido, e não a do seu deferimento. Para a caracterização de conduta descrita no art. 41-A da Lei nº 9.504, de 1997, é imprescindível a demonstração de que ela foi praticada com o fim de obter o voto do eleitor. NE: Doação pelo prefeito, pré-candidato à reeleição, de 4 tíquetes-refeição a um eleitor e solicitação à companhia de água e esgoto para não suspender o fornecimento ao mesmo eleitor. Ausência de comprovação da finalidade de obtenção de voto" (Ac. nº 19.229, Rel. Min. Fernando Neves, 15/02/2001).

7.7.2. Prazo final

Quanto ao prazo final, havia grande controvérsia, mas a reforma eleitoral elidiu a divergência e adotou a posição por nós defendida no livro *Prática das Ações Eleitorais*, São Paulo: Campus/Elsevier, a saber:

Art. 41-A, § 3º (com redação dada pela Lei nº 12.034/2009), *in verbis: "A representação contra as condutas vedadas no* caput *poderá ser ajuizada* ***até a data da diplomação".*** (Destaque nosso)

Após a diplomação para combater a temerária captação ilícita de sufrágio as partes legítimas ainda podem interpor:

a) ACD *(Ação contra a Diplomação)* com fulcro no art. 262, IV, do Código Eleitoral;
b Aime *(Ação de Impugnação do Mandato Eletivo)*, uma vez que a captação ilícita de sufrágio é uma forma de corrupção.

7.8. Competência para julgar a Arcisu

A Arcisu deverá ser interposta:

a) aos juízes eleitorais, nas eleições municipais;
(lembre-se que o prefeito não goza de foro especial, por prerrogativa de função, quando se tratar de representação ou investigação judicial. No mesmo sentido: Ac. nº 19.552, de 13/12/2001, Rel. Min. Sálvio de Figueiredo);[67]
b) aos Tribunais Regionais Eleitorais, nas eleições federais, estaduais e distritais;
c) ao Tribunal Superior Eleitoral, na eleição presidencial.

7.9. Efeito da procedência da Arcisu

A chamada corrupção eleitoral pode ter efeitos penais e eleitorais, portanto, devemos considerar o momento em que ela acontece e estudar, para os devidos efeitos didáticos, duas teorias:

7.9.1. A teoria da dupla imputação eleitoral/penal

Adriano Soares da Costa[68] defende que "antes do registro, só poderá haver o crime do art. 299 do Código Eleitoral".

Marcos Ramayana[69] também afirma:

> Por fim, não foi uma boa técnica redacional o critério de fixação de prazo inicial e final da captação de sufrágio, pois é cediço que, nos anos não eleitorais, existe prática de clientelismo político, com oferta de vantagens, dádivas etc. A ocorrência destas ilicitudes ensejam, na visão hodierna, apenas a análise do crime do art. 299 do Código Eleitoral e a preparação para uma futura impugnação ao pedido de registro de candidatura, por abuso de poder econômico ou político.

É interessante a aceitação da posição supracitada como mais uma ferramenta para o combate da famigerada corrupção eleitoral, pois sabemos que os ativos corruptos não esperam o deferimento do registro e no amanhecer do primeiro dia do ano da eleição já começam os seus atos de corrupção. Mas algo deve ser mais bem explicado, devemos fazer uma divisão do momento em que ocorre a corrupção eleitoral, pois as consequências são diferentes:

67. Marcos Ramayana. *Direito Eleitoral*. 4. ed. Rio de Janeiro: Impetus, 2005, p. 254.
68. Adriano Soares da Costa. *Instituições de Direito Eleitoral*. 5. ed. Belo Horizonte: Del Rey, 2002, p. 483.
69. Marcos Ramayana. *Direito Eleitoral*. 4. ed. Rio de Janeiro: Impetus, 2005, p. 254.

1º momento – quando o ato de corrupção eleitoral ocorre antes do requerimento do registro podem ocorrer duas hipóteses:

1ª hipótese: a imputação una – quando o ato de corrupção eleitoral não é cumulado com o abuso de poder econômico, haverá apenas uma imputação penal, na forma do art. 299 do Código Eleitoral, *in verbis:*

> *Dar, oferecer, prometer, solicitar ou receber, para si ou para outrem, dinheiro, dádiva ou qualquer outra vantagem, para obter ou dar voto e para conseguir ou prometer abstenção, ainda que a oferta não seja aceita: Pena – reclusão até quatro anos e pagamento de cinco a quinze dias-multa.*

2ª hipótese: dupla imputação – quando o ato de corrupção eleitoral é cumulado com o abuso de poder econômico, haverá uma imputação eleitoral/penal, pois o infrator deverá responder pelo crime previsto do art. 299 do Código Eleitoral e também por uma Aije (Ação de Investigação Judicial Eleitoral) que tem como escopo, entre outros efeitos, declarar a inelegibilidade do representado e de quantos hajam contribuído para a prática do ato, cominando-lhes sanção de inelegibilidade para as eleições a se realizarem nos três anos subsequentes à eleição em que se verificou e também declarará a cassação do registro do candidato diretamente beneficiado pela interferência do poder econômico e pelo desvio ou abuso do poder de autoridade.

2º momento – quando o ato de corrupção eleitoral ocorrer depois do requerimento do registro haverá também duas hipóteses:

1ª hipótese: dupla imputação – quando o ato de corrupção eleitoral não é cumulado com o abuso de poder econômico, haverá uma imputação eleitoral/penal, pois o infrator deverá responder pelo crime previsto do art. 299 do Código Eleitoral e também pelas sanções previstas no art. 41-A da Lei nº 9.504/1997.

Posição dominante do TSE: segundo o TSE o art. 41-A da Lei nº 9.504/1997 não aboliu o art. 299 do Código Eleitoral;[70] há, na realidade, uma dupla imputação, pois o art. 41-A tem consequências eleitorais e o art. 299 tem implicações penais.

2ª hipótese: teoria da tripla imputação eleitoral/penal/eleitoral – quando o ato de corrupção eleitoral é cumulado com o abuso de poder econômico, haverá uma tripla imputação eleitoral/penal/eleitoral, pois o infrator deverá responder:

a) pelo crime previsto do art. 299 do Código Eleitoral;
b) pelas sanções previstas no art. 41-A da Lei nº 9.504/1997, quais sejam:
   - pena de multa de mil a 50 mil Ufir;
   - cassação do registro ou do diploma.

Insta acentuar que o TSE tem decidido que só se deve cassar o registro ou diploma do candidato *"quando existir prova robusta e inconteste da captação ilícita de sufrágio"*.[71]

70. No mesmo sentido: TSE, Ac., nº 81/2005.

71. REspe nº 25.535/PR, Rel. Min. José Delgado, DJ de 08/08/2006. (...) (RCED nº 698, Ac., Rel. Min.

c) pelas sanções decorrentes do abuso do poder econômico, quais sejam:

- Declaração de inelegibilidade do representado e de quantos hajam contribuído para a prática do ato, cominando-lhes sanção de inelegibilidade para as eleições a se realizarem nos três anos subsequentes à eleição em que se verificou.

3º momento: quando o ato de corrupção eleitoral ocorrer depois do requerimento do registro, mas o candidato não foi eleito, haverá os efeitos infracitados:

a) pelo crime previsto do art. 299 do Código Eleitoral;

b) pelas sanções previstas no art. 41-A da Lei nº 9.504/1997, da seguinte forma:

- cassação do registro se a Arcisu for julgada antes da eleição;
- pena de multa de mil a 50 mil Ufir.

No mesmo sentido:

> "A oferta de serviços médicos gratuitos a eleitores, por candidato, no período eleitoral, caracteriza a infração modelada no art. 41-A da Lei nº 9.504/1997, sujeitando o agente, quando não eleito, à pena de multa" (TRE/GO – Ac. 113.011, Rel. Juiz Sílvio Mesquita, 01/10/2001).

c) Se houve abuso do poder econômico, haverá declaração de inelegibilidade do representado e de quantos hajam contribuído para a prática do ato, cominando-lhes sanção de inelegibilidade para as eleições a se realizarem nos três anos subsequentes à eleição em que se verificou.

7.10. O prazo recursal

A doutrina amplamente majoritária defendia que o prazo recursal era de 24 horas para interpor o Recurso Inominado para o TRE, das decisões proferidas pelos juízes eleitorais.

Pois bem, defendíamos no livro "prática das Ações Eleitorais" que deveríamos usar o prazo geral recursal, qual seja, 3 (três) dias; para nossa felicidade a reforma eleitoral (Lei nº 12.034/2009), acrescentou o § 4º ao art. 41-A, estabelecendo que: *"O prazo de recurso contra decisões proferidas com base neste artigo será de 3 (três) dias, a contar da data da publicação do julgamento no Diário Oficial"*.

7.10.1. O efeito do recurso interposto

O recurso interposto só terá o efeito devolutivo; neste sentido, o TSE já fixou entendimento de que a aplicação da penalidade será imediata, afastando imediatamente da disputa aquele que no curso da campanha eleitoral incidiu no tipo "captação ilegal de sufrágio".

Felix Fisher, *DJE*, tomo 152/2009, 12/08/2009, p. 28/30).

"(...) Captação ilícita de sufrágio. (...) Constitucionalidade do art. 41-A da Lei nº 9.504/1997. Ausência de efeito suspensivo (art. 257 do Código Eleitoral). Execução imediata. (...)" (Ac. de 04/04/2006 no REspe nº 25.902, Rel. Min. Gerardo Grossi).

"(...) Captação ilícita de sufrágio. (...) Ausência de efeito suspensivo (art. 257 do Código Eleitoral). Execução imediata. (...)" (Ac. de 04/04/2006 no REspe nº 25.902, Rel. Min. Gerardo Grossi).

Em voto memorável, o ex-ministro Fernando Neves no MC nº 944/MT defendeu:

"Como observei no precedente já citado (MC nº 970), as alterações da Lei nº 9.504, de 1997, entre as quais consta a introdução do art. 41-A, vieram ao encontro da vontade da sociedade de ver rapidamente apurados e punidos os ilícitos eleitorais. Neste caso, o interesse a prevalecer é o de afastar imediatamente da disputa aquele que, no curso da campanha eleitoral, tenha incidido no tipo captação de sufrágio, vedada por lei. Por isso, o legislador, diferentemente de quando tratou das declarações de inelegibilidade, não condicionou ao trânsito em julgado os efeitos da decisão que cassa diploma por transgressão ao referido art. 41-A".

Mas algo deve ser lembrado: se a captação irregular de sufrágio for debatida em sede de **ACD** (a doutrina dominante usa a terminologia **RCD**: Recurso Contra a Diplomação), o efeito será apenas devolutivo.

No mesmo sentido:

"Agravo regimental. Recurso contra a expedição de diploma. Procedência fundada no art. 41-A da Lei nº 9.504/1997. Aplicação do art. 216 do Código Eleitoral. Dissídio jurisprudencial não configurado. A execução da decisão condenatória proferida por TRE, em sede de recurso contra a expedição de diploma, está condicionada à apreciação pelo TSE em grau de recurso. Agravo a que se nega provimento (Ac. nº 4.025, de 25/03/2003, Rel. Min. Ellen Gracie).

7.10.2. A hipótese do efeito suspensivo

É possível ao candidato que teve o seu registro ou diploma cassado requerer ao Tribunal (TRE ou TSE), através da interposição de Mandado de Segurança, a concessão de efeito suspensivo ao recurso interposto, possibilitando-lhe permanecer nos atos de campanha, por sua conta e risco e, se eleito, dar início ou continuidade ao exercício do cargo, demonstrando-se o preenchimento dos requisitos necessários à sua concessão (*fumus boni iuris* e *periculum in mora*).

7.11. A constitucionalidade da sanção

O entendimento jurisprudencial dominante é no sentido de que o art. 41-A não é inconstitucional porque, por ser uma lei ordinária, não há declaração de inelegibilidade, a sanção eleitoral atinge somente o registro ou o diploma do candidato.

No mesmo sentido:

O art. 41-A da Lei nº 9.504/1997 atinge somente o registro ou o diploma do candidato que, com o fim de captar votos, doa, oferece, promete ou entrega ao eleitor bem ou vantagem, sem declarar a sua inelegibilidade. Em assim sendo, não há se falar em inconstitucionalidade do citado dispositivo legal por afronta ao art. 14, § 9º, da Constituição Federal (TRE/MS, Ac. 3.884, de 30/05/2001, Manoel Mendes Carli).

O art. 41-A da Lei nº 9.504/1997 atinge somente o registro ou o diploma do candidato que, com o fim de captar votos, doa, oferece, promete ou entrega ao eleitor bem ou vantagem, sem declarar a sua inelegibilidade. Em assim sendo, não há falar em inconstitucionalidade do citado dispositivo legal por afronta ao art. 14, § 9º, da Constituição Federal". (Ag. 3.066 – Ribas do Rio Pardo; MS de 04/04/2002, Rel. Ministro Sepúlveda Pertence; REspe nº 25.215/RN, Rel. Min. Caputo Bastos; Ac. nº 25.295, Rel. Min. Cesar Asfor Rocha. Precedentes. Ac. nº 25.227, Rel. Min. Gilmar Mendes).

7.12. Procedimento da Arcisu

Segundo o art. 20 da Resolução nº 23.193/2010:

As representações que visarem à apuração das hipóteses previstas nos arts. 30-A, 41-A, 73 e 81 da Lei nº 9.504/1997 observarão o rito estabelecido pelo art. 22 da Lei Complementar nº 64/1990, sem prejuízo da competência regular do Corregedor Eleitoral.

Obs.: É o rito comum cível ordinário.

7.13. Potencialidade lesiva

Não há exigência da demonstração da potencialidade lesiva, uma vez que o bem protegido pelo art. 41-A é a vontade do eleitor e não a normalidade e a legitimidade do pleito.

A ministra Ellen Gracie, ao julgar recurso especial eleitoral no feito nº 21.169, abordou com maestria a questão, ponderando que:

"A captação ilícita de sufrágio, tipificada no art. 41-A da Lei nº 9.504/1997, configura-se com a ação delitiva do agente tendente a influenciar a vontade de um único eleitor, diferentemente do abuso de poder econômico, que exige potencialidade tendente a afetar o resultado de todo o pleito".

No mesmo sentido é a atual posição do TSE:

"A captação de sufrágio reprimível pelo art. 41-A da Lei nº 9.504/1997 prescinde do nexo de causalidade entre a prática ilícita e o comprometimento da legitimidade das eleições ou mesmo da potencialidade para influenciar no resultado do pleito, a exemplo do que se passa com o abuso do poder econômico (MC nº 1.083).

Eleitoral. Representação: Prática de conduta vedada pelo art. 41-A da Lei nº 9.504/1997, acrescentado pelo art. 1º da Lei nº 9.840, de 28/09/1999: Compra de votos. (...) V – Para a configuração do ilícito inscrito no art. 41-A da Lei nº 9.504/1997, acrescentado pela Lei nº 9.840/1999, não é necessária a aferição da potencialidade de o fato desequilibrar a disputa eleitoral. (...) (Ac. nº 21.264, de 27/04/2004; Rel. Min. Carlos Velloso; Ac. nº 4.033, de 28/08/2003, Rel. Min. Peçanha Martins; Ac. nº 21.248, de 03/06/2003, Rel. Min. Fernando Neves).

7.14. Análise da possibilidade de existência de litisconsórcio ativo na eleição majoritária

A divergência jurisprudencial continua, mas o TSE já consolidou o entendimento de que não há necessidade de citação do vice-prefeito, vice-governador, vice-presidente e dos suplentes dos senadores.

No mesmo sentido:

"Representação. Captação ilegal de sufrágio. Oferta. Pagamento. Formaturas. Art. 41-A da Lei nº 9.504/1997. Art. 22 da LC nº 64/1990. Prefeito candidato à reeleição. Vereador. Extinção sem julgamento de mérito. Falta de citação do vice-prefeito. Litisconsórcio necessário. Inexistência. Decadência. Não ocorrência. 1. Em representação em que se imputa a prática de ato ilegal apenas ao prefeito, não é necessária a citação do vice-prefeito. Inexistência de litisconsórcio necessário. 2. Por se tratar de uma relação jurídica subordinada, o mandato do vice-prefeito é alcançado pela cassação do diploma do prefeito de sua chapa" (Ac. nº 19.782, de 27/06/2002, Rel. Min. Fernando Neves).

"O entendimento deste Tribunal já se consolidou no sentido da não caracterização de litisconsórcio necessário entre o prefeito e o vice, o que torna dispensável a citação deste, por se tratar de situação jurídica subordinada àquela do titular do cargo" (Ac. nºs 19.668, de 11/12/2003, Rel. Min. Fernando Neves e 21.148, de 20/06/2003, Rel. Min Peçanha Martins, Agravo Regimental improvido).

7.15. As promessas de campanha

A lei também considera captação de sufrágio o fato de o candidato "prometer" ao eleitor, com o fim de obter-lhe o voto, bem ou vantagem pessoal de qualquer natureza, inclusive emprego ou função pública, por serem evidentes, as promessas genéricas, abstratas ou coletivas realizadas nos comícios não caracterizam a infração em estudo.

No mesmo sentido:

"Art. 41-A da Lei nº 9.504/1997. Não caracterização. As promessas genéricas, sem o objetivo de satisfazer interesses individuais e privados, não são capazes de atrair a incidência do art. 41-A da Lei nº 9.504/1997" (Agravo não provido. AAG nº 4.422). "As promessas genéricas, sem o objetivo de satisfazer interesses individuais e provados, não são capazes de atrair a incidência do art. 41-A da Lei nº 9.504/1997" (Promessa de pavimentação de via pública sem pagamento de contribuição pelos moradores) (AG nº 5.498, Rel. Min. Gilmar Mendes).

7.16. Outras ações que podem ser usadas para combater a captação ilegal de sufrágio

Além da representação que estamos estudando, o combate à captação irregular de sufrágio pode ser realizado por meio:

a) da Aije

No mesmo sentido:

"A hipótese dos autos refere-se "à investigação judicial proposta com fundamento no art. 41-A da Lei nº 9.504/1997, a qual, julgada procedente, levou à cassação do diploma (...), bem como à imposição de multa" (Ac. nº 4.519, de 04/03/2004, Rel. Min. Peçanha Martins).

b) da Aime

No mesmo sentido:

"Agravo de instrumento. Agravo regimental. Ação de impugnação de mandato eletivo. Arts. 1º, I, *d*, da Lei Complementar nº 64/1990 e 41-A da Lei nº 9.504/1997. Conexão. Inexistência. Reexame de prova. NE: Inexistência de conexão com ação penal por infração ao art. 299 do Código Eleitoral – corrupção eleitoral – pelo mesmo fato que embasa a ação de impugnação de mandato" (Ac. nº 3.949, de 15/04/2003, Rel. Min. Fernando Neves; no mesmo sentido o Ac. nº 21.137, de 08/04/2003, da lavra do mesmo relator.)

c) e do ACD (RCD)

No mesmo sentido:

"Recurso especial. Prefeito e vice-prefeito. Recurso contra diplomação. Abuso de poder e captação indevida de sufrágio. Prova pré-constituída oriunda de investigação judicial eleitoral não transita em julgado. Admissibilidade. No recurso contra diplomação, fundado no art. 262, IV, do Código Eleitoral, admite-se prova pré-constituída oriunda de ação de investigação judicial eleitoral em curso, independentemente de decisão transitada em julgado. Precedentes. Recurso conhecido e provido parcialmente" (Ac. nº 3.094, de 07/05/2002, Rel. Min. Barros Monteiro; no mesmo sentido o Ac. nº 3.247, de 06/06/2002, Rel. Min. Sálvio de Figueiredo).

7.17. Impossibilidade de a captação irregular de sufrágio ser apurada na Airc

Veremos que a Airc (Ação de Impugnação de Registro de Candidatura) serve, como regra, para apurar a ausência de condição de elegibilidade, não sendo, *in casu*, possível apurar a captação de recurso. No mesmo sentido é a posição do TSE:

> *"Ultrapassado o entendimento adotado no precedente invocado pelo recorrente, dado que se firmou a jurisprudência deste Tribunal no sentido de admitir-se a ação de investigação judicial até a diplomação,* ***não sendo a impugnação ao registro via própria para apurar eventual abuso de poder."***[72]

7.18. A teoria dos frutos da árvore envenenada na unicidade da chapa

No caso de a corrupção ser praticada pelo titular ou ser praticada só pelo vice, empregamos a teoria dos frutos da árvore envenenada, ou seja, como a chapa é uma e indivisível, a ilicitude cometida por um contamina os frutos, é dizer, os votos e também toda a chapa.

No mesmo sentido:

> "Recurso especial eleitoral. Ação de investigação judicial eleitoral. Captação ilegal de sufrágio (art. 41-A da Lei nº 9.504/1997). 1. Sentença que cassou o prefeito e determinou a diplomação do vice. Correção pelo TRE. Possibilidade. Efeito translativo do recurso ordinário. (...) NE: (...) a condição do vice-prefeito é subordinada à do prefeito, ou seja, o vice segue o mesmo destino do titular do cargo. (...) O Tribunal afastou a alegação de violação à coisa julgada pois (...) atinente a matéria de ordem pública, no caso, a subordinação jurídica do vice-prefeito ao que decidido em relação ao prefeito(...)" (Ac. nº 21.169, de 10/06/2003, Rel. Min. Ellen Gracie).

7.19. Análise da possibilidade de desistência da Arcisu

Uma vez interposta, já não será possível a desistência da ação. É inadmissível a desistência porque a matéria tratada é de ordem pública. Defendo que, em caso de inércia ou desinteresse do autor da ação, deve o Ministério Público Eleitoral assumir a titularidade da ação.

O TSE tem precedentes que, em virtude da matéria de ordem pública, não pode haver desistência – nem do recurso interposto da decisão que julga a Arcisu.

No mesmo sentido:

> "A atual jurisprudência desta Corte Superior tem se posicionado no sentido de não ser admissível desistência de recurso que versa sobre matéria de ordem pública. Precedentes. 3. Manifestado o inconformismo do candidato representado no que

72. No mesmo sentido: RO nº 593, Rel. Min. Sálvio de Figueiredo, j. 03/09/2002.

se refere à decisão de primeira instância, que o condenou por captação ilícita de sufrágio, não se pode aceitar que, no Tribunal Regional Eleitoral, venha ele pretender a desistência desse recurso, em face do interesse público existente na demanda e do nítido interesse de sua agremiação quanto ao julgamento do apelo, em que eventual provimento poderia resultar na alteração do quociente eleitoral e favorecer candidato da mesma legenda. 4. O bem maior a ser tutelado pela Justiça Eleitoral é a vontade popular, e não a de um único cidadão. Não pode a eleição para vereador ser decidida em função de uma questão processual, não sendo tal circunstância condizente com o autêntico regime democrático. (...) 6. A hipótese versa sobre pleito regido pelo sistema de representação proporcional, em que o voto em determinado concorrente implica sempre o voto em determinada legenda partidária, estando evidenciado, na espécie, o interesse jurídico na decisão oriundo do referido feito. (...)" (Ac. nº 25.094, Rel. Min. Caputo Bastos).

8. AIME – AÇÃO DE IMPUGNAÇÃO DE MANDATO ELETIVO

8.1. Para que serve a Aime

A Aime serve para combater:

a) o abuso do poder econômico;

b) a corrupção;

c) a fraude.

a) Abuso de poder econômico

Em conformidade com a posição do TSE podemos afirmar que:

"A fraude eleitoral a ser apurada na ação de impugnação de mandato eletivo não se deve restringir àquela sucedida no exato momento da votação ou da apuração dos votos, podendo-se configurar, também, por qualquer artifício ou ardil que induza o eleitor a erro, com possibilidade de influenciar sua vontade no momento do voto, favorecendo candidato ou prejudicando seu adversário" (TSE – Agravo de Instrumento nº 4.661, Ac./SP, Rel. Fernando Neves da Silva, *DJ*, Volume 1, p. 162).

A corrupção a que se refere o § 10 do art. 14 da CF é aquela ligada a práticas eleitorais, portanto, segundo o TSE não teria cabimento a Aime se a ação tem como fundamento suposto desvio de recursos financeiros destinados a programas sociais ocorrido no período em que o réu exercia o cargo de prefeito, ou seja, atos de corrupção administrativa e não eleitoral.[73]

73. No mesmo sentido: Ac. nº 16.085, Rel. Min. Eduardo Alckmin, 05/10/1999.

b) Corrupção

Na lição de Emerson Garcia[74] configura a corrupção o oferecimento de vantagem indevida a outrem para que pratique ato defeso em lei; omita-se quando devia agir; ou aja com fins distintos daqueles previstos na norma; o mesmo ocorrendo se a conduta foi desencadeada em razão de solicitação feita pelo agente que detinha competência para a prática do ato. A vantagem indevida pode consistir em pecúnia, favorecimento pessoal etc.

c) O abuso do poder econômico

A expressão *"abuso do poder econômico"* tem interpretação restritiva, portanto, não podemos usar a Aime com escopo de combater o abuso de poder político, o abuso de poder de autoridade e uso indevido dos meios de comunicação social, que como já estudamos são objetos da Aije.

Hoje, em consonância com os mais recentes julgados do TSE sobre o tema, podemos afirmar que a Aime só pode ser usada para combater o abuso de poder político, o abuso de poder de autoridade e uso indevido dos meios de comunicação social, ou nos casos em tais ilicitudes sejam cometidas em conexão com o *abuso do poder econômico.*

No mesmo sentido o entendimento dominante do TSE:

> "O C. Tribunal Superior Eleitoral, na sessão de 22/04/2008, passou a entender pela possibilidade de abuso de poder econômico entrelaçado ao abuso de poder político: 'Se o abuso de poder político consistir em conduta configuradora de abuso de poder econômico ou corrupção (entendida essa no sentido coloquial e não tecnicamente penal), é possível o manejo da ação de impugnação de mandato eletivo'".[75]

O abuso do poder econômico pode ter ocorrido em qualquer fase do processo eleitoral.

8.2. Previsão legal das espécies de Aime

O direito eleitoral moderno defende a existência de duas espécies de ações de impugnação de mandato, a saber:

a) A Aime constitucional é prevista no art. 14, §§ 10 e 11, da Constituição Federal, *in verbis:*

> *O mandato eletivo poderá ser impugnado ante a Justiça Eleitoral no prazo de quinze dias contados da diplomação, instruída a ação com provas de abuso do poder econômico, corrupção ou fraude.*

74. Emerson Garcia. *Abuso de poder nas eleições*: meios de coibição. 3. ed. Rio de Janeiro: Lumen Juris, 2006.
75. REspe nº 28.040-BA, Rel. Min. Carlos Britto, DJ 01/07/2008, (...); (TSE – REspe nº 28581, Ac. – MG, Rel. Min. Felix Fisher, j. 21/08/2008, *DJ* 23/09/2009, p. 15).

c) A Aime infraconstitucional é prevista no art. 22, inciso XV da LC nº 64/1990, *in verbis*:

> *Se a representação for julgada procedente após a eleição do candidato serão remetidas cópias de todo o processo ao Ministério Público Eleitoral, para os fins previstos no art. 14, §§ 10 e 11 da Constituição Federal, e art. 262, inciso IV, do Código Eleitoral.*

Como percebemos a Aime infraconstitucional é aquela que resulta da decisão procedente em processo de Investigação Judicial Eleitoral, pois como já aprendemos a Aije não cassa o diploma do candidato, portanto se for julgada de forma procedente após a eleição será necessário usar as provas produzidas na Aije e interpor a Aime com fito de impugnar o diploma auferido de forma ilegal.

Veremos futuramente que as principais diferenças entre a Aime constitucional e a Aime infraconstitucional são:

a) a previsão legal;

b) o prazo de interposição;

a) legitimidade.

8.3. A Aime e o segredo de justiça

O trâmite da ação de impugnação de mandato eletivo deve ser realizado em segredo de justiça, mas o seu julgamento deve ser público.

No mesmo sentido:

> "Esta Corte já decidiu (...) O trâmite da ação de impugnação de mandato eletivo deve ser realizado em segredo de justiça, mas o seu julgamento deve ser público (...)" (Ac. nº 4.318).

8.4. Legitimidade ativa da Aime

As duas espécies de Aime(s) têm legitimidades diferentes, a saber:

Primeira: A Aime constitucional

A legitimidade da Aime constitucional não foi prevista pela Constituição Federal, mas entendemos que podem propor esta espécie de Aime:

a) Partidos Políticos

Diferentemente das outras ações eleitorais, o partido político, ainda que tenha disputado a eleição coligado, tem legitimidade para isoladamente interpor a Aime. Lembre-se que a Aime é interposta após a diplomação e, neste momento, não há mais coligações na disputa do pleito eleitoral.

No mesmo sentido: "Partido político que disputou a eleição em coligação. Legitimação para as ações pertinentes, após as eleições. (...)" (Ac. nº 19.759 e Ac. nº 20.977).

b) Candidatos eleitos ou não

Quanto ao candidato não eleito, já decidiu o TSE que:

"Candidato classificado em segundo lugar em pleito majoritário possui inegável interesse jurídico de recorrer na Aime proposta pelo Ministério Público Eleitoral pois o desfecho da lide determinará a sua permanência definitiva ou não na chefia do Poder Executivo Municipal, a par de ser, também, legitimado, segundo art. 22 da LC nº 64/1990, a propor a Aime. Portanto, ele ostenta a qualidade de assistente litisconsorcial e, como tal, possui poderes processuais autônomos em relação à parte assistida, inclusive para recorrer quando esta não interpuser recurso. (...)" (TSE – Embargos de Declaração em REspe nº 28.121, Ac./RR, Rel. Min. Felix Fisher, j. 26/06/2008, *DJ* 07/08/2008, p. 20).

c) Ministério Público Eleitoral

No mesmo sentido:

"O Ministério Público, por incumbir-lhe a defesa da ordem jurídica, do regime democrático e dos interesses sociais e individuais indisponíveis (art. 127 da CP), é parte legítima para, em face da desistência da Aime pelo autor, assumir a sua titularidade e requerer o prosseguimento do feito. A Aime, ressalvadas apenas as peculiaridades inerentes a sua natureza e ao próprio processo eleitoral, submete-se ao rito ordinário, sendo, portanto, de quinze dias o prazo de resposta" (Rec. Ordinário nº 04/DF).

d) O cidadão

Quanto à legitimidade do cidadão há grande controvérsia, mas entendo que, como ato necessário à efetivação da cidadania, não há como restringir a legitimidade do cidadão sem previsão legal, afinal a cassação do mandato do político corrupto é interesse de todos os cidadãos, portanto, razão assiste aos doutrinadores que defendem a legitimidade ampla, podendo propor a referida ação o cidadão, associações e sindicatos.

A posição supracitada e a dominante na doutrina, ainda não foi acatada pelo **TSE**

Posição dominante do TSE:

"O requerente é eleitor e não possui legitimidade para o ajuizamento de ação de impugnação de mandato eletivo ou do recurso contra expedição de diploma, por isso inviável a aplicação da regra da fungibilidade" (Res. nº 21.355, Ac. nº 21.095 e Acórdão nº 11.835/1994).

e) As coligações

Entendo que as coligações não têm legitimidade para propor a Aime, e o motivo é muito simples, o prazo inicial para propositura da Aime é de 15 dias, contados da diplomação, neste período não há mais coligações, cuja existência válida só perdura até a eleição.

Informo que não é este o entendimento do TSE, que reiteradamente vem decidindo que:

> "As coligações partidárias têm legitimidade para a propositura de ação de impugnação de mandato eletivo, conforme pacífica jurisprudência desta Corte" (Acórdão nº 19.663 e Ac. nº 4.410).

Ainda segundo o TSE é nula a investigação suscitada sem aprovação de todos os partidos coligados.[76]

d) Legitimidade ativa da Aime infraconstitucional

A legitimidade ativa da Aime infraconstitucional foi prevista no art. 22, inciso XV, do DL nº 64/1990, que determinou que as cópias da decisão procedente da Aije sejam enviadas ao Ministério Público Eleitoral, portanto, só este pode interpor esta espécie de Aime.

8.5. Legitimidade passiva da Aime

A legitimidade passiva só pode ser do candidato que se **elegeu,** beneficiando-se do abuso do poder econômico, de corrupção ou fraude.

Atenção: Aqui reside uma das principais diferenças entre a Aije e a Aime: observe que esta só pode ser interposta contra o candidato que **se elegeu**.

8.5.1. Análise da possibilidade de existência de litisconsórcio passivo entre o titular e o vice na eleição majoritária

A matéria sempre foi muito controvertida no próprio TSE, em um primeiro momento a egrégia corte adotou a tese da necessidade de litisconsórcio necessário entre titular e vice, posteriormente, adotou a *"A teoria da subordinação do destino eleitoral do vice ao fado do titular"*, negando a tese de litisconsórcio passivo necessário.[77]

Em realidade, haverá litisconsórcio necessário quando, por disposição de lei ou pela natureza da relação jurídica, o juiz tiver de decidir a lide de modo uniforme para todas as partes, assim como a chapa é una e indivisível, conduz necessariamente à citação dos que possam ser alcançados pelo pronunciamento judicial, havendo, pois, a necessidade de formação do litisconsórcio necessário, já que é indispensável

76. No mesmo sentido: Agravo Regimental em REspe nº 25.002, Ac., Rel. Humberto Gomes de Barros, *DJ* volume 1, p. 162.

77. No mesmo sentido: REspe nº 19.540/MS, REspe nº 19.587/GO, REspe nº 15.817/ES, AgRg REspe nº 15.597/ES, REspe nº 19.540/MS, MS nº 2.672/MA, REspe nº 19.463; REspe nº 21.148/MG, AgRg REspe nº 19.342.

a citação do vice, em face da possibilidade de este sofrer os efeitos gravosos de eventual decisão condenatória.

Esta é a nova posição dominante do **TSE** que foi adotada nas últimas eleições, no mesmo sentido:

> "1. Há litisconsórcio necessário entre o Chefe do Poder Executivo e seu vice nas ações cujas decisões possam acarretar a perda do mandato, devendo o vice necessariamente ser citado para integrá-las. Precedentes: AC nº 3.063/RO, Min. Arnaldo Versiani, DJE de 08/12/2008; REspe nº 25.478/RO, Min. Carlos Ayres Britto, DJ 03/06/2008.
>
> 2. A eficácia da sentença prevista no art. 47 do Código de Processo Civil é de ordem pública, motivo pelo qual faz-se mister a presença, antes do julgamento, de todas as partes em relação às quais o juiz decidirá a lide de modo uniforme. Precedente: ED-RO nº 1.497/PB, Rel. Min. Eros Grau, DJE 24/03/2009.
>
> 3. No caso dos autos, o vice-prefeito não foi citado para integrar a lide, tendo ingressado na relação processual apenas com a interposição de recurso especial eleitoral, quando já cassado o diploma dos recorrentes. Ademais, da moldura fática do v. acórdão regional, extrai-se que a captação ilícita de sufrágio teria sido praticada diretamente pelo vice-prefeito que, frise-se, não foi citado para integrar a lide.
>
> 4. Recursos especiais eleitorais providos". (REspe nº 35.292)

8.5.2. Um macete de ordem prática

A divergência jurisprudencial e doutrinária ainda permanecerá por muito tempo, portanto, na prática é interessante você interpor a ação em litisconsórcio passivo necessário entre o titular e o vice, o titular e o suplente, pelos motivos infracitados:

a) Você não tem condições de saber como o juiz vai se posicionar, podendo o mesmo tomar a seguinte atitude:

1) Entender que há litisconsórcio necessário e mandar que você promova a citação de todos os litisconsortes necessários, dentro do prazo que assinar, sob pena de declarar extinto o processo. E o problema surgirá se esta atitude for tomada após o prazo de interposição da ação, ou seja, após os 15 dias, pois haverá decadência.

No mesmo sentido:

> "Aime – Abuso de poder político e econômico. Processo extinto pelo Juízo de origem por ausência de citação do Vice-Prefeito na condição de litisconsorte passivo necessário. Art. 269, IV, do CPC. Decadência. Configuração. Condenação ao pagamento de custas e honorários advocatícios. Incabível no processo eleitoral. Sentença reformada em parte" (TRE/MG; Rec. Eleitoral nº 764/2001).

b) O juiz pode entender que não há litisconsórcio necessário, mas posteriormente o Tribunal *ad quem* firmar posicionamento contrário e reconhecer a decadência do direito, julgando extinto o processo.

8.5.3. Análise da possibilidade de existência de litisconsórcio passivo entre os candidatos e o partido

A doutrina dominante defende que não há litisconsórcio passivo entre os candidatos eleitos e o partido político, podendo este exercer no máximo a assistência litisconsorcial (Edson de Resende, Pedro Henrique Távora, Lauro Barreto, entre outros).

É também a posição jurisprudencial dominante:

> "Não se faz necessário que o partido pelo qual o candidato concorreu às eleições figure como litisconsorte na ação de impugnação de mandato eletivo. Reformada a sentença que julgou extinto o feito, ante a ausência do partido como litisconsorte, o conhecimento de toda a matéria é devolvido ao juízo eleitoral, inclusive no tocante à ilegitimidade e decadência. (...)" (Ac. nº 4.261, Rel. Min. Peçanha Martins, 12/06/2003).

POSIÇÃO DIVERGENTE

Entendemos de forma diferente; na realidade, o argumento da inexistência do litisconsórcio passivo entre os candidatos eleitos e o partido político é que não sendo este titular do mandato eletivo, não terá o mínimo prejuízo, ou seja, o juiz não teria que decidir a lide de modo uniforme para o candidato e o partido, tal argumentação já não subsiste, uma vez que o TSE e o STF entendem que o mandato não pertence ao candidato e sim ao partido político, daí surge a imperiosa necessidade de o mesmo também integrar a lide.

8.6. Do prazo

É no prazo de interposição que reside uma das principais diferenças entre a Aime constitucional e a Aime infraconstitucional.

8.6.1. Prazo para interposição da Aime constitucional

O prazo de interposição da Aime constitucional é de 15 dias, contados da diplomação.

Observe que o requisito básico da Aime constitucional é a diplomação, ou seja, a Aime é uma ação contra o candidato que foi eleito.

8.6.2. Prazo para interposição da Aime infraconstitucional

A legislação infraconstitucional (art. 22, inciso XV, da LC nº 64/1990) não estabeleceu um prazo para interposição desta espécie de Aime, apenas determinou que se a Aije for julgada procedente após a eleição do candidato serão remetidas cópias de todo o processo ao Ministério Público Eleitoral, para que seja interposta a Aime (art. 14, §§ 10 e 11 da Constituição Federal) ou a Aidi (art. 262, inciso IV, do Código Eleitoral).

Portanto, julgada procedente a Aije após as eleições, será necessário interpor uma Aime ou uma Aidi com fito de desconstituir o diploma.

Doutrinadores que, *data venia*, não têm o mínimo compromisso no combate da famigerada corrupção eleitoral, defendem que o prazo é de 15 dias contados da diplomação.

O problema é que a prática tem demonstrado que quando a Aije é julgada após a eleição é impossível observar o prazo de 15 dias previsto para a Aime constitucional.

Como Promotor de Justiça Eleitoral já recebi cópias de processos de Aije julgadas procedentes 10 meses após as eleições.

Portanto, para que seja dada efetivação ao preconizado no art. 22, inciso XV da LC nº 64/1990, devemos entender que, no caso da Aime infraconstitucional, o prazo será de 15 dias contados da data em que o Ministério Público Eleitoral recebe as cópias dos autos para o fim de interpor a Aime.

É comezinho dizer que há um princípio geral de direito em que não corre prazo extintivo sem a ciência do legitimado para tutela do objeto jurídico, *in casu*, o prazo não pode transcorrer *"in albis"* sem que o defensor do regime democrático tenha ciência do ato lesivo ao interesse público.

No mesmo sentido é o escólio do amigo Juiz Eleitoral **Francisco Milton de Araújo Júnior**:

> "No caso, observa-se inexistência de desídia por parte do Ministério Público Eleitoral. Com efeito, o Parquet, até então, desconhecia o fato infracional. Destarte, em relação a ele, não surgira ainda pretensão e, sem essa, não se pode falar em início de prazo decadencial.
>
> No meu entender, na espécie, a pretensão do MPE não nasce imediatamente após a violação da legislação eleitoral, mas, sim, com sua inequívoca ciência.
>
> Creio que pode ser adotada a linha de raciocínio que inspirou a edição da súmula 106 do STJ. Ou seja, a incúria do Estado-Juiz não aproveita ao promovido. Com mais razão ainda, não deve aproveitar a quem supostamente incorreu em ilicitude eleitoral quando ao Estado-MP sequer se pode atribuir incúria".

Pensar diferentemente é retirar totalmente a eficácia da Aije infraconstitucional e, o pior, contribuir para o reforço da impunidade, destarte, para a própria fragilização do regime democrático, pois interpretação diversa reforça a efetiva perpetuação de corruptos no poder.

Depois de perceber que a inobservância da diferença supracitada causa um verdadeiro estímulo à corrupção eleitoral, vários doutrinadores já mudaram de posição, entre podemos citar:

O insigne doutrinador **Lauro Barreto** que explica:

> Na primeira edição deste trabalho, entendi, equivocadamente, que o prazo de quinze dias contados da diplomação também prevaleceria para propositura da demanda resultante de decisão em processo de Investigação Judicial Eleitoral. No entanto,

> ocorre que com muita frequência esses procedimentos investigatórios, mesmo quando ajuizados ainda no começo das campanhas eleitorais, só sejam julgados muito tempo depois da diplomação do réu. Advogar, portanto, a manutenção desse prazo de 15 dias, contados do ato diplomatório, seria tornar inócua a decisão prolatada em processo de Investigação Judicial julgado procedente após o decurso desse prazo.[78]

Adriano Soares da Costa não faz a diferença por nós proposta entre a Aime constitucional e a Aime infraconstitucional, mas parece já ter percebido que a ausência de tal diferença reforça a impunidade. Diz o renomado autor:

> (...) a ação de impugnação de mandato eletivo, quando ajuizada em decorrência da ação de investigação judicial eleitoral, tem seu prazo de propositura iniciado com o trânsito em julgado da sentença, ou então teremos de admitir, candidamente, que esse dispositivo é inócuo e sem sentido, tendo apenas por escopo afastar a incidência do art. 15 da LC nº 64/1990 e beneficiar o candidato mendaz. Se a Aije, ainda que em raríssimos casos, transitar em julgado antes da diplomação, não haverá o ajuizamento de Aime, por causa do art. 15 da LC nº 64/1990, ou seja, porque a ação de investigação judicial eleitoral esgotará completamente a matéria. Ademais, na hipótese de propositura da ação de impugnação antes da conclusão da Aije, estar-se-ia impugnando o mandato eletivo com espeque no art. 14, § 10, da CF/88, e não com escabelo no art. 22, inciso XV da LC nº 64/1990.[79]

Fiquei feliz ao constatar que o espetacular autor também defende os dois prazos diferenciados, mas há ainda um lapso que devemos corrigir sob pena de voltarmos ao *"marco zero"* do debate, se realmente queremos dar efetividade ao art. 22, inciso XV, da LC nº 64/1990, o prazo inicial para propositura da Aima infraconstitucional não pode ser *"iniciado com o trânsito em julgado da sentença"*, por dois motivos:

a) **Motivo teórico:**

Em nenhum momento a legislação infraconstitucional exigiu o *"trânsito em julgado da sentença"* que julga a Aije para que as cópias dos autos sejam remetidas ao Ministério Público Eleitoral.

O art. 22, inciso XV, da LC nº 64/1990, apenas disse: *"se a representação for julgada procedente após a eleição do candidato (...)."*

Ademais, não é escusado dizer que a própria LC nº 64/1990, quando exige o trânsito em julgado, o faz expressamente como preconiza o art. 1º, inciso I, alínea *"d"*, *in verbis:*

78. No mesmo sentido: Lauro Barreto. Op. cit., p. 71.
79. Adriano Soares da Costa. *Instituições de Direito Eleitoral*. 6. ed. Belo Horizonte: Del Rey, 2006. p. 632-633.

> *d) os que tenham contra sua pessoa* ***representação julgada procedente pela Justiça Eleitoral, transitada em julgado****, em processo de apuração de abuso do poder econômico ou político, para a eleição na qual concorrem ou tenham sido diplomados, bem como para as que se realizarem nos 3 (três) anos seguintes; (Destaque nosso)*

b) **Motivo prático:**

O trânsito em julgado da sentença que julga a Aije procedente geralmente ocorre no TSE ou TRE, e a prática tem demonstrado que o tempo mínimo para que as cópias dos autos cheguem até ao Ministério Público Eleitoral, é de 30 dias, ou seja, haverá preclusão se o prazo for iniciado *"com o trânsito em julgado da sentença"*.

Por todas essas considerações já citadas, e usando o método de interpretação teleológica exposta no capítulo I, revelamos que a genuína finalidade da norma eleitoral é fazer com que a Aije julgada procedente após a eleição do candidato seja remetida ao Ministério Público Eleitoral, *"em tempo oportuno"*, para que seja possível a interposição da Aime infraconstitucional ou da Aidi (*Ação de Impugnação do Diploma*), portanto, para que seja dada efetividade ao art. 22, inciso XV, da LC nº 64/1990, só uma forma de interpretação razoável: **"O prazo será de 15 dias contados da data em que o Ministério Público Eleitoral receber as cópias dos autos para o fim de interpor a Aime".** (Destaque nosso)

É importante ainda destacar que o prazo de 15 (quinze) dias nas duas espécies de Aime, deve ser observado para todos os litisconsortes passivos, pois em virtude do litisconsórcio necessário entre titular e vice nas eleições majoritárias não será possível a aditamento da exordial após o prazo supracitado.

No mesmo sentido é a lição de Fichtner:

> (...) se no ajuizamento da ação não estiverem presentes todos os litisconsortes no polo passivo, e já estiver esgotado o prazo decadencial (15 dias), a decadência se dará por inteiro. Isto é, atingirá todos os ocupantes do polo passivo da demanda, até mesmo aqueles que já estavam posicionados como réus tempestivamente.[80]

Por último, é necessário informar que o TSE entende que o prazo de 15 dias é

> natureza decadencial, e este fato, por si só, não afasta a regra geral de contagem dos prazos previstos no art. 184 do Código de Processo Civil, segundo a qual se o vencimento do prazo cair em dia em que não funcione o protocolo do Tribunal, este é prorrogado para o primeiro dia útil subsequente.[81]

80. No mesmo sentido: José Antônio Fichtner. Op. cit., p. 83.
81. No mesmo sentido: Ac. nº 21.341, Rel. Min. Peçanha Martins e também Ac. nº 15.248, Rel. Min. Eduardo Alckmin; ainda no mesmo sentido os Acórdãos nº 12.309 e nº 2.368, Rel. Min. Ilmar Galvão.

Portanto, como infelizmente o TSE ainda não reconheceu a Aime infraconstitucional e tem decidido que, após decorridos os prazos para a propositura da Aidi ou Aime constitucional (*3 e 15 dias a contar da diplomação, respectivamente*), não será mais possível a propositura da ação com escopo de cassar o diploma, portanto, enquanto o TSE não perceber que há dois tipos de Aidi e de Aime com prazos diferenciados, a solução será, logo após a diplomação, a parte legítima propor uma ação de impugnação de mandato eletivo ou uma ação de impugnação do diploma, que terão tramitação concomitante com a ação de investigação eleitoral.

8.7. Competência para julgar

A Aime deverá ser interposta:

a) na segunda instância, perante o Tribunal Superior Eleitoral, quando se tratar de candidato a presidente ou vice-presidente da República, através do corregedor-geral eleitoral;

b) na segunda instância, perante os Tribunais Regionais Eleitorais, quando se tratar de candidato a senador, governador e vice-governador de Estado e do Distrito Federal, deputado federal, deputado estadual e deputado distrital, através do corregedor-geral eleitoral;

c) na primeira instância, quando se tratar de candidato a prefeito, vice-prefeito e vereador, através dos juízes eleitorais.

No mesmo sentido:

"Competência: é da competência da Justiça Eleitoral, por seus órgãos, conforme se trata de mandato eletivo municipal, estadual ou federal, o conhecimento e julgamento de ação de impugnação de mandato eletivo fundada no art. 14, §§ 10 e 11, da Constituição de 1988. *In casu*, em se tratando de mandato eletivo de governador de estado, a competência originária é do respectivo Tribunal Regional Eleitoral. (...) (No mesmo sentido: Ac. nº 11.640, de 08/03/1994, Rel. Min. Flaquer Scartezzini.)

Abuso de poder econômico. Competência do juiz eleitoral para o processo e julgamento da ação de impugnação de mandato eletivo por abuso de poder econômico, corrupção ou fraude nas eleições municipais (LC nº 64/1990, art. 24)." Jurisprudência do TSE (Rec. nº 11.799, e Rec. nº 12.532, Ac. nº 12.106).

8.8. Efeito do julgamento da Aime

Vamos dividir em duas hipóteses:

1) Aime julgada procedente

Acarretará a perda do mandado eletivo como efeito principal.

Há doutrina defendendo a possibilidade da decretação de inelegibilidade em sede de Aime, entendo, *data venia*, que com a adoção do rito sumário para o processamento da Aime e, à míngua de previsão legal, não será possível a decretação da inelegibilidade na Aime.

Ademais, é sempre necessário lembrar que a decretação de inelegibilidade é uma sanção em que há incidência direta nos direitos políticos, e estes sempre devem ser interpretadas de forma restrita.

Quanto às consequências das nulidades dos votos do vencedor, leia o capítulo "das nulidades".

2) A Aime julgada improcedente

Se interposta de forma temerária ou de manifesta má-fé, responde o autor, na forma do art. 25 da LC nº 64/1990.

Se o autor propõe esta ação de forma temerária ou de manifesta má-fé será condenado em perdas e danos. (art. 14, § 11, da CF c.c. art. 16 do CPC).

Conforme o TSE:

> "Ação de impugnação de mandato eletivo. Improcedência. Litigância temerária e de má-fé reconhecida pelo acórdão. Circunstância em que se legitima a condenação do autor em perdas e danos, na forma prevista no art. 14, § 11, da Constituição, c.c. art. 16 do CPC, apurado o valor da indenização por meio de arbitramento, na forma prevista no art. 18, § 2º, do referido diploma legal." (TSE – REspe nº 12.708, AC/BA, p. 30648).

8.9. Do procedimento da Aime

Há divergência:

Posição 1: defende que deve ser usado o rito ordinário do Código de Processo Civil. É também a posição de **Lauro Barreto** e de **Edson Resende** e de **Marcos Ramayana**,[82] que explica: "O rito processual adotado para a ação de impugnação ao mandato eletivo é o ordinário do processo civil, segundo entendimento unânime do Tribunal Superior Eleitoral e da doutrina majoritária".

Posição 2: entendo que o rito ordinário do CPC é muito moroso e atenta contra a celeridade que deve reger os procedimentos eleitorais; deve, portanto, ser usado o rito preconizado nos arts. 3º a 8º da LC nº 64/1990.

O TSE em questão de Ordem na Instrução nº 81, julgada em 19/02/2004, mudou de posição e fixou o entendimento de que na ação de impugnação de mandato eletivo deverá ser seguido o rito sumário previsto na LC nº 64/1990, para o registro de candidaturas.

Novamente afirmo que a escolha errada do rito pode causar várias consequências.

82. Marcos Ramayana. *Direito Eleitoral*. 4. ed. Rio de Janeiro: Impetus, 2005.

No mesmo sentido:

> "A ação de impugnação de mandato eletivo se destina unicamente à apuração de abuso do poder econômico, corrupção ou fraude. Eventual divulgação de pesquisa sem registro, com violação do art. 33 da Lei nº 9.504/1997, deve ser apurada e punida por meio da representação prevista no art. 96 da Lei nº 9.504/1997" (TSE – REspe nº 21.291/SP – Porto Ferreira, Rel. Juiz Fernando Neves da Silva, p. 121).

Joel J. Cândido[83] afirma: "O TSE, contudo – sem nunca ter dado uma razão consistente para não se adotar o rito por nós sugerido –, tem indicado, reiteradamente, o rito ordinário do processo civil para Aime, com prazo de recurso em três dias".

Atualizando a posição do renomado autor, informo que, no dia 7 de março de 2008, o TSE editou a Resolução nº 22.712, defendendo que:

> *Art. 162. (...) § 1º A ação de impugnação de mandato eletivo observará o procedimento previsto na Lei Complementar nº 64/1990 para o registro de candidaturas e tramitará em segredo de justiça, respondendo o autor na forma da lei, se temerária ou de manifesta má-fé, aplicando-se as disposições do Código de Processo Civil apenas subsidiariamente (Constituição Federal, art. 14, § 11).*

Quanto ao desenvolvimento procedimental, veja as mesmas observações que fizemos no procedimento da Airc.

8.9.1. A Aime e a prova pré-constituída

O art. 14, § 1º, da Constituição Federal determina que a Aime deve ser instruída com provas de abuso do poder econômico, corrupção ou fraude, ou seja, o autor tem de apresentar, junto com a exordial, elementos mínimos que possam firmar o livre convencimento do juiz eleitoral, é dizer, mostre a viabilidade de êxito da ação, mas cuidado, não há necessidade de produção de prova pré-constituída, pois conforme o TSE

> a ação de impugnação de mandato não exige, para a sua propositura, a apresentação, com a inicial, de toda a prova da fraude, dado que o impugnante poderá demonstrá-la na instrução da causa (CF, art. 14, § 10). Com a inicial, entretanto, deverá o impugnante produzir, pelo menos, um começo de prova da fraude, ou indicar a ocorrência de indícios sérios.[84]

Observe que a informação supracitada só é direcionada para a Aime constitucional, pois a Aime infraconstitucional, por sua natureza, sempre exigirá a prova pré-constituída que é oriunda do julgamento procedente da Aije.

83. Joel José Cândido. *Direito Eleitoral brasileiro*. 13. ed. São Paulo: Edipro, 2008, p. 274.
84. No mesmo sentido: Ac. nº 11.919, Rel. Min. Carlos Velloso, 10/11/1994.

8.9.2. A Aime e a prova emprestada

Insta acentuar ainda que tanto na Aime constitucional como na Aime infraconstitucional, há possibilidade do uso de prova emprestada, ou seja, não há óbice que sejam utilizadas provas oriundas de outro processo a fim de instruir ação de impugnação de mandato eletivo, se estas foram produzidas sob o crivo do contraditório e da ampla defesa, o TSE entende que "não há óbice que sejam utilizadas provas oriundas de outro processo a fim de instruir ação de impugnação de mandato eletivo, se estas foram produzidas sob o crivo do contraditório e da ampla defesa" *(Ac. nº 4.410, de 16/09/2003, Rel. Min. Fernando Neves).*

Só devemos anotar uma pequena diferença:

a) Na Aime infraconstitucional, por inteira disposição legal (art. 22, inciso XV, da LC nº 64/1990), só será possível usar a prova emprestada que foi pré-constituída na Aije.
b) Na Aime constitucional, com exceção da prova pré-constituída na Aije, poderemos usar a prova emprestada de qualquer ação eleitoral, desde que tenha sido produzida sob o crivo do contraditório e da ampla defesa.

8.10. O mundo dos autos *versus* o mundo das eleições

Edson de Resende,[85] reproduzindo os ensinamentos do grande Torquato Jardim, apresenta valiosa lição sobre a atividade do juiz ao formar a sua livre convicção:

> Sensível a essa realidade do processo eleitoral, a Lei Complementar nº 64/1990 autorizou o Juiz Eleitoral a formar sua convicção a partir de fatos públicos e notórios e de circunstâncias ou fatos que não tenham sido sequer indicados ou alegados pelas partes. Na verdade, e em síntese, o Juiz deve estar no "mundo das eleições", percebendo seus movimentos, não se admitindo que se acovarde no fundamento de que "o que não está nos autos não está no mundo para o juiz".

O Min. **Torquato Jardim**, do TSE, assegurou:

> "O que faz a norma, ao tutelar valores fundamentais à eficácia social do regime democrático representativo, é exigir do juiz sua imersão total no meio social e político no qual exerça seu mister; é impor-lhe vivência com a realidade sociológica e as nuances do processo político que, por intermédio do Direito Positivo com as peculiaridades inerentes à imparcialidade de decisão do Judiciário, deve ele, provocado na forma da lei, controlar, com o fim de assegurar a normalidade e a legitimidade das eleições e o interesse público de lisura eleitoral. Não lhe permite a norma pretender ignorar o que dos autos não conste; ao contrário, exige-lhe a lei, que instrumente a realidade legal e a eficácia social da Constituição, que acompanhe ele a vida social e política de sua comunidade. De distante e pretensiosamente diferente observador

85. Edson de Resende Castro. *Teoria e prática do Direito Eleitoral*. 2. ed. Belo Horizonte: Mandamentos, 2005.

da cena à sua volta, torna-se o julgador, por imposição legal, um *spectateur engagé* – na feliz expressão com que se descreveu a vida intelectual de Raimond Aron".[86]

Tudo porque, continua o Ministro,

no mesmo plano de eficácia legal que a prova produzida e os fatos alegados pelas partes, estão os fatos públicos e notórios, os indícios e presunções, e as circunstâncias ou fatos mesmo que sequer alegados pelas partes.

E arremata:

Dir-se-á que essa interpretação confere ao juiz latitude por demais ampla no julgamento do feito, pois que muito de sutilezas não comensuráveis destilaria para a sentença. O argumento, todavia, não procede. Não procede porque o bem jurídico tutelado não é nem a vida, nem a liberdade, nem a propriedade. Fosse qualquer deles e certamente a lei não contemplaria a possibilidade do juiz decidir com base em indícios e presunções, em circunstâncias ou fatos ausentes dos autos. A presunção de inocência, o devido processo legal, o contraditório e a ampla defesa (Constituição, art. 5º, LIV, LV, LVII, LVIII), obviamente, a tanto se oporiam. Aqui, contudo, o bem jurídico tutelado é de natureza coletiva, indivisível, do interesse de todos, para o qual irrelevante a vontade ou o interesse individual, qual seja, o sufrágio universal mediante voto direto e secreto, imune às manipulações e à influência do poder econômico e ao abuso do exercício de função, cargo ou emprego na administração direta ou indireta, sem o que, na presunção da Constituição e da Lei Complementar, não se protegerá a normalidade e legitimidade das eleições, nem se preservará o interesse público de lisura eleitoral.

8.10.1. Prolação da sentença

Nas eleições municipais, o juiz eleitoral apresentará a sentença em cartório três dias após a conclusão dos autos, passando a correr deste momento o prazo de três dias para a interposição de recurso para o Tribunal Regional Eleitoral.

A partir da data em que for protocolada a petição de recurso, passará a correr o prazo de três dias para a apresentação de contrarrazões.

Apresentadas as contrarrazões, serão os autos imediatamente remetidos ao Tribunal Regional Eleitoral, inclusive por portador, se houver necessidade, decorrente da exiguidade de prazo, correndo as despesas do transporte por conta do recorrente, se tiver condições de pagá-las.

Se o juiz eleitoral não apresentar a sentença no prazo do supracitado, o prazo para recurso só começará a correr após a publicação da mesma por edital, em cartório.

86. Min. Torquato Jardim, do TSE, no Recurso nº 9.354, Porto Alegre/RS, Acórdão nº 13.428, *Revista de Jurisprudência do TSE*, v. 6, nº 1, p. 332.

Ocorrendo esta hipótese, o corregedor regional, de ofício, apurará o motivo do retardamento e proporá ao Tribunal Regional Eleitoral, se for o caso, a aplicação da penalidade cabível.

Recebidos os autos na Secretaria do Tribunal Regional Eleitoral, estes serão autuados e apresentados no mesmo dia ao presidente, que, também na mesma data, os distribuirá a um relator e mandará abrir vistas ao procurador regional pelo prazo de dois dias.

Findo o prazo, com ou sem parecer, os autos serão enviados ao relator, que os apresentará em mesa para julgamento em três dias, independentemente de publicação em pauta.

Na sessão do julgamento, que poderá se realizar em até duas reuniões seguidas, feito o relatório, facultada a palavra às partes e ouvido o procurador regional, proferirá o relator o seu voto e serão tomados os dos demais juízes.

Proclamado o resultado, o Tribunal se reunirá para lavratura do acórdão, no qual serão indicados o direito, os fatos e as circunstâncias com base nos fundamentos do relator ou do voto vencedor.

Terminada a sessão, far-se-ão a leitura e a publicação do acórdão, passando a correr dessa data o prazo de três dias, para a interposição de recurso para o Tribunal Superior Eleitoral, em petição fundamentada.

Havendo recurso para o Tribunal Superior Eleitoral, a partir da data em que for protocolada a petição, passará a correr o prazo de três dias para a apresentação de contrarrazões, notificado por telegrama o recorrido.

Apresentadas as contrarrazões, serão os autos imediatamente remetidos ao Tribunal Superior Eleitoral.

8.11. A Aime à potencialidade lesiva da conduta

Como o bem jurídico tutelado na Aime é a normalidade e legitimidade das eleições, será necessário prova da potencialidade de lesão na lisura do pleito eleitoral.

O TSE tem decidido que: "Para a configuração do abuso do poder econômico, deve ficar evidente a potencialidade do fato em influenciar o resultado do pleito, o que um fato isolado não é hábil a caracterizar."[87]

8.12. Análise da possibilidade de existir litispendência entre Aije e Aime

Entendemos que não há possibilidade de existir litispendência entre a Aije e Aime, porque os objetivos são totalmente diferentes, a Aije busca a cassação do registro e a declaração de inelegibilidade, fundada na existência de "uso indevido, desvio ou abuso do poder econômico ou do poder de autoridade, ou utilização indevida de veículos ou meios de comunicação social", e a Aime tem como objetivo

87. TSE – Recurso Ordinário nº 780, Ac./SP, Rel. Min. Fernando Neves da Silva, *DJ*, vol. 1, p. 109.

a cassação do mandato eletivo, se conquistado mediante abuso do poder econômico, corrupção ou fraude.

No mesmo sentido:

> "(...) Ação de investigação judicial. Litispendência. Ação de impugnação de mandato eletivo. Ausência. (...). Não há litispendência entre a ação de investigação judicial eleitoral e a ação de impugnação de mandato eletivo, pois, embora possam assentar-se nos mesmos fatos, perseguem objetivos distintos. Enquanto aquela busca a cassação do registro e a declaração de inelegibilidade, fundada na existência de uso indevido, desvio ou abuso do poder econômico ou do poder de autoridade, ou utilização indevida de veículos ou meios de comunicação social, esta tem por escopo a cassação do mandato eletivo, se conquistado mediante abuso do poder econômico, corrupção ou fraude. (...) NE: (...) nada impede a coexistência da investigação judicial e da ação de impugnação ao mandato eletivo. (...)" (Ac. nº 4.203 e Ac. nº 21.218).
>
> "O RCED, a Aije e a Aime possuem causas de pedir própria e consequência jurídica distinta. Assim, o julgamento favorável ou desfavorável de cada uma dessas ações não influencia no trâmite uma das outras. Nesse entendimento, o Tribunal rejeitou as preliminares e negou provimento ao recurso". Recurso Especial Eleitoral nº 35.923/SP, Rel. Min. Felix Fischer, em 09/03/2010, unânime.

8.13. Análise recursal da Aime

Há três possibilidades de interposição de recurso:

a) Nas eleições municipais cabe o recurso inominado (art. 268 do Código Eleitoral).

b) Nas eleições federais e estaduais cabem os recursos ordinário e especial (art. 276 do Código Eleitoral).

c) E nas eleições presidenciais os recursos ordinário do art. 281 do Código Eleitoral ou extraordinário previstos no art. 102, inciso II, da Constituição Federal.

8.13.1. Efeito recursal

Havia grande controvérsia no âmbito do TSE sobre a aplicação do mencionado art. 216 do CE ou do preconizado no art. 257 do Código Eleitoral.

A aplicação de um dos artigos tem grande relevância prática, porque:

a) Conforme o art. 257, parágrafo único, do Código Eleitoral, o efeito é só devolutivo, *in verbis: "A execução de qualquer acórdão será feita imediatamente, através de comunicação por ofício, telegrama, ou, em casos especiais, a critério do presidente do Tribunal, através de cópia do acórdão".*

b) Pelo disposto no art. 216 do Código Eleitoral o efeito será suspensivo, *in verbis: "Enquanto o Tribunal Superior não decidir o recurso interposto contra a expedição do diploma, poderá o diplomado exercer o mandato em toda a sua plenitude".*

Sempre defendi a plena inaplicabilidade o art. 216 do CE, portanto, o recurso terá efeito apenas devolutivo, aplicando-se a regra geral do art. 257 do Código Eleitoral.

Em posição contrária, **Joel J. Cândido**[88] afirma que

> Em qualquer das instâncias eleitorais, os recursos contra as decisões que julgarem procedentes a Ação de Impugnação de Mandato Eletivo têm efeito suspensivo, podendo o titular do mandato exercê-lo em toda sua plenitude enquanto não se operar a coisa julgada.

Atualizando a posição do renomado autor, informo que no dia 7 de março de 2008 o TSE editou a Resolução nº 22.712, defendendo que: "Art. 162 (...) § 2º À ação de impugnação de mandato eletivo não se aplica a regra do art. 216 do Código Eleitoral.

No mesmo sentido o entendimento dominante do TSE:

> "O Tribunal Superior Eleitoral tem sido firme no sentido que são imediatos os efeitos das decisões proferidas pelos Regionais em sede de ação de impugnação de mandato eletivo, aguardando-se tão só a publicação do respectivo acórdão. Não há que se falar na aplicação do art. 15 da Lei Complementar nº 64/1990 nos casos de cassação de mandato. (...)" (TSE – REspe nº 23.387, Ac./GO, Rel. Min. Carlos Augusto Aires Brito, *DJ*, volume 1, p. 8).

Evidentemente, presentes os requisitos necessários ao deferimento, é possível a interposição de ação eleitoral cautelar com pedido de liminar, com fito de conferir efeito suspensivo ao recurso.

8.14. Análise da necessidade de interposição de recurso *ex officio*

Debate ainda a doutrina se a sentença que julga a Aime estaria sujeita ao reexame necessário, que alguns denominam, de forma inapropriada, de "recurso *ex officio*", por analogia ao art. 475 do Código de Processo Civil, *in verbis:*

> *Está sujeita ao duplo grau de jurisdição, não produzindo efeito senão depois de confirmada pelo tribunal, a sentença:*
> *I – proferida contra a União, o Estado, o Distrito Federal, o Município, e as respectivas autarquias e fundações de Direito Público;*
> *II – que julgar procedentes, no todo ou em parte, os embargos à execução de dívida ativa da Fazenda Pública (art. 585, VI).*

Hoje, predomina o entendimento de que, em virtude da ausência de previsão legal, é incabível o chamado reexame necessário, no mesmo sentido: "Reexame

88. Joel José Cândido. *Direito Eleitoral brasileiro.* 13. ed. São Paulo: Edipro, 2008, p. 275.

necessário. Não previsão na ordem processual em sede de ação de impugnação de mandato eletivo. Não conhecimento" (TRE-MG, Rec. nº 770/01).

8.15. Análise da possibilidade de desistência da Aime

Entendo que na Aime deve prevalecer o princípio da indisponibilidade, pois a ação em estudo destina-se à tutela do interesse público, uma vez que tem a missão constitucional de impedir que atos de abuso do poder, corrupção ou fraude contaminem a eleição, tornando ilegítimos os mandatos assim obtidos, portanto, em caso de desistência do autor, deve o Ministério Público Eleitoral assumir a titularidade.

No mesmo sentido:

> "O Ministério Público, por incumbir-lhe a defesa da ordem jurídica, do regime democrático e dos interesses sociais e individuais indisponíveis (art. 127 da CF), é parte legítima para, em face da desistência da ação de impugnação de mandato eletivo pelo autor, assumir a sua titularidade e requerer o prosseguimento do feito. (...)" (Ac. nº 4, de 17/03/1998, Rel. Min. Maurício Corrêa).

O TSE, baseado nos argumentos *ut supra*, tem precedentes que não admitem a desistência, *in verbis:*

> "Não homologado o pedido de desistência ao fundamento de que. (...) trata-se de matéria sobre a qual não se admite desistência ou composição das partes" (Ac. nº 104, de 24/08/2000, Rel. Min. Eduardo Alckmin, Rel. desig. Min. Maurício Corrêa).

8.16. Análise da possibilidade do arbitramento de honorários de advogado

O ônus da sucumbência não se coaduna com os feitos eleitorais, portanto, com a exceção da litigância de má-fé, não há condenação em honorários advocatícios.

No mesmo sentido o TSE:

> "(...) Ação de impugnação de mandato eletivo. Condenação em verba honorária. CF, art. 14, § 11. Lei nº 9.265/1996, art. 1º, IV. 1. Salvo em caso de litigância de má-fé, não há se falar em condenação em honorários em ação de impugnação de mandato eletivo. Precedentes. Recurso provido" (Ac. nº 14.995).

8.17. A tutela antecipada em sede de Aime

Entendemos não juridicamente possível a antecipação da tutela em sede de Aime, porque além de o rito ser célere, há possibilidade de irreversibilidade do pedido concedido de forma antecipada, qual seja, a cassação do diploma, fato que enseja óbice ao início do mandato ou a suspensão do exercício do mandato eletivo já iniciado.

9. AIDI – AÇÃO DE IMPUGNAÇÃO DA DIPLOMAÇÃO

9.1. Natureza jurídica da Aidi

Embora a doutrina dominante apresente a denominação **RCD** (**R**ecurso **C**ontra a **D**iplomação), entendo que não pode ser um recurso porque não existe uma ação anterior que poderia impulsionar o duplo grau de jurisdição. É, portanto, uma ação eleitoral. É também a posição do **TSE.**

Na realidade o que há é uma ação de impugnação do diploma, por esse motivo, é mais coerente e técnico usar a terminologia Aidi (Ação de Impugnação da Diplomação).

9.2. Cabimento de espécies de Aidi

Há dois tipos de Aidi, a saber:

Primeira espécie: a Aidi propriamente dita

Ação de impugnação da diplomação propriamente dita é prevista no art. 262 do Código Eleitoral e caberá somente nos seguintes casos:

a) inelegibilidade ou incompatibilidade de candidato

Embora, como regra geral, as inelegibilidades devam ser arguidas por meio da **Airc**, é possível, no contexto prático, que surjam duas hipóteses:

Hipótese 1: depois do deferimento do registro e antes da diplomação aparece uma inelegibilidade superveniente, por exemplo, Tício é condenado com trânsito em julgado da sentença penal condenatória.

A inelegibilidade superveniente é aquela que surge após o prazo de deferimento do registro da candidatura e que, portanto, não poderia ter sido objeto de impugnação através da Airc, nesta hipótese, mesmo sendo de índole infraconstitucional, não haverá preclusão, podendo sim ser alegada em sede de Ação de impugnação da diplomação propriamente dita

No mesmo sentido o **TSE**:

> "A teor da jurisprudência desta Corte, a matéria atinente à inelegibilidade resultante de fato superveniente ao processo de registro pode ser suscitada em recurso contra a diplomação. (No mesmo sentido: Agravo de Instrumento nº 3174, TSE/CE, Baturité; p. 96)".

Hipótese 2: depois do deferimento do registro e antes da diplomação percebe-se uma inelegibilidade prevista na Constituição Federal que não foi objeto de impugnação ao tempo do pedido de registro.

Nas duas hipóteses supracitadas, será possível a interposição de uma Ação de Impugnação da Diplomação. Não podemos falar em preclusão porque:

a) a primeira hipótese trata de uma inelegibilidade que não estava presente ao tempo da impugnação do registro, ou seja, é superveniente;

b) a segunda hipótese trata de uma inelegibilidade prevista na Constituição Federal e, como já aprendemos, não há preclusão contra norma constitucional.

Quanto à incompatibilidade ou desincompatibilização, é um dos requisitos para aquele que ocupa cargos públicos concorrer a outro cargo eletivo.

Insta acentuar que as incompatibilidades previstas na Lei Complementar nº 64/1990 só podem ser alegadas na Airc, pois por serem de índole infraconstitucional serão submetidas ao instituto da preclusão.

Portanto, só as incompatibilidades de índole constitucional podem ser alegadas na Aidi, por exemplo, preconiza o art. 14, § 6º ,que:

> *Para concorrerem a outros cargos, o Presidente da República, os Governadores de Estado e do Distrito Federal e os Prefeitos devem renunciar aos respectivos mandatos até seis meses antes do pleito.*

É importante destacar que a Aidi não é cabível nas hipóteses de condições de elegibilidade, mas somente nos casos de inelegibilidade.

No TSE, há acirrada discussão sobre o tema:

> "Não há omissões no aresto recorrido quanto à possibilidade de recurso contra expedição de diploma fundamentado na suspensão de direitos políticos, pois é condição de elegibilidade. O aresto embargado é claro ao asseverar que existem duas correntes na Corte sobre o tema: a) a primeira, mais restritiva, entende que não cabe RCEd fundamentado na suspensão de direitos políticos, pois interpreta literalmente a expressão "inelegibilidade"; b) a segunda entende que as condições de elegibilidade constitucional podem ensejar o ajuizamento de RCEd.
>
> O acórdão embargado, acolhendo o parecer do Ministério Público, filiou-se à segunda corrente. Destacou-se, ainda, precedentes da Corte (Ag nº 1.118/SP, Rel. Min. Eduardo Ribeiro, *DJ* de 16/10/1998, REspe nº 14.992/MA, Rel. Min. Nilson Naves, *DJ* de 21/11/1997) que admitiram RCEd fundamentado em suspensão de direitos políticos". (TSE – Embargos de Declaração em RCEd, Ac., Rel. Min. José Augusto Delgado, *DJ*, vol. 1, 17/12/2007, p. 93).

b) Errônea interpretação da lei quanto à aplicação do sistema de representação proporcional

Hoje, é praticamente impossível a configuração desta hipótese, pois os cálculos da apuração são feitos pelo sistema eletrônico.

c) Erro de direito ou de fato na apuração final quanto à determinação do quociente eleitoral ou partidário, contagem de votos e classificação de candidato, ou a sua contemplação sob determinada legenda

Conforme o **TSE:**

"O recurso contra a diplomação fundado no inciso III, do art. 262, do Código Eleitoral é cabível contra o erro de direito ou de fato ocorrido na apuração do resultado final da eleição proporcional, o que pode alterar o quociente eleitoral ou partidário, a contagem de votos e a classificação de candidato, ou a sua contemplação sob determinada legenda, não se prestando para corrigir eventual erro existente na documentação apresentada pelo candidato. Recurso conhecido e provido. Decisão: O Tribunal, por unanimidade, conheceu do recurso e lhe deu provimento, nos termos do voto do relator" (TSE/SP, REspe nº 19887, p. 144).

d) Concessão ou denegação do diploma em manifesta contradição com a prova dos autos, nas hipóteses do art. 222 do Código Eleitoral e do art. 41-A da Lei nº 9.504, de 30/09/1997

O art. 222 do Código Eleitoral afirma que:

É também anulável a votação, quando viciada de falsidade, fraude, coação, uso de meios de que trata o art. 237, ou emprego de processo de propaganda ou captação de sufrágios vedado por lei.

Entende o **TSE** que:

"A fraude a ser alegada em recurso contra expedição de diploma fundado no art. 262, IV, do Código Eleitoral, é aquela que se refere à votação, tendente a comprometer a lisura e a legitimidade do processo eleitoral, nela não se inserindo eventual fraude ocorrida na transferência de domicílio eleitoral".[89]

Quanto ao citado 41-A da Lei nº 9.504, leia os comentários que fizemos na Arcisu.

Segunda espécie: a Aidi superveniente

Ação de impugnação da diplomação superveniente é prevista no art. 22, inciso XV, da Lei Complementar nº 64/1990, e é oriunda da Aije julgada procedente após a eleição do candidato, ocasião em que devem ser remetidas cópias de todo o processo ao Ministério Público Eleitoral, para que seja possível interpor a Aidi superveniente.

Leia o item **9.14.** *"Quando será necessária a interposição da Aidi superveniente"*.

9.3. Análise da possibilidade de o juiz indeferir a diplomação *ex officio*

Já aprendemos que o juiz deve reconhecer *ex officio* as inelegibilidades logo quando o pedido de registro for formulado, mas é possível que tal inelegibilidade apareça de forma superveniente, portanto, pergunta-se:

É possível o juiz indeferir a diplomação *ex officio*?

89. TSE – RCEd nº 653, Ac. p. 174.

Sim, havendo uma causa objetiva que obste a expedição do diploma, o juiz eleitoral deve indeferi-lo *ex officio*.

No mesmo sentido:

> "A falta de impugnação não obsta a que o juiz reconheça a inelegibilidade, já que pode fazê-lo de ofício. Condenação criminal. Acarreta a suspensão dos direitos políticos pelo tempo em que duraram seus efeitos. Irrelevância de estar em curso pedido de revisão criminal" (TSE, Ac. nº 13.924, REsp).

9.4. Taxatividade da ação de impugnação da diplomação

As hipóteses supracitadas são taxativas, ou seja, não admitem extensão, o TSE também defende que:

> "Contra a diplomação, o recurso cabível é aquele previsto no art. 262 do Código Eleitoral, e somente nas hipóteses elencadas em seus incisos, sendo incabível o recurso previsto no art. 265 daquele diploma legal. Da mesma forma, não tem cabimento o recurso contra a diplomação previsto no art. 262 quando se tratar do alegado descumprimento do disposto no art. 224 do Código Eleitoral. Recurso não conhecido" (Agravo de Instrumento nº 3543, TSE/PA, Concórdia do Pará, Rel. Min. Ellen Gracie Northfleet, unânime, p. 285).

Assim, não será possível interpor a Aidi para combater as condutas vedadas nos arts. 73 a 77 e 30-A da Lei nº 9.504/1997, como já estudamos, o moderno direito eleitoral combate tais infrações com ações próprias (*Vide a Arconve e a Aragi*).

9.5. Legitimidade ativa da Aidi

9.5.1. Possuem legitimidade ativa para propor a ação de impugnação da diplomação propriamente dita

a) os partidos políticos

b) candidatos que tenham concorrido ao pleito

Entendo que o candidato é parte legítima para interpor recurso contra a diplomação, ainda que não tenha benefício direto com o provimento do recurso, uma vez que o interesse maior é o de se resguardar a lisura das eleições.[90]

POSIÇÃO DIVERGENTE

O TSE defende que só pode interpor a Aide o candidato que tenha algum interesse no sucesso da ação (provimento do recurso) (no mesmo sentido: AC nº 592/1999).

90. No mesmo sentido: Recurso sobre Expedição de Diploma nº 6162, TRE/RN, Taipu, Rel. Dúbel Cosme, j. 28/10/2005, unânime.

c) As coligações

Entendo que as coligações não têm legitimidade para propor a Ação de impugnação da diplomação propriamente dita, e o motivo é muito simples, o prazo inicial para propositura da Aidi propriamente dita é de 3 dias, contados da diplomação, e neste período não há mais coligações, cuja existência válida só perdura até a eleição.

Informo que não é este o entendimento do TSE, o qual reiteradamente vem decidindo que

> *"A coligação partidária tem legitimidade concorrente com os partidos políticos e candidatos para a interposição de recurso contra expedição de diploma. (...)"* (TSE – RCEd nº 646, Ac., Rel. Min. Fernando Neves da Silva, *DJ*, vol. 1, 25/06/2004, p. 175).

d) Ministério Público Eleitoral

O Ministério Público Eleitoral tem legitimidade para propor todas as ações eleitorais, apenas preciso destacar que a legitimidade do Ministério Público é adstrita à sua área de atribuição.

No mesmo sentido o entendimento dominante do TSE:

> A jurisprudência desta Corte Superior é uníssona ao reconhecer a legitimidade ativa do Ministério Público em recurso contra expedição de diploma, em decorrência da aplicação subsidiária do art. 499, § 2º, do CPC. Nesse sentido, os seguintes precedentes: REspe nº 9.349/SP, Rel. Min. Sepúlveda Pertence, *DJ* de 06/03/1992 e RCEd nº 408/MG, Rel. Min. Aldir Passarinho.

Portanto, têm legitimidade para interpor a Aidi:

a) o Promotor de Justiça Eleitoral tem legitimidade para interpor a Aidi perante o Juiz eleitoral, mas a ação é direcionada para o **TRE**;

b) o procurador regional eleitoral tem legitimidade para interpor a Aidi perante o **TRE**, mas a ação é direcionada para o **TSE**.

Já o procurador-geral da Justiça Eleitoral não tem legitimidade para propor a Aidi, pois como já estudamos não cabe Aidi nas eleições presidenciais.

9.5.2. Legitimidade ativa para propor a ação de impugnação da diplomação superveniente

Só o Ministério Público Eleitoral tem legitimidade para propor a ação de impugnação da diplomação superveniente.

9.6. Legitimidade passiva da Aidi

A parte passiva serão os candidatos eleitos e também os suplentes, desde que diplomados.

9.7. Prazo para interposição

9.7.1. Prazo para impugnação da ação de impugnação da diplomação propriamente dita

O prazo para propor a Aidi superveniente é de 3 dias, contados da diplomação do candidato eleito.

9.7.2. Prazo para impugnação da ação de impugnação da diplomação superveniente

Como já estudamos no capítulo da Aime, só há uma forma de dar efetivação ao preconizado no art. 22, inciso XV, da LC nº 64/1990, é defender que o prazo da Aidi superveniente será de 3 (três) dias contados da data em que o Ministério Público Eleitoral receber as cópias dos autos para o fim de interpor a Aidi superveniente a procedência da Aije.

9.8. Competência para julgar

A competência para conhecer e julgar a Aidi depende da eleição. Assim, teremos:

1) na eleição municipal, o juiz eleitoral é o competente para **conhecer** a Aidi, mas quem **julga** é o **TRE**;
2) na eleição de governador, vice, senador, deputados federais, estaduais e distritais, o **TRE** é o competente para **conhecer** a **Aidi**, mas quem **julga** é o **TSE**.

Obs.: você deve estar indagando: e se a eleição for para presidente?
Resposta: na eleição para presidente, não cabe ação de impugnação da diplomação.

CONTROVÉRSIA DOUTRINÁRIA I

Parte da doutrina defende que do ato de diplomação, na eleição presidencial, cabe recurso extraordinário para o STF.

Em realidade, entendo que razão assiste a Emerson Garcia,[91] que defende: "O ato de diplomação tem natureza eminentemente administrativa, inexistindo causa para o efeito de interposição do referido recurso (art. 102, III, da CR/88)".

CONTROVÉRSIA DOUTRINÁRIA II

Há doutrina defendendo que o TSE não tem competência para examinar, originariamente, os recursos contra a expedição do diploma de governador, vice-governador, senadores, deputados federais e estaduais e respectivos suplentes.

Aceitando tal argumentação, em 2009 o Ministro do STF Eros Grau concedeu liminar em Ação por descumprimento de preceito fundamental – ADPF nº 167 para,

---

91. No mesmo sentido: Emerson Garcia. *Abuso de poder nas eleições*: meios de coibição. 3. ed. Rio de Janeiro: Lumen Juris, 2006.

a partir da decisão, suspender o julgamento de qualquer Aidi realizada pelo TSE, até a decisão do mérito.

Posteriormente, por seis votos contra e quatro a favor, os ministros não referendaram a liminar concedida pelo ministro relator, Eros Grau. Foram votos vencidos, além do relator, os ministros Cezar Peluso, Marco Aurélio e Gilmar Mendes. Dessa forma, a decisão que impedia o julgamento das ações de impugnação da diplomação pelo TSE está suspensa.

Cabe registrar que o TSE tem aplicado o princípio da fungibilidade na hipótese de interposição de recurso direcionado ao tribunal errado.

No mesmo sentido: "O endereçamento indevido do recurso contra expedição de diploma ao Tribunal Regional Eleitoral, e não a este Tribunal Superior, não impede o seu conhecimento".[92]

9.9. O que causa a procedência da Aidi

a) A procedência com trânsito em julgado da ação de impugnação da diplomação propriamente dita causa a cassação da diplomação e o exercício do mandato.
b) A procedência com trânsito em julgado da ação de impugnação da diplomação superveniente, neste caso, embora a ação seja proposta com fulcro no inciso XV do art. 22 da LC nº 64/1990, não haverá decretação de inelegibilidade nesta ação, pois a mesma já deve ter sido decretada na sentença que julgou a Aije procedente.

Quanto à cassação do diploma e a consequência da nulidade dos votos, leia o capítulo *"das nulidades"*.

9.10. O efeito da Aidi

A Aidi não tem efeito suspensivo, portanto a decisão só tem eficácia após o julgamento final, aplica-se, *in casu*, a regra indicada no art. 216 do Código Eleitoral, *in verbis*:

> *Enquanto o Tribunal Superior não decidir o recurso interposto contra a expedição do diploma, poderá o diplomado exercer o mandato em toda a sua plenitude.*

Por tal motivo, entendo não ser possível a antecipação da tutela em sede de ação de impugnação da diplomação.

9.11. A Aidi e o juízo de retratação

É inaplicável à Aidi a regra do art. 267, § 6º, do Código Eleitoral, que impõe o chamado juízo de retratação a todos os recursos oferecidos perante as Juntas e Juízos

92. TSE – RCED nº 653, Ac. p. 174.

Eleitorais. É que, como diz **Edson Resende,** "'esse recurso' é, em verdade, uma ação eleitoral. Embora seja ajuizada perante o Órgão Jurisdicional da Diplomação, e dirigida ao Tribunal competente para a reapreciação do ato. Sendo ação, e não tipicamente recurso, não cabe ao Juiz que a recebeu e processou modificar o ato atacado"[93].

9.12. Procedimento da Aidi

Mesmo a doutrina dominante defendendo que a natureza jurídica é de ação e não de recurso é também dominante o entendimento de que será usado o rito recursal, a saber:

a) Interposição da Aidi com prova pré-constituída

Como regra geral, podemos afirmar que não há possibilidade de produção de prova testemunhal na instância superior, mas é possível dizer na exordial que as provas pré-constituídas serão juntadas posteriormente, no mesmo sentido:

> "Possibilidade da juntada, tratando-se de recurso contra a diplomação, na instância superior, de provas documentais preexistentes, desde que indicadas na petição de recurso. Não há falar na produção, na instância superior, de prova testemunhal. Ao recorrido assegura-se produzir, relativamente às mencionadas provas, a contraprova pertinente." (TSE/DF, Agravo Regimental em Recurso contra Expedição de Diploma nº 613, p. 113).

Com grande maestria **Elmana Viana**[94] descreve algumas hipóteses em que o **TSE** tem admitido dilação probatória em sede de Aidi:

> Além disso, o art. 270 do CE (Brasil, 1967) prescreve que se o recurso versar sobre coação, fraude, abuso de poder econômico ou político ou emprego de propaganda ou captação ilícita de sufrágio, dependente de provas indicadas pelas partes no momento da interposição, o relator do TRE deferi-las-á em 24h, realizando-se a sua produção no prazo máximo de 5 (cinco) dias. Assim, poderá o recorrente apresentar provas pré-constituídas ou indicar aquelas que desejar ver produzidas pelo próprio relator do recurso.
>
> "(...) Esta Corte já assentou a possibilidade de produção, no Recurso Contra Expedição de Diploma, de todos os meios lícitos de provas, desde que indicados na petição inicial, não havendo o requisito da prova pré-constituída, podendo, obviamente, o magistrado rechaçar, motivadamente, todos os requerimentos que se mostrem desnecessários ou protelatórios (art. 130 do Código de Processo Civil) (...)" (TSE – Agravo Regimental em RCEd nº 773, Ac., Rel. Min. Marcelo Henriques Ribeiro de Oliveira, *DJE* 24/04/2009, p. 26).

93. Edson de Resende Castro. *Teoria e prática do Direito Eleitoral*. 2. ed. Belo Horizonte: Mandamentos, 2005.
94. Op. cit., p. 55.

"Admite-se a produção de prova em Recurso Contra Expedição de Diploma, desde que indicadas na petição inicial. Precedentes". (TSE – RCEd nº 671, Ac., Rel. Min. Eros Roberto Grau, *DJE*, tomo 59, 03/03/2009, p. 35/36).

"O TSE tem admitido, inclusive, a produção de prova pericial e testemunhal, quando demonstrada a sua necessidade e seriedade, sendo neste último caso no número máximo de 6 (seis), independentemente da quantidade de fatos alegados na exordial e ainda que haja litisconsórcio ativo ou passivo.

As provas testemunhais e periciais apresentadas nas razões recursais ou com as contrarrazões devem ser colhidas em procedimento prévio, com a garantia do contraditório (Art. 270, § 1º, do Código Eleitoral). Diversamente em relação à prova documental, que vale por si, se idônea e não contiver vício na sua elaboração (CPC, arts. 364 a 373), cabendo à parte contrária contestá-la, se for o caso (Ac. nº 12.083, Rel. Min. Pertence). (...)" (TSE – RCEd nº 612, Ac., Rel. Min. Carlos Mário da Silva Veloso, *DJ*, vol. 1, 16/09/2005, p. 170).

b) Recebimento da petição

Recebida a petição, mandará o juiz intimar o recorrido para ciência do recurso, abrindo-se-lhe vista dos autos a fim de, em prazo igual ao estabelecido para a sua interposição, oferecer razões, acompanhadas ou não de novos documentos.

A intimação se fará pela publicação da notícia da vista no jornal que publicar o expediente da Justiça Eleitoral, onde houver, e nos demais lugares, pessoalmente pelo escrivão, independentemente de iniciativa do recorrente.

Onde houver jornal oficial, se a publicação não ocorrer no prazo de três dias, a intimação se fará pessoalmente ou na forma prevista no item seguinte.

Nas zonas em que se fizer intimação pessoal, se não for encontrado o recorrido dentro de 48 horas, a intimação se fará por edital afixados no fórum, no local de costume.

Todas as citações e intimações serão feitas na forma supracitada.

c) Juntada de novos documentos

Se o recorrido juntar novos documentos, terá o recorrente vista dos autos por 48 (quarenta e oito) horas para falar sobre os mesmos, contado o prazo na forma já especificada.

d) Remessa dos autos ao tribunal

Findos os prazos a que se referem os itens anteriores, o juiz eleitoral fará, dentro de 48 horas, subir os autos ao Tribunal Regional com a sua resposta e os documentos em que se fundar, sujeito à multa de 10 por cento do salário mínimo regional por dia de retardamento, salvo se entender de reformar a sua decisão.

9.13. A prova pré-constituída e a Aidi

A jurisprudência dominante defende que com a interposição da **Aidi**, deve-se apresentar a chamada prova pré-constituída, assim, se o fundamento da **Aidi** for uma causa de inelegibilidade superveniente, como por exemplo, uma condenação criminal, deve-se juntar com a inicial a certidão do trânsito em julgado da sentença penal.

Há, na realidade, divergência jurisprudencial, se o trânsito em julgado da Aije é requisito para que a mesma seja usada como prova pré-constituída:

Posição 1: sim.

"Não se pode considerar como prova pré-constituída a decisão proferida em sede de ação de investigação judicial, por abuso de poder, não transitada em julgado no momento da propositura do recurso contra a expedição de diploma" (TRE-MG, Recurso nº 73/2001, Resplendor, Rel. Juiz Levindo Coelho, Rev. Juiz Bady Curi Neto, MG de 23/10/2001).

Posição 2: não.

Como já relatei no estudo da Aime, a regra geral é que não é necessário que a prova seja extraída de investigação judicial julgada procedente, com trânsito em julgado, para que seja qualificada como pré-constituída.

"A jurisprudência pacífica do TSE admite provas pré-constituídas em recurso contra expedição do diploma, ainda que o feito original não tenha transitado em julgado". (TSE-MT, Recurso Contra Expedição de Diploma nº 676, Rel. Joaquim Benedito Barbosa Gomes. j. 16/09/2008, unânime, *DJE* 15/10/2008, p. 4).

A única exceção será a prevista no inciso I do art. 262 do Código Eleitoral, que são os casos de inelegibilidade ou incompatibilidade de candidato, em que é necessária a comprovação do trânsito em julgado da inelegibilidade ou prova contundente da condição da não desincompatibilização do sujeito passivo.

No mesmo sentido o entendimento dominante do TSE:

"Não é necessário que a decisão proferida em investigação judicial tenha transitado em julgado para embasar recurso contra a diplomação fundado no inciso IV, do art. 262, do Código Eleitoral. O recurso contra a diplomação pode vir instruído com prova pré-constituída, entendendo-se que essa é a já formada em outros autos, sem que haja obrigatoriedade de ter havido sobre ela pronunciamento judicial, ou trânsito em julgado. A declaração de inelegibilidade com trânsito em julgado somente será imprescindível no caso de o recurso contra a diplomação vir fundado no inciso I do mencionado art. 262 do Código Eleitoral, que cuida de inelegibilidade. Agravo Regimental a que se negou provimento. Decisão: O Tribunal, por unanimidade, negou provimento ao agravo regimental" (No mesmo sentido: TSE-MS, Agravo Regimental em Recurso Especial Eleitoral nº 19.596, Ivinhema, Rel. Min. Fernando Neves da Silva, p. 241 e também TRE-GO, RD nº 1.149, (1.149), p. 66; TSE/SP, Recurso Especial Eleitoral nº 19.536, Tarabaí, Rel. Min. Fernando Neves da Silva, p. 244).

9.14. Quando será necessária a interposição da Aidi superveniente

Nem sempre será necessário o uso da Aidi superveniente, *in casu*, considerar duas hipóteses:

Hipótese 1: se a Aije for julgada antes da eleição teremos dois efeitos, quais sejam:

a) cassação do registro do candidato beneficiado pelo abuso do poder;

b) declaração de inelegibilidade.

Nesta hipótese, não será necessária a interposição da Aidi superveniente porque sendo julgada procedente a Aije haverá cassação do registro do candidato beneficiado pelo abuso do poder e, destarte, afetará o próprio diploma.

Hipótese 2: se a Aije for julgada depois da eleição, teremos apenas um efeito, qual seja:

a) declaração de inelegibilidade.

Portanto, a interposição da Aidi superveniente será imprescindível para haver cassação do diploma do candidato beneficiado pelo abuso do poder, neste caso, a Aije, mesmo antes do trânsito em julgado, poderá ser usada como prova pré-constituída.

Edson de Resende[95] completa nossa lição com uma dica muito importante:

> Situação que exige especial atenção dos legitimados ao recurso contra a expedição do diploma é aquela em que a inelegibilidade, que não foi arguida quando do registro da candidatura, por meio da Airc, não se traduz em prova inequívoca. Ora, se a inelegibilidade decorre de condenação criminal ou de improbidade administrativa, por exemplo, basta instruir o recurso com cópia da sentença e certidão do seu trânsito em julgado. Se a inelegibilidade é em função de abuso de poder, a sentença de procedência da Investigação Judicial Eleitoral é a prova pré-constituída suficiente. E se depois do registro da candidatura toma-se conhecimento de que determinado candidato é analfabeto? O analfabetismo, causa de inelegibilidade constitucional a ser levantada por meio do recurso contra a expedição do diploma, terá de traduzir-se em prova já constituída, sob pena de o recurso não ser conhecido pelo Tribunal. Será necessário, então, lançar mão o quanto antes (tão logo recebida a notícia) da Ação Cautelar de Produção Antecipada de Prova, nela requerendo, inclusive, a aplicação de teste de alfabetização ao candidato, diligenciando para que a sentença seja proferida antes da diplomação, para que possa ser utilizada como prova pré-constituída da inelegibilidade.
>
> A solução poderá ser a mesma se o candidato, funcionário público licenciado para disputa das eleições, volta ao trabalho informalmente. Não havendo prova documental inequívoca, a prova do fato poderá ser produzida na cautelar. Também a situação do candidato que é parente do vice-prefeito, quando este, nos últimos seis meses anteriores à eleição, assume o cargo de prefeito, ainda que por apenas alguns dias.

95. Edson de Resende Castro. *Teoria e prática do Direito Eleitoral*. 2. ed. Belo Horizonte: Mandamentos, 2005, p. 343 *usque* 344.

9.15. Análise da possibilidade de existência de litisconsórcio passivo necessário entre o titular diplomado e o vice

Antes da eleição de 2008, o posicionamento majoritário do TSE era no sentido de que o vice-prefeito não é litisconsorte passivo necessário no recurso de diplomação do prefeito. (**Conferir:** *Recurso Eleitoral nº 1914 (25542), TRE-PR; São Sebastião da Amoreira, Rel. César Antônio da Cunha, j. 07/03/2002, DJ 20/03/2002; Recurso Eleitoral nº 6201, TRE-RN, Rel. Fernando Gurgel Pimenta, j. 06/02/2007, unânime,* DJ 23/02/2007).

A partir das eleições de 2008, o TSE mudou radicalmente a sua posição e no julgamento do Recurso contra Expedição de Diploma nº 703 passou a entender que o vice deve ser, necessariamente, citado para integrar todas as ações ou recursos cujas decisões possam acarretar a perda de seu mandato. (**Conferir:** *TSE – Ação Cautelar nº 3.063, de 19/11/2008, Ac., Rel. Arnaldo Versiani Leite Soares, DJE 08/12/2008, p. 2; Agravo Regimental em MS nº 4.210, Ac., Rel. Min. Arnaldo Versiani Leite Soares,* DJE *18/06/2009, p. 31; RCEd 703/SC, Rel. Des. Min. Marco Aurelio Mello,* DJ – Diário de Justiça, *24/03/2008, p. 9*).

9.16. Análise da possibilidade de existência de litisconsórcio passivo necessário entre o titular diplomado e o seu partido

Como já estudamos na Aime, hoje o mandato pertence ao partido e não ao candidato, portanto, como a existência de litisconsórcio necessário, ocorre quando, por disposição de lei ou pela natureza da relação jurídica, o juiz tiver de decidir a lide de modo uniforme para todas as partes, conclui-se que o partido político deve ser citado, integrando a lide como litisconsorte necessário.

9.17. Análise da possibilidade de desistência da Aidi

Entendo que é inadmissível a desistência de recurso contra a diplomação, uma vez que se trata de matéria de ordem pública, portanto, havendo desistência por parte de um dos titulares, o Ministério Público Eleitoral assumirá a titularidade.

No mesmo sentido o entendimento dominante do TSE:

> "Em que pese o Ministério Público não ter interposto o recurso contra expedição de diploma no tríduo legal, o *parquet* figura como fiscal da lei, e, em virtude de sua reconhecida legitimidade ativa para tal espécie recursal, deve ser admitido o prosseguimento do feito, em razão da sua natureza de ordem pública.[96]

9.18. Análise à existência de litispendência entre a Aidi, Aije e Aime

O entendimento dominante do TSE é no sentido de que não há litispendência entre a Aidi, Aije e Aime, porque "Ação de Impugnação de Mandato Eletivo, a Ação

96. Precedentes: REspe nº 18.825/MG, e REspe nº 15.085/MG, TSE – REspe nº 26.146, Ac. p. 140.

de Investigação Judicial Eleitoral e o Recurso Contra Expedição de Diploma são instrumentos processuais autônomos, com causa de pedir própria".[97]

9.19. Análise da potencialidade lesiva em sede de Aidi

Como regra geral será necessária a demonstração da potencialidade lesiva no resultado do pleito, a única exceção será no caso de a Aidi ser proposta com fulcro no art. 41-A, pois como já estudamos na Arcisu não é necessária a demonstração da lesividade da conduta, uma vez que essa norma protege o eleitor e não a normalidade e lisura das eleições.

9.20. Observações didáticas importantes

a) A ausência de diplomação quando da interposição do recurso contra a diplomação configura a falta de interesse de agir. Entretanto, em ocorrendo a diplomação após a interposição do recurso, ficará sanada tal irregularidade, sendo o recorrente considerado detentor do interesse processual. Não verificado erro grosseiro na indicação do dispositivo legal em que é embasado o recurso, este há de ser conhecido. O recurso contra a diplomação, com base no art. 262, IV, do Código Eleitoral que não venha acompanhado de prova pré-constituída há de ser improvido (TRE-TO, RD nº 2.806/00 (2.806/00), p. 19).

b) Constitui crime eleitoral a arguição de inelegibilidade, ou a impugnação de registro de candidato feito por interferência do poder econômico, desvio ou abuso do poder de autoridade, deduzida de forma temerária ou de manifesta má-fé. A pena é de detenção de seis meses a dois anos, e multa de 20 a 50 vezes o valor do Bônus do Tesouro Nacional (BTN) e, no caso de sua extinção, de título público que o substitua.

97. TSE – Agravo Regimental em Embargos de Declaração em Agravo de Instrumento nº 8.857, Ac., p. 15.

CAPÍTULO 9

A *mutatio* e a *emendatio libelli* eleitoral

1. O PRINCÍPIO DA CORRELAÇÃO ENTRE A ACUSAÇÃO E A SENTENÇA ELEITORAL

O princípio da correlação entre a peça vestibular e a sentença é um dos pilares do direito processual eleitoral.

In casu, a imputação inicial penal ou cível deve guardar perfeita sintonia com a sentença final, sob pena de violar vários princípios, entre os quais podemos destacar o contraditório e o da ampla defesa, destarte, o devido processo legal.

O princípio da correlação é também chamado da congruência da condenação com a imputação ou ainda da correspondência entre o objeto da ação e o objeto da sentença.

Posição dominante do STF: "Ofensa ao princípio da congruência, se a decisão situa a difamação em trecho da matéria incriminada diverso daquele em que a situou a denúncia". (STF, HC nº 77.094/GO, p. 3).

Posição dominante do STJ:

> "O princípio da correlação entre imputação e sentença representa uma das mais relevantes garantias do direito de defesa, que se acha tutelado por via constitucional. Qualquer distorção, sem observância do disposto no art. 384 da Lei Processual Penal, significa ofensa àquele princípio e acarreta a nulidade da sentença."[1]

Para efetivação desse princípio devemos estudar alguns institutos que são verdadeiros corretivos da imputação inicial e da sentença final, quais sejam, a *emendatio libelli* e a *mutatio libelli*.

1. *RSTJ* nº 68/340.

2. A *EMENDATIO LIBELLI* NO PROCESSO PENAL ELEITORAL

O juiz eleitoral, sem modificar a descrição do fato contida na denúncia ou queixa subsidiária da ação penal pública incondicionada, poderá atribuir-lhe definição jurídica diversa, ainda que, em consequência, tenha de aplicar pena mais grave.

Definição jurídica é a classificação do crime eleitoral, é a subsunção do fato ao tipo, compreendendo-se que este possa ser alterado, pois, não obstante a presunção legal de que a lei é conhecida de todos, a verdade é que o réu não se defende deste ou daquele delito definido no Código, mas do fato criminoso que lhe é imputado.

EXEMPLO DIDÁTICO

O promotor de Justiça descreve um fato que constitui detenção ilegal do eleitor e o capitula como crime de embaraço ao sufrágio (*art. 297 do Código Eleitoral*). Nessa hipótese, o juiz eleitoral, na sentença, pode corrigir o erro, condenando o acusado nos termos do dispositivo correto, qual seja, o art. 298 do Código Eleitoral.

No mesmo sentido o entendimento dominante do TSE:

> "Agravo Regimental. Recurso especial. Alteração. Definição jurídica. Conduta. Crime eleitoral. Boca-de-urna. *Emendatio libelli*. Art. 383 do Código de Processo Penal. Denúncia oferecida com base na prática de boca-de-urna, crime tipificado no art. 39, § 5º, II, da Lei nº 9.504/1997, sendo a conduta enquadrada no art. 39, § 5º, III, da Lei nº 9.504/1997. **Havendo apenas alteração da capitulação legal dos fatos descritos na denúncia, mostra-se desnecessária a abertura de prazo para manifestação da defesa e produção de provas, não incidindo, na espécie, a norma prevista no art. 384 do CPP.** Agravo regimental desprovido." (TSE–Ag/Rg no(a) Recurso Especial Eleitoral nº 28.569, RN, Rel. Marcelo Henriques Ribeiro de Oliveira).

A *emendatio libelli*, baseia-se no brocardo latino *jura novit curia*, isto é, o juiz eleitoral conhece o direito, é ele quem cuida do direito, expresso na regra *narra mihi factum dabo tibi jus* (narra-me o fato e te darei o direito), portanto, se o fato criminoso está descrito na denúncia, ainda que não tenha ali sido capitulado, pode o juiz eleitoral por ele condenar o acusado, posto que a defesa é contra os fatos e não contra a capitulação do delito.

Insta acentuar que para *fazer a* emendatio libelli, *o juiz eleitoral não precisa abrir vistas para defesa,* pois o réu defende-se dos fatos a ele imputados na inicial, e não da classificação jurídica a eles dada pelo promotor. Tal classificação não vincula o juiz eleitoral, que tem a faculdade de dar classificação diferente, se entender que os fatos narrados configuram crime diverso do capitulado.

Posição dominante do STJ:

> "Na emendatio libelli, não existe prejuízo ao contraditório porque o acusado se defende dos fatos que lhe são imputados, e não da capitulação jurídica contida na denúncia."[2]

3. AS ESPÉCIES DE *EMENDATIO LIBELLI*

Quanto às consequências da *emendatio libelli*, pode ser:

a) *Emendatio libelli* igualitário
Ocorre quando não há modificação na pena.

b) *Emendatio libelli in mellius*
Ocorre quando a pena é atenuada.

c) *Emendatio libelli in pejus*
Ocorre quando a pena vem a ser agravada na nova capitulação legal.

É importante destacar que a *emendatio libelli* pode ser realizada no tribunal *ad quem,* exceto se for para aplicar pena mais grave, no caso de recurso exclusivo da defesa.

Posição dominante do STJ:

> "É possível ao Tribunal efetuar a *emendatio libelli,* mas o legislador lhe impôs, em caso de recurso exclusivo da defesa, uma limitação: a pena não pode ser agravada. Se feita a *emendatio libelli* em segunda instância, a pena mínima do novo crime é o dobro daquela prevista na capitulação contida na sentença e se o acórdão modifica o entendimento quanto à análise das circunstâncias judiciais, considerando-as totalmente favoráveis ao réu, fixando-lhe pena mínima, impossível efetuar-se a *emendatio,* pois resultará em pena maior que a devida em face do novo entendimento sobre tais circunstâncias. Ordem concedida para restabelecer a capitulação feita na sentença e reestruturar a pena conforme a análise das circunstâncias judiciais feita pelo Tribunal *a quo.*" (STJ–HC nº 118.888, Proc. 2008/0232308-5/MG, 6ª Turma, Relª Minª Jane Silva, j. 05/02/2009, *DJE* 02/03/2009) (CPP, art. 617).

2. Precedentes do STJ. Recurso conhecido e provido. STJ – REsp nº 551.717/RS, 5ª Turma, Rel. Min. José Arnaldo da Fonseca, *DJU* 02/02/2004, p. 352; *JCPP* p. 383.

4. A *EMENDATIO LIBELLI* E SUSPENSÃO CONDICIONAL DO PROCESSO

Se, em consequência de definição jurídica diversa, houver possibilidade de proposta de suspensão condicional do processo, o juiz eleitoral procederá de acordo com o disposto no art. 89 da Lei nº 9.099/1995.

Solução para a recusa do Promotor de Justiça Eleitoral em oferecer a proposta de suspensão condicional do processo

Nucci[3] defende que: "Se o representante do Ministério Público recusar a proposta – tornando-se esta, realmente, inviável – a sentença deve ser proferida, se condenatória, com base na definição jurídica exposta anteriormente pelo juiz".

Com a *devida venia* ao entendimento do renomado doutrinador, entendo que a melhor solução é a já sumulada pelo **STF**, *in verbis:*

> Reunidos os pressupostos legais permissivos da suspensão condicional do processo, mas se recusando o promotor de Justiça a propô-la, o Juiz, dissentindo, remeterá a questão ao procurador-geral, aplicando-se por analogia o art. 28 do Código de Processo Penal (Súmula nº 696).

5. A IMPOSSIBILIDADE DA *EMENDATIO LIBELLI* LINEAR

Só é possível a *emendatio libelli* na prolação da sentença, não pode haver a *emendatio libelli* linear, ou seja, no ato de recebimento da denúncia.

6. A *EMENDATIO LIBELLI* EM AÇÃO PRIVADA

É possível a *emendatio libelli* em ação privada subsidiária da pública incondicionada, pois o art. 383 do Código de Processo Penal, aplicado de forma subsidiária, é bem claro *"O juiz eleitoral, sem modificar a descrição do fato contida na denúncia ou **queixa** (...)".*

7. DA *MUTATIO LIBELLI* ELEITORAL

Encerrada a instrução probatória, se entender cabível nova definição jurídica do fato, em consequência de prova existente nos autos de elemento ou circunstância da infração penal não contida na acusação, o Ministério Público Eleitoral deverá aditar a denúncia ou queixa, no prazo de 5 (cinco) dias, se em virtude desta houver sido

3. Guilherme de Souza Nucci. *Código de Processo Penal comentado*, 8. ed., São Paulo: Revista dos Tribunais, 2008, p. 683.

instaurado o processo em crime de ação pública, reduzindo-se a termo o aditamento, quando feito oralmente.

EXEMPLO DIDÁTICO

O Promotor de Justiça Eleitoral descreve um fato que constitui a infração eleitoral de embaraço ao sufrágio (*art. 297 do Código Eleitoral*), durante a instrução processual aparece uma nova elementar que desconfigura a imputação inicial, ou seja, testemunhas relatam que o denunciado prendeu o eleitor com violação do disposto no art. 236 do Código Eleitoral.

Solução jurídica: com aparecimento da nova elementar supracitada o crime não pode ser o do art. 297 do Código Eleitoral imputado na exordial, portanto, o Promotor de Justiça Eleitoral deve promover a *mutatio libelli*, ou seja, o Promotor de Justiça Eleitoral deve requerer o aditamento da denúncia para que seja possível futuramente requerer a condenação pelo delito de prisão ilegal do eleitor (*Art. 298. Prender ou deter eleitor, membro de mesa receptora, fiscal, delegado de partido ou candidato, com violação do disposto no art. 236*).

É o que determina o art. 384 do Código de Processo Penal:

Art. 384. Encerrada a instrução probatória, se entender cabível nova definição jurídica do fato, em consequência de prova existente nos autos de elemento ou circunstância da infração penal não contida na acusação, o Ministério Público deverá aditar a denúncia ou queixa, no prazo de 5 (cinco) dias, se em virtude desta houver sido instaurado o processo em crime de ação pública, reduzindo-se a termo o aditamento, quando feito oralmente.

§ 1º Não procedendo o órgão do Ministério Público ao aditamento, aplica-se o art. 28 deste Código.

§ 2º Ouvido o defensor do acusado no prazo de 5 (cinco) dias e admitido o aditamento, o juiz, a requerimento de qualquer das partes, designará dia e hora para continuação da audiência, com inquirição de testemunhas, novo interrogatório do acusado, realização de debates e julgamento.

§ 3º Aplicam-se as disposições dos §§ 1º e 2º do art. 383 ao caput deste artigo.

§ 4º Havendo aditamento, cada parte poderá arrolar até 3 (três) testemunhas, no prazo de 5 (cinco) dias, ficando o juiz, na sentença, adstrito aos termos do aditamento.

§ 5º Não recebido o aditamento, o processo prosseguirá.

No mesmo sentido o entendimento dominante do TSE:

"Recurso Especial. Procuração. Protesto de juntada posterior. Trancurso *in albis* do prazo solicitado. Atos tidos por inexistentes. Condenação criminal. Arts. 290 e 350 do Código Eleitoral. Alegação de afronta aos arts. 384 do Código de Processo Penal e 364 do Código Eleitoral. Não ocorrência. *Emendatio libeli* (art. 383 do CPP). Ocorrência. A *mutatio libeli* (art. 384 do CPP) ocorre quando o Juiz, com amparo nos fatos apurados, verifica elemento não exposto, explícito ou implicitamente, na peça acusatória, apto a desfigurar a qualificação jurídica proposta. Não há falar em nulidade da decisão condenatória por infringência ao contraditório, em face da ocorrência da *emendatio libeli* (art. 383, do CPP) e não *mutatio libeli* (art. 384, do CPP), pois a nova classificação concretizou-se na simples correção da capitulação legal, em face dos fatos suficientemente narrados na peça acusatória, sendo desnecessária a abertura de prazo para manifestação da defesa." (TSE – REsp nº 21.595, Rel. Luiz Carlos Lopes Madeira).

O que fundamenta a *mutatio libelli* é o princípio da correlação ou da pertinência. Conforme lecionam **Xavier** e **Nalini**,[4] o elo, princípio da correlação entre a imputação e a sentença, esta deve constituir a operação mental logicamente adequada a responder à demanda. A mácula mais comum ao princípio da correlação é o julgamento *extra, citra* ou *ultra petita*. Pode o juiz eleitoral julgar fora **do pedido**, **aquém do pedido** ou **além do pedido**. Em qualquer hipótese, estará desatendendo ao princípio da correlação. Costuma-se referir ainda ao **princípio da relatividade**, para explicitar que o julgador está vinculado à denúncia ou queixa e, portanto, não dispõe de poderes **absolutos** para julgar da forma como lhe aprouver. Está-se contemplando o princípio da *mutatio libelli*, que assegura a **imutabilidade da acusação**.

O réu não pode ser condenado por fatos cuja descrição não se contenha, explícita ou implicitamente, na denúncia ou queixa, impondo-se, por tal razão, ao Estado, em respeito à garantia da plenitude de defesa, a necessária observância do princípio da correlação entre imputação e sentença. Deve-se em tal caso, sob pena de nulidade, realizar a *mutatio libelli*, com o precípuo escopo de proporcionar ao réu garantia constitucional de defesa da ampla defesa e contraditório.

8. O RECURSO CABÍVEL DO NÃO RECEBIMENTO DO ADITAMENTO

Caso o aditamento seja indeferido é possível o promotor de Justiça interpor recurso em sentido estrito, afinal, a decisão de não recebimento do aditamento equivale à rejeição da denúncia (art. 581, inciso I).

O entendimento jurisprudencial dominante é no sentido de que:

"Inaceitado pelo juiz o aditamento, abre espaço ao recurso fundeado no art. 581, I, do CPP. Isto porque o aditamento possui a mesma natureza da denúncia e como tal deve ser processado e conhecido, até para efeitos recursais."[5]

Caso o aditamento for indevido, é possível a interposição de *habeas corpus*, pois há evidente constrangimento ilegal.

4. No mesmo sentido: José Carlos G. Xavier e José Renato Nalini. *Manual de Processo Penal*. São Paulo: Saraiva, 1999.
5. *RJDTACRIM* nº 1/210-1.

9. ANÁLISE DA POSSIBILIDADE DE APLICAÇÃO DA *EMENDATIO LIBELLI* EM SEDE DE AÇÃO CIVIL ELEITORAL

É plenamente possível, aplicando a analogia, a admissão da *emendatio libelli* prevista no art. 383 do Código de Processo Penal, nas ações eleitorais.

No mesmo sentido o Ac. nº 3.066 do TSE, *in verbis:*

> "I. Não há violação dos arts. 275 do C. Eleitoral, 515 e 535 do C. Pr. Civil, se o acórdão proferido nos embargos de declaração enfrentou todos os pontos apontados como omissos. II. **Os limites do pedido são demarcados pela *ratio petendi* substancial, vale dizer, segundo os fatos imputados à parte passiva, e não pela errônea capitulação legal que deles se faça.** Alegação de julgamento *extra petita* rejeitada. III. O candidato também é parte legítima para representar à Justiça Eleitoral (LC 64/90, art. 22, *caput*). IV. Desnecessidade, em ação de impugnação de mandato eletivo, de citação do vice-prefeito como litisconsorte necessário (Precedentes: TSE, Ac. 15.597, de 20/06/2000, Vidigal; TSE, Desp. 19.342, de 10/05/2001, Jobim). V. Direito à ampla defesa assegurado a partir do ingresso do vice-prefeito na lide como assistente. VI. Impossível, em sede de recurso especial, o revolvimento de matéria de fato (Súmula nº 279/STF). VII. Dissídio jurisprudencial não demonstrado. VII. Recurso especial não conhecido."

10. ANÁLISE DA POSSIBILIDADE DE APLICAÇÃO DA *MUTATIO LIBELLI* EM SEDE DE AÇÃO CIVIL ELEITORAL

É plenamente possível que na ação cível eleitoral o juiz eleitoral verifique que, por exemplo, do depoimento das testemunhas a irregularidade não é uma simples propaganda irregular como alega a inicial e sim um grande abuso de poder econômico praticado através da propaganda extemporânea. Deve, *in casu*, para que não haja infração ao princípio da correlação promover a *mutatio libelli*. Feito o aditamento à exordial, deve-se naturalmente, no exemplo exposto, ser mudado o rito processual para apurar o abuso de poder econômico.

CAPÍTULO 10

Teoria Geral dos Recursos Eleitorais

1. NOÇÕES GERAIS DOS RECURSOS ELEITORAIS

O vocábulo "recurso" vem do latim de *recursus* e este, de *recurrere*, que significa "voltar, tornar a correr, retroceder, andar para trás; é, portanto, o meio jurídico para obter o reexame de uma decisão judicial.

Recurso eleitoral é meio que tem como finalidade provocar o reexame de uma decisão pela mesma autoridade judiciária, ou por outra hierarquicamente superior, visando obter a sua reforma total ou parcial.

A interposição de um recurso eleitoral instaura no processo um novo procedimento, o procedimento recursal, destinado à produção do novo julgamento pedido. O processo não se duplica nem cria uma nova relação processual.[1]

2. CLASSIFICAÇÃO RECURSAL ELEITORAL

a) **Classificação quanto** à análise da matéria

Os recursos podem ser classificados em recursos ordinários e recursos extraordinários.

São recursos ordinários aqueles em que é admissível a discussão da *matéria de direito* e da *matéria de fato,* como a apelação, o recurso no sentido estrito e os embargos infringentes.

São recursos extraordinários os que somente admitem impugnação *quanto à matéria de direito,* como o recurso especial, o recurso extraordinário, o agravo da decisão de indeferimento desses recursos e os embargos de divergência.

1. Cf. Moreira Barbosa. *O juízo de admissibilidade no sistema dos recursos cíveis,* n. 3, esp. p. 12.

b) **Classificação quanto ao diploma legal**

Os recursos também podem ser classificados conforme o diploma legal onde estão previstos, portanto teremos:

1) Recursos eleitorais constitucionais são os previstos na Constituição Federal;
2) Recursos legais são os previstos na lei eleitoral;
3) Recursos regimentais são os previstos nos Regimentos Internos do TSE ou TREs.

c) **Quanto ao órgão eleitoral que reexamina**

Quanto ao órgão que reexamina a questão os recursos podem ser:

a) iterativos – o próprio órgão reexamina a questão.

EXEMPLO DIDÁTICO: EMBARGOS DE DECLARAÇÃO ELEITORAL.

b) Reiterativos – somente o órgão *ad quem* reexamina a questão.

Exemplo didático: apelação eleitoral.

c) Mistos – o recurso é examinado pelas duas instâncias.

Exemplo didático: recurso inonimado e recurso em sentido estrito eleitoral.

3. PRINCÍPIOS RECURSAIS ELEITORAIS

a) Princípio da voluntariedade

O recurso eleitoral é um direito assegurado à parte e não é uma obrigação. Somente à parte sucumbente cabe a oposição do recurso. É, portanto, faculdade. Se a parte o deseja, recorre.

b) Princípio do duplo grau de jurisdição

O princípio do duplo grau de jurisdição não está inscrito na atual Constituição Federal como garantia constitucional. Implicitamente, porém, foi adotado, bastando atentar-se para as disposi**ções sobre a competência recursal dos tribu**nais, não só contemplando a dualidade, mas institucionalizando a pluralidade dos graus de jurisdição (arts. 102, 105, 108 – CF).[2]

Há alguns casos em que não é possível o duplo grau de jurisdição, é o caso dos réus que têm foro privilegiado.

2. No mesmo sentido: Alberto Silva Franco e Rui Stoco. *Código de Processo Penal e sua interpretação jurisprudencial*, v. 4, São Paulo: Revista dos Tribunais, 2007.

EXEMPLO DIDÁTICO

Tício, que é deputado federal, foi condenado por ter cometido um crime eleitoral pelo Supremo Tribunal Federal.

Solução jurídica: não há como recorrer dessa decisão, não se aplicando, assim, o duplo grau.

c) Princípio da livre fundamentação recursal

O princípio em estudo defende que o recorrente pode invocar qualquer fundamentação seja de ordem fática ou jurídica.

EXEMPLO DIDÁTICO

No recurso de apelação eleitoral o recorrente pode discutir os fatos, as provas que ensejaram a absolvição ou condenação.

d) Princípio da fundamentação recursal vinculada

Ao contrário do que ocorre com o princípio da livre fundamentação recursal, neste a fundamentação é vinculada, ou seja, o recorrente tem de invocar necessariamente um dos fundamentos indicados pela lei ou pela Constituição Federal.

EXEMPLO DIDÁTICO

O recurso extraordinário e o especial são de fundamentação vinculada, ou seja, só são cabíveis nas hipóteses previstas na Constituição Federal.

e) Princípio da fungibilidade recursal

O recurso eleitoral inadequado poderá ser recebido, desde que não seja interposto de forma grosseira ou de má-fé.

Há realmente situações em que existem dúvidas na doutrina e na jurisprudência quanto ao recurso eleitoral adequado a certas situações. Assim, adota-se no processo penal o princípio da fungibilidade dos recursos, colocando-se acima da legitimidade formal o fim a que visa a impugnação.

Conforme a lição dos professores Ada Pellegrini, Antônio Scarance e Antônio Magalhães,[3] o princípio da fungibilidade só pode operar quando se trate de recursos sem fundamentação vinculada (apelação contra decisão de juiz singular e recurso em sentido estrito, por exemplo), não quando se trate de recursos com requisitos de admissibilidade próprios como, por exemplo, a apelação contra a decisão do Júri, o recurso extraordinário e o recurso especial.

3. Ada Pellegrini Grinover, Antônio Scarance Fernandes e Antônio Magalhães Gomes Filho, *Recursos no processo penal*, 8. ed., São Paulo: Revista dos Tribunais, 2004, p. 42.

RESUMO DIDÁTICO

Para ser aplicado o princípio da fungibilidade ou permutabilidade deve impreterivelmente atender a três requisitos a saber:

a) ausência de erro grosseiro;

b) boa-fé do impetrante;

Posição dominante do STJ:

"Pelo princípio da fungibilidade, conhece-se de recurso em sentido estrito interposto ao invés de recurso ordinário de *habeas corpus*, inexistentes erro grosseiro ou má-fé". (STJ – RO-HC 16028/SP, 6ª Turma, p. 433).

c) Observância do prazo legal do recurso que seria correto.

Posição dominante do STJ:

"O princípio da fungibilidade recursal disposto no art. 579 do CPP não pode ser aplicado ao caso em análise em razão das peculiaridades do recurso cabível, **dentre elas destacamos o prazo recursal** e o Juízo de retratação, requisitos estes não observados pelo impetrante." (STJ, *RSTJ* 72/116 e TJCE – HC 2007.0005.4763-6/0).

f) O princípio *ne reformatio in pejus*

No direito penal eleitoral, interposto o recurso pelo réu, sem que haja recurso do Ministério Público Eleitoral, não pode ser gravada a situação do recorrente. Não se admite a *reformatio in pejus* (reforma para pior) entre a decisão recorrida e a decisão no recurso, não podendo a piora ocorrer nem do ponto de vista quantitativo, nem sob o ângulo qualitativo.

g) Princípio *tantum devolutum quantum appellatum*

Da proibição da *reformatio in pejus* origina-se outro princípio, que é o *tantum devolutum quantum appellatum*, ou seja, o recurso devolve ao tribunal exclusivamente a matéria que foi objeto do pedido nele contido, não podendo, em regra, reverter contra quem recorreu.

h) A *reformatio in melius*

Mesmo havendo interposição de recurso só por parte do Ministério Público, pode ser melhorada a situação do réu. Portanto, é admissível a *reformatio in melius*, (reforma para melhor).

4. O FUNDAMENTO RECURSAL ELEITORAL

Os dois fatos que fundamentam os recursos eleitorais são:

a) a falibilidade humana;

b) a necessidade psicológica de o ser humano demonstrar a sua irresignação diante de decisão desfavorável.

5. PRESSUPOSTOS RECURSAIS ELEITORAIS

Para que o recurso eleitoral seja examinado pelo juízo ou tribunal *ad quem*, órgão ao qual se pede a nova decisão, é necessário que se cumpram certos requisitos, denominados pressupostos, que são as exigências legais para que seja conhecido. São pressupostos recursais:

5.1. Pressuposto formal ou lógico

O pressuposto formal é a existência de uma decisão, diz o amigo e o maior processualista do Brasil, **Tourinho Filho**, que "o pressuposto lógico de qualquer recurso é a existência de um despacho ou decisão do órgão jurisdicional. Para que alguém possa interpor um recurso, presume-se, logicamente, haja um ato jurisdicional.

5.2. Pressuposto legal ou fundamental

O pressuposto legal ou fundamental de todo recurso é a sucumbência.

Todo recurso supõe um gravame ou prejuízo da parte.

Em linha conceitual, sucumbência é a desconformidade entre o que foi pedido e o que foi concedido.

O entendimento jurisprudencial dominante é no sentido de que:

> "Como é de trivial sabença, o pressuposto fundamental de todo e qualquer recurso é a sucumbência, a qual se consubstancia na lesividade do vencido. Noutras palavras, sem esta não há de cogitar de interesse em recorrer" (*RT* 36/347).

5.2.1. Classificação da sucumbência

- **Única**: ocorre quando o gravame atinge apenas uma parte.
- **Múltipla:** ocorre quando o gravame atinge duas ou mais partes.

A sucumbência múltipla se divide em:

Múltipla paralela: sucumbentes no mesmo polo. **Exemplo didático**: os dois corréus foram condenados.

Múltipla recíproca: sucumbentes dos dois polos. **Exemplo didático**: atinge a defesa com a condenação do réu, e da acusação porque o pedido foi julgado procedente apenas em parte, desclassificando-se a infração para delito menos grave.

- **Direta:** ocorre quando a sucumbência atinge uma ou ambas as partes da relação processual.
- **Reflexa:** quando alcança pessoas que estejam fora da relação processual.
- **Total:** ocorre quando o pedido é rejeitado integralmente,
- **Parcial:** ocorre quando o pedido é atendido apenas em parte.

5.3. Pressuposto objetivo

5.3.1. Autorização legal e adequação

O recurso para ser aceito deve ser previsto no ordenamento jurídico e usado adequadamente.

Portanto, agora já sabemos, para ser interposto um recurso deve estar previsto em lei e, também, ser adequado à decisão que se quer impugnar, embora se admita eventualmente a interposição de um por outro no fenômeno da fungibilidade. Regem-se os recursos, quanto à admissibilidade, pela lei vigente ao tempo em que a decisão recorrida é proferida.

5.3.2. Regularidade procedimental

O recurso deve ser interposto segundo a forma legal, sob pena, sempre, de não ser conhecido. Em primeiro grau, deve ser interposto por petição ou por termo perante o escrivão, valendo, contudo, qualquer manifestação de vontade de recorrer em se tratando da sentença condenatória, o que facilita a interposição. Assim, se o réu, intimado da sentença, diz ao oficial de justiça que quer recorrer, e essa manifestação de vontade vai consignada na certidão de intimação, o recurso está interposto. Em segundo grau, porém, para os Tribunais Superiores, será sempre interposto por petição, e sua regularidade procedimental é escrita, não sendo conhecido, por exemplo, recurso sem razões ou com razões confusas ou incoerentes. Em primeiro grau, o recurso pode subir com as razões ou sem elas (arts. 589 e 601), apesar de existirem decisões, de toda a pertinência, que entendem que as razões são peça importante para a defesa e dever funcional para o Ministério Público. A falta, porém, não será motivo de não conhecimento, voltando os autos para que sejam elaborados, se assim entender o tribunal. Para os Tribunais Superiores, todavia, não será conhecido recurso sem razões adequadas.[4]

5.3.3. Tempestividade

Para não haver preclusão, o recurso deve ser interposto dentro do prazo legal, portanto, só pode ser conhecido e, portanto, julgado, o recurso tempestivo, ou seja, aquele interposto no prazo legal.

---

4. No mesmo sentido: Júlio Fabbrini Mirabete. *Código Penal interpretado*. 10. ed. São Paulo: Atlas, 2002.

• **Prazos**

Os prazos recursais são contínuos e peremptórios, nos exatos termos do art. 798 CPP, não se interrompendo por férias, domingo e feriado, salvo casos de impedimento do juiz, força maior ou obstáculo judicial oposto pela parte contrária (§ 4º do art. 798 CPP).

• **Contagem do prazo processual eleitoral**

– Não se computa o dia do início e computa-se o dia do vencimento.

– Se o prazo recursal terminar em um domingo, prorroga-se para o primeiro dia útil subsequente.

– Quando a intimação tiver lugar na sexta-feira, ou a publicação com efeito de intimação for feita nesse dia, o prazo judicial terá início na segunda-feira imediata, salvo se não houver expediente, caso em que começará no primeiro dia útil que se seguir (*Súmula nº 310 do STF*).

– No processo penal eleitoral, contam-se os prazos da data da intimação, e não da juntada aos autos do mandado ou da carta precatória ou de ordem (*Súmula nº 710 do STF*).

– Se, porém, a intimação pela imprensa ocorrer no sábado, dia em que não circula o *Diário Oficial*, o conhecimento do *dies a quo* só ocorrerá na segunda-feira; e, sendo este o início do prazo, o primeiro dia de contagem será a terça, vencendo-se o prazo no sábado e prorrogando-se então para a segunda-feira seguinte.

• **Ministério Público Eleitoral e o prazo em dobro para recorrer**

Entendo que o Ministério Púbico, se o procedimento for cível eleitoral, deve ter o mesmo tratamento da área cível, ou seja, prazo em dobro. Preconiza o art. 188 do CPC que *"Computar-se-á em quádruplo o prazo para contestar e em dobro para recorrer quando a parte for a Fazenda Pública ou o Ministério Público"*, mas o TSE e o próprio STF negam a extensão para o processo eleitoral.

5.4. Pressupostos subjetivos

Os pressupostos subjetivos se referem às partes e são dois:

1) Legitimidade

Como regra geral os recursos eleitorais podem ser interpostos pelo:

a) Partido político;
b) Coligação;
c) Candidato;
d) O pré-canditato;
e) Ministério Público

Ao partido que não participou das eleições isoladamente, mas em coligação, porquanto esta é tratada em cada pleito como unidade partidária, falta legitimidade para recorrer.[5]

2) Interesse

Como assinalado por Mirabete[6] o pressuposto lógico do recurso é a existência de uma decisão, objetivando sua reforma. **Assim, em princípio, o exercício do direito de recorrer está subordinado à existência de um interesse direto na reforma ou modificação do despacho ou sentença.** Tem interesse apenas aquele que teve seu direito lesado pela decisão, mas é facultativo e denominado de recurso voluntário. É um ônus processual que, desatendido, pode acarretar consequências desfavoráveis. É do interesse no recurso que nasce a sucumbência, que se caracteriza como a desconformidade entre o que a parte pediu e o que ficou decidido. Esse prejuízo deve ser resultante da parte dispositiva da decisão, da conclusão da sentença impugnada e não de seus motivos ou fundamentos. Não existe também o interesse no recurso quando o recorrente alega razões que só dizem respeito à outra parte. Assim, não tem o acusado interesse quando recorre contra a absolvição de corréu. Também não há interesse quando a decisão impugnada não é suscetível de ocasionar prejuízo ao acusado, isto é, quando não tiver interesse na reforma ou modificação da decisão (art. 577, parágrafo único).

6. O JUÍZO DE PRELIBAÇÃO

O juízo de prelibação é a verificação dos requisitos objetivos e subjetivos de interposição do recurso, para que ele tenha seguimento e seja encaminhado à instância *ad quem*, e em regra, deve ser feita pelo órgão que proferiu a decisão.

6.1. Terminologias

Com certeza você já viu ou ouviu estas frases: *"o recurso foi conhecido mas não foi dado provimento"* ou *"conheço o recurso mas não dou provimento"*.

O recurso é conhecido quando preenche todos os requisitos legais.

O recurso conhecido pode ser provido ou não provido.

Dá-se provimento ao recurso quando o pedido de reforma ou invalidação é acolhido pelo Tribunal *ad quem*.

RESUMO DIDÁTICO

a) O recurso será conhecido quando preenche aos pressupostos recursais.

5. TSE – REsp nº 11.579 (11.579), AP, Rel. Min. Antônio de Pádua Ribeiro, p. 15759.

6. Júlio Fabbrini Mirabete. *Código Penal interpretado*, 10. ed., São Paulo: Atlas, 2002, p. 1405.

b) O recurso será provido quando o Tribunal defere o pedido recursal. Neste caso, podem ocorrer duas hipóteses: o órgão superior reforma a decisão recorrida, ou a anula.

c) Não será dado provimento ao recurso, quando o Tribunal indefere o pedido contido no recurso.

7. A EXTINÇÃO NORMAL E ANORMAL DOS RECURSOS

a) A extinção normal: os recursos normalmente se extinguem quando são julgados.

b) A extinção anormal: são causas de extinção anormal dos recursos:

- A desistência.
- A renúncia.

Existe diferença entre desistência e renúncia. Na desistência a parte recorre e depois desiste, já a renúncia ocorre antes da interposição do recurso. Veremos que o Ministério Público Eleitoral não pode desistir do recurso já interposto, mas pode renunciar, ou seja, simplesmente não recorrer da sentença.

8. DA IRRECORRIBILIDADE MOMENTÂNEA DAS INTERLOCUTÓRIAS

Adriano Soares apresenta valiosa lição didática sobre o tema da seguinte forma:[7]

> A indagação primeira a fazer, parece-nos, em matéria recursal, diz respeito ao saber-se sobre quais atos judiciais podem ser fustigados mediante a interposição de recurso. Dada a celeridade que o Direito Eleitoral requer, mercê da limitação temporal das eleições (que vão desde as convenções partidárias até a diplomação dos candidatos eleitos), os ritos adotados são, em sua esmagadora maioria, de cognição sumária, com diminuição dos prazos para a atuação em juízo. Por isso, em matéria recursal, há um princípio geral presidindo o processo civil eleitoral **(utilizo a expressão pouco técnica "processo civil eleitoral" para nomear o Direito Processual Eleitoral, à falta de outra melhor, para apartá-lo do processo penal eleitoral e do processo eleitoral [as eleições].** Nada obstante comporte exceções: trata-se do princípio da irrecorribilidade em separado das interlocutórias. No Direito Processual Eleitoral, as decisões proferidas pelo juiz no curso do processo, antes da entrega da prestação jurisdicional definitiva, são irrecorríveis, só podendo ser impugnadas quando da irresignação contra a sentença. Vejamos alguns exemplos: (a) a exclusão do eleitor e o cancelamento de sua inscrição eleitoral poderá ser requerida nos termos do art. 77 do

7. Adriano Soares da Costa. *Instituições de direito eleitoral*. 5. ed. Belo Horizonte: Del Rey, 2002.

CE. O juiz receberá a petição, mandará autuá-la, citará o excluendo e os interessados (outro eleitor ou delegado de partido, conforme o art. 73) para contestarem, no prazo de cinco dias, concedendo dilação probatória. Se o juiz vedar a produção de determinada prova (testemunhal, por exemplo), a parte prejudicada não terá oportunidade de recorrer dessa decisão interlocutória, devendo aguardar a decisão final, quando então poderá recorrer no prazo de cinco dias para o TRE (art. 80); (b) as impugnações propostas perante a junta eleitoral, por fiscais, delegados de partido e candidatos (art. 169 do CE) serão decididas de plano. Tal decisão é definitiva, cabendo recurso imediato, interposto verbalmente ou por escrito, que deverá ser fundamentado em quarenta e oito horas (art. 169, § 2º).

Há exceções a esse princípio geral, como o recurso inominado do art. 270, § 2º, do CE, interposto contra a decisão do relator que rejeita a produção de prova, sendo tal decisão apreciada pelo pleno do Tribunal Regional. Caberá agravo de instrumento eleitoral da decisão do presidente do TRE que denegar recurso especial (art. 279 do CE). Da decisão do juiz eleitoral que conceder a medida acautelatória, *inaudita altera parte*, pleiteada em Aije, cabe apenas mandado de segurança, à falta de previsão de via recursal contra a interlocutória.

9. AS CARACTERÍSTICAS DO RECURSO ELEITORAL

Em grande síntese didática, o mestre do Direito Eleitoral brasileiro, **Fávila Ribeiro**, afirma que podem ser apresentadas as seguintes características do recurso jurisdicional:

a) a preexistência de relação processual;

b) antecedente emissão de ato decisório por órgão judiciário;

c) a provocação de uma das partes, inconformada com o resultado desfavorável, por intermédio do próprio órgão prolator da decisão;

d) a preexistência do contraditório processual;

e) impedimento a que se corporifique o efeito de coisa julgada;

f) a emissão de novo julgamento sobre as partes afetadas pelo recurso perante a mesma ou diante de autoridade julgadora de superior instância.

Em relação ao item "c", adverte **Frederico Marques** que, "por ser o recurso um ônus, não se forma o procedimento recursal sem que o vencido, nos limites do que o permite a sucumbência, peça o reexame da decisão".[8]

10. O EFEITO CONSTANTE E MAIS AMPLO DE TODA INTERPOSIÇÃO RECURSAL: IMPEDIR OU RETARDAR PRECLUSÕES

Observa **Pontes de Miranda**:

8. José Frederico Marques. *Instituições de Direito Processual Civil*. Rio de Janeiro: Forense. 1960. v. IV, p. 20.

> Tecnicamente, o recurso apenas retira o passar em julgado; formalmente, a resolução judicial enquanto não se procede a novo exame do negócio ou do seu tratamento: a prestação jurisdicional, de que o juiz fez oblação (não entregou), admite nova comunicação de vontade da parte ou do interessado, pelo fundamento de que não satisfez a alegação de ser **injusta** ou infratora de regras de Direito Processual.[9]

A moderna ciência processual alcançou maturidade suficiente para compreender que o processo é uma entidade complexa, em que se amalgamam indissoluvelmente dois elementos essenciais, o procedimento e a relação jurídica processual, uma relação entre atos e uma relação entre pessoas.[10]

Conforme **Liebman**, também integra a dinâmica da relação processual o acontecimento de fatos capazes de extinguir situações jurídicas ativas das partes. Tais fatos operam preclusões e são comumente (a) o decurso do tempo, causador da preclusão temporal, (b) a prática de ato incompatível com a vontade de realizar o ato, que ocasiona a preclusão lógica, e (c) a prática do próprio ato que a parte tinha a faculdade de realizar, da qual resulta a preclusão consumativa.[11]

11. DA PRECLUSÃO ELEITORAL

Se o recurso não for interposto no prazo, ocorre a preclusão temporal e a decisão se torna firme no processo.

Quando a Lei Eleitoral estabelece que são preclusivos os prazos para interposição de recurso, **salvo quando nele se discutir matéria constitucional**, está adotando para os recursos eleitorais o instituto da **preclusão**, que consiste na perda de uma faculdade processual, em virtude de terem sido ultrapassados os limites fixados na lei para o exercício dessa faculdade. O princípio da preclusão rege o processo eleitoral.[12]

O TSE entende que "a **preclusão** veda a prática de atos processuais fora do momento adequado ou quando já tenham sido praticados, ainda que invalidamente".[13]

Como nos adverte **Fávila Ribeiro,**[14] o grau máximo de imunização de decisões judiciárias a impugnações pelas partes é a coisa julgada material, tradicionalmente referida pela doutrina como *praeclusio maxima* e capaz de impedir, desde quando consumada, a admissibilidade de qualquer recurso.

O Código Eleitoral de 1950 (art. 152, § 2º) admitia o princípio da preclusão em matéria eleitoral.

9. Pontes de Miranda. *Comentários ao Código de Processo Civil*. 2. ed., 1970, Rio de Janeiro: Forense. t. IX, p. 3.
10. Enrico Tullio Liebman. *Manual de Direito Processual Civil*, v. I, 3. ed., São Paulo: Malheiros, 2005.
11. Ibid. n. 107, esp. p. 236.
12. Tito Costa. *Recursos em matéria eleitoral*. 3. ed., São Paulo: Revista dos Tribunais, 1990.
13. TSE-BE 373/369.
14. Op. cit.

O princípio da preclusão está mantido no atual Código Eleitoral, em seu art. 259, *in verbis*:

> *São preclusivos os prazos para interposição de recurso, salvo quando neste se discutir matéria constitucional.*
>
> *Parágrafo único. O recurso em que se discutir matéria constitucional não poderá ser interposto fora do prazo. Perdido o prazo numa fase própria, só em outra que se apresentar poderá ser interposto.*

EXEMPLOS DIDÁTICOS

1) Como já relatei, não há preclusão quando a matéria é constitucional, por exemplo, filiação partidária. No entanto, se não for arguida na ação de impugnação ao pedido de registro, só poderá ser arguida na ação de impugnação ao mandado eletivo.
2) Já a inelegibilidade fundamentada na Lei Complementar nº 64/1990 e preexistente ao registro da candidatura não pode ser arguida em ação de impugnação de mandato eletivo, dado que a matéria torna-se preclusa, por força do art. 259 do Código Eleitoral. Recurso conhecido e improvido.[15]

Repito, para melhor fixação: a preclusão, define **Tito Costa**,[16] "consiste na perda de uma faculdade processual, em virtude de terem sido ultrapassados os limites fixados na lei para o exercício dessa faculdade".

12. A VANTAGEM DA PRECLUSÃO

A vantagem da preclusão, erigida como princípio na processualística, é imensa, porque o exercício dos mandatos é breve, os prazos de registro são curtos; se o procedimento não for rápido, tornar-se-á evidentemente inócuo. Por conseguinte, se o interessado não usar de imediato e tempestivamente o recurso eleitoral, opera-se a preclusão, exceto se a matéria for de conteúdo constitucional. O advogado eleitoral deve permanecer sempre atento ao recurso, assim como os delegados, com seus respectivos prazos, para que não sejam prejudicados, recorrendo tempestivamente.[17]

EXEMPLO DIDÁTICO

O Código Eleitoral vigente prescreve o seguinte:

15. TREMA – RAIME nº 1.561 (4.004), Relª Juíza Rosimayre Gonçalves de Carvalho, p. 66.
16. Op. cit., p. 330.
17. TSE – *Boletim Eleitoral* n. 33:399.

Art. 171. Não será admitido recurso contra a apuração, se não tiver havido impugnação perante a Junta, no ato da apuração, contra as nulidades arguidas.

Cuidado: a parte deve arguir a nulidade, mas deve providenciar a lavratura do termo da sua impugnação, a fim de que não tenha operatividade a preclusão.

O fato é que a preclusão é instituto importante no Direito Eleitoral, porque assegura a celeridade ao processo, evitando procrastinações e efetivando o princípio constitucional da celeridade processual, pois, conforme a Constituição Federal, art. 5º, inciso LXXVIII: *"(...) a todos, no âmbito judicial e administrativo, são assegurados a razoável duração do processo e os meios que garantam a celeridade de sua tramitação"*.

A vantagem da preclusão também é destacada por **Chiovenda**: "O princípio da preclusão visa, no fundo, a assegurar precisão e rapidez no desenvolvimento dos atos judiciais."[18]

12.1. Os tipos de preclusão

Frederico Marques, em suas *Instituições de Direito Processual*,[19] distingue três tipos de preclusão, a saber:

a) a preclusão temporal;

b) a preclusão lógica;

c) a preclusão consumativa.

A preclusão temporal é a prevalecente no processo eleitoral, definida como "a perda de uma faculdade processual oriunda de seu não exercício ou prazo ou termo fixados na lei processual".

Registre-se que, no Direito Eleitoral, toda interposição recursal tem o efeito direto e imediato de prevenir a preclusão temporal, a qual fatalmente ocorrerá se recurso algum for interposto. Ao recorrer, e independentemente do resultado dos variados pronunciamentos judiciais sobre o recurso interposto, a parte evita que o ato judicial recorrido adquira desde logo firmeza e imunidade a questionamentos futuros, ou seja, ela evita que, ao menos naquele momento, ocorra a preclusão. Esse efeito está presente em todo e qualquer recurso e chega ao ponto de integrar o conceito desse remédio processual.

É tradicional em doutrina a afirmação de que a interposição recursal tem o efeito de impedir a preclusão, ou seja, de evitar que ela se consume.[20]

18. *Instituições de Direito Processual Civil* (v. 3, p. 155).
19. *Instituições de Direito Processual*. 1. ed., Rio de Janeiro: Forense, v. 2, p. 380.
20. Barbosa Moreira. Op. cit., n. 221, esp. p. 391.

12.2. Duas observações didáticas sobre preclusão

1ª) Lembre-se de que algumas matérias do Direito Eleitoral são previstas na própria Constituição Federal, e que não existe preclusão contra matéria constitucional.

2ª) Lembra **Joel J. Cândido**[21] que a preclusão – como regra incidente sempre em Direito Eleitoral (art. 259) – não opera em relação à instauração de processo penal eleitoral. Portanto, não apresentada a denúncia no prazo legal, o órgão do Ministério Público estará sujeito às penalidades do art. 342 do Código Eleitoral e às sanções disciplinares de sua lei orgânica e de seu estatuto, mas, enquanto não prescrito o crime, pode o agente ser legalmente processado. Entende-se por que a preclusão não é causa de extinção da punibilidade (CP, art. 107), não podendo jamais beneficiar o acusado a esse ponto.

13. EFEITO RECURSAL

I – O efeito suspensivo

O efeito suspensivo, de que alguns recursos são dotados, consiste em impedir a pronta consumação dos efeitos de uma decisão interlocutória, sentença ou acórdão, até que seja julgado o recurso interposto. Esse efeito não incide sobre a decisão judicial recorrida, como ato processual sujeito a ser cassado e eventualmente substituído por outro, mas propriamente sobre os efeitos que eles se destinam a produzir.

O recurso pode ter o efeito de obstar à eficácia natural que os atos judiciais possuem, refreando sua natural tendência a produzir no processo ou no mundo exterior os efeitos indicados na parte dispositiva.[22]

Consoante lição de **Tito Costa**:[23]

> No sistema eleitoral brasileiro, a regra geral é a de que os recursos não têm efeito suspensivo. Em consequência, a execução de qualquer acórdão será feita imediatamente, em princípio, através de comunicação por ofício ou telegrama. Em casos especiais, a critério do presidente do Tribunal, por meio de simples cópia do acórdão.

Por isso, quer se trate de sentença de mérito ou terminativa, ou mesmo de decisão interlocutória, o efeito suspensivo dos recursos só existe quando assim determina a lei, sendo natural a expansão de efeitos quando ela silencia. Nem todos os recursos são suspensivos da eficácia das decisões judiciárias, só aqueles a que o direito positivo confere tal eficácia; a suspensividade não é coessencial aos recursos ou ao conceito de recurso, como o efeito devolutivo é.

21. Op. cit.
22. Enrico Tullio Liebman. *Manual de Direito Processual Civil*, v. I, 3. ed., São Paulo: Malheiros, 2005.
23. Tito Costa. Op. cit.

Desde que a decisão judicial seja passível de recurso, não se produzirá a coisa julgada enquanto não houver a transcorrência do prazo sem a iniciativa recursal da parte em sucumbência, tanto quanto ficará a depender dos recursos admissíveis tempestivamente interpostos. Disso resulta que o estado de pendência não se exaure enquanto houver admissibilidade a recurso.

Nesse sentido, com muita procedência, esclarece **Tito Costa**:

> Quando a lei eleitoral estabelece que são preclusivos os prazos para interposição de recurso, salvo quando nele se discutir matéria constitucional, está adotando para os recursos eleitorais o instituto da **preclusão**, que consiste na perda de uma faculdade processual em virtude de terem sido ultrapassados os limites fixados na lei para exercício dessa faculdade.[24]

II – O efeito devolutivo

O efeito devolutivo é a regra predominante no Direito Eleitoral.

Nem sempre, porém, a existência de recurso constitui causa impeditiva à execução. Pode, em certos casos, haver execução provisória do julgado, que se haverá de desfazer na hipótese de provimento do recurso. É a regra predominante no Direito Eleitoral brasileiro.

Nesse sentido, estabelece o art. 257 do Código Eleitoral:

> *Os recursos eleitorais não terão efeito suspensivo.*
>
> *Parágrafo único. A execução de qualquer acórdão será feita, imediatamente, através de comunicação por ofício, telegrama, ou, em casos especiais, a critério do Presidente do Tribunal, através de cópia do acórdão.*

A exclusão da suspensividade dos recursos eleitorais coloca-os submetidos a efeitos apenas devolutivos. Com o efeito devolutivo, opera-se o deslocamento integral da matéria afetada pelo recurso para o órgão judiciário competente para dele conhecer. Reafirma-se com a recorribilidade das decisões a tutela ao direito individual, conferindo-se nova oportunidade de exame à pretensão dos litigantes.

O Professor **Fávila Ribeiro** adverte que

> a não atribuição de efeito suspensivo reflete a prevalência do interesse público no disciplinamento dos recursos eleitorais, atribuindo força executória imediata ao ato decisório emanado do órgão estatal judicante. Precisamente ao desligar a suspensividade do recurso eleitoral, fica o juízo *a quo* com a sua competência prolongada para executar a decisão recorrida, mesmo que haja deslocamento do recurso para

24. *Ibid.*

> instância superior. O alcance do recurso pode ser total ou parcial, de acordo com a iniciativa das partes, sobre o qual incidirá o poder de reexame na instância revisora. Nem sempre o efeito devolutivo do recurso importa em transposição de conhecimento para órgão judicante diferente. Pode a competência recursória ser atribuída ao próprio órgão prolator da decisão recorrida, levando a um novo exame as questões controvertidas. É o caso, exatamente, dos embargos de declaração previstos no art. 275 do Código Eleitoral e dos embargos de nulidade e infringentes do julgado de que trata o art. 83 da Lei nº 5.682, de 21/07/1971, cujo conhecimento incumbe ao próprio órgão de onde emanou a decisão recorrida.[25]

Leciona **Tito Costa**[26] que

> quando a Lei Eleitoral, mais precisamente o Código, estabelece que, de modo geral, os recursos não terão efeito suspensivo, está com sua atenção voltada para o interesse público, sem perder de vista a celeridade do processo eleitoral (processo aqui entendido como aquele complexo de atos relativos à realização de eleições em todas as suas fases e que vão desde a escolha em convenções partidárias até sua eleição e diplomação).

Ao contrário da Justiça Comum, cuja morosidade se constitui, ao longo do tempo, num mal aparentemente sem cura, a Justiça Eleitoral processa e julga com louvável rapidez os feitos que lhe são submetidos. Excetuados, naturalmente, os de natureza criminal, que demandam instrução mais complexa, sujeita aos prazos comuns do Código de Processo Penal".[27]

O desfazimento da decisão vai produzir-se prospectivamente, a partir da decisão superveniente.

DOIS EXEMPLOS JURISPRUDENCIAIS

a) "Mandado de segurança objetivando a concessão de efeito suspensivo a recurso contra sentença que julgou procedente ação de impugnação de mandato eletivo – Legalidade da decisão atacada, uma vez que fundamentada em disposição expressa de lei – O art. 257 do Código Eleitoral – Inaplicabilidade, à espécie, do art. 216 do referido diploma legal. Ausência de abuso de poder no ato da autoridade impetrada – Ato este exercido nos limites da lei e de modo fundamentado. Inexistência de qualquer violação a direito líquido e certo. *Mandamus* denegado".[28]

b) "Pendente de recurso para o Tribunal Superior Eleitoral a decisão regional que determinou o cancelamento do registro da candidatura do recorrente, perfeitamente viável o seu ato de renúncia, eis que o art. 15 da Lei Complementar nº

25. Fávila Ribeiro. Op. cit.
26. Tito Costa. *Recursos em matéria eleitoral*. 3. ed. São Paulo: Revista dos Tribunais, 1990.
27. Tito Costa. Op. cit.
28. TRERS – Proc. nº 12.004, Relª Juíza Mylene Maria Michel, j. 19/05/2004, JCEL.257; JCEL.216.

64/1990 constitui exceção ao princípio de que os recursos eleitorais não possuem efeito suspensivo (Código Eleitoral, art. 257). Efetuada a renúncia em data de 15 de setembro de 2000, conforme reconhecimento de firma pelo oficial do registro, ressai tempestivo o pedido de substituição feito em 16 de setembro daquele ano. Inteligência do art. 13, § 1º, da Lei nº 9.504/1997. Para o pedido de substituição de candidato nas eleições majoritárias, tratando-se de postulante indicado por coligação, resta despicienda a realização de convenção partidária, bastando a "decisão da maioria absoluta dos órgãos executivos de direção dos coligados", a teor do que prescreve o art. 13, § 2º, da Lei nº 9.504/1997. 4. Apreciado o recurso ao qual a medida cautelar visava a imputar efeito suspensivo, fica evidenciada a perda de objeto da cautelar. Precedente do TSE. Igual consideração é apontada para o agravo regimental".[29]

III – O efeito translativo

Entende-se por efeito translativo a capacidade que tem os tribunais eleitorais de avaliar matérias que não tenham sido objeto do conteúdo do recurso.

No mesmo sentido o entendimento dominante do TSE:

> "O efeito translativo dos recursos autoriza o tribunal a reconhecer de ofício matéria de ordem pública, mesmo que não alegada nas razões ou contrarrazões do apelo" (REsp 873.732/BA, Rel. Min. Mauro Campbell Marques, *DJE* 16/40/2009).

14. DOS PRAZOS RECURSAIS ELEITORAIS

Os recursos eleitorais, via de regra, devem ser interpostos no prazo de três dias da publicação do ato decisório.

14.1. Previsão legal dos prazos eleitorais

Os recursos eleitorais, como regra geral, devem ser interpostos no prazo de três dias da publicação do ato decisório.

Prevê o art. 258 do Código Eleitoral:

> *Sempre que a lei não fixar prazo especial, o recurso deverá ser interposto em 3 (três) dias da publicação do ato, resolução ou despacho.*

Assim, se não houver expressa designação de prazo, há de prevalecer o prazo de três dias para interposição de recurso no Direito Eleitoral.

29. TRECE – ROEL nº 12.401, Campos Sales, Rel. Juiz Celso Albuquerque Macedo, p. 168. JLEI9504.13; JLEI9504.13.1; JLEI9504.13.2; JCEL.257.

EXEMPLOS DIDÁTICOS

Alguns casos de prazo de três dias.

a) Da decisão denegatória de transferência eleitoral (art. 57, § 2º, do Código Eleitoral):

> *§ 2º Poderá recorrer para o Tribunal Regional Eleitoral, no prazo de 3 (três) dias, o eleitor que pediu a transferência, sendo-lhe a mesma negada, ou qualquer delegado de partido, quando o pedido for deferido.*

Observação didática: segundo o entendimento jurisprudencial, hoje dominante, o promotor de Justiça Eleitoral e os partidos políticos também têm legitimidade para recorrer.

b) Da decisão que determina o cancelamento de inscrição eleitoral (art. 80 do Código Eleitoral):

> *Art. 80. Da decisão do juiz eleitoral caberá recurso no prazo de 3 (três) dias, para o Tribunal Regional, interposto pelo excluendo ou por delegado de partido.*

c) Da decisão que estabelece a composição de mesa receptora (art. 121, § 1º, do Código Eleitoral):

> *§ 1º Da decisão do juiz eleitoral caberá recurso para o Tribunal Regional, interposto dentro de 3 (três) dias, devendo, dentro de igual prazo, ser resolvido.*

d) Da decisão do juiz eleitoral aplicada à reclamação oferecida sobre a localização de seções (art. 135, § 8º, do Código Eleitoral, acrescentado pelo art. 25 da Lei nº 4.961, de 04/05/1966);

> *§ 8º Da decisão do juiz eleitoral caberá recurso para o Tribunal Regional, interposto dentro de três dias, devendo, no mesmo prazo, ser resolvido.*

e) Da decisão em matéria de expedição de diplomas (art. 262 do Código Eleitoral):

> *Art. 262. O recurso contra expedição de diploma caberá somente nos seguintes casos:*
> *I – inelegibilidade ou incompatibilidade de candidato;*
> *II – errônea interpretação da lei quanto à aplicação do sistema de representação proporcional;*
> *III – erro de direito ou de fato na apuração final quanto à determinação do quociente eleitoral ou partidário, contagem de votos e classificação de candidato, ou a sua contemplação sob determinada legenda;*

IV – concessão ou denegação do diploma em manifesta contradição com a prova dos autos, nas hipóteses do art. 222 desta Lei, e do art. 41-A da Lei nº 9.504, de 30 de setembro de 1997.[30]

f) Dos atos, resoluções ou despachos dos presidentes (art. 264 do Código Eleitoral):

Art. 264. Para os Tribunais Regionais e para o Tribunal Superior caberá, dentro de 3 (três) dias, recurso dos atos, resoluções ou despachos dos respectivos presidentes.

g) Dos atos, despachos dos juízes ou juntas eleitorais (art. 265 do Código Eleitoral):

Art. 265. Dos atos, resoluções ou despachos dos juízes ou juntas eleitorais caberá recurso para o Tribunal Regional.

Parágrafo único. Os recursos das decisões das Juntas serão processados na forma estabelecida pelos arts. 169 e seguintes.

h) Para embargos de declaração a acórdão (art. 275, § 10º, do Código Eleitoral):

§ 1º Os embargos serão opostos dentro em 3 (três) dias da data da publicação do acórdão, em petição dirigida ao relator, na qual será indicado o ponto obscuro, duvidoso, contraditório ou omisso.

i) Para interposição de recurso especial e ordinário para o Tribunal Superior Eleitoral (art. 276, § 1º, do Código Eleitoral):

Art. 276. As decisões dos Tribunais Regionais são terminativas, salvo os casos seguintes em que cabe recurso para o Tribunal Superior:

I – especial:

a) quando forem proferidas contra expressa disposição de lei;

b) quando ocorrer divergência na interpretação de lei entre dois ou mais tribunais eleitorais;

II – ordinário:

a) quando versarem sobre expedição de diplomas nas eleições federais e estaduais;

b) quando denegarem habeas corpus *ou mandado de segurança.*

§ 1º É de 3 (três) dias o prazo para a interposição do recurso, contado da publicação da decisão nos casos dos números I, letras a *e* b*, e II, letra* b*, e da sessão da diplomação no caso do número II, letra* a.

30. Redação dada ao inciso pela Lei nº 9.840, de 28/09/1999, *DOU* 29/09/1999.

j) Para interposição de agravo de instrumento do despacho do Presidente do Tribunal Regional denegatório do recurso especial (art. 279 do Código Eleitoral):

> *Art. 279. Denegado o recurso especial, o recorrente poderá interpor, dentro em 3 (três) dias, agravo de instrumento.*

k) Para interposição de recurso ordinário para o Supremo Tribunal Federal das decisões denegatórias de *habeas corpus* (art. 281 do Código Eleitoral):

> *Art. 281. São irrecorríveis as decisões do Tribunal Superior, salvo as que declararem a invalidade de lei ou ato contrário à Constituição Federal e as denegatórias de* habeas corpus *ou mandado de segurança, das quais caberá recurso ordinário para o Supremo Tribunal Federal, interposto no prazo de 3 (três) dias.*

Veja a Súmula nº 728:

> *É de três dias o prazo para a interposição de recurso extraordinário contra decisão do Tribunal Superior Eleitoral, contado, quando for o caso, a partir da publicação do acórdão, na própria sessão de julgamento, nos termos do art. 12 da Lei nº 6.055/1974, que não foi revogado pela Lei nº 8.950/1994.*

l) Para interposição de agravo de instrumento da decisão do Presidente do Tribunal Superior Eleitoral que inadmita o recurso extraordinário (art. 282 do Código Eleitoral):

> *Art. 282. Denegado o recurso, o recorrente poderá interpor, dentro de 3 (três) dias, agravo de instrumento, observado o disposto no art. 279 e seus parágrafos, aplicada a multa a que se refere o § 6º pelo Supremo Tribunal Federal.*

m) Da decisão do juiz eleitoral concedendo ou denegando o registro a candidato a cargo eletivo (art. 11, § 2º, da Lei Complementar nº 64, de 18/05/1990):

> *Art. 11. Na sessão do julgamento, que poderá se realizar em até 2 (duas) reuniões seguidas, feito o relatório, facultada a palavra às partes e ouvido o Procurador Regional, proferirá o Relator o seu voto e serão tomados os dos demais juízes.*
>
> *§ 2º Terminada a sessão, far-se-á a leitura e a publicação do acórdão, passando a correr dessa data o prazo de 3 (três) dias, para a interposição de recurso para o Tribunal Superior Eleitoral, em petição fundamentada.*

n) Para interposição de recurso ao Tribunal Superior Eleitoral do acórdão do Tribunal Regional Eleitoral sobre registro de candidato (art. 14 da Lei Complementar nº 5, de 29/04/1970).

o) A interposição de recurso da nomeação da mesa receptora de votos (art. 63, § 1º, da Lei nº 9.504/1997):

> *Art. 63. Qualquer partido pode reclamar ao Juiz Eleitoral, no prazo de cinco dias, da nomeação da Mesa Receptora, devendo a decisão ser proferida em 48 horas.*
>
> *§ 1º Da decisão do Juiz Eleitoral caberá recurso para o Tribunal Regional, interposto dentro de três dias, devendo ser resolvido em igual prazo.*
>
> *(...)*

p) O mestre **Fávila Ribeiro** apresenta outro exemplo de interposição de recurso no prazo de três dias: "do despacho do juiz eleitoral indeferindo requerimento de inscrição eleitoral (art. 45, § 7º, do Código Eleitoral)":

> *§ 7º Do despacho que indeferir o requerimento de inscrição caberá recurso interposto pelo alistando e do que o deferir poderá recorrer qualquer delegado de partido.*

Atualização: atualizando a posição do renomado autor, informo que a Lei nº 6.996/1982, art. 7º, § 1º, estipula o prazo de cinco dias para interposição de recurso pelo alistando e de dez dias pelo delegado de partido, nos casos de inscrição originária ou de transferência. Entendo que o promotor de Justiça Eleitoral, como fiscal da lei, também é parte legítima para interpor o recurso.

q) São submetidas ao prazo de dez dias as apelações interpostas das decisões Juízes em crimes eleitorais, condenando ou absolvendo o acusado (art. 362 do Código Eleitoral).

14.2. Como fazer a contagem dos prazos recursais

Temos de fazer uma divisão.

a) Contagem do prazo na matéria civil eleitoral

Se a matéria é civil eleitoral, no prazo para recursos eleitorais devem ser obedecidas as disposições do Código de Processo Civil, sobretudo a do seu art. 184, que diz respeito ao início e ao vencimento do mesmo.[31] Quando a intimação ocorrer numa sexta-feira, ou a publicação com efeito de intimação for feita nesse dia, o prazo

31. TSE-BE nº 375/566.

judicial terá início na segunda-feira imediata, salvo se não houver expediente, caso em que começará a fluir no primeiro dia útil que se seguir.[32]

b) Contagem do prazo na matéria criminal eleitoral

Se a matéria é criminal eleitoral, temos de fazer uma subdivisão.

1) Na contagem do prazo **processual eleitoral**, usamos o art. 798 do Código de Processo Penal, *in verbis:*

> *Todos os prazos correrão em cartório e serão contínuos e peremptórios, não se interrompendo por férias, domingo ou dia feriado.*
>
> *§ 1º Não se computará no prazo o dia do começo, incluindo-se, porém, o do vencimento.*
>
> *§ 2º A terminação dos prazos será certificada nos autos pelo escrivão; será, porém, considerado findo o prazo, ainda que omitida aquela formalidade, se feita a prova do dia em que começou a correr.*
>
> *§ 3º O prazo que terminar em domingo ou dia feriado considerar-se-á prorrogado até o dia útil imediato.*
>
> *§ 4º Não correrão os prazos, se houver impedimento do juiz, força maior, ou obstáculo judicial oposto pela parte contrária.*
>
> *§ 5º Salvo os casos expressos, os prazos correrão:*
>
> *a) da intimação;*
>
> *b) da audiência ou sessão em que for proferida a decisão, se a ela estiver presente a parte;*
>
> *c) do dia em que a parte manifestar nos autos ciência inequívoca da sentença ou despacho.*

2) Na contagem do prazo **penal eleitoral**, usamos o art. 10 do Código Penal, *in verbis: "O dia do começo inclui-se no cômputo do prazo. Contam-se os dias, os meses e os anos pelo calendário comum".*

OBSERVAÇÃO DIDÁTICA

Algo de muita importância é relatado por **Joel J. Cândido:**

> Pode ocorrer, numa ou noutra hipótese, que a lei eleitoral especial disponha de modo diverso, para uma determinada eleição ou ato processual[33] ou que o Tribunal Superior Eleitoral, com o poder normativo peculiar a suas resoluções, regule de outro modo, como costuma acontecer com os calendários eleitorais para as eleições, onde os prazos correm, muitas vezes nos sábados, domingos e feriados.

32. Súmula nº 310 do STF, compatível com atual CPC – *RTJ* n. 77/329. Sobre *dies a quo*, ver TSE-BE nº 376/646.

33. Lei Complementar nº 64/1990, art. 16.

14.3. Quando começa a correr o prazo para a interposição de recurso do Ministério Público Eleitoral

O Supremo Tribunal Federal decidiu no dia 05/11/2003 que o prazo de intimação pessoal do Ministério Público, para interposição de recurso, é contado a partir da entrada do processo nas dependências do Ministério Público.

Votos vencidos, os Ministros Joaquim Barbosa e Celso de Mello consideraram que a intimação pessoal somente se dá a partir do ciente expresso pelo Ministério Público nos autos do processo. Segundo o Ministro Celso de Mello, no início da década de 1980, o STF firmou entendimento de que "o termo inicial da fluência" do prazo recursal para o Ministério Público, em casos como o presente, há de situar-se na data em que o representante do *parquet* apõe o seu ciente nos autos, e não naquela em que esses ingressam fisicamente no edifício em que se situa a Procuradoria-Geral de Justiça.

Portanto, segundo **Thales Tácito Pontes**,[34] o julgado, aplicável também na esfera eleitoral, resolve duas grandes indagações:

a) o prazo para o MP recorrer é contado a partir da vista pessoal dos autos;

b) essa vista pessoal dos autos é contada com a chegada do processo devidamente formalizada às dependências do Ministério Público, mediante recibo do servidor e consequente encaminhamento devido.

Entendo, com o devido respeito à opinião do renomado amigo do glorioso Ministério Público de Minas Gerais, que a posição supracitada só pode prevalecer para o processo eleitoral criminal, pois no que concerne as ações eleitorais, leia-se processo eleitoral cível, a intimação tem de ser obrigatoriamente pessoal.

Sabemos que o Código de Processo Civil determina a intervenção obrigatória do Ministério Público nas causas em que há interesse público evidenciado pela natureza da lide ou qualidade da parte (*vide* parte final do art. 82, inciso III) e também preconiza que "*Quando a lei considerar obrigatória a intervenção do Ministério Público, a parte promover-lhe-á a intimação sob pena de nulidade do processo*" (*vide* art. 84).

A consequência da ausência da intimação pessoal do Ministério Público Eleitoral será a nulidade absoluta na exata forma do art. 246 do Código de Processo Civil, *in verbis: "É nulo o processo, quando o Ministério Público não for intimado a acompanhar o feito em que deva intervir".*

Impende ainda esclarecer que segundo o art. 16 da LC nº 64/1990, "*Os prazos a que se referem o art. 3º e seguintes desta lei complementar são peremptórios e contínuos e correm em secretaria ou Cartório e, a partir da data do encerramento do prazo para registro de candidatos, não se suspendem aos sábados, domingos e feriados*".

34. Thales Tácito Pontes Luz de Pádua Cerqueira. *Direito eleitoral brasileiro*. Belo Horizonte: Del Rey, 2002.

Evidentemente, tal artigo não pode ser usado em relação ao Ministério Público Eleitoral, que tem lei específica e posterior à prefalada lei complementar. *Vide* art. 18, inciso II, alínea *h*, da Lei Complementar nº 75/1993, *in verbis:*

> *Art. 18. São prerrogativas dos membros do Ministério Público da União:*
> *(...)*
> *II – processuais:*
> *(...)*
> *h) receber intimação pessoalmente nos autos em qualquer processo e grau de jurisdição nos feitos em que tiver que oficiar.*

No mesmo sentido:

> "É prerrogativa do membro do Ministério Público ser pessoalmente intimado nos autos (art. 18, inciso II, alínea "h", da Lei Complementar nº 75/1993; art. 41, inciso IV, da Lei nº 8.625/1993 e arts. 236, § 2º, e 246 do Código de Processo Civil). Ordem que se concede para determinar a remessa dos feitos eleitorais, listados na certidão que acompanha o *mandamus*, à Secretaria do Ministério Público de Petrópolis". (TSE/RJ, Recurso em Mandado de Segurança nº 450, Rel. Carlos Augusto Ayres de Freitas Britto. j. 03/10/2006, unânime, *DJ* 27/10/2006).

15. A PREVENÇÃO DOS RECURSOS ELEITORAIS

Estabelece o art. 260 do Código Eleitoral:

> *A distribuição do primeiro recurso que chegar ao Tribunal Regional ou Tribunal Superior, prevenirá a competência do relator para todos os demais casos do mesmo município ou Estado.*

O artigo *ut supra* é observado pela jurisprudência do TSE, *in verbis*:

> "O prazo para a interposição de recurso passa a correr a partir da comprovação da ciência inequívoca de determinado ato, independentemente de publicação no Diário de Justiça. Precedentes do Superior Tribunal de Justiça e do Tribunal Superior Eleitoral. A distribuição do feito obedeceu à regra de prevenção estabelecida pelo art. 260 do Código Eleitoral. A concessão da liminar requer a presença conjugada dos requisitos autorizadores, que devem ser perceptíveis de plano (MS 26.415/DF, Rel. Min. Carlos Ayres Britto, do Supremo Tribunal Federal). As decisões fundadas no art. 30-A da Lei nº 9.504/1997, por não versar inelegibilidade, devem ter execução imediata, conforme jurisprudência do TSE. Decretada a perda de mandato eletivo da agravante, pela Assembleia Legislativa no Estado de Minas Gerais, não subsiste a pretensão recursal de se manter no exercício do cargo. Agravo regimental a que se nega provimento". (TSE, Rec. 3.220, Rel. Min. Ricardo Lewandowski, j. 30/06/2009, *DJU* 01/09/2009, p. 30).

16. CLASSIFICAÇÃO DOS RECURSOS ELEITORAIS

Nem todos os recursos utilizados no Direito Eleitoral brasileiro receberam designação "recurso", limitando-se o legislador, em muitos casos, a estabelecer a recorribilidade de decisões prolatadas em primeira instância, sem denotar preocupação com a sua nomenclatura.

Segundo o disposto no art. 362 do CE, "das decisões finais de condenação ou absolvição cabe recurso para o Tribunal Regional, a ser interposto no prazo de dez dias".

Um exame superficial, frente a este dispositivo, daria a falsa ideia de que, em matéria criminal, só caberia recurso ao final do processo. Entretanto, o art. 364 do mesmo estatuto eleitoral consigna que, *"no processo e julgamento dos crimes eleitorais e dos comuns que lhe forem conexos, assim como nos recursos e na execução que lhes digam respeito, aplicar-se-á, como lei subsidiária ou supletiva, o CPP"*. Vai daí a necessidade de admitir-se, em princípio, o cabimento de todos os recursos criminais previstos no CPP que não sejam incompatíveis com o sistema adotado.

Assim, as espécies de recursos eleitorais são:

a) apelação eleitoral;

b) recurso inominado eleitoral (**Fávila Ribeiro** denomina "agravo de petição");

c) agravo de instrumento eleitoral;

d) embargos de declaração eleitoral;

e) embargos de nulidade e infringentes do julgado eleitoral;

f) recurso ordinário eleitoral;

g) recurso especial eleitoral;

h) recurso extraordinário eleitoral;

i) carta testemunhável eleitoral;

j) recurso em sentido estrito eleitoral;

k) recurso partidário interno.

CAPÍTULO 11

Estudo Específico dos Recursos Eleitorais

1. APELAÇÃO ELEITORAL

É o recurso por excelência para provocar o reexame do mérito da causa.

Com o recurso apelatório eleitoral, haverá o deslocamento completo do caso decidido em definitivo ao exame de uma instância superior e o encerramento que se opera do poder decisório do juiz *a quo*, a partir de sua tempestiva interposição. Assim, não existirá retratação do juízo recorrido, ao qual cabe tão somente dar encaminhamento da matéria ao órgão judiciário de instância mais elevada, sem mesmo aduzir qualquer sustentação.

Trata-se de recurso vertical, com devolução integral do conhecimento da inconformidade ao tribunal *ad quem*, **sem possibilidade de retratação pelo juízo recorrido.**

2. O RECURSO INTERPOSTO SEM AS RAZÕES

A orientação da doutrina e da jurisprudência aponta no sentido de ser aplicável o Código de Processo Penal, que enseja interposição de apelação sem oferecimento das respectivas razões da inconformidade com a decisão apelada. Assim, se a parte regularmente intimada não oferecer as razões, o recurso subirá sem elas.

Posicionamento majoritário do TSE: incabível a apresentação de razões recursais na instância superior; inaplicabilidade do CPP, art. 600, § 4º, devendo ser observados os arts. 266 e 268 deste código.[1]

1. TSE – AC nº 11.953/1995.

3. CASOS EM QUE CABEM RECURSOS DE APELAÇÃO

Das decisões condenatórias ou absolutórias emitidas pelos juízes eleitorais em matéria criminal, cabe recurso de apelação, a ser interposto no prazo de dez dias.

É o que dispõe o art. 362 do Código Eleitoral:

> *Das decisões finais de condenação ou absolvição cabe recurso para o Tribunal Regional, a ser interposto no prazo de dez dias.*

Assim, segundo **Fávila Ribeiro**, cabe apelação eleitoral nos casos seguintes:

a) De decisão sobre a expedição de diploma (art. 262) do Código Eleitoral:

> *Art. 262. O recurso contra expedição de diploma caberá somente nos seguintes casos:*
> *I – inelegibilidade ou incompatibilidade de candidato;*
> *II – errônea interpretação da lei quanto à aplicação do sistema de representação proporcional;*
> *III – erro de direito ou de fato na apuração final quanto à determinação do quociente eleitoral ou partidário, contagem de votos e classificação de candidato, ou a sua contemplação sob determinada legenda;*
> *IV – concessão ou denegação do diploma em manifesta contradição com a prova dos autos, nas hipóteses do art. 222 desta Lei, e do art. 41-A da Lei nº 9.504, de 30 de setembro de 1997.*[2]

b) Dos atos, resoluções ou despachos dos Presidentes dos Tribunais Regionais e Tribunal Superior para os respectivos Tribunais (art. 264):

> *Art. 264. Para os Tribunais Regionais e para o Tribunal Superior caberá, dentro de 3 (três) dias, recurso dos atos, resoluções ou despachos dos respectivos presidentes.*

c) Do desprovimento das impugnações e reclamações pela comissão apuradora regional (art. 200, § 2º, do Código Eleitoral, acrescentado pelo art. 44 da Lei nº 4.961, de 04/05/1966):

> *Art. 200. O relatório a que se refere o artigo anterior ficará na Secretaria do Tribunal, pelo prazo de 3 (três) dias, para exame dos partidos e candidatos interessados, que poderão examinar também os documentos em que ele se baseou.*
> *(...)*
> *§ 2º O Tribunal Regional, antes de aprovar o relatório da Comissão Apuradora e, em três dias improrrogáveis, julgará as impugnações e as reclamações não providas pela Comissão Apuradora, e, se as deferir, voltará o relatório à Comissão para que sejam feitas as alterações resultantes da decisão. (Parágrafo acrescentado pela Lei nº 4.961, de 04/05/1966.)*

2. Redação dada ao inciso pela Lei nº 9.840, de 28/09/1999, *DOU* 29/09/1999. Assim dispunha o inciso alterado: "IV – concessão ou denegação do diploma, em manifesta contradição com a prova dos autos, na hipótese do art. 222".

e) Da decisão da junta eleitoral que rejeita impugnação (art. 169, § 2º, do Código Eleitoral):

> *Art. 169. À medida que os votos forem sendo apurados, poderão os fiscais e delegados de partido, assim como os candidatos, apresentar impugnações que serão decididas de plano pela Junta.*
>
> *(...)*
>
> *§ 2º De suas decisões cabe recurso imediato, interposto verbalmente ou por escrito, que deverá ser fundamentado no prazo de 48 (quarenta e oito) horas para que tenha seguimento.*

f) Da sentença do juiz acolhendo ou rejeitando arguição de inelegibilidade de candidato em pleito municipal (art. 8º da Lei Complementar nº 64, de 18/05/1964):

> *Art. 8º Nos pedidos de registro de candidatos a eleições municipais, o Juiz Eleitoral apresentará a sentença em Cartório 3 (três) dias após a conclusão dos autos, passando a correr deste momento o prazo de 3 (três) dias para a interposição de recurso para o Tribunal Regional Eleitoral.*

Minha posição: entendo que, nesta hipótese, cabe recurso inominado.

g) Devem ainda figurar no elenco das apelações as hipóteses constantes do art. 165, §§ 3º e 4º, do Código Eleitoral, *in verbis*:

> *Art. 165. Antes de abrir cada urna a Junta verificará:*
>
> *(...)*
>
> *§ 3º Verificado qualquer dos casos dos números II, III, IV e V do artigo, a Junta anulará a votação, fará a apuração dos votos em separado e recorrerá de ofício para o Tribunal Regional.*
>
> *§ 4º Nos casos dos números VI, VII, VIII, IX e X, a Junta decidirá se a votação é válida, procedendo à apuração definitiva em caso afirmativo, ou na forma do parágrafo anterior, se resolver pela nulidade da votação.*

OBSERVAÇÕES DIDÁTICAS

a) A apelação pode ser interposta por petição ou termo, no prazo legal (dez dias), a contar da intimação da sentença.

b) Se o apelante quiser apresentar razões, deverá fazê-lo nesse mesmo prazo; portanto, a lei não oferece outra oportunidade para tal.

c) Repito por ser importante: a apelação é o único recurso eleitoral que tem, em regra, efeito suspensivo. Não o terá quando a apelação for só do assistente (CPP, art. 598, *caput).*

d) Conforme entendimento jurisprudencial, o assistente não pode apelar quando o réu for condenado, faltando-lhe para tal legítimo interesse. Não é de se conhecer de seu apelo, tampouco, quando o objetivo for só a exasperação da pena ou quando tiver o mesmo já manifestado pelo recurso do Ministério Público.[3]

4. RECURSO INOMINADO ELEITORAL

O recurso inominado é o recurso dominante em matéria eleitoral com referência às decisões emanadas dos juízes eleitorais.

O recurso inonimado é previsto no art. 265 do Código Eleitoral, *in verbis:*

> *Art. 265. Dos atos, resoluções ou despachos dos juízes ou juntas eleitorais caberá recurso para o Tribunal Regional.*
>
> *Parágrafo único. Os recursos das decisões das Juntas serão processados na forma estabelecida pelos arts. 169 e seguintes.*

5. O JUÍZO DE RETRATAÇÃO

O juiz, antes de remeter o recurso para a superior instância, poderá rever e reformar sua decisão. Se o não fizer, fará subir o recurso, que terá, assim, efeito devolutivo e, às vezes, também o efeito suspensivo.[4]

O § 7º do art. 267 do Código Eleitoral prever a hipótese de o juiz eleitoral ofertar o juízo de retração, *in verbis:*

> *Se o Juiz reformar a decisão recorrida, poderá o recorrido, dentro de 3 (três) dias, requerer suba o recurso como se por ele interposto.*

6. CASOS EM QUE CABE RECURSO INOMINADO

a) De decisão deferindo ou indeferindo a inscrição eleitoral (art. 45, § 7º):

> *Art. 45. O escrivão, o funcionário ou o preparador, recebendo a fórmula e documentos, determinará que o alistando date e assine a petição em ato contínuo, atestará terem sido a data e a assinatura lançados na sua presença; em seguida, tomará a assinatura do requerente na "folha individual de votação" e nas duas vias do título eleitoral, dando recibo da petição e do documento.*

3. No mesmo sentido: José Joel Cândido. *Direito Eleitoral brasileiro.* Bauru: Edipro, 2003.
4. Alcides de Mendonça Lima. *Sistema de normas gerais dos recursos cíveis.* Rio de Janeiro: Freitas Bastos, 1963. p. 254.

(...)
§ 7º Do despacho que indeferir o requerimento de inscrição caberá recurso interposto pelo alistando e do que o deferir poderá recorrer qualquer delegado de partido.

b) De decisão prolatada em requerimento de transferência de eleitor (art. 57, § 2º):

Art. 57. O requerimento de transferência de domicílio eleitoral será imediatamente publicado na imprensa oficial na Capital, e em cartório nas demais localidades, podendo os interessados impugná-lo no prazo de 10 (dez) dias. (Redação dada ao *caput* pela Lei nº 4.961, de 04/05/1966.)
(...)
§ 2º Poderá recorrer para o Tribunal Regional Eleitoral, no prazo de 3 (três) dias, o eleitor que pediu a transferência, sendo-lhe a mesma negada, ou qualquer delegado de partido, quando o pedido for deferido.

c) De decisão sobre cancelamento de inscrição (art. 80):

Art. 80. Da decisão do juiz eleitoral caberá recurso no prazo de 3 (três) dias, para o Tribunal Regional, interposto pelo excluendo ou por delegado de partido.

d) De decisão exarada em reclamação sobre nomeação da mesa receptora (art. 121, § 1º):

Art. 121. Da nomeação da mesa receptora qualquer partido poderá reclamar ao juiz eleitoral, no prazo de 2 (dois) dias, a contar da audiência, devendo a decisão ser proferida em igual prazo.
§ 1º Da decisão do juiz eleitoral caberá recurso para o Tribunal Regional, interposto dentro de 3 (três) dias, devendo, dentro de igual prazo, ser resolvido.
(...)

e) De decisão emitida em reclamação sobre a localização de seções eleitorais (art. 135, § 8º, acrescentado pelo art. 25 da Lei nº 4.961, de 04/05/1966):

Art. 135. Funcionarão as mesas receptoras nos lugares designados pelos juízes eleitorais 60 (sessenta) dias antes da eleição, publicando-se a designação.
(...)
§ 8º Da decisão do juiz eleitoral caberá recurso para o Tribunal Regional, interposto dentro de três dias, devendo, no mesmo prazo, ser resolvido

f) De atos, resoluções emitidos singularmente pelos juízes eleitorais (art. 265):

Art. 265. Dos atos, resoluções ou despachos dos juízes ou juntas eleitorais caberá recurso para o Tribunal Regional.
Parágrafo único. Os recursos das decisões das Juntas serão processados na forma estabelecida pelos arts. 169 e seguintes.

7. OUTRAS DECISÕES JUDICIAIS A QUE SE PODE OPOR O RECURSO INOMINADO

Além das hipóteses supracitadas, **Joel José Cândido**[5] colaciona outras, a saber:

a) decisão que julgar impugnação à designação de escrutinadores e auxiliares (CE, art. 39);
b) decisão que julgar pedido de inscrição eleitoral processado pela Lei nº 6.996, de 07/06/1982 (art. 7º, § 1º);
c) decisão que apreciar o direito de resposta e que julgar as representações feitas com base no poder de polícia eleitoral, salvo se houver disposição específica para esses casos (CE, arts. 243, § 3º, e 249);
d) decisão que julgar alegação de impedimento de mesário para o serviço eleitoral (CE, art. 120, § 4º);

Acrescenta ainda o renomado autor:

> Entendemos, ainda, que o recurso inominado é o adequado para atacar sentença que julga a Ação de Impugnação de Pedido de Registro de Candidatura, prevista e regulada pelos arts. 3º ao 8º da Lei Complementar nº 64, de 18/05/1990 (Lei das Inelegibilidades). Do mesmo modo será ele interposto contra sentença que julgar a Ação de Impugnação de Mandato Eletivo, já que a adoção desse mesmo rito processual dos arts. 3º ao 8º propugnamos para o seu processamento. E, por último, também indicamos o recurso inominado para a decisão que julgar a Investigação Judicial Eleitoral, forte no art. 258 do Código Eleitoral e no art. 22, XIV, da Lei Complementar nº 64/1990.

8. O RECURSO ORDINÁRIO ELEITORAL

As decisões eleitorais normalmente se exaurem nos Tribunais Regionais. Como exceções são contempladas duas categorias de recursos para o Tribunal Superior Eleitoral: ordinário e especial.

9. CABIMENTO DO RECURSO ORDINÁRIO

Fazendo uma leitura do art. 276, II, *a* e *b*, do Código Eleitoral e interpretando em consonância com o que dispõe o art. 121, § 4º, incisos III, IV e V, da Constituição Federal, podemos dizer que caberá recurso ordinário eleitoral das decisões dos Tribunais Regionais Eleitorais em uma das hipóteses abaixo elencadas:

a) quando versarem sobre expedição de diplomas nas eleições federais e estaduais.

5. Op. cit.

Fundamentação legal: art. 276, inciso II, alínea *"a"*, do Código Eleitoral.

Neste caso, o prazo para a interposição do recurso é de 3 (três) dias contados da sessão da diplomação.

No mesmo sentido o entendimento dominante do TSE:

> "É de três dias contados a partir da publicação em sessão o prazo para interposição de recurso contra julgado que indefere ou defere registro de candidatura, nos termos do art. 276 do Código Eleitoral, c./c. o art. 11, § 2º, da Lei Complementar nº 64/1990. A utilização de *fac-símile* para interposição de recurso não dispensa o cumprimento dos prazos processuais de responsabilidade da parte, os quais devem ser praticados dentro do horário de expediente (art. 72, parágrafo único, da Res. TSE nº 22.717/2008). Agravo regimental a que se nega provimento". (TSE/MS, Agravo Regimental em Recurso Especial Eleitoral nº 29.833, Rel. Fernando Gonçalves, j. 23/10/2008, unânime).

b) Versarem sobre inelegibilidade ou expedição de diplomas nas eleições federais ou estaduais.

Fundamentação legal: art. 121, § 4º, inciso III, da Constituição Federal.

c) Anularem diplomas ou decretarem a perda de mandatos eletivos federais ou estaduais.

Fundamentação legal: art. 121, § 4º, inciso IV, da Constituição Federal.

As decisões elencadas nos itens *a*, *b* e *c*, geralmente são tomadas em sede das ações eleitorais que estudamos nos capítulos anteriores.

d) Denegarem *habeas corpus*, mandado de segurança, *habeas data* ou mandado de injunção.

Fundamentação legal: art. 121, § 4º, inciso V, da Constituição Federal.

Nesta hipótese, o prazo para a interposição do recurso é de 3 (três) dias contados contado da publicação da decisão .

No mesmo sentido o entendimento dominante do TSE:

> "O recurso ordinário eleitoral só é cabível nas hipóteses previstas nos incisos III a V do § 4º do art. 121 da CF, e nas alíneas *a* e *b* do inciso II do art. 276 do Código Eleitoral. Cabível, portanto, o recurso ordinário para o TSE quando o Tribunal *a quo* julgar caso de inelegibilidade ou expedição de diploma nas eleições estaduais ou federais; quando anular diploma ou decretar perda de mandato eletivo estadual ou federal; quando denegar *habeas corpus*, mandado de segurança, *habeas data* ou mandado de injunção. Recurso não conhecido". (TSE/AC, Recurso Ordinário nº 790, e também TSE/TO, Recurso Ordinário nº 1.513, p. 08).

A forma procedimental deste recurso está no art. 277 do Código Eleitoral e ele é interposto em três dias.

> *Art. 277. Interposto recurso ordinário contra decisão do Tribunal Regional, o Presidente poderá, na própria petição, mandar abrir vista ao recorrido para que, no mesmo prazo, ofereça as suas razões.*
>
> *Parágrafo único. Juntadas as razões do recorrido, serão os autos remetidos ao Tribunal Superior.*

10. RECURSO ESPECIAL ELEITORAL

Com espeque nos arts. 276, I, *a* e *b*, do Código Eleitoral, c./c. art. 121, § 4º, incisos I e II, da Constituição Federal caberá recurso especial eleitoral das decisões dos Tribunais Regionais Eleitorais somente caberá recurso quando:

a) forem proferidas contra disposição expressa na Constituição Federal ou de lei;

b) ocorrer divergência na interpretação de lei entre dois ou mais tribunais eleitorais.

Ensina **Joel J. Cândido** [6] que:

> O Recurso Especial só perseguirá *quaestio juris*, nunca *quaestio facti*, e o desrespeito ao texto deverá ser expresso. Vale dizer, deve se tratar de violação direta ao mesmo artigo de lei ou de resolução do TSE, sobre o mesmo tema jurídico, sob pena de seu não conhecimento por se entender indemonstrado o dissídio jurisprudência (Acórdão nº 9.207, do 30/09/1988, TSE. *DJU* n. 31, de 15/02/1989, p. 831). É, também, recurso adequado para atacar decisão que versar sobre inelegibilidade e expedição de diploma para cargo municipal. Em ambos os sentidos, já houve consenso jurisprudencial. (BE-TSE 325/435 e BE-TSE 255/177 Vide, ainda, Acórdão nº 5.340, TSE, *DJU* de 19/03/1973, p. 1506). Para enfrentar decisões administrativas dos Tribunais Regionais Eleitorais, o Recurso Especial também poderá ser a solução. (BE-TSE 266/1176)
>
> O prazo para as contrarrazões ao Recurso Especial, a ser utilizado pelo recorrido, é de 3 dias, e não de 48 horas, como, equivocadamente, entendem alguns. A expressão "no mesmo prazo", constante do art. 278, § 2º, do Código Eleitoral, se refere, evidentemente, ao prazo do recorrente, constante do art. 276, § 1º, do mesmo diploma legal. Não se refere ao prazo de 48 horas para a juntada da petição, nem ao de 24 horas para a conclusão e, tampouco, ao de 48 horas para o despacho do Presidente. Esses são prazos ordinatórios e não são prazos das partes; assim, não servem de parâmetro. O Princípio Constitucional da Igualdade Processual das Partes só estará atendido se for dado ao recorrido o mesmo prazo de que dispôs o recorrente, ou seja, de 3 dias.

10.1. O prequestionamento no recurso eleitoral especial

O prequestionamento é um dos requisitos específicos indispensáveis ao conhecimento do recurso especial eleitoral.

6. Op. cit., p. 248.

Caso não tenha havido prequestionamento, o recorrente necessita elaborar embargo declaratório para suprimir a omissão, mas **Melissa Barbosa Tabosa**[7] elucida uma grande controvérsia entre o STJ e o STF:

> De acordo com o posicionamento do STJ no que se refere ao prequestionamento,[8] em caso de omissão por parte da decisão contra a qual será interposto recurso especial, é necessária a interposição de embargos de declaração a fim de compelir o órgão julgador a se manifestar acerca da questão suscitada. Se, ainda assim, o órgão *a quo* persistir na omissão, entende o Egrégio STJ que deve o recorrente interpor Recurso Especial, porém não com o objetivo de atacar a matéria de fundo, mas por ofensa ao art. 535, I, do Código de Processo Civil, a fim de que seja anulado o acórdão do tribunal. Só após a anulação do acórdão, por *error in procedendo*, e o proferimento de nova decisão por parte do tribunal *a quo*, é que pode ser interposto o Recurso Especial com fundamento na questão federal infraconstitucional.
>
> O Supremo Tribunal Federal, na esteira do seu posicionamento acerca da súmula 356,[9] entende que, diante da omissão na decisão recorrida acerca da matéria impugnada pela parte, esta poderá interpor embargos de declaração com o fim de prequestionar a matéria. Independente do acolhimento desses embargos, considera-se a matéria prequestionada, ou seja, não importa que o tribunal, diante dos embargos, não supra a omissão e não faça constar da decisão a questão impugnada. Os adeptos dessa posição fundamentam-se no fato de não ter havido negligência por parte do recorrente, não existindo outro meio do qual possa se valer a fim de suprir a omissão[10]. Com a mera interposição dos embargos de declaração prequestionadores, sem a exigência de que o tribunal se manifeste acerca da matéria, ocorre o chamado prequestionamento ficto, somente admitido no STF.

Consoante escólio de **Adriano Soares da Costa,**[11] prequestionamento é a referência feita pelo acórdão atacado à questão federal controvertida pelas partes. Portanto, é necessário saber se, para a configuração da parte dispositiva do *decisum*, concorreu o debate, ocorrido em sua fundamentação, sobre questão jurídica federal. Tal concorrência pode ser explícita ou implícita, bastando tão só que seja ventilada no acórdão fustigado. Portanto, não bastam as alegações do advogado ou a referência da sentença reformada ou mantida pelo acórdão. Necessário é que o próprio acórdão enfrente ou debata o ponto controvertido, ou a ele faça referência, ainda que seja

7. *"O prequestionamento nos recursos extraordinário e especial"*, artigo publicado no site *Jus navegandi*.
8. Como já observado, para o STJ, há prequestionamento apenas quando a matéria for diretamente abordada na decisão recorrida.
9. "O ponto omisso da decisão, sobre o qual não foram opostos embargos declaratórios, não pode ser objeto de recurso extraordinário, por faltar o requisito do prequestionamento."
10. Vejamos o trecho de decisão da 1ª Turma do STF, cujo relator foi o Ministro Sepúlveda Pertence: "(...) Se opostos [embargos de declaração], o Tribunal *a quo* se recusa a suprir a omissão, por entendê-la inexistente, nada mais se pode exigir da parte" *apud* Medina, ob. cit., p. 282.
11. Neste sentido: Adriano Soares da Costa. *Instituições de direito eleitoral*. 5. ed., Belo Horizonte: Del Rey, 2002.

para dizer que não caiba a aplicação da norma federal, para se considerar como havido o prequestionamento.

10.2. Observações didáticas

É necessário que a diversidade de interpretação refira-se a uma mesma hipótese, a fim de ficar caracterizado o dissídio jurisprudencial. E a divergência só pode ser com Tribunais Eleitorais, Superior ou Regionais, e não com outros Tribunais.

Posicionamento majoritário do TSE I: julgados do mesmo Tribunal não são aptos a comprovar dissídio.[12]

POSIÇÃO DIVERGENTE

Acórdão do mesmo Tribunal pode comprovar dissídio quando verificada a diversidade de componentes.[13]

Posicionamento majoritário do TSE: julgado do STF não é apto a comprovar dissídio.[14]

POSIÇÃO DIVERGENTE

Julgado do STF em matéria eleitoral é apto a comprovar dissídio (*TSE – AC nº 13.507/1993).*

Posicionamento majoritário do TSE II: julgado do STJ não é apto a comprovar dissídio.[15]

Posicionamento majoritário do TSE IV: decisão monocrática não se presta para a configuração de dissenso jurisprudencial.[16]

Posicionamento majoritário do TSE V: resolução oriunda de consulta administrativa não é apta à comprovação de dissídio. (REspe nº 26.171)

Posicionamento majoritário do TSE VI: A rejeição de contas partidárias, pelos Tribunais Regionais Eleitorais, é matéria administrativa e não viabiliza a jurisdicionalização do tema por meio do recurso especial previsto no art. 121, § 4º, I e II, da Constituição Federal. (Embargos de Declaração em Agravo Regimental em Agravo de Instrumento nº 8.231, TSE/SP, Rel. Enrique Ricardo Lewandowski, j. 15/09/2009, unânime, *DJE* 05/10/2009, p. 51)

10.3. O procedimento

O mestre **Fávila Ribeiro** defende que:

12. TSE – AC nºs 15.208/1999; 15.724/1999; 5.888/2005 e 6.208/2005.
13. TSE – AC nº 11.663/1994.
14. TSE – AC nº 17.713/2000.
15. TSE – AC nºs 4.573/2004 e 25.094/2005.
16. TSE – AC nº 6.061/2006.

O recurso especial fica a depender do reconhecimento de sua admissibilidade pelo Presidente do Tribunal Regional. Para tanto deve a petição de interposição do recurso ser anexada aos autos da ação principal, submetendo-se ao seu exame nas quarenta e oito horas seguintes, para que, em igual prazo, exare despacho fundamentado, admitindo-o ou não.

Em reconhecendo pertinente o recurso, determinará abertura de vista à parte recorrida para que no prazo de três dias ofereça as suas razões. Transcorrido esse prazo, com ou sem as razões do recorrido, retornarão os autos conclusos ao Presidente para que os faça encaminhar ao Tribunal Superior Eleitoral, sem acrescentar qualquer sustentação. O despacho que inadmite o recurso especial poderá ser levado à apreciação do Tribunal Superior Eleitoral através de agravo de instrumento, como já estudado anteriormente, para que ordene ou não a subida dos autos para exame do recurso especial, dando, assim, por seu enquadramento a uma das modalidades contidas no art. 276, I, do Código Eleitoral.[17]

10.4. Do prazo

O prazo de interposição do recurso especial será de 3 dias.

No mesmo sentido o entendimento dominante do TSE: "É intempestivo recurso especial apresentado após o tríduo legal" (AG-8192/BA).

11. OS EMBARGOS DE DECLARAÇÃO ELEITORAL

Pinto Ferreira[18] afirma que os embargos são recursos interpostos para o próprio juízo prolator da sentença ou do acórdão, com o fim de declarar o seu conteúdo, reformá-la ou revogá-la. **Lopes da Costa,** em seu *Direito Processual Civil brasileiro,*[19] assim os define: "Os embargos são um recurso não devolutivo, vale dizer, interposto não para juiz superior na hierarquia, mas para o mesmo juiz prolator da sentença".

11.1. Os embargos em decisão monocrática

Adriano Soares[20] afirma que os embargos são admissíveis quando há no acórdão obscuridade, dúvida ou contradição, ou quando for omitido ponto sobre o qual deveria se pronunciar o tribunal (art. 275, incisos I e II, do CE). Destarte, de logo se averbe serem eles incabíveis contra decisão do juiz eleitoral ou da junta eleitoral, bem assim contra decisão monocrática de membro do tribunal, uma vez que inexiste previsão legal para o seu manejo.

17. Neste sentido: op. cit.
18. Ibidem.
19. Rio de Janeiro: 1948, v. 3, p. 171.
20. Nesse sentido: Adriano Soares da Costa. *Instituições de direito eleitoral.* 5. ed., Belo Horizonte: Del Rey, 2002.

POSIÇÃO CONTRÁRIA

Tito Costa[21] defende que

> pode parecer, à primeira vista, que no processo eleitoral esse recurso só seja possível em relação a decisões do Juízo Superior. Já dissemos anteriormente que o CPC admite os embargos contra sentenças de primeiro grau e acórdão da instância superior. Sendo a lei processual civil aplicável, subsidiariamente, no processo eleitoral, e por ser mais ampla sua abrangência no tocante a esse tipo de recurso, parece-nos curial que se amplie, também no procedimento eleitoral, a sua utilização, ao ponto de alcançar as sentenças de juízes ou juntas eleitorais.

Correta a primeira posição, o próprio TSE tem precedentes:

> "Os embargos declaratórios opostos contra decisão monocrática do relator devem ser recebidos como agravo regimental" (AgRg no AG nº 8.235/BA, Rel. Min. Carlos Ayres Britto, *DJ* 11/02/2008; AgRg no MS nº 3.669/CE, Rel. Min. Arnaldo Versiani, *DJ* 19/12/2007).

11.2. Embargo de declaração por terceiro

Excepcionalmente, na Justiça Eleitoral, já foi admitido embargo de declaração por terceiro.[22]

> "É que, embora os efeitos da coisa julgada atinjam somente as partes, esta é uma qualidade especial da sentença, na lição de **Liebman**, que não se confunde com a eficácia natural da sentença e este vale para todos. Daí que eventualmente terceiro pode por ela ser prejudicado, podendo, por isso, a ela opor-se para demonstrar sua ilegalidade ou injustiça. Para tanto, entretanto, deverá ser titular de um interesse jurídico em conflito com a decisão proferida e que desse conflito possa resultar-lhe um prejuízo jurídico."

Por isso o Tribunal Superior Eleitoral já conheceu de embargos opostos por terceiro, entendendo parte legítima para se opor à decisão que lhe era prejudicial.[23]

11.3. O juízo de retratação

O embargo de declaração exige um juízo de retratação, sem deslocamento a um grau superior de jurisdição, para reexame de mérito. Por isso, afirma **João Mendes de Almeida Júnior**: "os embargos às sentenças são uma instância iterada no mesmo juízo da sentença".[24]

21. Op. cit., p. 109.
22. Tribunal Superior Eleitoral/*BE* nº 245/278.
23. Tribunal Superior Eleitoral/*BE* nº 245/278.
24. João Mendes Almeida Júnior. *Direito Judiciário brasileiro*. 5. ed. Rio de Janeiro: Freitas Bastos, 1960, p. 367.

11.4. Previsão legal

Fávila Ribeiro entende que,

> no Direito Eleitoral, os embargos de declaração somente são admitidos das decisões emanadas dos Tribunais Regionais Eleitorais e do Tribunal Superior, estando assim excluídos das decisões produzidas por juízes e juntas eleitorais. Os embargos são opostos ao próprio relator do acórdão que se pretende reformular, nos três dias subsequentes à sua publicação, em petição escrita, com indicação do ponto havido por omisso, contraditório, ambíguo ou obscuro.[25]

Entendo de forma contrária. É verdade que o Código Eleitoral trata deste recurso especificamente em relação a decisões de segundo grau. Isso não impede, entretanto, seu uso em relação a decisões de primeiro grau, pois tanto o CPC como o CPP o admitem e têm aplicação supletiva (art. 382 do CPP). Ainda que assim não fosse, é óbvio que a prestação jurisdicional tem de ser congruente, completa e clara, daí por que, pelo próprio sistema, o recurso – chame-se ou não assim – tem cabimento.

São cabíveis da sentença (art. 382 do CPP) ou dos acórdãos (art. 275 do CE), também interpostos no prazo de três dias, ao próprio juiz ou relator, com o objetivo de escoimar a decisão de obscuridade, ambiguidade, contradição ou omissão.

O Código Eleitoral assim dispõe, em seu art. 275:

> *São admissíveis embargos de declaração:*
>
> *I – quando há no acórdão obscuridade, dúvida ou contradição;*
>
> *II – quando for omitido ponto sobre que devia pronunciar-se o Tribunal.*
>
> *§ 1º Os embargos serão opostos dentro de 3 (três) dias da data da publicação do acórdão, em petição dirigida ao Relator, na qual será indicado o ponto obscuro, duvidoso, contraditório ou omisso.*
>
> *§ 2º O Relator porá os embargos em mesa para julgamento, na primeira sessão seguinte proferindo o seu voto.*
>
> *§ 3º Vencido o Relator, outro será designado para lavrar o acórdão.*
>
> *§ 4º Os embargos de declaração suspendem o prazo para interposição de outros recursos, salvo se manisfestamente protelatórios e assim declarados na decisão que os rejeitar.*

No mesmo sentido o entendimento dominante do **TSE:**

> "Os embargos de declaração somente são cabíveis para sanar omissão, contradição ou obscuridade, não se prestando para a rediscussão da causa. Embargos de declaração rejeitados". (TSE/SP, Embargos de Declaração em Agravo Regimental em Recurso Especial Eleitoral nº 29540, Rel. Arnaldo Versiani Leite Soares, j. 19/02/2009, unânime, *DJE* 17/03/2009, p. 20).

25. Neste sentido, Fávila Ribeiro. *Direito Eleitoral*. 5. ed. Rio de Janeiro: Forense, 1992.

11.5. Prazo para interposição do embargo de declaração

Devemos considerar dois prazos distintos:

a) Quando a matéria for processual eleitoral cível o prazo será de 3 (três) dias, conforme dispõe o art. 275, § 1º, do Código Eleitoral.

b) Quando a matéria for processual eleitoral criminal o prazo será de 2 (dois) dias, conforme preconizam os arts. 619 e 629 do Código de Processo Penal, aplicado de forma subsidiária.

OBSERVAÇÕES DIDÁTICAS

Segundo entendimento jurisprudencial, "inexistindo qualquer omissão, contradição ou dúvida a serem suprimidas ou aclaradas, sendo manifestamente protelatórios os embargos de declaração, e assim afirmados, devem ser rejeitados, retirando-se-lhes a eficácia **suspensiva** para interposição de outros recursos. Inteligência do art. 275, § 4º, do Código Eleitoral e art. 192 do Regimento Interno deste regional. II – Rejeição dos embargos de declaração".[26]

O grifo na palavra "**suspensiva**" foi proposital, pois o art. 275, § 4º, do Código Eleitoral afirma que "os embargos de declaração '**suspendem**' o prazo para interposição de outros recursos, salvo se manifestamente protelatórios e assim declarados na decisão que os rejeitar". Hoje, o entendimento majoritário na doutrina e jurisprudência é que a hipótese é de "**interrupção**". Veja os Acórdãos – TSE nº 12.071/1994 e nº 714/1999.

11.6. O efeito infringente no embargo de declaração eleitoral

O objetivo dos embargos é o de aclarar obscuridade, dúvida, contradição ou omissão, daí não poderem buscar a modificação da decisão. Não obstante, excepcionalmente, têm sido admitidos o efeito infringente, ou seja, por evidente o equívoco da decisão, o embargo poderia promover uma modificação na decisão resultar.

Humberto Theodoro Júnior[27] ensina:

> Havendo, porém, casos em que o suprimento de lacuna ou a eliminação de contradição leve à anulação do julgamento anterior para nova decisão da causa (caráter infringente inevitável (...) não deverá o órgão julgador enfrentar a questão nova para proferir, de plano, o re-julgamento. Para manter-se o princípio do contraditório, o caso será anular-se apenas a decisão embargada e ordenar que o novo julgamento seja retomado com a plena participação da outra parte, segundo as regras aplicáveis ao recurso principal.

26. TRERN – ROED nº 2.654 (2.654), Baraúna, Rel. Des. Cristóvam Praxedes, *DJU* 20/03/2003, p. 23 – JCEL.275 JCEL.275.4.

27. *Curso de Direito Processual Civil*, 14. ed., Rio de Janeiro: Forense, 1995, p. 587.

Portanto, podemos dizer que os embargos de declaração eleitoral podem ter, excepcionalmente, caráter infringente quando utilizados para:

a) correção de erro material manifesto;

b) suprimento de omissão;

c) extirpação de contradição.

No mesmo sentido o entendimento dominante do TSE:

> "A concessão dos pretendidos efeitos infringentes somente pode ocorrer se a modificação resultar direta e imediatamente de omissão ou contradição no acórdão. O intuito de prequestionamento não autoriza o manejo dos embargos se, como no caso vertente, não há nada a alterar no julgado". (Embargos de Declaração no Recurso Especial Eleitoral nº 35.589/AP, Rel. Marcelo Henriques Ribeiro de Oliveira).

11.7. Observações didáticas

Posicionamento majoritário do TSE I: desnecessidade de pronunciamento da Procuradoria Geral nos embargos de declaração.[28]

Posicionamento majoritário do TSE II: embargos protelatórios, além de não interromper o prazo para interposição de outros recursos, sujeitam o embargante à multa prevista no art. 538 do CPC.[29] "A reiteração de embargos protelatórios atrai a aplicação de nova multa ao embargante. Precedentes". (Embargo de Declaração em Recurso Especial Eleitoral nº 30.649/TO).

Posicionamento majoritário do TSE III: a hipótese é de interrupção e não suspensão.[30]

12. CARTA TESTEMUNHÁVEL ELEITORAL

Os casos de cabimento da carta testemunhável estão disciplinados nos arts. 639 a 646 do CPP, *in verbis:*

> *Art. 639. Dar-se-á carta testemunhável:*
>
> *I – da decisão que denegar o recurso;*
>
> *II – da que, admitindo embora o recurso, obstar à sua expedição e seguimento para o juízo* ad quem.
>
> *Art. 640. A carta testemunhável será requerida ao escrivão, ou ao secretário do tribunal, conforme o caso, nas 48 (quarenta e oito) horas seguintes ao despacho que denegar o recurso, indicando o requerente as peças do processo que deverão ser trasladadas.*

28. TSE – AC nº 15.031/1997.
29. TSE – AC nº 2.105/2000.
30. TSE – AC nºs 12.071/1994 e 714/1999.

Art. 641. O escrivão, ou o secretário do tribunal, dará recibo da petição à parte e, no prazo máximo de 5 (cinco) dias, no caso de recurso no sentido estrito, ou de 60 (sessenta) dias, no caso de recurso extraordinário, fará entrega da carta, devidamente conferida e concertada.
Art. 642. O escrivão, ou o secretário do tribunal, que se negar a dar o recibo, ou deixar de entregar, sob qualquer pretexto, o instrumento, será suspenso por 30 (trinta) dias. O juiz, ou o presidente do Tribunal de Apelação, em face de representação do testemunhante, imporá a pena e mandará que seja extraído o instrumento, sob a mesma sanção, pelo substituto do escrivão ou do secretário do tribunal. Se o testemunhante não for atendido, poderá reclamar ao presidente do tribunal ad quem, *que avocará os autos, para o efeito do julgamento do recurso e imposição da pena.*
Art. 643. Extraído e autuado o instrumento, observar-se-á o disposto nos arts. 588 a 592, no caso de recurso em sentido estrito, ou o processo estabelecido para o recurso extraordinário, se deste se tratar.
Art. 644. O tribunal, câmara ou turma a que competir o julgamento da carta, se desta tomar conhecimento, mandará processar o recurso, ou, se estiver suficientemente instruída, decidirá logo, de meritis.
Art. 645. O processo da carta testemunhável na instância superior seguirá o processo do recurso denegado.
Art. 646. A carta testemunhável não terá efeito suspensivo.

OBSERVAÇÕES DIDÁTICAS

Descabe a utilização de mandado de segurança contra decisão que nega seguimento a recurso de apelação, haja vista, para tal fim, a previsão da carta testemunhável, *ex vi* do art. 639, I, do Código de Processo Penal. O mandado de segurança não pode ser utilizado como substitutivo do recurso próprio.[31]

É pressuposto de admissibilidade do recurso de carta testemunhável a existência de um recurso interposto e que tenha sido denegado (art. 639, I, do CPP), ou uma decisão que, embora receba o recurso, obste seu seguimento para a instância superior (art. 639, II, do CPP). Inadmissível para atacar despacho do juiz que indefere a ouvida de corréus como testemunhas no mesmo processo, cabendo, quando muito, recurso previsto em lei processual estadual de correição parcial.[32]

É da natureza da carta testemunhável prevista nos arts. 639 e seguintes do Código de Processo Penal terminar com determinação do juízo *ad quem* para que se processe o recurso denegado, ou com análise imediata do mérito do recurso. Não é decisão que tumultua o processo aquela do juízo monocrático ao determinar o arquivamento do termo circunstanciado que imputa sobre o réu o delito do art. 32 da Lei das Contravenções Penais, quando a maioria da Câmara entende ter sido derrogada a norma diante do advento de novo Código Brasileiro de Trânsito.[33]

31. Súmula nº 267 do STF (TRF 2ª R., MS. 2001.02.01.009551-2/RJ, 6ª T., Rel. p/ o Ac. Juiz Sérgio Schwaitzer, *DJU* 18/03/2002, JCPP.639 JCPP.639.I.
32. TJSC – CT 01.006702-1, 1ª C.Crim., Rel. Des. Solon D'eça Neves, j. 26/06/2001, JCPP.639 JCPP.639.I JCPP.639.II.
33. TACRIMSP – CT 1.169.915-2/SP, 11ª C., Rel. Juiz Renato Nalini, j. 08/11/1999, JCPP.639.

13. O RECURSO EXTRAORDINÁRIO ELEITORAL

O recurso extraordinário é um meio de impugnação de decisões judiciais, desfavoráveis, de única ou última instância, dirigido ao Supremo Tribunal Federal, por motivo de violação da supremacia constitucional ou da incolumidade e uniformidade de interpretação do Direito Eleitoral.[34]

13.1. Cabimento

Cabe recurso extraordinário nas exatas hipóteses previstas no art. 102, inciso III, da Constituição Federal, c./c. art. 121, § 3º, todos *in verbis:*

> *Art. 102. Compete ao Supremo Tribunal Federal, precipuamente, a guarda da Constituição, cabendo-lhe:*
>
> *(...)*
>
> *III – julgar, mediante recurso extraordinário, as causas decididas em única ou última instância, quando a decisão recorrida:*
>
> *a) contrariar dispositivo desta Constituição;*
>
> *(...)*
>
> *Art. 121.*
>
> *Lei complementar disporá sobre a organização e competência dos tribunais, dos juízes de direito e das juntas eleitorais*
>
> *(...)*
>
> *§ 3º São irrecorríveis as decisões do Tribunal Superior Eleitoral, salvo as que contrariarem esta Constituição e as denegatórias de* habeas corpus *ou mandado de segurança.*

In casu, as hipóteses de recurso extraordinário são:

a) decisões que contrariarem a Constituição;

b) decisões denegatórias de *habeas corpus* ou mandado de segurança.

As hipóteses supracitadas estão previstas na Constituição Federal; outra hipótese defendida pela doutrina é a "decisão que declara a inconstitucionalidade de lei federal".

O STF diverge sobre o cabimento da terceira hipótese. A norma do mandamento constitucional "é de interpretação estrita, em face da autonomia, conferida a uma jurisdição política de competência especialíssima, como seja a da Justiça Eleitoral".[35]

Gonçalves de Oliveira afirma:

34. José Afonso da Silva. *Do recurso extraordinário no Direito Processual brasileiro,* cit., p. 22 e 208.

35. TSE/BE nº 190/554, Rel. Min. Prado Kelly.

> não o interpreto gramaticalmente, mas tenho sobretudo em vista a posição do STF como cúpula do Poder Judiciário. Se é por amor à CF que o art. 120 admite o recurso para o STF, quando se declara a invalidade da lei contrária à Constituição, com mais forte razão, ou por força mesmo de compreensão, se há de admitir que tal recurso à decisão do TSE viola a própria Constituição. Entendo – prossegue ele – que, em matéria legislativa, em matéria legal, o TSE tem competência absoluta, desenganada e exaustiva. O STF não a interfere, não modifica, não conhece de recurso de decisão proferida pela Justiça Eleitoral, pelo TSE, quando diga respeito à interpretação da lei. Quando, porém, estiver em jogo a própria Constituição, o STF aprecia a matéria, mas aprecia no sentido do voto do Min. Victor Nunes, a meu ver: quando a decisão daquele Tribunal violar a própria Constituição, ou fizer prevalecer lei contrária à Constituição".[36]

Posicionamento majoritário do STF e do TSE I: não cabe recurso extraordinário contra acórdão de TRE; cabe recurso para o TSE, mesmo que se discuta matéria constitucional.[37]

Posicionamento majoritário do TSE II: não se aplica a regra de interposição simultânea de recurso especial e extraordinário.[38]

13.2. O prazo

O Ministro **Celso de Mello** relata que o recurso extraordinário deve ser interposto no prazo de três dias, contados da publicação da decisão que se deseja impugnar, nos termos da Lei nº 6.055, de 17/06/1974, art. 12, processando-se na forma dos arts. 278 e 279 do CE, como é da jurisprudência do TSE.[39]

No mesmo sentido: STF nº 728:

> "É de três dias o prazo para a interposição de recurso extraordinário contra decisão do Tribunal Superior Eleitoral, contado, quando for o caso, a partir da publicação do acórdão, na própria sessão de julgamento, nos termos do art. 12 da Lei nº 6.055/1974, que não foi revogado pela Lei nº 8.950/1994".

Apresentado o recurso e conclusos os autos ao presidente do TSE, proferirá ele, em quarenta oito horas, despacho fundamentado, admitindo ou não sua interposição. Acolhido o recurso, abrir-se-á vista ao recorrente para, em quarenta e oito horas, apresentar suas contrarrazões, voltando, depois, os autos conclusos ao presidente, que determinará sua remessa ao STF. Se o recurso for indeferido pelo presidente do TSE, da sua decisão caberá agravo de instrumento, a ser oferecido em três dias, contados da data de sua publicação, de acordo com os arts. 278 e 279 do CE.[40]

36. TSE/*BE* nº 154/366.
37. STF – AC de 18/12/1995, no AG nº 164.491, e TSE – AC nºs 4.661/2004 e 5.664/2005.
38. TSE – AC nº 5.117/2005.
39. Ag. nº 135.623-5/040 – DF, Rel. Min. Celso de Mello, DJU 191, s. I, p. 10.611.
40. Neste sentido: Adriano Soares da Costa. *Instituições de Direito Eleitoral*. 5. ed. Belo Horizonte: Del Rey,

13.3. Primeiro requisito especial de admissibilidade do recurso extraordinário

Conforme o art. 102, § 3º, da Constituição Federal, no recurso extraordinário o recorrente deverá demonstrar a repercussão geral das questões constitucionais discutidas no caso, nos termos da lei, a fim de que o Tribunal examine a admissão do recurso, somente podendo recusá-lo pela manifestação de dois terços de seus membros.

O conceito de repercussão geral é extraída do art. 543-A do Código de Processo Civil, *in verbis:*

> *Art. 543-A. O Supremo Tribunal Federal, em decisão irrecorrível, não conhecerá do recurso extraordinário, quando a questão constitucional nele versada não oferecer repercussão geral, nos termos deste artigo.*
> *§ 1º Para efeito da repercussão geral, será considerada a existência, ou não, de questões relevantes do ponto de vista econômico, político, social ou jurídico, que ultrapassem os interesses subjetivos da causa.*
> *§ 2º O recorrente deverá demonstrar, em preliminar do recurso, para apreciação exclusiva do Supremo Tribunal Federal, a existência da repercussão geral.*
> *§ 3º Haverá repercussão geral sempre que o recurso impugnar decisão contrária a súmula ou jurisprudência dominante do Tribunal.*
> *§ 4º Se a Turma decidir pela existência da repercussão geral por, no mínimo, 4 (quatro) votos, ficará dispensada a remessa do recurso ao Plenário.*
> *§ 5º Negada a existência da repercussão geral, a decisão valerá para todos os recursos sobre matéria idêntica, que serão indeferidos liminarmente, salvo revisão da tese, tudo nos termos do Regimento Interno do Supremo Tribunal Federal.*
> *§ 6º O Relator poderá admitir, na análise da repercussão geral, a manifestação de terceiros, subscrita por procurador habilitado, nos termos do Regimento Interno do Supremo Tribunal Federal.*

Os arts. 12, parágrafo único, da Lei nº 6.055/1974; 102, III, alíneas *a*, *b* e *c*, da CF, e 281 do CE, bem como o entendimento pacífico do TSE, estabelecem que "não cabe recurso extraordinário contra decisão proferida por TRE, sendo erro grosseiro a sua interposição, o que torna inaplicável o princípio da fungibilidade".[41]

13.4. Segundo requisito especial de admissibilidade do recurso extraordinário

O segundo requisito especial de admissibilidade do recurso extraordinário é o prequestionamento.

2002, p. 655.

41. No mesmo sentido: Precedentes. TSE/RO, Agravo Regimental em Recurso Ordinário nº 1.226, Rel. Francisco César Asfor Rocha, j. 26/09/2006, unânime.

Sobre prequestionamento leia o item 10.1. *"O prequestionamento no recurso eleitoral especial"*.

13.5. A impossibilidade de interposição de recurso extraordinário contra acórdão do TRE

Não cabe recurso extraordinário contra decisão de Tribunal Regional Eleitoral para o STF, mesmo que a decisão discutida seja matéria constitucional; contra acórdão do TRE só caberá recurso para o TSE.

Portanto, no âmbito da Justiça Eleitoral, somente acórdãos do TSE é que são impugnados, perante o STF, em recurso extraordinário e não é possível nem alegar o uso do princípio da fungibilidade, pois haverá evidente erro grosseiro.

No mesmo sentido o entendimento dominante do TSE:

> "É assente nesta Casa de Justiça que não cabe Recurso Extraordinário contra acórdão proferido por Tribunal Regional Eleitoral, consubstanciando erro grosseiro a sua interposição". (Precedentes. TSE – RO/1.271, Rel. Carlos Augusto Ayres de Freitas Britto).
>
> "Os arts. 12, parágrafo único, da Lei nº 6.055/1974; 102, III, alíneas *a*, *b* e *c*, da CF e 281 do CE, bem como o entendimento pacífico deste Tribunal, estabelecem que não cabe recurso extraordinário contra decisão proferida por TRE, sendo erro grosseiro a sua interposição, o que torna inaplicável o princípio da fungibilidade. Precedentes". (TSE – RO/1.226, Rel. Francisco Cesar Asfor Rocha).

13.6. A impossibilidade de interposição de recurso extraordinário contra acórdão que verse sobre concessão ou denegação de medida liminar

A jurisprudência do Supremo Tribunal Federal pontua o descabimento de recurso extraordinário contra acórdão que verse sobre concessão ou denegação de medida liminar, entendimento, aliás, consolidado na Súmula nº 735 da Corte Suprema, ditando que "Não cabe recurso extraordinário contra acórdão que defere medida liminar". [42]

13.7. A impossibilidade de interposição de recurso extraordinário sem o exaurimento das instâncias recursais colocadas à disposição da parte

Não se admite a interposição de recurso extraordinário, quando ainda cabível o agravo previsto no § 1º do art. 557 do CPC, tendo em vista a ausência de exaurimento das instâncias recursais colocadas à disposição da parte na Corte Regional (Súmula nº 281 do STF). [43]

42. No mesmo sentido conferir: STF, AI – AgR 605.933/RS, 2ª Turma, Rel. Min. Joaquim Barbosa, *DJE* 05/02/2009; STF, AC – AgR 1.745/MG, 2ª Turma, Rel. Min. Cezar Peluso, *DJE* 05/02/2009.
43. No mesmo sentido conferir: TSE: Ag/Rg no recurso especial eleitoral nº 19.952/SP.

13.8. Observações jurisprudenciais dominantes

a) "Nos termos da jurisprudência desta Corte e do Supremo Tribunal Federal, é extemporâneo o recurso especial ou extraordinário protocolado antes da publicação do aresto proferido nos embargos, sem posterior ratificação" (AgRg no REspe nº 27.572/MA, Rel. Min. Marcelo Ribeiro, *DJ* 25/03/2008).

b) Infere-se das razões do agravo regimental que a agravante não atacou tal fundamento da decisão recorrida. Incidência, *mutatis mutandis*, na Súmula nº 283 do STF: "É inadmissível o recurso extraordinário quando a decisão recorrida assenta em mais de um fundamento suficiente e o recurso não abrange todos eles" (Ag/Rg no recurso especial eleitoral nº 28.503/SP).

c) "Em face de normas específicas que regem esta Justiça Especializada, não se aplica a regra de interposição simultânea de recurso especial e extraordinário, como ocorre na Justiça Comum". (TSE: AG 5.117, Rel. Carlos Eduardo Caputo Bastos).

14. EMBARGOS DE NULIDADE E INFRINGENTES ELEITORAIS

Quando não for unânime a decisão de segunda instância, desfavorável ao réu, admitem-se embargos infringentes e de nulidade, que poderão ser opostos dentro de 10 (dez) dias, a contar da publicação de acórdão. Se o desacordo for parcial, os embargos serão restritos à matéria objeto de divergência.

O cabimento de embargos de nulidade e infringentes no Direito Eleitoral é de grande controvérsia na doutrina. Neste sentido, duas posições merecem destaque.

1ª posição. Defende que não tem cabimento no Direito Eleitoral porque, "embora sua previsão no RI-TRE-RS, esta Corte dele não conheceu, por escassa maioria, porque as decisões dos TREs são terminativas (CE, art. 276 e *b*) e porque não se divide em turmas, julgando sempre em plenário".[44]

POSIÇÃO CONTRÁRIA

2ª posição. Defende o cabimento de tais recursos no Direito Eleitoral. Neste sentido, a doutrina de **Fávila Ribeiro**[45] e de **Elcias Ferreira da Costa.**[46]

Tito Costa[47] dizia que não existe o recurso de embargos infringentes, ou de nulidade, no processo eleitoral. O TSE, em várias oportunidades, manifestou-se a esse respeito, afirmando que as decisões dele emanadas não são passíveis de embargos infringentes.[48] Da mesma forma, as decisões dos TREs não comportam

44. TRE-RS nº 22/04/1992.
45. Op. cit., p. 436, nº 111.8.
46. *Compêndio de Direito Eleitoral*. São Paulo: Sugestões Literárias, 1978, p. 249, nº 2, item 8.
47. Op. cit.
48. TSE-BE nº 153/315.

o aludido recurso. Aliás, não comportavam, até o advento da antiga Lei Orgânica dos Partidos Políticos (Lei nº 5.682, de 21/07/1971)[49] que, ao tratar das decisões sobre arguição de infidelidade partidária, com a finalidade de obtenção da decretação da perda de mandados legislativos (federais, estaduais ou municipais), consagrou, como novidade no processo eleitoral, o cabimento de **embargos** ao próprio Tribunal, se houver, no julgamento respectivo, pelo menos dois votos divergentes. Embora a lei não se refira especificamente a embargos infringentes, não cabe nenhuma dúvida de que os nela mencionados sejam dessa natureza.

Posicionamento majoritário do TSE: pelo cabimento de embargos infringentes e de nulidade previstos no CPP, art. 609, parágrafo único.[50]

15. O AGRAVO DE INSTRUMENTO

Como há possibilidade de interposição de recurso especial, extraordinário, ou ordinário, há também o agravo de instrumento a ser utilizado quando da inadmissão desses recursos, no juízo de origem, sempre um Tribunal Superior.

O agravo de instrumento é aplicado no Direito Eleitoral nas hipóteses contidas nos arts. 279 e 282 do Código Eleitoral.

> *Art. 279. Denegado o recurso especial, o recorrente poderá interpor, dentro em 3 (três) dias, agravo de instrumento.*
>
> *(...)*
>
> *Art. 282. Denegado o recurso, o recorrente poderá interpor, dentro de 3 (três) dias, agravo de instrumento, observado o disposto no art. 279 e seus parágrafos, aplicada a multa a que se refere o § 6º pelo Supremo Tribunal Federal.*

OBSERVAÇÕES DIDÁTICAS

Segundo o art. 279, § 5º, do Código Eleitoral, o presidente do Tribunal não poderá negar seguimento ao agravo, ainda que interposto fora do prazo legal.

Posicionamento majoritário do TSE I: não admitido o recurso especial, caberá agravo de instrumento, consoante o art. 279 do Código Eleitoral, obedecendo-se, quanto ao procedimento, o disposto nos seus parágrafos.[51]

Posicionamento majoritário do TSE II: denegado o recurso extraordinário, caberá agravo de instrumento, observado o disposto no art. 282 do Código Eleitoral.[52]

Posicionamento majoritário do TSE III: no caso de interposição de agravo de instrumento, após o decurso de prazo, havendo ou não contrarrazões, a Secretaria

49. A atual Lei dos Partidos Políticos é a de nº 9.096, de 19/09/1995, que revogou a de nº 5.682/1971.
50. TSE – AC nº 4.590/2004.
51. TSE – PORT nº 129/1996, art. 1º.
52. TSE – PORT nº 129/1996, art. 2º.

Judiciária providenciará, de imediato, a remessa dos autos ao Supremo Tribunal Federal.[53]

15.1. A formulação do agravo

O agravo de instrumento será interposto por petição, que conterá:

a) a exposição do fato e do direito;

b) as razões do pedido de reforma da decisão;

c) a indicação das peças do processo que devem ser trasladadas.

Posicionamento majoritário no STF: o STF defende a aplicação do art. 544, § 1º, do CPC, ao agravo de instrumento para o STF em matéria eleitoral. Preconiza o § 1º supracitado:

> *O agravo de instrumento será instruído com as peças apresentadas pelas partes, devendo constar obrigatoriamente, sob pena de não conhecimento, cópias do acórdão recorrido, da certidão da respectiva intimação, da petição de interposição do recurso denegado, das contrarrazões, da decisão agravada, da certidão da respectiva intimação e das procurações outorgadas aos advogados do agravante e do agravado. As cópias das peças do processo poderão ser declaradas autênticas pelo próprio advogado, sob sua responsabilidade pessoal.*

Consoante posição firmada no **TSE:**

> "Se, de um lado, é certo que incumbe à Secretaria do Tribunal Superior Eleitoral providenciar a formação do instrumento, indicadas as peças pelo agravante, de outro, não menos correto, é que a este cumpre o pagamento das despesas daí decorrentes." (STF –AI-AgR-ED 570.977-3, 1ª Turma, Rel. Min. Marco Aurélio, j. 12/08/2008, *DJE* 19/09/2008, p. 69).
>
> "É entendimento assente neste c. Tribunal que cabe ao advogado fiscalizar a correta formação do agravo de instrumento, sob pena de responder pela sua deficiência. Precedentes: AGR-AI nº 9.279/PA, Rel. Min. Arnaldo Versiani, *DJE* de 23/09/2008, e AG nº 6.846/SP, Rel. Min. Carlos Ayres Britto, *DJ* de 07/08/2008. 'Uma vez interposto o agravo, é inviável a complementação do instrumento deficiente perante o Tribunal Superior Eleitoral'" (AG nº 8.459/RJ, Rel. Min. Joaquim Barbosa, *DJE* 03/10/2008 e TSE; AgRg-AI nº 11.505, Rel. Min. Felix Fischer, j. 22/10/2009, *DJU* 14/12/2009; p. 14).

15.2. O procedimento

Serão obrigatoriamente trasladadas a decisão recorrida e a certidão da intimação.

Todos os agravos, ou recursos em sentido estrito, que devem subir por instrumento, consistem em remeter-se à instância superior uma reprodução, por peças, do processo principal, que permanece na instância *a quo*. Daí a necessidade de muita

53. TSE – PORT nº 331/2003, art. 2º.

atenção da parte interessada na indicação de peças para traslado, não se esquecendo de nenhuma que seja essencial à compreensão da controvérsia, sob pena de o recurso restar improvido, em decorrência de uma instrumentação deficiente.[54]

Deferida a formação do agravo, será intimado o recorrido para, no prazo de três dias, apresentar as suas razões e indicar as peças dos autos que serão também trasladadas.

Veja que como a maioria dos recursos eleitorais é de três dias, pouco importa o que, a respeito, digam o CPP ou leis especiais. O recorrido tem o mesmo prazo de três dias para apresentação de suas alegações e indicação das peças dos autos para o traslado.

Concluída a formação do instrumento, o presidente do Tribunal determinará a remessa dos autos ao Tribunal Superior, podendo, ainda, ordenar a extração e a juntada de peças não indicadas pelas partes.

Como já relatei, o art. 279 do Código Eleitoral preconiza que:

> *O presidente do Tribunal não poderá negar seguimento ao agravo, ainda que interposto fora do prazo legal.*
>
> *Se o agravo de instrumento não for conhecido, porque interposto fora do prazo legal, o Tribunal Superior imporá ao recorrente multa correspondente ao valor do maior salário mínimo vigente no País, multa essa que será inscrita e cobrada na forma prevista no art. 367 do Código Eleitoral.*
>
> *Se o Tribunal Regional dispuser de aparelhamento próprio, o instrumento deverá ser formado com fotocópias ou processos semelhantes, pagas as despesas, pelo preço do custo, pelas partes, em relação às peças que indicarem.*

SÍNTESE DIDÁTICA

O agravo de instrumento é um recurso vertical, não ensejando retratação. Não tem efeito suspensivo e não pode ser obstado pelo presidente, sendo de subida obrigatória, mesmo quando intempestivo. Neste caso, entretanto, a instância superior dele não conhecerá, impondo ao recorrente multa correspondente ao valor do maior salário mínimo vigente no País que, não paga, ensejará inscrição e cobrança mediante execução fiscal, que tramitará perante os juízos eleitorais (art. 367 e incisos do CE).

15.3. Observações jurisprudenciais eleitorais dominantes

a) É impossível a aplicação do princípio da fungibilidade para converter agravo de instrumento em medida cautelar visando à obtenção de efeito suspensivo. Não se conhece de agravo regimental interposto contra decisão transitada em julgado.[55]

54. Neste sentido: TSE-*BE* nº 285/159.
55. TSE – AgRg-AI 10.676, Rel. Min. Fernando Gonçalves, j. 15/09/2009, *DJU* 06/10/2009, p. 28.

b) É pacífico o entendimento deste tribunal de que o agravo de instrumento deve dirigir suas razões contra os fundamentos da decisão agravada, sob pena de subsistir-lhe a conclusão, consoante o disposto na Súmula nº 182 do STJ.[56]

c) Conforme se infere da Súmula nº 288 do STF, a exigência de formação do agravo de instrumento com peças consideradas obrigatórias não se confunde com a necessidade de instrução do feito com peças essenciais à compreensão da controvérsia.[57]

d) Nos termos do art. 544, § 1º, do Código de Processo Civil a cópia da procuração do subscritor do agravo de instrumento deve ser obrigatoriamente apresentada com o agravo de instrumento. A jurisprudência desta C. Corte eleitoral é firme no entendimento de que é dever do agravante cuidar da correta formação do agravo de instrumento, sob pena de responder pela sua deficiência. Ainda, estabelece o § 6º do art. 3º da Res. -TSE nº 21.477/2003 que "não será admitida a complementação de instrumento deficiente perante o Tribunal Superior Eleitoral".[58]

16. RECURSO EM SENTIDO ESTRITO ELEITORAL

O recurso em sentido estrito eleitoral é horizontal, ou seja, é direcionado ao órgão prolator da decisão e tem efeito misto, pois inicialmente haverá um efeito de retratação, ensejando reconsideração por parte do juízo recorrido e, só na hipótese de manutenção da decisão é que adquire o efeito devolutivo, com seu exame pela instância superior.

16.1. As hipóteses de cabimento

Por aplicação subsidiária do Código de Processo Penal, prevista no art. 364 do Código Eleitoral *(no processo e julgamento dos crimes eleitorais e dos comuns que lhes forem conexos, assim como nos recursos e na execução, que lhes digam respeito, aplicar-se-á, como lei subsidiária ou supletiva, o Código de Processo Penal)*, defendo que cabe recurso em sentido estrito eleitoral nas hipóteses infracitadas.

Caberá sentido estrito eleitoral, da decisão, despacho ou sentença:

1) que não receber a denúncia ou a queixa;
2) que concluir pela incompetência do juízo;
3) que julgar procedentes as exceções, salvo a de suspeição;
4) que conceder, negar, arbitrar, cassar ou julgar inidônea a fiança, indeferir

56. No mesmo sentido: Agravo regimental a que se nega provimento. (TSE – AgRg-AI 8.005, Rel. Min. Fernando Gonçalves, j. 25/08/2009, *DJU 21/09/2009*, p. 23.

57. No mesmo sentido: Agravo regimental não provido. TSE – AgRg-AI 9.888, Rel. Min. Felix Fischer, j. 04/08/2009, *DJU* 01/09/2009, p. 27.

58. No mesmo sentido: Precedentes: AGR no AI nº 9.279/PA, Rel. Min. Arnaldo Versiani, *DJE* 23/09/2008, e AGR no AI nº 8.327/RS, Rel. Min. Carlos Ayres Britto, *DJ* 03/06/2008. 3. Agravo regimental não provido. TSE – AgRg-AI 10.418, Rel. Min. Felix Fischer, j. 11/12/2008, *DJU* 20/02/2009, p. 39.

requerimento de prisão preventiva ou revogá-la, conceder liberdade provisória ou relaxar a prisão em flagrante;

5) que julgar quebrada a fiança ou perdido o seu valor;
6) que decretar a prescrição ou julgar, por outro modo, extinta a punibilidade;
7) que indeferir o pedido de reconhecimento da prescrição ou de outra causa extintiva da punibilidade;
8) que conceder ou negar a ordem de *habeas corpus* na primeira instância;
9) que anular o processo da instrução criminal, no todo ou em parte;
10) que denegar a apelação ou a julgar deserta;
11) que ordenar a suspensão do processo, em virtude de questão prejudicial;
12) que decidir o incidente de falsidade.

OBSERVAÇÕES DIDÁTICAS

a) O recurso em sentido estrito eleitoral não tem efeito suspensivo, o prazo de interposição é de três dias (art. 258 do CE), e deve ser fundamentado, sob pena de não conhecimento.

b) Subirá nos próprios autos ou, o que é mais comum, mediante instrumento.

c) Quando expressamente estiver previsto recurso em sentido estrito, não caberá apelação.

16.2. Procedimento

a) Quando o recurso houver de subir por instrumento, a parte indicará, no respectivo termo, ou em requerimento avulso, as peças dos autos de que pretenda traslado.
b) O traslado será extraído, conferido e concertado no prazo de cinco dias, e dele contarão sempre a decisão recorrida, a certidão de sua intimação, se, por outra forma, não for possível verificar-se a oportunidade do recurso, e o termo de interposição.
c) Dentro de dois dias, contados da interposição do recurso, ou do dia em que o escrivão, extraído o traslado, o fizer com vista ao recorrente, este oferecerá as razões e, em seguida, será aberta vista ao recorrido por igual prazo.
d) Se o recorrido for o réu, será intimado do prazo na pessoa do defensor.
e) Com a resposta do recorrido ou sem ela, será o recurso concluso ao juiz, que, dentro de dois dias, reformará ou sustentará o seu despacho, mandando instruir o recurso com os traslados que lhe parecerem necessários.
f) Se o juiz reformar o despacho recorrido, a parte contrária, por simples petição, poderá recorrer da nova decisão, se couber recurso, não sendo mais lícito ao juiz modificá-la. Neste caso, independentemente de novos arrazoados, subirá o recurso nos próprios autos ou em traslado.
g) Os recursos serão apresentados ao juiz ou tribunal *ad quem*, dentro de cinco

dias da publicação da resposta do juiz *a quo*, ou entregues ao correio dentro do mesmo prazo.

h) Publicada a decisão do juiz ou do tribunal *ad quem*, deverão os autos ser devolvidos, dentro de cinco dias, ao juiz *a quo*.

17. AGRAVO DE EXECUÇÃO ELEITORAL

Recurso cabível na fase de execução dos crimes eleitorais.

Leciona **Gilberto Niederauer Corrêa**, em artigo publicado na RJ nº 201, p. 129, com o título: "Da execução penal aspectos penais e processuais no Código Eleitoral", que:

> A relação executória penal, perante o juízo da execução da pena, tem a exclusiva atuação do MP no polo ativo da relação jurídica que se estabelece com o condenado no polo passivo. O que ocorre, aliás, em qualquer execução penal, e não apenas em matéria eleitoral.
>
> Se houver recolhimento do condenado ao sistema penitenciário, a execução penal competirá ao juiz indicado na lei local de organização judiciária ou, na sua ausência, ao juiz eleitoral sentenciante, por força das disposições contidas no parágrafo único do art. 2º, c./c. o art. 65 da LEP (Lei nº 7.210, de 11/07/1984).
>
> Na hipótese de não expedido o respectivo mandado de prisão, deve o MP requerer, em cinco dias, sua expedição, aos efeitos de cumprimento da pena, não só em decorrência do disposto no art. 363 do CE, quanto dos arts. 67 e 68 da LEP.
>
> Nesse mesmo prazo de cinco dias, deve o MP, tendo como título certidão da sentença condenatória, requerer a citação do condenado para que pague, em dez dias, o valor da multa, ou nomeie bens à penhora.
>
> Tal execução, a meu ver, processar-se-á perante o juízo eleitoral e obedecerá ao rito estabelecido nos arts. 164 a 170 da LEP.

17.1. Previsão legal

O art. 197 da Lei de Execução Penal prevê o recurso único de agravo, sem efeito suspensivo, contra todas as decisões prolatadas quando da execução da pena.

17.2. As hipóteses de cabimento

Defendo que cabe agravo de execução eleitoral nas hipóteses infracitadas.

Caberá agravo de execução eleitoral, da decisão, despacho ou sentença:

a) que conceder, negar ou revogar a suspensão condicional da pena;
b) que conceder, negar ou revogar livramento condicional;
c) que decidir sobre a unificação de penas;
d) que decretar medida de segurança, depois de transitar a sentença em julgado;
e) que revogar a medida de segurança;
f) que deixar de revogar a medida de segurança, nos casos em que a lei admita a revogação;

g) que converter a multa em detenção ou em prisão simples;
h) outras decisões na execução da pena eleitoral, tais como: remissão, detração, progressão de regime etc.

18. RECURSO PARTIDÁRIO INTERNO

Pinto Ferreira[59] nos ensina que:

> Convém ainda acrescentar o recurso partidário interno, estabelecendo o contencioso quanto à filiação partidária, permitindo-se a qualquer eleitor do partido a legitimação ativa para oferecer impugnação à filiação, no prazo de três dias, a contar do preenchimento da ficha. Assegura-se igual prazo para a contestação pelo impugnado. Esgotado o prazo para contestação, a Convenção Executiva decidirá em cinco dias.
>
> O cidadão deverá inscrever-se no diretório municipal em que for eleitor, preenchendo e assinando uma ficha de filiação impressa pela Justiça Eleitoral e pelos partidos políticos, observando o modelo aprovado pelo Tribunal Superior Eleitoral, em três vias.
>
> Da decisão denegatória de filiação, que deverá sempre ser motivada e fundamentada, cabe recurso direto à Convenção Executiva Regional, ou ao juiz da respectiva zona eleitoral, a ser interposto dentro de três dias, salvo quando o recurso tenha de ser interposto para o Congresso Executivo Nacional.

PEQUENA REVISÃO DIDÁTICA

Em revisão didática, você não pode esquecer duas regras gerais, atinentes ao sistema de recursos criminais do Direito Eleitoral.

1) A primeira delas é a de que os recursos não têm efeito suspensivo, ressalvado o recurso de sentença condenatória, pois a execução só se dará, nos termos do art. 363 do CE, após a condenação ser proferida ou mantida no Tribunal Regional, o que dispensa, portanto, quer a invocação da LEP, quer a CF. Se depois da decisão do TRE, condenatória, for admitido recurso especial, seria de rigor a execução provisória da pena. Entretanto, não só **Fávila Ribeiro** preconiza, como o TSE tem decidido deva manter-se a suspensão da execução até a decisão final.
2) Outra regra geral relativa aos recursos eleitorais é a referente ao prazo: é sempre de três dias (CE, art. 258), contados da data da publicação do acórdão, da sentença, do ato, da resolução ou do despacho que se quer impugnar, salvo se outro prazo for especificamente consignado na lei, como é o caso das decisões finais de absolvição ou condenação, em que o prazo é de dez dias (CE, art. 362).

59. Op. cit.

19. CORREIÇÃO PARCIAL ELEITORAL

Para corrigir ato tumultuário no procedimento eleitoral (*error in procedendo*), pode-se interpor uma correição parcial que no regimento interno dos tribunais de alguns Estados tem o nome de reclamação.

Não há previsão na legislação eleitoral, nem no Código de Processo Penal, usa-se, portanto, a analogia para suprir a lacuna.

Trata-se, *in casu*, de um recurso de natureza residual, somente sendo cabível utilizá-lo se não houver outro recurso especificamente previsto em lei. Faço novamente o uso da analogia para elencar o art. 6º, I, Lei nº 5.010/1966, *in verbis*:

> *Ao Conselho da Justiça Federal compete:*
>
> *I – conhecer de correição parcial requerida pela parte ou pela Procuradoria da República, no prazo de cinco dias, contra ato ou despacho do Juiz de que não caiba recurso, ou comissão que importe erro de ofício ou abuso de poder.*

O cabimento da correição parcial já se encontra até em súmula do STF (Súmula nº 267 do STF): *"Não cabe mandado de segurança contra ato judicial passível de recurso ou correição"*.

É uma matéria com pouca exploração doutrinária, mas só quem trabalha com a prática eleitoral, sabe qual é a importância de termos um mecanismo célere e eficaz para exata correção dos frequentes tumultos processuais ocorridos nas ações cíveis e criminais eleitorais.

Marcos Ramayma[60] entende que os casos de correição parcial são mais extensivos, a saber:

> A reclamação (correição parcial) ou representação como sucedâneo de recurso pode ser utilizada para enfrentar as seguintes questões: i) violação de regras de competência, ou melhor, usurpação; ii) restabelecer o controle de prazos; iii) avocar recursos não encaminhados à instância superior; iv) cassar decisão exorbitante de juiz eleitoral em face de decisão de Tribunal Superior; v) determinar a preservação da jurisdição do Tribunal; e vi) corrigir a inversão tumultuaria do processo.

60. Ob. cit., p. 738.

CAPÍTULO 12

Ações Eleitorais Especiais

1. *HABEAS DATA* ELEITORAL

O *habeas data* eleitoral é usado para conseguir obter uma decisão com a finalidade de assegurar o conhecimento de informações pessoais constantes de registros ou banco de dados oficiais ou de caráter público ou para retificá-las ou complementá-las.

O tratamento de dados pessoais deve ser feito de forma segura, respeitando os direitos à intimidade e privacidade do cidadão. No Brasil, ainda não temos leis de proteção de dados e, por isso, devemos nos utilizar, por enquanto, de mecanismos constitucionais para viabilizar a proteção desses direitos. Como, por exemplo, o instituto do *habeas data,* assegurado no art. 5º, inciso LXII, que permite ao indivíduo mecanismo:

a) para assegurar o conhecimento de informações relativas à pessoa do impetrante, constantes de registros ou bancos de dados de entidades governamentais ou de caráter público;
b) para a retificação de dados, quando não se prefira fazê-lo por processo sigiloso, judicial ou administrativo.

Leciona **Joel José Candido** (op. cit.) que:

> O *habeas data* poderá ser mais usado em matéria eleitoral nos processamentos eletrônicos de dados a que se refere e autoriza a Lei nº 6.996/1982, mormente nos casos de inscrição eleitoral e suas alterações, bem como, eventualmente, em bancos de dados sobre eleições passadas, onde haja informações relativas a algum candidato, ex-candidato ou simples eleitor. Do mesmo modo, no cadastro geral de eleitores criado pela Lei nº 7.444/1985 e mantido pelo computador, onde contenham informações sobre as filiações partidárias, pretéritas ou não.

A Lei nº 9.507, de 12 de novembro de 1997, regulou o direito de acesso a informações e disciplinou o rito processual do *habeas data*. Ela se aplica integralmente ao Direito Eleitoral e partidário, a despeito de ter silenciado acerca da Justiça Eleitoral e seus órgãos judiciários. As três instâncias eleitorais são competentes para conhecer e julgar o *habeas data* eleitoral.

Já o *habeas data* partidário poderá, ou não, ser de competência da Justiça Eleitoral, bem como da Justiça Comum. Quando o dado ou a informação que se quer conhecer ou retificar for de natureza eleitoral, ou se referir ou interessar a ato ou instituto de qualquer das fases do microprocesso eleitoral, não temos dúvida da competência da Justiça Especializada, e em seus foros a ação deve ser ajuizada. Fora este critério genérico para se aferir a competência, os casos concretos é que dirão, especificamente, o foro adequado para essa medida processual.

1.1. Previsão legal

Preconiza o art. 5º, LXXII, da Constituição Federal:

Conceder-se-á *habeas data:*

a) para assegurar o conhecimento de informações relativas à pessoa do impetrante, constantes de registros ou bancos de dados de entidades governamentais ou de caráter público;
b) para a retificação de dados, quando não se prefira fazê-lo por processo sigiloso, judicial ou administrativo.

Afirma também o art. 121, § 4º, da Constituição Federal que: "*Das decisões dos Tribunais Regionais Eleitorais somente caberá recurso quando: (...) V – denegarem* habeas corpus, *mandado de segurança,* habeas data *ou mandado de injunção*".

1.2. Observações didáticas

a) Conforme a Súmula nº 2 do STJ: "Não cabe o *habeas data* (CF, art. 5º, LXXII, alínea *a*) se não houver recusa de informações por parte da autoridade administrativa."
b) O TSE entende que: "Admite-se o recurso ordinário contra acórdão regional quando versarem sobre inelegibilidade e expedição de diploma, anularem diplomas ou decretarem a perda de mandatos eletivos, nas eleições federais e estaduais, e denegarem *habeas corpus*, mandado de segurança, *habeas data* ou mandado de injunção (arts. 276, II, *a* e *b*, do CE, c./c. 121, § 4º, III a V, da CF). Não comporta provimento o agravo que deixa de infirmar os fundamentos da decisão impugnada".[1]

1.3. Procedimento

A Lei nº 9.507, de 12 de novembro de 1997, regulamentou o direito de acesso a informações e disciplinou o rito processual do *habeas data*.

1. TSE – AG nº 4.292/SP, Taubaté, Rel. Juiz Francisco Peçanha Martins, p. 105.

1.4. Mandado de injunção eleitoral

Com o mandado de injunção, busca-se uma sentença para tornar viável o exercício dos direitos e liberdades constitucionais e das prerrogativas inerentes à nacionalidade, à soberania e à cidadania, inviabilizado por falta de norma regulamentadora.

1.5. Previsão legal

O mandado de injunção é previsto no art. 5º, inciso LXXI, da Constituição Federal, *in verbis*: *"Conceder-se-á mandado de injunção sempre que a falta de norma regulamentadora torne inviável o exercício dos direitos e liberdades constitucionais e das prerrogativas inerentes à nacionalidade, à soberania e à cidadania."*

Como já vimos, o art. 121, § 4º, da Constituição Federal autoriza o uso do mandado de injunção no Direito Eleitoral.

OBSERVAÇÃO DIDÁTICA

Decidiu o TSE que:

> "Mandado de injunção – art. 5º, § 4º, do ADCT/1988. Impetração para que o TSE baixe normas regulamentadoras fixando o número de vereadores no Município de São Paulo. É de se considerar prejudicado o mandado, sem maiores indagações de natureza processual, se é certo que o TRE já fixou o reclamado número de vereadores do Município de São Paulo. Relator Aldir Passarinho."

CURIOSIDADE INTERESSANTE

O primeiro mandado de injunção eleitoral impetrado no Brasil, no dia seguinte à promulgação da Constituição Federal de 1988, foi do Ministério Público junto ao Tribunal Regional Eleitoral de São Paulo, através do ilustre Professor **Antônio Carlos Mendes**, então Procurador Regional Eleitoral.[2]

2. REVISÃO CRIMINAL ELEITORAL

Conforme **Manzini**:

> No Processo Penal brasileiro, embora incrustrada no capítulo atinente aos recursos, a revisão é, também, verdadeira ação autônoma destinada ao desfazimento dos efeitos produzidos por uma sentença condenatória transitada em julgado. Se a coisa julgada, em princípio, é intangível, porque interesses do Estado assim o querem, esses interesses, contudo, não podem prevalecer *"sobre el interés de hacer triunfar la justicia substancial sobre la justicia formal"*.[3]

2. No sentido do texto: Antônio Carlos Mendes. *Cadernos de Direito Constitucional e Eleitoral*. Tribunal Regional Eleitoral e Procuradoria Regional Eleitoral de São Paulo, p. 57 a 59.
3. Vicenzo Manzini. *Tratado de derecho procesal penal*. Trad. Santiago Sentis Melendo e Mariano Ayerra

Mirabete comunga com esse mesmo entendimento, asseverando que:

> A opinião mais aceita, realmente, é a de que a revisão deve ser considerada como ação penal já que ela instaura uma relação jurídico-processual contra a sentença transitada em julgado. É, pois, uma ação de conhecimento de caráter constitutivo, destinada a corrigir decisão judicial de que já não caiba recurso.[4]

2.1. Previsão legal

A revisão criminal eleitoral é prevista no art. 621 do Código de Processo Penal com aplicação subsidiária do Código de Processo Penal, prevista no art. 364 do Código Eleitoral.

2.2. As hipóteses de cabimento

Cabe revisão criminal eleitoral nos processos findos:

1) quando a sentença condenatória for contrária ao texto expresso da lei penal ou à evidência dos autos;

2) quando a sentença condenatória se fundar em depoimentos, exames ou documentos comprovadamente falsos;

3) quando, após a sentença, se descobrirem novas provas de inocência do condenado ou de circunstância que determine ou autorize diminuição especial da pena.

OBSERVAÇÕES DIDÁTICAS

a) A revisão poderá ser requerida a qualquer tempo, antes da extinção da pena ou após.
b) Não será admissível a reiteração do pedido, salvo se fundado em novas provas.
c) A revisão poderá ser pedida pelo próprio réu ou por procurador legalmente habilitado ou, no caso de morte do réu, pelo cônjuge, ascendente, descendente ou irmão.
d) Agravo regimental – Recurso contra expedição de diploma – Candidato inelegível, com decisão transitada em julgado no TSE, que pôde concorrer às eleições por força de liminar em revisão criminal, posteriormente julgada improcedente – Aplicação do art. 175, § 4º, do Código Eleitoral, com o cômputo de votos conferido ao partido – Respeito à vontade do eleitor expressa no voto – Agravo improvido.[5]

Redin. Buenos Aires: El Foro, v. III, 735.

4. *Processo Penal*. 3. ed. São Paulo: Atlas, 1977, p. 646 – 647.

5. TSE – REsp nº 19.662/SC, Imarui, Relª Juíza Ellen Gracie Northfleet, *DJU* 06/06/2003, p. 138.

3. AÇÃO RESCISÓRIA ELEITORAL

Pinto Ferreira[6] leciona que:

> A ação rescisória não é propriamente um recurso, mas um remédio processual autônomo. Permite a admissão de um novo julgamento sobre o julgamento anterior, objetivando uma nova decisão sobre a sentença ou o acórdão rescindendo.
>
> No fundo, a ação rescisória representa um ataque à coisa julgada formal, como salienta o eminente jurisconsulto Pontes de Miranda.
>
> Tanto é razoável a reformulação dos preceitos da ação rescisória no Direito Processual Eleitoral brasileiro que a nossa mais alta Corte da Justiça Eleitoral já reexaminou a matéria por meio de embargos de declaração, em face de o pronunciamento do Tribunal assentar-se em falsa causa. Seria mais adequado o uso da ação rescisória, reformulando-se a sistemática processual.
>
> Conforme voto do Ministro Haroldo Valladão,[7] "em casos extremos, heróicos, o próprio Supremo Tribunal Federal já tem, em embargos de declaração, alterado suas decisões".
>
> Contudo, o Tribunal Superior Eleitoral já decidiu sobre a não aceitação da ação rescisória como recurso eleitoral:
>
> "Ação Rescisória – Sua inadmissibilidade na Justiça Eleitoral, por ausência de previsão legal no Código Eleitoral, e por ser incompatível com a celeridade que se deve imprimir ao processo eleitoral."[8]

POSIÇÃO DIVERGENTE

Minha posição: em diálogo pessoal com o amigo **Pinto Ferreira**, percebi que o emérito professor já atualizou a sua posição, pois a ação rescisória eleitoral está assim prevista no art. 22, I, alínea *j*, do Código Eleitoral:

> *Art. 22. Compete ao Tribunal Superior:*
>
> *I – processar e julgar originariamente:*
>
> *(...)*
>
> *j) a ação rescisória, nos casos de inelegibilidade, desde que intentada dentro do prazo de cento e vinte dias de decisão irrecorrível, possibilitando-se o exercício do mandato eletivo até o seu trânsito em julgado.*

Alínea acrescentada pela Lei Complementar nº 86, de 14/05/1996, *in verbis* (acrescenta dispositivo ao Código Eleitoral, a fim de permitir a ação rescisória em casos de inelegibilidade).

6. Pinto Ferreira. *Código eleitoral comentado*. 2. ed. São Paulo: Saraiva, 1990.
7. TSE, *Boletim Eleitoral* nº 127:264.
8. TSE – Res. nº 11.742, J. M. de Souza Andrade, DJU, 05/12/1983, p. 19171-3.

O artigo supramencionado motivou a ação direta de inconstitucionalidade, abaixo descrita, *ipsis litteris:*

"Dispositivo legal questionado:

Arts. 1º e 2º da Lei Complementar nº 86, de 14 de maio 1996.

Acrescenta dispositivo ao Código Eleitoral, a fim de permitir a ação rescisória em casos de inelegibilidade.

'Art. 1º Acrescente-se ao inciso I do art. 22 da Lei nº 4.737, de 15 de julho de 1965 – Código Eleitoral, a seguinte alínea:

Art. 22. Compete ao Tribunal Superior:

I – Processar e julgar originariamente:

(...)

j) a ação rescisória, nos casos de inelegibilidade, desde que intentada dentro do prazo de cento e vinte dias de decisão irrecorrível, possibilitando-se o exercício do mandato eletivo até o seu trânsito em julgado.

Art. 2º Esta Lei Complementar entra em vigor na data de sua publicação, aplicando-se, inclusive, às decisões havidas até cento e vinte dias anteriores à sua vigência'.

Decisão da liminar:

Por votação unânime, o Tribunal deferiu, em parte, o pedido de medida liminar para suspender, até a decisão final da ação, na alínea *j* do inciso I do art. 22 do Código Eleitoral, introduzida pelo art. 1º da Lei Complementar nº 86, de 14/05/1996, a vigência da oração "**possibilitando-se o exercício do mandato eletivo até o seu trânsito em julgado**", e, no art. 2º da mesma Lei Complementar nº 86/1996, da expressão "aplicando-se, inclusive, às decisões havidas até cento e vinte dias anteriores à sua vigência". Acolhendo questão de ordem do Ministro Marco Aurélio, o Tribunal decidiu dar eficácia *ex tunc* à decisão liminar, conforme precedente estabelecida na ADIn (MC) nº 596 – 1/RJ. Votou o Presidente.[9]

Veja como foi o resultado do mérito

"Resultado do mérito:

Procedente em parte

Decisão do mérito:

O Tribunal, por votação unânime, rejeitou as questões preliminares suscitadas pelo Presidente da República. Prosseguindo no julgamento, também por unanimidade, o Tribunal julgou parcialmente procedente a ação direta, para declarar a inconstitucionalidade da expressão 'possibilitando-se o exercício do mandato eletivo até o seu trânsito em julgado', inscrita no art. 22, inciso I, alínea *j*, do Código Eleitoral (Lei nº 4.737, de 15/07/1965), na redação que lhe deu a Lei Complementar nº 86, de 14/05/1996, e da expressão 'aplicando-se, inclusive, às decisões havidas até cento e

9. Plenário, 30/05/1996. Acórdão, *DJ* 03/10/1997. Data de julgamento da liminar: Plenário, 30/05/1996. Data de publicação da liminar: Acórdão, *DJ* 03/10/1997.

> vinte dias anteriores à sua vigência', consubstanciada no art. 2º da Lei Complementar nº 86/1996. Votou o Presidente".[10]

Sábia foi a decisão do TSE, pois o imoral efeito suspensivo obtido com a mera propositura da ação rescisória afrontava os princípios da igualdade, normalidade e legitimidade das eleições, além de extrapolar o efeito suspensivo do art. 216 do Código Eleitoral.

Posicionamento majoritário do TSE: o TRE não é competente para o julgamento de ação rescisória. A LC nº 86/1996, ao introduzir a ação rescisória no âmbito da Justiça Eleitoral, incumbiu somente ao TSE seu processo e julgamento, originariamente, contra seus próprios julgados.[11]

Posicionamento majoritário do TSE: cabimento de ação rescisória de julgado de TRE em matéria não eleitoral, aplicando-se a legislação processual civil.[12]

Posição dominante do TSE: Condição de elegibilidade. Compete ao TSE processar e julgar ação rescisória de seus julgados. **A ação rescisória só é cabível em casos que versem sobre inelegibilidade, e não sobre condições de elegibilidade**. Nesse entendimento, o Tribunal negou provimento ao agravo regimental. Unânime. Agravo Regimental na Ação Rescisória nº 265/SP, Rel. Min. Marcelo Ribeiro, em 13/05/2008.

3.1. A competência para julgar a ação rescisória

A competência é exclusiva do Tribunal Superior Eleitoral (art. 22, I, *j*, do CE, c./c. arts. 102, I, *i*, e 105, I, *e*, da CF). Não cabendo ao TSE julgar ação rescisória de sentença de primeiro grau, mas apenas de seus julgados que contenham declaração de inelegibilidade.

No mesmo sentido o entendimento dominante do TSE:

> "A ação rescisória somente é cabível para desconstituir acórdão deste Tribunal que contenha declaração de inelegibilidade. Precedentes". (Ag/Rg na Ação Rescisória nº 381/PR).
>
> "É competente o Tribunal Superior Eleitoral para o processamento e julgamento de ação rescisória de seus próprios julgados que tenham declarado inelegibilidade" (art. 22, I, *j*, do Código Eleitoral)". (TSE–Ag/Rg na Ação Rescisória nº 376/PI).

3.2. Análise da possibilidade de interposição de ação rescisória contra decisões que versem sobre condição de elegibilidade

A ação rescisória somente é cabível no âmbito da Justiça Eleitoral para desconstituir decisão do TSE que contenha declaração de inelegibilidade. Não compete,

10. Plenário, 17/03/1999. Data de julgamento do mérito: Plenário, 17/03/1999. Data de publicação do mérito: Pendente.
11. TSE – AC nºs 106/2000 e 89/2001.
12. TSE – AC nºs 19.617/2002 e 19.618/2002.

portanto, ao Egrégio Tribunal, o conhecimento de ação rescisória contra decisões que versem sobre condição de elegibilidade.[13]

3.3. Análise da possibilidade de concessão de tutela antecipada em sede de ação rescisória

Consoante entendimento já consolidado no TSE, não é admissível a concessão de tutela antecipada em ação rescisória na Justiça Eleitoral, salvo em situações teratológicas que causam dano grave e evidente, de impossível reparação, ou nos casos em que pode ser comprometido o processo eleitoral como um todo. [14]

3.4. Observações jurisprudenciais eleitorais dominantes

a) Ação rescisória fundada no art. 485, VII, do CPC deve ser instruída com documento novo, cuja existência o autor ignorava, ou de que não pôde fazer uso no momento oportuno. Não se caracteriza como tal certidão firmada pelo presidente do TCE, em que se acusa a pendência de recurso de reconsideração, a qual poderia ter sido juntada no processo de registro de candidatura. Ação rescisória que se julga improcedente. (TSE–AR nº 382, Ação Rescisória/PB).

b) Não cabe ação rescisória contra decisão que nega seguimento a recurso especial ante a impossibilidade de reexame de fatos e provas, pois apenas as decisões que declaram inelegibilidade são rescindíveis. (TSE–Ag/Rg na Ação Rescisória nº 345/AL).

4. O *HABEAS CORPUS* NO DIREITO ELEITORAL

O entendimento doutrinário amplamente dominante que o *habeas corpus* não é um recurso, e uma ação mandamental.

O *habeas corpus* é uma garantia individual ao direito de locomoção é, em verdade, um remédio processual que tem a finalidade de assegurar e garantir a liberdade do cidadão ir, vir ou permanecer.

4.1. A competência para julgar o *habeas corpus* eleitoral

Segundo o Código Eleitoral, a competência para conhecer e julgar o *habeas corpus* em matéria eleitoral é dos juízes (art. 35, III), dos Tribunais Regionais Eleitorais (art. 29, *e*) e do Tribunal Superior Eleitoral (art. 22, I, *e*), todos *in verbis:*

13. No mesmo sentido: Precedentes: AgR-AR nº 284/RJ, Rel. Min. Fernando Gonçalves, *DJ* 20/10/2008, AgR-AR nº 265/SP, Rel. Min. Marcelo Ribeiro, *DJ* 16/06/2008; AgR-AR nº 262/SP, de minha relatoria, *DJ* 06/05/2008.

14. No mesmo sentido: TSE – Ac., nº 60/2000. Ação rescisória nº 60/PE e também Ag/Rg na Ação Rescisória nº 362/MG.

Art. 22. Compete ao Tribunal Superior:

I – processar e julgar originariamente:

(...)

e) o habeas corpus *ou mandado de segurança, em matéria eleitoral, relativos a atos do Presidente da República, dos Ministros de Estado e dos Tribunais Regionais; ou, ainda, o* habeas corpus, *quando houver perigo de se consumar a violência antes que o juiz competente possa prover sobre a impetração;*[15]

(...)

Art. 29. Compete aos Tribunais Regionais:

(...)

e) o habeas corpus *ou mandado de segurança, em matéria eleitoral, contra ato de autoridades que respondam perante os Tribunais de Justiça por crime de responsabilidade e, em grau de recurso, os denegados ou concedidos pelos juízes eleitorais; ou, ainda, o* habeas corpus, *quando houver perigo de se consumar a violência antes que o juiz competente possa prover sobre a impetração;*

(...)

Art. 35. Compete aos juízes:

(...)

III – decidir habeas corpus *e mandado de segurança, em matéria eleitoral, desde que essa competência não esteja atribuída privativamente à instância superior;*

(...)

OBSERVAÇÕES DIDÁTICAS

Admite-se o *habeas corpus* como remédio idôneo para corrigir a irregularidade em caso de cerceamento de defesa, no processo dos crimes eleitorais.[16]

O *habeas corpus* não é meio hábil para conseguir o registro de candidatos.[17]

O *habeas corpus* não é meio idôneo para invalidar processo administrativo, mesmo que o paciente e candidato necessite da liberdade para fazer campanha política.[18]

5. O MANDADO DE SEGURANÇA ELEITORAL

Para **Celso Agrícola Barbi,** o mandado de segurança não é propriamente um recurso, mas uma ação, uma "ação de cognição".[19]

15. A expressão "ou mandado de segurança" teve sua execução suspensa pela Resolução SF nº 132, de 07/12/1984.
16. TSE, *Boletim Eleitoral* nº 125:182.
17. TSE, *Boletim Eleitoral* nº 136:125.
18. TSE – Ac. nº 3.543, *Boletim Eleitoral* nº 148:130.
19. Celso Agrícola Barbi. *Do Mandado de Segurança*. 2. ed. Rio de Janeiro: s.e., 1966, p. 48.

Tito Costa lembra que "muita vez, no entanto, é utilizado como recurso, quando de decisão violadora de direito líquido e certo não caiba recurso específico".

5.1. A legitimação passiva e ativa

No mandado de segurança em matéria eleitoral, também existe uma legitimação passiva, assim como a mesma triangularidade da relação processual.

Os candidatos a postos eletivos são sempre parte legítima para impetrar o mandado de segurança, quando seja violado um direito seu, líquido e certo. Mas a Justiça Eleitoral só conhece o mandado de segurança nas questões específicas de processo eleitoral, do registro das candidaturas até a diplomação. As questões sobre o exercício do mandado se prendem à Justiça Comum.

Os eleitores são também parte legítima para impetrar mandado de segurança, na titularidade de direitos concernentes ao processo eleitoral: problemas de alistamento eleitoral, inscrição, votação nas suas seções eleitorais ou fora delas (voto em separado) etc.

Quanto aos partidos políticos, a opinião dominante é a de que eles têm legitimidade ativa para impetrar mandado de segurança, poder que se estende aos diretórios nacionais, regionais e municipais legalmente representativos do partido. Os partidos são reputados pela lei como pessoas jurídicas de direito privado, mas o mandado de segurança pode ser utilizado por pessoas jurídicas. Contudo, não se admite a legitimação passiva dos partidos políticos no mandado de segurança, dado que eles não exercem o *jus imperii*, e assim não se pode impetrar mandado de segurança contra os presidentes dos partidos políticos, nem os seus respectivos diretórios.[20]

5.2. As autoridades coatoras

De acordo com a Constituição Brasileira, o mandado de segurança pode ser impetrado "seja qual for a autoridade" dita coatora. Segundo a Lei nº 1.533/1951 (art. 1º, § 1º), consideram-se autoridades, para os fins previstos na lei, os administradores ou representantes das entidades autárquicas e das pessoas naturais ou jurídicas com funções delegadas do Poder Público no que entende com essas funções.

Podem ser consideradas autoridades coatoras: os sindicatos, quando seus atos são reflexos de poder delegado; os diretores de estabelecimentos particulares de ensino equiparados aos oficiais. Assim ensinam **Celso Agrícola Barbi**,[21] **Celso Antonio Bandeira de Mello**, em *Apontamentos sobre os agentes e órgãos públicos*,[22] sendo o assunto discutido por **Pinto Ferreira**, em sua *Teoria geral do Estado*. Os atos praticados por autoridades privadas não são suscetíveis de impetração de mandado de segurança.

20. Neste sentido: Pinto Ferreira. Op. cit., p. 290.
21. *Do Mandado de segurança*, op. cit., p. 76.
22. São Paulo, 1972, p. 5 e s.

5.3. O recurso cabível contra decisão proferida em mandado de segurança

É de **apelação** o recurso contra decisão proferida em mandado de segurança. Originariamente, a Lei nº 1.533/1951 falava do recurso de "agravo de petição", que foi banido do nosso sistema processual civil. A partir da vigência do novo Código de Processo e com a modificação introduzida nessa lei, da sentença que negue ou conceda o *mandamus* caberá apelação. Sujeita-se ao duplo grau de jurisdição a sentença concessiva da ordem, que poderá ser executada provisoriamente.[23]

5.4. Jurisprudência sobre Mandado de Segurança[24]

O TSE acolheu mandado de segurança contra ato judicial de que não cabia recurso ordinário, mas destacando expressamente que não cabe aos TREs o reexame das suas próprias decisões com trânsito em julgado, pelo mandado de segurança. Tal atribuição é originária do TSE, pelo CE/1965, no art. 22, *e*.[25]

Quando se tratar de matéria relativa à organização dos TREs, o funcionamento das suas secretarias, o recurso da denegação do mandado de segurança é para o STF.[26]

O TSE tem competência para o conhecimento dos mandados de segurança contra as suas decisões.[27]

O TSE já decidiu que, mesmo existindo recurso ordinário, é possível a concessão do mandado de segurança em situação de relevo, quando se teme coação.[28]

O Supremo Tribunal Federal já acolheu mandado de segurança contra uma decisão do TSE, que devia ser impetrado originariamente contra o TSE, e não contra o STF.[29]

O mandado de segurança não é instrumento idôneo para reformar decisão do TSE que transitou em julgado.[30]

O mandado de segurança não é instrumento idôneo para a invalidação do pleito suplementar contra a qual haja recurso ordinário, ainda não julgado.[31]

O TSE já decidiu no sentido de desconhecer mandado de segurança tendente a rescindir pronunciamento definitivo da Justiça Eleitoral, firmado em recurso ordinário.[32]

---

23. Lei nº 1.533/1951, art. 12, com redação que lhe foi dada pela Lei nº 6.014, de 27/12/1973, e Lei nº 6.071, de 03/07/1974. Prazo para a apelação: 15 dias.
24. Pinto Ferreira. Op. cit., p. 293.
25. TSE, *Boletim Eleitoral* n. 28:132.
26. TSE, *Boletim Eleitoral* n. 77:247.
27. TSE, *Boletim Eleitoral* n. 98:370.
28. TSE, *Boletim Eleitoral* n. 78:501.
29. TSE, *Boletim Eleitoral* n. 118:414.
30. TSE, *Boletim Eleitoral* n. 140:317.
31. TSE, *Boletim Eleitoral* n. 140:317.
32. TSE, *Boletim Eleitoral* n. 155:352-3.

Não se admitiu o mandado sobre a alegação da nulidade de decisão prolatada em processo eleitoral.[33]

Não se tomou conhecimento de *writ* em matéria eleitoral com a pretensão de reexame do assunto pelo TRE, desde que exista recurso especial.[34]

O mandado de segurança contra ato do presidente do partido político é incabível.[35]

Não é admissível o mandado de segurança contra atos arbitrários dos presidentes dos partidos políticos.[36]

Sendo definitivos os atos judiciais eleitorais, podem estes dar margem a mandado de segurança, até para assegurar o registro de candidatos.[37]

5.5. Entendimentos sumulados pelo TSE

Súmula nº 10

No processo de registro de candidatos, quando a sentença for entregue em cartório antes de três dias contados da conclusão ao juiz, o prazo para o recurso ordinário, salvo intimação pessoal anterior, só se conta do termo final daquele tríduo.

Súmula nº 11

No processo de registro de candidatos, o partido que não o impugnou não tem legitimidade para recorrer da sentença que o deferiu, salvo se se cuidar de matéria constitucional.

33. TSE, *Boletim Eleitoral* n. 168:584.
34. TSE, *Boletim Eleitoral* n. 162:256.
35. Decisão TRE-São Paulo, *Boletim Eleitoral* n. 114:2039.
36. STF, Rec. nº 2.763 em mandado de segurança, in *O mandado de segurança e sua jurisprudência*. Ministério da Educação e Cultura, Casa de Rui Barbosa, 1939, v. 1, p. 132.
37. TSE, *Boletim Eleitoral* n. 145:16.

Bibliografia

ACOSTA, Walter P. *O processo penal*. 20 ed. Rio de Janeiro: Ed. do Autor, 1990.

ALMEIDA JÚNIOR, João Mendes. *Direito judiciário brasileiro*. 5. ed. Rio de Janeiro: Freitas Bastos, 1960.

ANDRADE, Flávio da Silva. Breves apontamentos acerca do moralizador instituto do art. 41-A da Lei nº 9.504/1997 – captação ilícita de sufrágio. *Juris Plenum*.

BANDEIRA DE MELLO, Celso Antonio. *Apontamentos sobre os agentes e órgãos públicos*. São Paulo: s.e., 1972.

BARBI, Celso Agrícola. *Mandato de segurança*. 2. ed. Rio de Janeiro: s.e., 1986.

BARBOSA MOREIRA, José Carlos. *O juízo de admissibilidade no sistema dos recursos civis*. Rio de Janeiro: s.m., 1968.

BARRETO, Lauro. *Investigação Judicial Eleitoral e Ação de Impugnação de Mandato Eletivo*. Bauru: Edipro, 1996.

________. *Das representações no direito processual eleitoral*. Rio de Janeiro: Edipro, 2006.

BARROS, Francisco Dirceu. *Prática das ações eleitorais*. Rio de Janeiro: Campus/Elsevier, 2008.

________. *Direito eleitoral: doutrina, jurisprudência e 1000 questões de concursos comentadas*. 8. ed. Rio de Janeiro: Campus/Elsevier, 2008.

BONAVIDES, Paulo. *Curso de direito constitucional*. 6. ed. São Paulo: Malheiros, 1996.

BULLOS, Uadi Lammêgo. *Constituição Federal anotada*. 5. ed. São Paulo: Saraiva, 2008.

CÂNDIDO, Joel José. *Direito eleitoral brasileiro*. 10. ed. São Paulo: Edipro, 2003.

CASTRO, Edson de Resende. *Teoria e prática do direito eleitoral*. 2. ed. Belo Horizonte: Mandamentos, 2005.

CASTRO NASCIMENTO, Tupinambá Miguel. *Lineamentos de direito eleitoral*. Porto Alegre: Síntese, 1996.

CERQUEIRA, Thales Tácito Pontes Luz de Pádua. *Direito eleitoral brasileiro*. Belo Horizonte: Del Rey, 2002.

CHIOVENDA, Giuseppe. *Instituições de direito processual civil.* São Paulo: Saraiva, 1969.

CITADINI, Antonio Roque. *Código eleitoral anotado e comentado.* 2. ed. São Paulo: Max Limonad, 1985.

CONEGLIAN, Olivar. *Propaganda eleitoral.* 9. ed. Curitiba: Juruá, 2008.

COSTA, Adriano Soares da. *Direito processual eleitoral.* Belo Horizonte: Nova Alvorada, 1996.

________. *Inabilitação para mandato eletivo.* Belo Horizonte: Ciência Jurídica, 1998.

________. *Instituições de direito eleitoral.* 5. ed. Belo Horizonte: Del Rey, 2002.

________. *Teoria da inelegibilidade e do processo eleitoral.* Belo Horizonte: Del Rey, 1998.

COSTA, Elcias Ferreira da. *Compêndio de direito eleitoral.* São Paulo: Sugestões Literárias, 1978.

COSTA, Tito. *Recursos em matéria eleitoral.* 3. ed. São Paulo: Revista dos Tribunais, 1990.

COUTURE, Eduardo J. *Fundamentos de derecho procesal civil.* Buenos Aires: De Palma, 1951.

DE LUCCA, José Carlos. O necessário sigilo do inquérito policial eleitoral. São Paulo: *RT*, nº 699, p. 429-430.

FERREIRA, Pinto. *Código eleitoral comentado.* 2. ed. São Paulo: Saraiva, 1990.

FICHTNER, José Antonio. *Impugnação do mandato eletivo.* Rio de Janeiro: Renovar, 1998.

FREDERICO MARQUES, José. *Elementos de direito processual penal.* 16. ed. São Paulo: Forense, 1961.

________. *Instituições de direito processual civil.* Rio de Janeiro: Forense, 1960. v. IV.

GARCIA, Emerson. *Abuso de poder nas eleições:* meios de coibição. 3. ed. Rio de Janeiro: Lumen Juris, 2006.

GOMES, Luiz Flávio; MOLINA, Antonio García-Pablos de. *Direito penal:* Parte Geral. São Paulo: Revista dos Tribunais, 2008.

GOMES, Suzana de Camargo. *Crimes eleitorais*, 3. ed., São Paulo: RT, 2000, p. 55-59.

GRINOVER, Ada Pellegrini. *As nulidades no processo penal.* São Paulo: Malheiros, 1994.

GRINOVER, Ada Pellegrini; FERNANDES, Antônio Scarance; GOMES FILHO, Antônio Magalhães. *Recursos no processo penal.* 8. ed. São Paulo: Revista dos Tribunais, 2004.

JARDIM, Torquato. *Introdução ao direito eleitoral positivo.* Brasília: Jurídica, 1994.

JIMÉNEZ, Hermando Londoño. *Derecho procesal pena.* Toronto: Têmiz, 1982.

LIEBMAN, Enrico Tullio. *Manual de Direito Processual Civil.* v. I, 3. ed., São Paulo: Malheiros, 2005.

LIMA, Alcides de Mendonça. *Sistema de normas gerais dos recursos cíveis.* Rio de Janeiro: Freitas Bastos, 1963.

LIMONGI FRANÇA, Rubens (Coord.). *Enciclopédia Saraiva do Direito.* São Paulo: Saraiva, 1977. v. 7, p. 14.

LOPES JR., Amy. *Direito processual penal e sua conformidade constitucional.* 3. ed. Rio de Janeiro: Lumen Juris, 2008. v. 1.

MARQUES, José Frederico. *Instituições de direito processual civil.* Rio de Janeiro: Forense, 1960. v. IV.

MASCARENHAS, Paulo. *Lei Eleitoral comentada:* anotações à Lei nº 9.504, de 20/09/1997. 5. ed. São Paulo: Editora de Direito, 2002.

MATOS PEIXOTO, José Carlos de. *Recurso extraordinário.* Rio de Janeiro: Freitas Bastos, 1935.

MAXIMILIANO, Carlos. *Hermenêutica e aplicação do direito.* 9. ed. Rio de Janeiro: Forense, 1979.

MELLO FILHO, José Celso. *A Tutela Judicial da Liberdade.* São Paulo: *RT* nº 526, p. 291.

MENDONÇA JR., Delosmar. *Manual de direito eleitoral.* Salvador: Jus Podivm, 2006.

MIRABETE, Júlio Fabbrini. *Processo penal.* São Paulo: Atlas, 1977.

MORAES, Alexandre de. *Direito constitucional.* 7. ed. São Paulo: Atlas, 2000.

MOREIRA, Barbosa. O juízo de admissibilidade no sistema dos recursos cíveis. *Revista de Direito de Procuradoria Geral do Estado da Guanabara,* v. 19, Rio de Janeiro, 1968.

MOTA, Aroldo. *Revista Brasileira de Direito Eleitoral.* [s.a.]

NERY JÚNIOR, Nelson. *Princípios fundamentais – teoria geral dos recursos.* Rio de Janeiro: Forense, 1996.

NOGUEIRA, José da Cunha. *Manual prático de direito eleitoral.* 3. ed. Rio de Janeiro: Forense, 1989.

NUCCI, Guilherme de Souza. *Código de Processo Penal comentado.* 8. ed. São Paulo: Revista dos Tribunais, s.d.

PACELLI, Eugênio. *Curso de processo penal.* 4. ed. Belo Horizonte: Del Rey, 2004.

PACHECO, Marilia. *Compêndio de legislação eleitoral e partidária.* 8. ed. Brasília: Brasília Jurídica, 2004.

PÁDUA CERQUEIRA, Thales Tácito Pontes Luz de. *Direito eleitoral brasileiro.* 3. ed. Belo Horizonte: Del Rey, 1996.

PASSOS, J. J. Calmon de. *Verbete "direito de defesa".* In: *Enciclopédia Saraiva do Direito.* São Paulo: Saraiva, 1977. v. 26, p. 138.

PINTO, Djalma. *Direito eleitoral: anotações e temas polêmicos.* 3. ed. Rio de Janeiro: Forense, 2000.

________. *Elegibilidade no direito brasileiro.* São Paulo: Atlas, 2008.

________. *Inelegibilidades no direito brasileiro.* 2. ed. Bauru: Edipro, 2008.

PONTES DE MIRANDA. *Comentários ao Código de Processo Civil.* 2. ed. Rio de Janeiro: Forense, 1970, t. IX.

QUEIROZ, Ari Ferreira de. *Direito eleitoral.* Goiânia: IEPC, 2000.

RAMAYANA, Marcos. *Direito eleitoral.* 4. ed. Rio de Janeiro: Impetus, 2005.

RIBEIRO, Fávila. *Direito eleitoral.* 3. ed. Rio de Janeiro: Forense, 1988.

SARTI, Amir José Finocchiaro. *Abusos do poder econômico na campanha eleioral.* Revista do TRE/RS n. 8, p. 51.

SILVA FRANCO, Alberto; STOCO, Rui. *Código de Proceso penal e sua interpretação jurisprudencial.* São Paulo: Revista dos Tribunais, s.d. v. 4.

SILVA, José Afonso da. *Do recurso extraordinário no direito processual brasileiro.* São Paulo: Revista dos Tribunais, 1963.

SOUZA PINTO, Paulo Brossard de. Inelegibilidade fictícia. *Folha de S.Paulo*, 29/10/1992, p. 1-3.

THEODORO JÚNIOR, Humberto. *Curso de direito processual civil*. 14. ed. Rio de Janeiro: Forense, 1955.

TORNAGHI, Hélio. *Comentários ao Código de Processo Penal*. Rio de Janeiro: Forense, 1956. v. I, t. II.

TOURINHO FILHO, Fernando da Costa. *Processo penal*. v. 2. 18. ed. São Paulo: Saraiva, 1997.

TUCCI, Rogério Lauria. *Persecução penal, prisão e liberdade*. São Paulo: Saraiva, 1980.

VALENTE, Luiz Ismaelino. *Crimes na propaganda eleitoral*. Belém: Cyup, 1992.

VIEIRA FILHO, Meton. Propaganda Eleitoral. In *Revista Brasileira de Direito Eleitoral*, n. 3, Fortaleza, 1989.

XAVIER, José Carlos G.; NALINI, José Renato. *Manual de processo penal*. São Paulo: Saraiva, 1999.

Acreditamos que sua resposta nos ajuda a aperfeiçoar continuamente nosso trabalho para atendê-lo(la) melhor e aos outros leitores. Por favor, preencha o formulário abaixo e envie pelos correios. Agradecemos sua colaboração.

Seu Nome: ____________________

Sexo: ☐ Feminino ☐ Masculino CPF: ____________________

Endereço: ____________________

E-mail: ____________________

Curso ou Profissão: ____________________

Ano/Período em que estuda: ____________________

Livro adquirido e autor: ____________________

Como ficou conhecendo este livro?

☐ Mala direta
☐ Recomendação de amigo
☐ Recomendação de seu professor?
☐ Site (qual?) ____________
☐ Evento (qual?) ____________
☐ E-mail da Elsevier
☐ Anúncio (onde?) ____________
☐ Resenha jornal ou revista
☐ Outro (qual?) ____________

Onde costuma comprar livros?

☐ Internet (qual site?) ____________________
☐ Livrarias ☐ Feiras e eventos ☐ Mala direta

☐ Quero receber informações e ofertas especiais sobre livros da Elsevier e Parceiros

SAC ELSEVIER | 0800 026 53 40
sac@elsevier.com.br

Cartão Resposta
050120048-7/2003-DR/RJ
Elsevier Editora Ltda
CORREIOS

CARTÃO RESPOSTA

Não é necessário selar

O SELO SERÁ PAGO POR

Elsevier Editora Ltda

20299-999 - Rio de Janeiro - RJ

Qual(is) o(s) conteúdo(s) de seu interesse?

Jurídico - ☐ Livros Profissionais ☐ Livros Universitários ☐ OAB ☐ Teoria Geral e Filosofia do Direito

Educação & Referência - ☐ Comportamento ☐ Desenvolvimento Sustentável ☐ Dicionários e Enciclopédias ☐ Divulgação Científica ☐ Educação Familiar ☐ Finanças Pessoais ☐ Idiomas ☐ Interesse Geral ☐ Motivação ☐ Qualidade de Vida ☐ Sociedade e Política

Negócios - ☐ Administração/Gestão Empresarial ☐ Biografias ☐ Carreira e Liderança Empresariais ☐ E-Business ☐ Estratégia ☐ Light Business ☐ Marketing/Vendas ☐ RH/Gestão de Pessoas ☐ Tecnologia

Concursos - ☐ Administração Pública e Orçamento ☐ Ciências ☐ Contabilidade ☐ Dicas e Técnicas de Estudo ☐ Informática ☐ Jurídico Exatas ☐ Língua Estrangeira ☐ Língua Portuguesa ☐ Outros

Universitário - ☐ Administração ☐ Ciências Políticas ☐ Computação ☐ Comunicação ☐ Economia ☐ Engenharia ☐ Estatística ☐ Finanças ☐ Física ☐ História ☐ Psicologia ☐ Relações Internacionais ☐ Turismo

Áreas da Saúde - ☐ Anestesia ☐ Bioética ☐ Cardiologia ☐ Ciências Básicas ☐ Cirurgia ☐ Cirurgia Plástica ☐ Cirurgia Vascular e Endovascular ☐ Dermatologia ☐ Ecocardiologia ☐ Eletrocardiologia ☐ Emergência ☐ Enfermagem ☐ Fisioterapia ☐ Genética Médica ☐ Ginecologia e Obstetrícia ☐ Imunologia Clínica ☐ Medicina Baseada em Evidências ☐ Neurologia ☐ Odontologia ☐ Oftalmologia ☐ Ortopedia ☐ Pediatria ☐ Radiologia ☐ Terapia Intensiva ☐ Urologia ☐ Veterinária

Outras Áreas - ____________________

Tem algum comentário sobre este livro que deseja compartilhar conosco?

____

* A informação que você está fornecendo será usada apenas pela Elsevier e não será vendida, alugada ou distribuída por terceiros sem permissão preliminar.
* Para obter mais informações sobre nossos catálogos e livros por favor acesse **www.elsevier.com.br** ou ligue para **0800 026 53 40.**

Serviços de impressão e acabamento
executados, a partir de arquivos digitais fornecidos,
nas oficinas gráficas da EDITORA SANTUÁRIO
Fone: (0XX12) 3104-2000 - Fax (0XX12) 3104-2016
http://www.editorasantuario.com.br - Aparecida-SP